머리말

가맹거래사는 2002년 11월 1일 시행된 가맹사업거래의 공정화에 관한 법률에 의해 신설된 공정거래위원회 주관 국가공인자격증으로 21C 유통혁신의 꽃으로 불리는 프랜차이즈 산업의 전문가 양성을 위해 신설되었다.

프랜차이즈(가맹)란 가맹본부가 가맹점사업자로 하여금 자기의 영업표지를 사용하여 상품 또는 용역을 판매 하도록 함과 아울러 이에 따른 경영 및 영업활동 등에 대한 지원·교육을 하며 가맹점사업자는 이에 대한 대가 로 가맹금을 지급하는 계속적인 거래관계를 말한다. 그런데 국내 프랜차이즈 산업은 도입 초기부터 꾸준한 성장세를 기록하고 있으면서도 적지 않은 수의 가맹본부가 영세한 규모로 운영되어 가맹금을 지급받는 가운 데 가맹점사업자에게 적절한 지원·교육을 제공하지 않고 있다. 또한, 대형 가맹본부의 경우 자신의 우월한 지위를 이용하여 가맹사업자에게 부당한 요구를 하거나 부적법한 통제를 가하는 경우도 드물지 않다. 이에 따라 가맹점사업자 또는 예비창업자에게 가맹사업 전반에 관해 조언해 줄 전문가로서 가맹거래사라는 자격 증이 각광을 받고 있다.

가맹거래사는 가맹사업자의 권익보호뿐만 아니라 가맹본부가 제반법령을 준수하도록 하며 가맹본부의 브랜드 및 노하우와 가맹희망자의 자본을 연결해주는 중간매개자로서의 역할을 수행할 것으로 기대된다. 본서는 수험 생들이 가맹거래사 자격시험의 1차 과목인 경제법, 민법, 경영학을 쉽게 준비할 수 있도록 세심하게 기획된 수험서로서 다음과 같은 특징으로 구성되었다.

본서의 특징

❶ 2020~2025년 총 6년 동안의 기출문제를 수록하여 수험생들이 시험에서 어떤 유형의 문제가 어떻게 출제되었는지 파악할 수 있도록 하였다.

❷ 각 문제마다 중요한 이론은 해설에 추가하여 다시 이론서를 볼 필요 없이 복습이 가능하도록 하였다.

❸ 5년 동안의 기출문제를 분석한 출제빈도표를 수록함으로써 어느 파트가 빈출되고 중요한지 파악할 수 있도록 하였다.

목표를 정하고 끊임없이 노력하여 얻은 성취의 결과는 무엇보다도 소중한 여러분의 자산이 될 것이다. 열심히 준비하여 부디 여러분이 원하는 것을 성취하기 바란다.

편저자 씀

가맹거래사 시험안내

○ 응시자격

❶ 제1차 시험 : 제한 없음

❷ 제2차 시험 : 제1차 시험에 합격한 자 또는 제1차 시험을 면제 받은 자

❸ 결격사유(가맹사업거래의 공정화에 관한 법률 제27조 제2항)

- 미성년자 · 피성년후견인 또는 피한정후견인
- 파산선고를 받고 복권되지 아니한 자
- 금고 이상의 실형의 선고를 받고 그 집행이 종료(종료된 것으로 보는 경우를 포함한다)되거나 집행을 받지 아니하기로 확정된 후 2년이 경과되지 아니한 자
- 금고 이상의 형의 집행유예를 받고 그 집행유예기간 중에 있는 자
- 가맹거래사의 등록이 취소된 날부터 2년이 경과되지 아니한 자

○ 시험일정(2025년 기준)

구 분	접수기간	시험일정	합격자 발표기간
제1차 시험	2월 3일~2월 7일 추가접수기간 : 2월 27일~28일	3월 8일	4월 16일
제2차 시험	5월 19일~5월 23일 추가접수기간 : 6월 12일~13일	6월 21일	8월 13일

○ 시험과목 및 시험시간

구 분	교 시	입실완료	시험시간	시험과목	비 고
제1차 시험	1교시	09:00	09:30~11:30 (120분)	• 경제법[독점규제 및 공정거래에 관한 법령(제3장 기업 결합의 제한 및 경제력 집중의 억제를 제외한다) 및 약관의 규제에 관한 법령] • 민법(제1편 총칙, 제2편 물권 및 제3편 제2장 계약만 해당한다) • 경영학	객관식 5지택일형 (과목당 40문항)
제2차 시험	1교시	09:00	09:30~11:10 (100분)	가맹사업거래의 공정화에 관한 법령 및 실무	주관식 (논술형 1문항, 서술형 2문항)
	2교시	11:30	11:40~13:20 (100분)	가맹계약에 관한 이론 및 실무	

❖ 본 시험정보는 Q-Net에 게시된 2025년 가맹거래사 시험정보를 바탕으로 작성된 것으로, 정확하고 자세한 확인을 위하여 시험 전 최신 공고사항을 반드시 직접 확인하시기 바랍니다.

이 책의 구성과 특징

2025년 | 제23회 기출문제

제1과목 경제법

01 독점규제 및 공정거래에 관한 법률상 용어의 정의에 관한 설명으로 옳은 것을 모두 고른 것은?

ㄱ. "여신"이란 국내외의 금융기관이 하는 대출 및 회사채무의 보증 또는 인수를 말한다.
ㄴ. "계열회사"란 둘 이상의 회사가 서로 다른 기업집단에 속하는 경우에 이들 각각의 회사를 서로 상대방의 계열회사라 한다.
ㄷ. "일정한 거래분야"란 거래의 객체별·단계별 또는 지역별로 경쟁관계에 있거나 경쟁관계가 성립될 수 있는 분야를 말한다.
ㄹ. 제조업을 하는 자는 사업자이며, 이 경우 사업자의 이익을 위한 행위를 하는 대리인은 사업자단체에 관한 규정을 적용할 때에는 사업자로 본다.
ㅁ. 지점에서 영업 전반을 총괄적으로 처리할 수 있는 지배인은 임원에 해당한다.

제3과목 경영학

81 회계상 거래에 해당하지 않는 것은?

① 10만 원 상당의 원재료를 주문하였다.
② 주거래은행에서 10만 원을 차입하였다.
③ 종업원에게 급여 30만 원을 지급하였다.
④ 폭우로 인해 상품 20만 원이 소실되었다.
⑤ 차입금 이자 5만 원이 발생하였으나 아직 지급하지 않았다.

해설

• 회계상 거래
자산·부채·자본의 증감, 수익 비용의 발생을 일으키는 경제적 사건을 말한다.
• 회계거래 및 일상거래의 예

회계거래	회계거래 및 일상거래	일상거래
• 재해손실, 도난손실	• 상품의 구매 및 판매	• 상품의 매매계약, 부동산의 임대차계약, 리스계약 등 단순한 거래계약
• 감가상각비 등 계상	• 현금의 대여 및 회수	• 상품·제품의 주문
• 각종 자산평가손익	• 자산의 취득 및 처분	• 물건의 보관
• 현금 등 분실	• 현금의 차입 및 상환	• 자산의 담보제공
• 토지, 건물 등의 기증	• 각종 현금수지활동 등	• 직원채용

가맹거래사 출제빈도표

○ 최근 기출문제 빈출내용 및 빈도 분석

출제연도 및 출제영역 / 문제유형	2021년 경제법	2021년 민법	2021년 경영학	2022년 경제법	2022년 민법	2022년 경영학	2023년 경제법	2023년 민법	2023년 경영학	2024년 경제법	2024년 민법	2024년 경영학	2025년 경제법	2025년 민법	2025년 경영학	세부 영역별 합계
1. 독점규제 및 공정거래에 관한 법령	30	-	-	30	-	-	30	-	-	30	-	-	30	-	-	150*
2. 약관의 규제에 관한 법령	10	-	-	10	-	-	10	-	-	10	-	-	10	-	-	50*
3. 민법총칙	-	17	-	-	17	-	-	18	-	-	20	-	-	17	-	89*
4. 물권법	-	6	-	-	9	-	-	6	-	-	4	-	-	6	-	31

최신 기출문제 수록!

2020~2025년까지 총 6년 동안의 기출문제를 수록하였습니다. 최근 기출문제의 경향을 파악하고 빈출되는 문제는 무엇인지 알아볼 수 있습니다. 또한, 기출문제를 풀면서 이론학습에서 부족한 부분은 어디였는지 확인할 수 있습니다.

해설로 다시 보는 중요이론

기출문제에 그동안 빈출되었던 개념들은 다시 한번 수험생들이 볼 수 있도록 해설에 같이 담았습니다. 따로 이론서를 확인할 필요 없이 문제에 달려있는 해설로 확인하세요.

출제빈도표

최근 5년간(2021~2025년) 가맹거래사 시험에 출제된 영역을 분석하여 수록하였습니다. 출제빈도표를 통해 집중적으로 공부해야 할 부분이 어디인지 파악하고 공부계획을 수립해 보세요.

가맹거래사 출제빈도표

🔍 최근 기출문제 빈출내용 및 빈도 분석

출제연도 및 출제영역 / 문제유형	2021년			2022년			2023년			2024년			2025년			세부영역별 합계
	경제법	민법	경영학	경제법	민법	경영학	경제법	민법	경영학	경제법	민법	경영학	경제법	민법	경영학	
1. 독점규제 및 공정거래에 관한 법령	30	–	–	30	–	–	30	–	–	30	–	–	30	–	–	150*
2. 약관의 규제에 관한 법령	10	–	–	10	–	–	10	–	–	10	–	–	10	–	–	50*
3. 민법총칙	–	17	–	–	17	–	–	18	–	–	20	–	–	17	–	89*
4. 물권법	–	6	–	–	9	–	–	6	–	–	4	–	–	6	–	31
5. 계약총칙	–	4	–	–	2	–	–	4	–	–	4	–	–	5	–	19
6. 계약각칙	–	13	–	–	12	–	–	12	–	–	12	–	–	12	–	61*
7. 기업회계	–	–	10	–	–	10	–	–	8	–	–	10	–	–	10	48*
8. 경영학 총론	–	–	8	–	–	9	–	–	9	–	–	5	–	–	6	37
9. 조직행동론	–	–	4	–	–	5	–	–	3	–	–	4	–	–	3	19
10. 인적자원관리론	–	–	1	–	–	1	–	–	3	–	–	4	–	–	2	11
11. 마케팅론	–	–	3	–	–	8	–	–	5	–	–	9	–	–	10	35
12. 재무관리론	–	–	4	–	–	7	–	–	4	–	–	5	–	–	5	25
13. 생산·운영관리론	–	–	10	–	–	–	–	–	8	–	–	3	–	–	4	25

★는 특히 빈번히 출제된 영역

과목별 학습방법

1과목 경제법

경제법은 1차 합격의 핵심입니다. 독점규제 및 공정거래에 관한 법률 및 시행령과 약관의 규제에 관한 법률을 충분히 숙지해야 합니다. 가장 분량이 적으면서 문제가 반복적으로 출제되는 경향이 있기 때문에 경제법에서만큼은 점수를 따고 간다는 생각으로 임해야 합니다. 본서에 담긴 이론과 적중예상문제를 잘 익힌다면 경제법 고득점 취득은 어렵지 않을 것입니다.

2과목 민 법

민법은 양이 방대하기 때문에 쉽지 않습니다. 평소에 법을 공부해보지 않았던 분들은 법의 용어가 생소하고 어려울 수 있으므로 더욱 힘들게 느껴질 수 있습니다. 그러나 법적인 용어들을 정확히 알려고 하기보다는 반복 기출된 조문과 판례를 중심으로 내용을 익힌다는 생각으로 접근하는 것이 좋습니다. 따라서 기출 문제를 많이 풀어보아야 하며, 본서에 나온 이론과 적중예상문제를 소화한다면 충분히 고득점을 받을 수 있습니다.

3과목 경영학

가맹거래사 경영학은 전공자가 아니라면 접근하기 다소 어려울 수 있습니다. 매년 출제되는 문제가 자주 바뀌고 경영학 전반에 걸친 이론이 압축되어 있으므로 범위가 방대합니다. 따라서 경영학 공부에는 전략적인 접근이 필요합니다.

가맹거래사에서 출제되는 내용의 경영학 자체는 어렵다고 보기는 힘들지만 중요 이론들 못지않게 잡다한 이론들도 자주 출제되는 경향을 보입니다. 그러므로 빈출된 중요 이론들을 중심으로 보되, 그 외 이론들은 넓고 얕게 학습하는 것이 중요합니다. 또한 회계학에서는 계산문제가 많이 나오기 때문에 본서에 나온 계산식을 익히고 들어가는 것이 중요합니다.

모든 이론을 숙지하고 고득점을 받는 것이 가장 좋은 방법입니다. 하지만 시간이 충분하지 않다면, 경제법에서 고득점을 달성하고 경영학은 과락을 면하는 전략이 현실적인 방법이라고 할 수 있겠습니다.

ID : jisoo6***

안녕하세요. 저는 대학에서 경제학을 전공하고 전공 관련 자격증을 준비 중인 취업 준비생입니다. 대학 재학 시절 친하게 지내던 몇몇 선배님들과 교수님들로부터 가맹 거래사 업무와 자격증에 대해 들으면서 자연스럽게 관심을 갖게 되었습니다.

저는 시험 보기 1년 전부터 공부하기 시작했고 처음 6개월 정도는 책을 정독하면서 이론을 공부했습니다. 제1과목은 제 전공분야라 큰 어려움은 없었고 제2과목도 전공 은 아니지만 법령에서 주로 문제가 출제되어 기출문제 및 법령 위주로 공부를 했습 니다. 그런데 제3과목 경영학은 경영학 이론들이 나와서 많이 어렵더라구요. 특히 재무관리와 관련해서 계산식이 나오는데 그 부분이 많이 어려웠습니다. 용어도 많이 생소했고요. 그래서 이 기간 동안 주로 3과목 위주로 공부했어요. 경제신문이나 뉴스 를 보면서 용어도 익히고 일부러 계산문제를 많이 풀었습니다.

그리고 다음 4개월 정도는 문제 위주로 공부했어요. 문제를 많이 풀면서 틀린 문제나 어려운 문제 중심으로 관련 이론을 공부하고 따로 정리한 요약집을 봤습니다. 마지막 2개월은 기출문제를 중심으로 공부를 했는데 기출문제에서 출제가 많이 되는 것 같더 라구요. 문제를 약간 바꾸는 응용 위주의 방식으로 매년 비슷한 문제가 출제되는 것 같아요. 따라서 이론 공부가 어느 정도 되면 기출문제를 중심으로 공부하는 것도 좋은 방법이 될 거라 생각합니다.

ID : eogus7***

가맹거래사에 합격하고 이렇게 합격수기를 남기니 꿈만 같네요. 저는 대학에서 경영학 을 전공했고 졸업 후에도 몇 년간 기업에서 재무 관련 업무를 봤습니다. 그리고 이직을 하기 위해 가맹거래사 시험을 봤는데요.

시험공부를 하면서 특히 가맹거래사와 관련된 법을 공부하는 게 힘들었습니다. 전 기본 적으로 책에 수록된 이론 중 '기출'이라고 표시된 이론을 중심으로 공부했습니다. 해당 이론을 공부하고 그와 관련된 다른 이론을 찾아 공부하다 보니 처음엔 책이 너무 두꺼 워 부담스러웠는데 나중에는 익숙해지더라구요. 그리고 저는 이론과 문제풀이를 병행 해서 공부했어요. 그렇게 하니까 이론 복습도 되고 이론이 어떻게 문제로 응용되어 나 오는지 감도 잡혀서 좋았습니다. 이 밖에 틀린 문제는 따로 표시하고 정리해서 오답노 트를 만들어 시험 직전에는 그것만 보면서 다녔고요. 문제 밑에 기본적으로 달린 해설 과 함께 관련 이론을 요약해서 보니까 괜찮더라구요. 기출문제도 따로 많이 풀었는데 나왔던 문제가 비슷하게 또 출제되어 자연스럽게 복습의 효과도 있었습니다. 시험을 준비하시는 분들에게 저의 학습방법이 참고가 되었으면 합니다.

이 책의 목차

2025년

제23회 기출문제

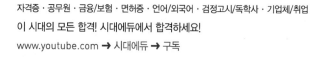

제1과목 | 경제법

01 독점규제 및 공정거래에 관한 법률상 용어의 정의에 관한 설명으로 옳은 것을 모두 고른 것은?

> ㄱ. "여신"이란 국내외의 금융기관이 하는 대출 및 회사채무의 보증 또는 인수를 말한다.
> ㄴ. "계열회사"란 둘 이상의 회사가 서로 다른 기업집단에 속하는 경우에 이들 각각의 회사를 서로 상대방의 계열회사라 한다.
> ㄷ. "일정한 거래분야"란 거래의 객체별·단계별 또는 지역별로 경쟁관계에 있거나 경쟁관계가 성립될 수 있는 분야를 말한다.
> ㄹ. 제조업을 하는 자는 사업자이며, 이 경우 사업자의 이익을 위한 행위를 하는 대리인은 사업자단체에 관한 규정을 적용할 때에는 사업자로 본다.
> ㅁ. 지점에서 영업 전반을 총괄적으로 처리할 수 있는 지배인은 임원에 해당한다.

① ㄴ, ㄷ
② ㄷ, ㄹ
③ ㄹ, ㅁ
④ ㄱ, ㄴ, ㄹ
⑤ ㄱ, ㄷ, ㅁ

해설

ㄱ. "여신"이란 국내 금융기관이 하는 대출 및 회사채무의 보증 또는 인수를 말한다(독점규제 및 공정거래에 관한 법률 제2조 제19호).

ㄴ. "계열회사"란 둘 이상의 회사가 동일한 기업집단에 속하는 경우에 이들 각각의 회사를 서로 상대방의 계열회사라 한다(동법 제2조 제12호).

ㅁ. 지배인 등 본점이나 지점의 영업 전반을 총괄적으로 처리할 수 있는 상업사용인은 임원에 해당한다(동법 제2조 제6호 바목).

02 독점규제 및 공정거래에 관한 법률상 역외적용에 관한 설명으로 옳지 않은 것은? (다툼이 있으면 판례에 따름)

① 대법원은 흑연전극봉을 제조·판매하는 외국사업자들의 국외에서의 부당한 공동행위에 대해 역외 적용을 인정하였다.

② 외국에서 일어난 경쟁제한행위가 국내시장에 미치는 영향이 직접적이고, 실질적이며, 합리적으로 예견 가능한 경우에 이 법을 적용한다.

③ 공정거래위원회는 비타민 국제카르텔 사건에서 외국사업자들이 외국에서 행한 가격담합 행위에 대하여 시정명령과 아울러 과징금 납부명령을 내렸다.

④ 이 법의 적용에 의한 규제의 요청에 비하여 외국 법률 등을 존중해야 할 요청이 현저히 우월한 지는 역외적용에 있어서 특별히 고려할 필요는 없다.

⑤ 국외에서 이루어진 행위라도 그 행위가 국내시장에 영향을 미치는 경우에는 이 법을 적용한다는 명시적 규정이 있다.

> **해설**
>
> ④ 국외에서 이루어진 외국사업자의 행위가 국내시장에 영향을 미치는 경우에는 독점규제 및 공정거래에 관한 법률(이하 '공정거래법'이라 한다) 제2조의2의 요건을 충족하므로, 당해 행위에 대한 외국 법률 또는 외국정부의 정책이 국내 법률과 달라 외국 법률 등에 따라 허용되는 행위라고 하더라도 그러한 사정만으로 당연히 공정거래법의 적용이 제한된다고 볼 수는 없다. 다만 동일한 행위에 대하여 국내 법률과 외국의 법률 등이 충돌되어 사업자에게 적법한 행위를 선택할 수 없게 하는 정도에 이른다면 그러한 경우에도 국내 법률의 적용만을 강제할 수는 없으므로, 당해 행위에 대하여 공정거래법 적용에 의한 규제의 요청에 비하여 외국 법률 등을 존중해야 할 요청이 현저히 우월한 경우에는 공정거래법의 적용이 제한될 수 있고, 그러한 경우에 해당하는지는 당해 행위가 국내시장에 미치는 영향, 당해 행위에 대한 외국정부의 관여 정도, 국내 법률과 외국 법률 등이 상충되는 정도, 이로 말미암아 당해 행위에 대하여 국내 법률을 적용할 경우 외국사업자에게 미치는 불이익 및 외국 정부가 가지는 정당한 이익을 저해하는 정도 등을 종합적으로 고려하여 판단해야 한다(대판 2014.5.16., 2012두13665).

03 독점규제 및 공정거래에 관한 법률 제1조(목적)가 명시적으로 규정하고 있는 것은?

① 국민경제의 균형 있는 발전
② 중소기업의 보호와 육성
③ 사회복지의 증진
④ 적정한 소득의 분배
⑤ 정의로운 시장경제의 달성

> **해설**
>
> 목적(독점규제 및 공정거래에 관한 법률 제1조)
> 이 법은 사업자의 시장지배적 지위의 남용과 과도한 경제력의 집중을 방지하고, 부당한 공동행위 및 불공정거래행위를 규제하여 공정하고 자유로운 경쟁을 촉진함으로써 창의적인 기업활동을 조성하고 소비자를 보호함과 아울러 국민경제의 균형 있는 발전을 도모함을 목적으로 한다.

04 독점규제 및 공정거래에 관한 법률상 시장지배적 사업자의 지위남용 행위 중 부당하게 경쟁사업자를 배제하기 위하여 거래하는 행위에 해당하는 것은?

① 부당하게 거래상대방이 경쟁사업자와 거래하지 않을 것을 조건으로 그 거래상대방과 거래하는 행위
② 정당한 이유 없이 다른 사업자의 상품 또는 용역의 생산·공급·판매에 필수적인 요소의 사용 또는 접근을 거절·중단하거나 제한하는 행위
③ 정당한 이유 없이 유통단계에서 공급부족이 있음에도 불구하고 상품 또는 용역의 공급량을 감소시키는 행위
④ 정당한 이유 없이 최근의 추세에 비추어 상품 또는 용역의 공급량을 현저히 감소시키는 행위
⑤ 정당한 이유 없이 기존 사업자의 계속적인 사업활동에 필요한 권리 등을 매입하는 행위

해설

남용행위의 유형 또는 기준(독점규제 및 공정거래에 관한 법률 시행령 제9조 제5항)
부당하게 경쟁사업자를 배제하기 위하여 거래하는 행위는 다음의 행위로 한다.
• 부당하게 통상거래가격에 비하여 낮은 가격으로 공급하거나 높은 가격으로 구입하여 경쟁사업자를 배제시킬 우려가 있는 행위
• 부당하게 거래상대방이 경쟁사업자와 거래하지 않을 것을 조건으로 그 거래상대방과 거래하는 행위

05 독점규제 및 공정거래에 관한 법률상 시장지배적 사업자의 판단기준으로서 명시적으로 규정하고 있는 것을 모두 고른 것은?

> ㄱ. 경쟁사업자의 상대적 규모　　　ㄴ. 지식재산권의 행사 수준
> ㄷ. 진입장벽의 존재 및 정도　　　ㄹ. 시장점유율
> ㅁ. 가격의 남용 정도

① ㄱ, ㄴ, ㄹ
② ㄱ, ㄷ, ㄹ
③ ㄱ, ㄷ, ㅁ
④ ㄴ, ㄹ, ㅁ
⑤ ㄷ, ㄹ, ㅁ

해설

시장지배적 사업자의 정의(독점규제 및 공정거래에 관한 법률 제2조 제3호)
"시장지배적 사업자"란 일정한 거래분야의 공급자나 수요자로서 단독으로 또는 다른 사업자와 함께 상품이나 용역의 가격, 수량, 품질, 그 밖의 거래조건을 결정·유지 또는 변경할 수 있는 시장지위를 가진 사업자를 말한다. 이 경우 시장지배적 사업자를 판단할 때에는 시장점유율, 진입장벽의 존재 및 정도, 경쟁사업자의 상대적 규모 등을 종합적으로 고려한다.

06 독점규제 및 공정거래에 관한 법률상 시장지배적 사업자의 추정에 관한 설명으로 옳지 않은 것은?

① 일정한 거래분야에서 시장점유율이 30%인 1위 기업이 단독으로 자사 제품의 가격을 인상시킨 경우 시장지배적 사업자로 추정될 수 있다.

② 일정한 거래분야에서 시장점유율이 40%인 1위 기업이 단독으로 자사 제품의 가격을 인상시킨 경우에도 시장지배적 사업자로 추정되지 않을 수 있다.

③ 일정한 거래분야에서 연간 매출액 또는 구매액이 50억 원인 사업자도 시장지배적 사업자로 추정될 수 있다.

④ 일정한 거래분야에서 시장점유율이 10%인 사업자는 각각 50%, 20%의 시장점유율을 가진 2 사업자와 함께 시장지배적 사업자로 추정된다.

⑤ 시장지배적 사업자의 사전지정·고시제도는 현재 폐지되었다.

> **해설**
>
> **시장지배적 사업자의 추정(독점규제 및 공정거래에 관한 법률 제6조)**
> 일정한 거래분야에서 시장점유율이 다음의 어느 하나에 해당하는 사업자(일정한 거래분야에서 연간 매출액 또는 구매액이 80억 원 미만인 사업자는 제외한다)는 시장지배적 사업자로 추정한다.
> • 하나의 사업자의 시장점유율이 100분의 50 이상
> • 셋 이하의 사업자의 시장점유율의 합계가 100분의 75 이상, 이 경우 시장점유율이 100분의 10 미만인 사업자는 제외한다.

07 독점규제 및 공정거래에 관한 법률상 시장지배적 지위를 남용한 사업자에 대하여 명할 수 있는 시정조치의 유형으로 명시하고 있는 것은?

① 주식의 소각　　　　　　　　② 사죄광고
③ 가격의 인하　　　　　　　　④ 이행강제금의 부과
⑤ 다른 회사와의 합병

> **해설**
>
> **시정조치(독점규제 및 공정거래에 관한 법률 제7조 제1항)**
> 공정거래위원회는 남용행위가 있을 때에는 그 시장지배적 사업자에게 가격의 인하, 해당 행위의 중지, 시정명령을 받은 사실의 공표 또는 그 밖에 필요한 시정조치를 명할 수 있다.

08 독점규제 및 공정거래에 관한 법률상 부당한 공동행위에 관한 설명으로 옳지 않은 것은? (다툼이 있으면 판례에 따름)

① 공동행위에 참가한 자 중 한쪽 당사자가 당초의 합의에 따를 의사 없이 진의 아닌 의사표시에 의하여 합의한 경우에도 부당한 공동행위는 성립한다.

② 부당한 공동행위에는 다른 사업자로 하여금 부당한 공동행위를 교사 또는 방조하는 행위도 포함한다.

③ 부당한 공동행위가 성립하기 위해서는 부당하게 경쟁을 제한하는 행위를 하기로 합의한 것만으로 충분하며, 합의에 따른 행위의 일치까지 요하지는 않는다.

④ 사업자 간 낙찰의 비율을 정하는 것은 입찰담합의 유형에 해당한다.

⑤ 부당한 공동행위를 한 사업자에 대해서는 징역형과 벌금형을 병과할 수 있다.

> **해설**
>
> ② '다른 사업자로 하여금 부당한 공동행위를 행하도록 하는 행위'는 다른 사업자로 하여금 부당한 공동행위를 하도록 교사하는 행위 또는 이에 준하는 행위를 의미하고, 다른 사업자의 부당한 공동행위를 단순히 방조하는 행위는 여기에 포함되지 않는다고 할 것이다(대판 2009.5.14., 2009두1556).

09 독점규제 및 공정거래에 관한 법률상 부당한 공동행위의 유형으로 명시되어 있지 않은 것은?

① 거래상대방을 제한하는 행위

② 상품의 대금 또는 대가의 지급조건을 정하는 행위

③ 상품의 수송을 제한하는 행위

④ 용역의 거래 시에 그 용역의 규격을 제한하는 행위

⑤ 거래상대방의 사업활동을 부당하게 이용하여 거래하는 행위

> **해설**
>
> 부당한 공동행위의 금지(독점규제 및 공정거래에 관한 법률 제40조 제1항)
> 사업자는 계약·협정·결의 또는 그 밖의 어떠한 방법으로도 다른 사업자와 공동으로 부당하게 경쟁을 제한하는 다음의 어느 하나에 해당하는 행위를 할 것을 합의하거나 다른 사업자로 하여금 이를 하도록 하여서는 아니 된다.
> • 가격을 결정·유지 또는 변경하는 행위
> • 상품 또는 용역의 거래조건이나, 그 대금 또는 대가의 지급조건을 정하는 행위
> • 상품의 생산·출고·수송 또는 거래의 제한이나 용역의 거래를 제한하는 행위
> • 거래지역 또는 거래상대방을 제한하는 행위
> • 생산 또는 용역의 거래를 위한 설비의 신설 또는 증설이나 장비의 도입을 방해하거나 제한하는 행위
> • 상품 또는 용역의 생산·거래 시에 그 상품 또는 용역의 종류·규격을 제한하는 행위
> • 영업의 주요 부문을 공동으로 수행·관리하거나 수행·관리하기 위한 회사 등을 설립하는 행위
> • 입찰 또는 경매를 할 때 낙찰자, 경락자, 입찰가격, 낙찰가격 또는 경락가격, 그 밖에 대통령령으로 정하는 사항을 결정하는 행위
> • 그 밖의 행위로서 다른 사업자(그 행위를 한 사업자를 포함)의 사업활동 또는 사업내용을 방해·제한하거나 가격, 생산량, 그 밖에 대통령령으로 정하는 정보를 주고받음으로써 일정한 거래분야에서 경쟁을 실질적으로 제한하는 행위

10 독점규제 및 공정거래에 관한 법률상 부당한 공동행위에 관한 설명으로 옳지 않은 것은?

① 공정거래위원회는 부당한 공동행위를 한 사업자에게 해당 행위의 중지를 명할 수 있다.

② 공정거래위원회는 부당한 공동행위를 한 사업자가 합병으로 소멸한 경우에는 합병에 따라 설립된 회사에 대하여 시정조치를 명할 수 있다.

③ 공정거래위원회는 부당한 공동행위를 통하여 소비자에게 피해를 끼친 사업자에게 그 피해를 배상하도록 하는 내용의 동의의결을 할 수 있다.

④ 부당한 공동행위를 행한 사업자가 매출액이 없는 경우에도 과징금을 부과할 수 있다.

⑤ 부당한 공동행위를 할 것을 약정하는 계약 등은 해당 사업자 간에는 그 효력을 무효로 한다.

해설

① 독점규제 및 공정거래에 관한 법률 제42조 제1항
② 동법 제42조 제2항
④ 동법 제50조 제1항
⑤ 동법 제40조 제4항

11 독점규제 및 공정거래에 관한 법률상 불공정거래행위에 관한 유형 중 부당염매에 관한 설명으로 옳지 않은 것은?

① 경쟁사업자 배제의 유형 중 하나이다.

② 부당하게 상품을 낮은 가격으로 공급하여 계열회사의 경쟁사업자를 배제시킬 우려가 있는 행위는 부당염매에 해당한다.

③ 자기의 상품을 공급하는 경우에 정당한 이유 없이 그 공급에 소요되는 비용보다 현저히 낮은 가격으로 계속 공급하는 경우는 부당염매에 해당하지 않는다.

④ 부당염매를 한 사업자에게는 대통령령으로 정하는 매출액에 100분의 4를 곱한 금액을 초과하지 않는 범위에서 과징금을 부과할 수 있다.

⑤ 부당염매를 한 사업자가 매출액이 없는 경우에는 10억 원을 초과하지 않는 범위에서 과징금을 부과할 수 있다.

해설

부당염매(독점규제 및 공정거래에 관한 법률 시행령 별표 2 제3호 가목)
자기의 상품 또는 용역을 공급하는 경우에 정당한 이유 없이 그 공급에 소요되는 비용보다 현저히 낮은 대가로 계속 공급하거나 그 밖에 부당하게 상품 또는 용역을 낮은 대가로 공급하여 자기 또는 계열회사의 경쟁사업자를 배제시킬 우려가 있는 행위를 말한다.

12 독점규제 및 공정거래에 관한 법률상 사업자단체가 공정경쟁규약을 정하여 방지하고자 하는 불공정 거래행위 유형에 해당하는 것은?

① 거래지역의 제한
② 배타조건부거래
③ 이익제공강요
④ 판매목표강제
⑤ 부당한 이익에 의한 고객유인

해설

부당한 이익에 의한 고객유인(독점규제 및 공정거래에 관한 법률 시행령 별표 2 제4호 가목)
정상적인 거래관행에 비추어 부당하거나 과대한 이익을 제공하거나 제공할 제의를 하여 경쟁사업자의 고객을 자기와 거래하도록 유인하는 행위

13 독점규제 및 공정거래에 관한 법률상 불공정거래행위의 금지행위 중 과징금 상한액이 다른 것은?

① 다른 회사에 자금을 상당히 낮거나 높은 대가로 제공 또는 거래하거나 상당한 규모로 제공 또는 거래하는 행위
② 다른 회사에 자산 또는 상품·용역을 상당히 낮거나 높은 대가로 제공 또는 거래하거나 상당한 규모로 제공 또는 거래하는 행위
③ 특수관계인에 인력을 상당히 낮거나 높은 대가로 제공 또는 거래하거나 상당한 규모로 제공 또는 거래하는 행위
④ 다른 사업자의 인력을 부당하게 유인·채용하여 다른 사업자의 사업활동을 상당히 곤란하게 할 정도로 방해하는 행위
⑤ 다른 사업자와 직접 상품·용역을 거래하면 상당히 유리함에도 불구하고 거래상 역할이 없거나 미미(微微)한 다른 회사를 거래단계에 추가하거나 거쳐서 거래하는 행위

해설

④ 매출액에 100분의 4를 곱한 금액을 초과하지 아니하는 범위에서 과징금을 부과할 수 있다. 다만, 매출액이 없는 경우 등에는 10억 원을 초과하지 아니하는 범위에서 과징금을 부과할 수 있다(독점규제 및 공정거래에 관한 법률 제50조 제1항).
①·②·③·⑤ 매출액에 100분의 10을 곱한 금액을 초과하지 아니하는 범위에서 과징금을 부과할 수 있다. 다만, 매출액 이 없는 경우 등에는 40억 원을 초과하지 아니하는 범위에서 부과할 수 있다(동법 제50조 제2항).

14 독점규제 및 공정거래에 관한 법률상 불공정거래행위에 해당하지 않는 것은?

① 부당하게 거래를 거절하는 행위

② 부당하게 거래의 상대방을 차별하여 취급하는 행위

③ 생산 또는 용역의 거래를 위한 설비의 신설 또는 증설이나 장비의 도입을 방해하거나 제한하는 행위

④ 부당하게 경쟁자의 고객을 자기와 거래하도록 강제하는 행위

⑤ 거래의 상대방의 사업활동을 부당하게 구속하는 조건으로 거래하는 행위

> **해설**
>
> **불공정거래행위의 금지(독점규제 및 공정거래에 관한 법률 제45조 제1항)**
> 사업자는 다음의 어느 하나에 해당하는 행위로서 공정한 거래를 해칠 우려가 있는 행위를 하거나, 계열회사 또는 다른 사업자로 하여금 이를 하도록 하여서는 아니 된다.
> • 부당하게 거래를 거절하는 행위
> • 부당하게 거래의 상대방을 차별하여 취급하는 행위
> • 부당하게 경쟁자를 배제하는 행위
> • 부당하게 경쟁자의 고객을 자기와 거래하도록 유인하는 행위
> • 부당하게 경쟁자의 고객을 자기와 거래하도록 강제하는 행위
> • 자기의 거래상의 지위를 부당하게 이용하여 상대방과 거래하는 행위
> • 거래의 상대방의 사업활동을 부당하게 구속하는 조건으로 거래하는 행위
> • 부당하게 다른 사업자의 사업활동을 방해하는 행위
> • 부당하게 특수관계인 또는 다른회사를 지원하는 행위
> • 그 밖의 행위로서 공정한 거래를 해칠 우려가 있는 행위

15 독점규제 및 공정거래에 관한 법률상 불공정거래행위 중 거래강제에 해당하는 것은?

① 공동의 거래거절   ② 사원판매

③ 거래처 이전 방해   ④ 부당고가매입

⑤ 집단적 차별

> **해설**
>
> **거래강제(독점규제 및 공정거래에 관한 법률 시행령 별표 2 제5호)**
> 법 제45조 제1항 제5호에 따른 부당하게 경쟁자의 고객을 자기와 거래하도록 강제하는 행위는 다음의 행위로 한다.
> • 끼워팔기 : 거래상대방에게 자기의 상품 또는 용역을 공급하면서 정상적인 거래관행에 비추어 부당하게 다른 상품 또는 용역을 자기 또는 자기가 지정하는 사업자로부터 구입하도록 하는 행위
> • 사원판매 : 부당하게 자기 또는 계열회사의 임직원에게 자기 또는 계열회사의 상품이나 용역을 구입 또는 판매하도록 강제하는 행위
> • 그 밖의 거래 강제 : 정상적인 거래관행에 비추어 부당한 조건 등 불이익을 거래상대방에게 제시하여 자기 또는 자기가 지정하는 사업자와 거래하도록 강제하는 행위

16 독점규제 및 공정거래에 관한 법률상 재판매가격유지행위에 관한 설명으로 옳지 않은 것은?

① 효율성 증대로 인한 소비자후생 증대효과가 경쟁제한으로 인한 폐해보다 큰 경우 재판매가격유지행위가 허용된다.

② 재판매가격유지행위에 정당한 이유가 있는지는 사업자에게 증명책임이 있다.

③ 「저작권법」상 저작물 중 관계 중앙행정기관의 장과의 협의를 거쳐 공정거래위원회가 고시하는 출판된 저작물인 경우 재판매가격유지행위가 허용된다.

④ 전자출판물은 관계 중앙행정기관의 장과의 협의를 거쳐 공정거래위원회가 고시하는 출판된 저작물에 포함되지 않는다.

⑤ 재판매가격유지행위의 금지규정을 위반한 경우의 과징금 부과기준은 부당하게 거래를 거절하는 행위를 한 경우와 동일하다.

> **해설**
>
> ④ 전자출판물은 관계 중앙행정기관의 장과의 협의를 거쳐 공정거래위원회가 고시하는 출판된 저작물에 포함된다(독점규제 및 공정거래에 관한 법률 제46조 제2호).

17 독점규제 및 공정거래에 관한 법률상 특수관계인에 대한 부당한 이익제공에 해당하지 않는 것은?

① 정상적인 거래에서 적용되는 조건보다 상당히 유리한 조건으로 거래하는 행위

② 회사가 자신이 지배하고 있는 회사를 통하여 수행할 경우 회사에 상당한 이익이 될 사업기회를 제공하는 행위

③ 특수관계인과 금융상품을 상당히 유리한 조건으로 거래하는 행위

④ 사업능력, 재무상태, 가격 등에 대한 합리적인 고려나 다른 사업자와의 비교 없이 상당한 규모로 거래하는 행위

⑤ 다른 사업자와 직접 상품을 거래하면 상당히 유리함에도 불구하고 특수관계인을 거쳐서 거래하면서 그 특수관계인에 거래상 역할에 비해 과도한 대가를 지급하는 행위

> **해설**
>
> **특수관계인에 대한 부당한 이익제공(독점규제 및 공정거래에 관한 법률 제47조 제1항)**
> • 정상적인 거래에서 적용되거나 적용될 것으로 판단되는 조건보다 상당히 유리한 조건으로 거래하는 행위
> • 회사가 직접 또는 자신이 지배하고 있는 회사를 통하여 수행할 경우 회사에 상당한 이익이 될 사업기회를 제공하는 행위
> • 특수관계인과 현금이나 그 밖의 금융상품을 상당히 유리한 조건으로 거래하는 행위
> • 사업능력, 재무상태, 신용도, 기술력, 품질, 가격 또는 거래조건 등에 대한 합리적인 고려나 다른 사업자와의 비교 없이 상당한 규모로 거래하는 행위

18 독점규제 및 공정거래에 관한 법률상 사업자단체의 금지행위에 해당하지 않는 것은?

① 거래지역을 제한하는 행위로 부당하게 경쟁을 제한하는 행위

② 일정한 거래분야에서 장래의 사업자 수를 제한하는 행위

③ 구성사업자의 사업 활동을 부당하게 제한하는 행위

④ 사업자에게 재판매가격유지행위를 방조하는 행위

⑤ 시장구조의 조사 및 공표를 하는 행위

> **해설**
>
> 사업자단체의 금지행위(독점규제 및 공정거래에 관한 법률 제51조 제1항)
> • 법 제40조(부당한 공동행위의 금지) 제1항의 각 호의 행위로 부당하게 경쟁을 제한하는 행위
> • 일정한 거래분야에서 현재 또는 장래의 사업자 수를 제한하는 행위
> • 구성사업자의 사업내용 또는 활동을 부당하게 제한하는 행위
> • 사업자에게 불공정거래행위 또는 재판매가격유지행위를 하게 하거나 이를 방조하는 행위

19 독점규제 및 공정거래에 관한 법률상 사업자단체에 관한 설명으로 옳지 않은 것은?

① 사업자단체란 그 형태가 무엇이든 상관없이 둘 이상의 사업자가 공동의 이익을 증진할 목적으로 조직한 결합체 또는 그 연합체를 말한다.

② 사업자단체를 설립한 경우에는 공정거래위원회에 신고하여야 한다.

③ 공정거래위원회는 사업자단체가 준수하여야 할 지침을 제정·고시할 수 있다.

④ 공정거래위원회는 사업자단체가 준수하여야 할 지침을 제정하려는 경우에는 관계행정기관의 장의 의견을 들어야 한다.

⑤ 공정거래위원회는 사업자단체의 금지행위 규정을 위반하는 행위가 있을 때에는 그 사업자단체에 시정조치를 명할 수 있다.

> **해설**
>
> ① 독점규제 및 공정거래에 관한 법률 제2조 제2호
> ③ 동법 제51조 제3항
> ④ 동법 제51조 제4항
> ⑤ 동법 제52조 제1항

20 독점규제 및 공정거래에 관한 법률 제46조(재판매가격유지행위의 금지)를 위반한 사업자에게 공정거래위원회가 명할 수 있는 시정조치로 명시하고 있지 않은 것은?

① 법 위반 사실의 공표
② 재판매가격유지행위의 중지
③ 재발방지를 위한 조치
④ 계약조항의 삭제
⑤ 그 밖에 필요한 시정조치

해설

시정조치(독점규제 및 공정거래에 관한 법률 제49조 제1항)
공정거래위원회는 법률을 위반하는 행위가 있을 때에는 해당 사업자에게 해당 불공정거래행위, 재판매가격유지행위 또는 특수관계인에 대한 부당한 이익제공행위의 중지 및 재발방지를 위한 조치, 해당 보복조치의 금지, 계약조항의 삭제, 시정명령을 받은 사실의 공표, 그 밖에 필요한 시정조치를 명할 수 있다.

21 독점규제 및 공정거래에 관한 법률상 전담기구에 관한 설명으로 옳지 않은 것은?

① 공정거래위원회의 회의는 전원회의와 소회의로 구분한다.
② 공정거래위원회의 위원장, 부위원장 및 다른 위원의 임기는 3년으로 하고, 두 차례까지 연임할 수 있다.
③ 전원회의는 규칙 또는 고시의 제정 또는 변경사항을 심의·의결한다.
④ 공정거래위원회의 위원은 정당에 가입하거나 정치운동에 관여할 수 없다.
⑤ 공정거래위원회는 이 법에 위반되는 사항에 대하여 의결하는 경우에는 그 사항에 관한 심리를 종결하는 날까지 발생한 사실을 기초로 판단한다.

해설

위원의 임기(독점규제 및 공정거래에 관한 법률 제61조)
공정거래위원회의 위원장, 부위원장 및 다른 위원의 임기는 3년으로 하고, 한 차례만 연임할 수 있다.

22 독점규제 및 공정거래에 관한 법률상 공정거래위원회에 관한 설명으로 옳지 않은 것은?

① 공정거래위원회는 국무총리 소속으로 둔다.

② 시장지배적 지위의 남용행위 규제에 관한 사항은 공정거래위원회의 소관사무 중 하나이다.

③ 공정거래위원회는 정부와 외국정부 사이에 체결한 협정에 따라 외국정부의 법 집행을 지원할 수 있다.

④ 정부와 외국정부 사이에 협정이 체결되지 아니한 경우에는 공정거래위원회는 외국정부의 법 집행 요청이 있더라도 지원을 할 수 없다.

⑤ 공정거래위원회는 위원장 1명, 부위원장 1명을 포함하여 9명의 위원으로 구성하며, 그중 4명은 비상임위원으로 한다.

해설

④ 공정거래위원회는 정부와 외국정부 사이에 협정이 체결되어 있지 아니한 경우에도 외국정부의 법 집행요청 시 동일하거나 유사한 사항에 관하여 대한민국의 지원요청에 따른다는 요청국의 보증이 있는 경우에는 지원할 수 있다(독점규제 및 공정거래에 관한 법률 제56조 제3항).

① 동법 제54조 제1항
② 동법 제55조 제1호
③ 동법 제56조 제2항
④ 동법 제57조 제1항

23 독점규제 및 공정거래에 관한 법률상 조사 등의 절차에 관한 설명으로 옳지 않은 것은?

① 공정거래위원회는 이 법에 위반되는 사항에 대하여 시정조치를 명하거나 과징금을 부과하기 전에 당사자 또는 이해관계인에게 의견을 진술할 기회를 주어야 한다.

② 이 법에 따른 처분에 대하여 불복하는 자는 그 처분의 통지를 받은 날부터 30일 이내에 그 사유를 갖추어 공정거래위원회에 이의신청을 할 수 있다.

③ 전원회의 또는 소회의 의장은 당사자의 증거조사 신청을 채택하지 아니하는 경우 그 이유를 당사자에게 고지하여야 한다.

④ 공정거래위원회는 사건을 심의하기 위하여 필요하면 당사자의 신청으로 증거조사를 할 수 있으나 직권으로 증거조사를 진행할 수는 없다.

⑤ 공정거래위원회는 이의신청에 대하여 부득이한 사정이 없는 경우에는 60일 이내에 재결을 하여야 한다.

해설

④ 공정거래위원회는 사건을 심의하기 위하여 필요하면 당사자의 신청이나 직권으로 증거조사를 할 수 있다(독점규제 및 공정거래에 관한 법률 제94조 제1항).

① 동법 제90조 제2항
② 동법 제96조 제1항
③ 동법 제94조 제2항
⑤ 동법 제96조 제2항

24 독점규제 및 공정거래에 관한 법률상 동의의결제도에 관한 설명으로 옳지 않은 것은?

① 사업자 또는 사업자단체는 조사나 심의를 받고 있는 행위로 인한 경쟁제한상태 등의 자발적 해소 등을 위하여 동의의결을 하여줄 것을 공정거래위원회에 신청할 수 있다.

② 공정거래위원회는 동의의결을 하는 경우에 동의의결된 시정방안을 이행하지 않으면 이행강제금이 부과·징수될 수 있다는 사실을 구두 또는 서면으로 알려야 한다.

③ 공정거래위원회는 동의의결 이행계획의 이행 여부 점검 및 그 이행에 관련된 자료의 제출요청 업무를 한국공정거래조정원에 위탁한다.

④ 신청인이 동의의결을 신청하는 경우 해당 행위를 특정할 수 있는 사실관계를 기재한 서면으로 하여야 한다.

⑤ 공정거래위원회는 신속한 조치의 필요성 등을 종합적으로 고려하여 동의절차의 개시 여부를 결정하여야 한다.

해설

② 공정거래위원회는 동의의결된 시정방안을 이행하지 않으면 이행강제금이 부과·징수될 수 있다는 사실을 서면으로 알려야 한다(독점규제 및 공정거래에 관한 법률 시행령 제79조).
① 독점규제 및 공정거래에 관한 법률 제89조 제1항
③ 동법 제90조 제7항
④ 동법 제89조 제2항
⑤ 동법 제90조 제1항

25 독점규제 및 공정거래에 관한 법률상 조사 등의 절차에 관한 설명으로 옳은 것은?

① 공정거래위원회로부터 조사를 받은 경우에 사업자는 변호인으로 하여금 조사 및 심의에 참여하게 할 수 있다.

② 누구든지 이 법에 위반되는 사실을 신고할 수 있고, 이 경우 그 신고는 서면을 통해서만 신고할 수 있다.

③ 공정거래위원회는 이 법 위반행위에 대하여 3년이 지난 경우에는 시정조치를 명하거나 과징금을 부과할 수 없다.

④ 조사공무원은 이 법의 시행을 위하여 필요한 최소한의 범위에서 조사를 하여야 하나, 불가피한 경우에는 다른 목적을 위하여도 조사권을 남용할 수 있다.

⑤ 공정거래위원회는 이 법을 위반한 혐의가 있다고 인정할 때에도 직권으로 조사를 개시할 수 없다.

해설

① 독점규제 및 공정거래에 관한 법률 제83조
② 누구든지 이 법에 위반되는 사실을 공정거래위원회에 신고할 수 있다. 다만, 긴급하거나 부득이한 사정이 있는 경우에는 전화 또는 구두로 신고할 수 있다(동법 제80조 제2항 및 시행령 제71조).
③ 공정거래위원회는 기간(조사를 개시한 경우 개시일부터 5년, 개시하지 아니한 경우 위반행위의 종료일부터 7년)이 지난 경우에는 시정조치를 명하거나 과징금을 부과할 수 없다(동법 제80조 제5항).
④ 조사공무원은 이 법의 시행을 위하여 필요한 최소한의 범위에서 조사를 하여야 하며, 다른 목적 등을 위하여 조사권을 남용해서는 아니 된다(동법 제84조).
⑤ 공정거래위원회는 이 법을 위반한 혐의가 있다고 인정할 때에는 직권으로 필요한 조사를 할 수 있다(동법 제80조 제1항).

26 독점규제 및 공정거래에 관한 법률상 과징금 부과 시 고려해야 하는 사항으로 명시된 것을 모두 고른 것은?

> ㄱ. 위반행위의 내용 및 정도　　　　ㄴ. 국·내외 법인 여부
> ㄷ. 위반행위의 기간 및 횟수　　　　ㄹ. 사업자의 매출액의 규모
> ㅁ. 위반행위로 취득한 이익의 규모 등

① ㄱ, ㄴ　　　　　　　　　　　② ㄱ, ㄴ, ㄷ
③ ㄱ, ㄷ, ㅁ　　　　　　　　　　④ ㄴ, ㄷ, ㄹ
⑤ ㄷ, ㄹ, ㅁ

해설

과징금 부과 시 고려사항(독점규제 및 공정거래에 관한 법률 제102조 제1항)
• 위반행위의 내용 및 정도
• 위반행위의 기간 및 횟수
• 위반행위로 취득한 이익의 규모 등

27 독점규제 및 공정거래에 관한 법률상 손해배상책임에 관한 설명으로 옳은 것은?

① 법원은 이 법 제109조에 따른 손해배상청구의 소가 제기되었을 때 필요한 경우 공정 거래위원회에 대하여 해당 사건의 기록의 송부를 요구할 수 있다.
② 사업자 또는 사업자단체는 어떠한 경우에도 이 법 위반행위로 손해를 입은 자에게 손해액 이상의 배상책임을 부담하지 아니한다.
③ 법원은 이 법 제109조 제2항에 따른 배상액을 정할 때에는 위반행위에 따른 벌금 및 과징금을 고려하지 아니한다.
④ 비밀유지명령의 취소신청에 대한 재판에 대해서는 즉시항고를 할 수 없다.
⑤ 사업자 또는 사업자단체는 이 법을 위반하여 피해를 입은 자가 있는 경우, 고의 또는 과실이 없음을 입증한 경우에도 손해배상책임을 부담한다.

해설

② 사업자 또는 사업자단체는 손해를 입은 자가 있는 경우에는 그 자에게 발생한 손해의 3배를 넘지 아니하는 범위에서 손해배상의 책임을 진다. 다만, 사업자 또는 사업자단체가 고의 또는 과실이 없음을 입증한 경우에는 손해배상의 책임을 지지 아니하고, 사업자가 제44조(자진신고자에 대한 감면 등) 제1항 각 호의 어느 하나에 해당하는 경우 그 배상액은 해당 사업자가 부당한 공동행위를 위반하여 손해를 입은 자에게 발생한 손해를 초과해서는 아니 된다(독점규제 및 공정거래에 관한 법률 제109조 제2항).
③ 법원은 배상액을 정할 때에는 고의 또는 손해 발생의 우려를 인식한 정도, 위반행위로 인한 피해 규모, 위반행위로 사업자 또는 사업자단체가 취득한 경제적 이익, 위반행위에 따른 벌금 및 과징금, 위반행위의 기간·횟수 등, 사업자의 재산상태, 사업자 또는 사업자단체의 피해구제 노력의 정도를 고려하여야 한다(동법 제109조 제3항).
④ 비밀유지명령의 취소신청에 대한 재판에 대해서는 즉시항고를 할 수 있다(동법 제113조 제3항).
⑤ 사업자 또는 사업자단체는 이 법을 위반함으로써 피해를 입은 자가 있는 경우에는 해당 피해자에 대하여 손해배상의 책임을 진다. 다만, 사업자 또는 사업자단체가 고의 또는 과실이 없음을 입증한 경우에는 그러하지 아니하다(동법 제109조 제1항).

28 독점규제 및 공정거래에 관한 법률상 적용 제외에 관한 설명으로 옳지 않은 것은?

① 불공정거래행위의 경우에도 이 법에 따라 일정한 요건을 갖추어 설립된 조합의 행위에 대해서는 이 법을 적용하지 아니한다.

② 이 법은 「저작권법」에 따른 권리의 정당한 행사라고 인정되는 행위에 대해서는 적용되지 아니한다.

③ 이 법은 「상표법」에 따른 권리의 정당한 행사라고 인정되는 행위에 대해서는 적용되지 아니한다.

④ 이 법은 「디자인보호법」에 따른 권리의 정당한 행사라고 인정되는 행위에 대해서는 적용되지 아니한다.

⑤ 이 법은 사업자 또는 사업자단체가 다른 법령에 따라 하는 정당한 행위에 대해서는 적용하지 아니한다.

해설

① 이 법의 요건을 갖추어 설립된 조합의 행위에 대해서는 이 법을 적용하지 아니한다. 다만, 불공정거래행위 또는 부당하게 경쟁을 제한하여 가격을 인상하게 되는 경우에는 그러하지 아니하다(독점규제 및 공정거래에 관한 법률 제118조).
②·③·④ 동법 제117조
⑤ 동법 제116조

29 독점규제 및 공정거래에 관한 법률상 공정거래분쟁조정협의회(이하 "협의회"라 함)에 관한 설명으로 옳지 않은 것은?

① 불공정거래행위의 금지를 위반한 혐의가 있는 행위와 관련된 분쟁을 조정하기 위하여 한국공정거래조정원에 협의회를 둔다.

② 협의회의 위원장은 위원 중에서 한국공정거래조정원의 장의 제청으로 공정거래위원회 위원장이 위촉한다.

③ 협의회는 위원장 1명을 포함하여 9명 이내의 위원으로 구성하며, 위원장은 비상임으로 한다.

④ 협의회 위원의 임기는 3년으로 한다.

⑤ 협의회 위원장은 그 직무 외에 영리를 목적으로 하는 업무에 종사하지 못한다.

해설

③ 협의회는 협의회 위원장 1명을 포함하여 9명 이내의 협의회 위원으로 구성하며, 위원장은 상임으로 한다(독점규제 및 공정거래에 관한 법률 제73조 제2항).
① 동법 제73조 제1항
② 동법 제73조 제3항
④ 동법 제73조 제5항
⑤ 동법 제73조 제8항

30 독점규제 및 공정거래에 관한 법률상 과징금·과태료, 그 밖의 징수금의 결손처분의 사유에 해당하는 사항을 모두 고른 것은?

> ㄱ. 체납처분이 끝나고 체납액에 충당된 배분금액이 체납액을 초과한 경우
> ㄴ. 징수금 등의 징수권에 대한 소멸시효가 완성되지 아니한 경우
> ㄷ. 체납자의 행방이 분명하지 아니하거나 재산이 없다는 것이 판명된 경우
> ㄹ. 체납처분의 목적물인 총재산의 추산가액이 체납처분비에 충당하고 남을 여지가 없음이 확인된 경우

① ㄱ, ㄴ
② ㄱ, ㄷ
③ ㄴ, ㄷ
④ ㄴ, ㄹ
⑤ ㄷ, ㄹ

해설

결손처분의 사유(독점규제 및 공정거래에 관한 법률 제107조 제1항)
• 체납처분이 끝나고 체납액에 충당된 배분금액이 체납액에 미치지 못하는 경우
• 징수금 등의 징수권에 대한 소멸시효가 완성된 경우
• 체납자의 행방이 분명하지 아니하거나 재산이 없다는 것이 판명된 경우
• 체납처분의 목적물인 총재산의 추산가액이 체납처분비에 충당하고 남을 여지가 없음이 확인된 경우
• 체납처분의 목적물인 총재산이 징수금 등보다 우선하는 국세, 지방세, 전세권·질권 또는 저당권으로 담보된 채권 등의 변제에 충당하고 남을 여지가 없음이 확인된 경우
• 징수할 가능성이 없는 경우로서 대통령령으로 정하는 사유에 해당되는 경우

31 약관의 규제에 관한 법률의 내용에 관한 설명으로 옳지 않은 것은?

① 이 법은 사업자가 그 거래상의 지위를 남용하여 불공정한 내용의 약관을 작성하여 거래에 사용하는 것을 방지하여 국민생활을 균형 있게 향상시키는 것을 목적으로 한다.
② "사업자"란 계약의 한쪽 당사자로서 상대 당사자에게 약관을 계약의 내용으로 할 것을 제안하는 자를 말한다.
③ "고객"이란 계약의 한쪽 당사자로서 사업자로부터 약관을 계약의 내용으로 할 것을 제안받은 자를 말한다.
④ 약관에서 정하고 있는 사항에 관하여 사업자와 고객이 약관의 내용과 다르게 합의한 사항이 있더라도 약관의 내용이 우선 적용된다.
⑤ 특정한 거래 분야의 약관에 대하여 다른 법률에 특별한 규정이 있는 경우에는 다른 법률을 우선 적용한다.

해설

④ 약관에서 정하고 있는 사항에 관하여 사업자와 고객이 약관의 내용과 다르게 합의한 사항이 있을 때에는 그 합의 사항은 약관보다 우선한다(약관의 규제에 관한 법률 제4조).
① 동법 제1조
② 동법 제2조 제2호
③ 동법 제2조 제3호
⑤ 동법 제30조 제2항

32 약관의 규제에 관한 법률상 약관의 통제에 관한 설명으로 옳지 않은 것은? (다툼이 있으면 판례에 따름)

① 약관은 신의성실의 원칙에 따라 공정하게 해석되어야 한다.

② 약관의 뜻이 명백하지 아니한 경우에는 고객에게 유리하게 해석되어야 한다.

③ 약관의 구속력의 근거가 개별적 법률행위에 있으므로 해당 계약 체결의 경위 등을 고려하여 고객에 따라 다르게 해석되어야 한다.

④ 사업자가 약관의 명시·교부의무 및 설명의무를 위반하여 계약을 체결한 경우에는 해당 약관을 계약의 내용으로 주장할 수 없다.

⑤ 사업자의 책임이나 의무를 면제하는 약관의 문언이 불명확한 경우에는 사업자가 그중 최소한의 책임과 의무만을 면제하도록 해석하고 그 이상으로 확장 해석하지 말아야 한다.

해설

①·③ 약관은 신의성실의 원칙에 따라 공정하게 해석되어야 하며 고객에 따라 다르게 해석되어서는 아니 된다(약관의 규제에 관한 법률 제5조 제1항).

② 동법 제5조 제2항

④ 동법 제3조 제4항

⑤ 고객에게 불리한 면책조항은 엄격하게 제한적으로 해석되어야 하며, 사업자의 최소한의 책임만을 면제하는 것으로 보아야 한다.

33 약관의 규제에 관한 법률상 약관에 해당하는 것을 모두 고른 것은? (다툼이 있으면 판례에 따름)

> ㄱ. 공공사업자의 전기·가스공급규정
> ㄴ. 지방자치단체의 택지공급계약서
> ㄷ. 회사의 정관
> ㄹ. 계약당사자가 개별적인 교섭을 거쳐 기재한 위약금에 관한 조항
> ㅁ. 예탁금 회원제로 운영되는 골프클럽 회원권의 양도·양수절차 조항

① ㄱ, ㄴ, ㅁ

② ㄱ, ㄷ, ㄹ

③ ㄱ, ㄷ, ㅁ

④ ㄴ, ㄷ, ㄹ

⑤ ㄴ, ㄹ, ㅁ

해설

ㄷ. 회사의 정관은 회사와 고객 사이의 계약조건이 아닌 회사 내부의 조직·운영에 관한 규범으로 약관이 될 수 없다.

ㄹ. 약관은 사업자가 계약의 내용으로 삼기 위하여 미리 정한 일정한 형식의 계약조항으로 개별적인 교섭을 거쳐 기재한 조항은 일정한 형식이 아니므로 약관이 될 수 없다.

34 약관의 규제에 관한 법률상 약관 분쟁조정협의회(이하 "협의회"라 함)의 집단분쟁조정에 관한 설명으로 옳은 것은?

① 협의회 위원장은 집단분쟁조정의 당사자가 아닌 고객의 그 분쟁조정의 참가 신청을 거절할 수 있다.

② 협의회 위원장은 집단분쟁조정의 당사자 중에서 1인 또는 수인을 대표당사자로 선임할 수 있다.

③ 협의회 위원장은 사업자가 협의회의 집단분쟁조정의 내용을 수락한 경우에는 집단분쟁조정의 당사자가 아닌 자로서 피해를 입은 고객에 대한 보상계획서를 작성하여 협의회에 제출하도록 명령할 수 있다.

④ 집단분쟁조정 절차의 개시 공고는 한국공정거래조정원의 인터넷 홈페이지 및 전국을 보급지역으로 하는 일간신문에 게재하는 방법으로 한다.

⑤ 집단분쟁조정의 기간은 공고가 종료된 날부터 기산한다.

> **해설**
> ① 협의회는 집단분쟁조정의 당사자가 아닌 고객으로부터 그 분쟁조정의 당사자에 추가로 포함될 수 있도록 하는 신청을 받을 수 있다(약관의 규제에 관한 법률 제28조의2 제3항).
> ② 협의회는 협의회의 의결로써 집단분쟁조정의 당사자 중에서 공동의 이익을 대표하기에 가장 적합한 1인 또는 수인을 대표당사자로 선임할 수 있다(동법 제28조의2 제4항).
> ③ 협의회는 사업자가 협의회의 집단분쟁조정의 내용을 수락한 경우에는 집단분쟁조정의 당사자가 아닌 자로서 피해를 입은 고객에 대한 보상계획서를 작성하여 협의회에 제출하도록 권고할 수 있다(동법 제28조의2 제5항).
> ⑤ 집단분쟁조정의 기간은 공고가 종료된 날의 다음 날부터 기산한다(동법 제28조의2 제7항).

35 약관의 규제에 관한 법률상 500만 원 이하의 과태료 부과기준으로 명시된 것을 모두 고른 것은?

> ㄱ. 표준약관과 다른 내용을 약관으로 사용하면서 표준약관 표지를 사용한 자
> ㄴ. 공정거래위원회의 약관심사를 위한 조사를 거부 · 방해 또는 기피한 사업자 또는 사업자단체
> ㄷ. 고객에게 약관의 내용을 밝히지 아니하거나 그 약관의 사본을 내주지 아니한 자
> ㄹ. 고객에게 약관의 중요한 내용을 설명하지 않은 자
> ㅁ. 공정거래위원회로부터 표준약관의 사용을 권장받은 경우 표준약관과 다른 약관을 사용하면서 표준약관과 다르게 정한 주요 내용을 고객이 알기 쉽게 표시하지 아니한 자

① ㄱ, ㄴ, ㄷ   ② ㄱ, ㄴ, ㅁ

③ ㄱ, ㄹ, ㅁ   ④ ㄴ, ㄷ, ㄹ

⑤ ㄷ, ㄹ, ㅁ

> **해설**
> ㄱ · ㄴ. 5천만 원 이하의 과태료(약관의 규제에 관한 법률 제34조 제1항)

36 약관의 규제에 관한 법률상 약관의 명시·교부 의무가 면제되는 업종에 해당하지 않는 것은?

① 여객운송업   ② 금융업

③ 우편업   ④ 수도사업

⑤ 공중전화 서비스 제공 통신업

해설

명시·교부 의무 면제 업종(약관의 규제에 관한 법률 제3조 제2항)

• 여객운송업
• 전기·가스 및 수도사업
• 우편업
• 공중전화 서비스 제공 통신업

37 약관의 규제에 관한 법률상 약관 분쟁조정협의회가 분쟁조정 신청을 각하하여야 하는 사건으로 명시되지 않은 것은?

① 해당 분쟁조정사항에 대하여 법원에 소를 제기한 사건
② 분쟁조정 신청이 있기 이전에 공정거래위원회가 조사 중인 사건
③ 분쟁조정 신청의 내용이 약관의 해석이나 그 이행을 요구하는 사건
④ 고객과 사업자 간에 분쟁해결이나 피해보상에 관한 합의가 이루어진 사건
⑤ 「중재법」에 따라 중재가 진행 중이거나 신청된 사건

해설

분쟁조정 신청 각하(약관의 규제에 관한 법률 제27조의2 제3항)

협의회는 다음의 어느 하나에 해당하는 사건에 대하여는 조정신청을 각하하여야 한다.

• 분쟁조정 신청이 있기 이전에 공정거래위원회가 조사 중인 사건
• 분쟁조정 신청의 내용이 약관의 해석이나 그 이행을 요구하는 사건
• 약관의 무효판정을 요구하는 사건
• 그 밖에 분쟁조정에 적합하지 아니한 것으로 대통령령으로 정하는 사건
   − 고객과 사업자 간에 분쟁해결이나 피해보상에 관한 합의가 이루어진 사건
   − 「중재법」에 따라 중재가 진행 중이거나 신청된 사건

38 약관의 규제에 관한 법률상 불공정약관조항의 무효사유에 해당하는 것을 모두 고른 것은?

> ㄱ. 고객에게 주어진 기한의 이익을 상당한 이유 없이 박탈하는 조항
> ㄴ. 고객이 제3자와 계약을 체결하는 것을 부당하게 제한하는 조항
> ㄷ. 사업자가 업무상 알게 된 고객의 비밀을 정당한 이유 없이 누설하는 것을 허용하는 조항
> ㄹ. 법률에 따른 고객의 항변권, 상계권 등의 권리를 상당한 이유 없이 배제하거나 제한하는 조항

① ㄱ, ㄴ   ② ㄴ, ㄷ

③ ㄱ, ㄷ, ㄹ   ④ ㄴ, ㄷ, ㄹ

⑤ ㄱ, ㄴ, ㄷ, ㄹ

> **해설**
>
> ㄱ. 약관의 규제에 관한 법률 제11조 제2호
> ㄴ. 동법 제11조 제3호
> ㄷ. 동법 제11조 제4호
> ㄹ. 동법 제11조 제1호

39 약관의 규제에 관한 법률상 불공정약관조항에 관한 설명으로 옳지 않은 것은?

① 고객에게 부당하게 과중한 지연 손해금 등의 손해배상 의무를 부담시키는 약관조항은 무효로 한다.

② 소송 제기 등과 관련된 약관의 내용 중 사업자에게 입증책임을 부담시키는 약관조항은 무효로 한다.

③ 고객의 대리인에 의하여 계약이 체결된 경우 고객이 그 의무를 이행하지 아니하는 경우에는 대리인에게 그 의무의 전부 또는 일부를 이행할 책임을 지우는 내용의 약관조항은 무효로 한다.

④ 약관의 전부 또는 일부의 조항이 불공정약관조항에 해당하여 무효인 경우 계약은 나머지 부분만으로 유효하게 존속한다.

⑤ 사업자는 불공정약관조항을 계약의 내용으로 하여서는 아니 된다.

> **해설**
>
> ② 소송 제기 등과 관련된 약관의 내용 중 상당한 이유 없이 고객에게 입증책임을 부담시키는 약관조항은 무효로 한다(약관의 규제에 관한 법률 제14조 제2호).
> ① 동법 제8조
> ③ 동법 제13조
> ④ 동법 제16조
> ⑤ 동법 제17조

40 약관의 규제에 관한 법률상 표준약관에 관한 설명으로 옳지 않은 것은?

① 사업자 및 사업자단체는 일정한 거래 분야에서 표준이 될 약관의 제정·개정안을 마련할 수 있다.

② 「소비자기본법」상 등록된 소비자단체는 소비자 피해가 자주 일어나는 거래 분야에서 표준이 될 약관을 제정 또는 개정할 것을 공정거래위원회에 요청할 수 있다.

③ 공정거래위원회는 소비자단체 등의 요청이 있는 경우에 사업자 및 사업자단체에 대하여 표준이 될 약관의 제정·개정안을 마련하여 심사청구할 것을 권고할 수 있다.

④ 사업자 및 사업자단체는 표준약관과 다른 내용을 약관으로 사용하는 경우 표준약관 표지를 사용하여서는 아니 된다.

⑤ 사업자 및 사업자단체가 마련한 표준약관에 대한 심사청구를 받은 공정거래위원회는 심사청구를 받은 날부터 90일 이내에 그 심사결과를 신청인에게 알려야 한다.

해설

⑤ 공정거래위원회는 심사청구를 받았을 때에는 특별한 사유가 있는 경우를 제외하고는 청구를 받은 날부터 60일 이내에 그 심사결과를 심사청구인에게 서면으로 통보하여야 한다(약관의 규제에 관한 법률 시행령 제6조 제2항).
① 약관의 규제에 관한 법률 제19조의3 제1항
② 동법 제19조의3 제2항
③ 동법 제19조의3 제3항
④ 동법 제19조의3 제8항

41 제한능력자에 관한 설명으로 옳지 않은 것은? (다툼이 있으면 판례에 따름)

① 법인도 성년후견인이 될 수 있으며, 성년후견인은 여러 명일 수 있다.

② 미성년자에게 특정한 영업에 관하여 허락을 한 법정대리인은 그 허락을 취소할 수 있다.

③ 피성년후견인이 속임수로써 법정대리인의 동의가 있는 것으로 믿게 하고 체결한 부동산 매매계약은 제한능력을 이유로 취소할 수 없다.

④ 제한능력을 이유로 법률행위가 취소된 경우, 제한능력자는 선의·악의를 묻지 않고 그 행위로 인하여 받은 이익이 현존하는 한도에서 반환하면 된다.

⑤ 특정한 법률행위를 위하여 특정후견인이 선임되어 법정대리권이 부여된 경우, 피특정후견인은 특정후견인의 동의 없이 스스로 그 법률행위를 할 수 있다.

해설

③ 미성년자나 피한정후견인이 속임수로써 법정대리인의 동의가 있는 것으로 믿게 한 경우에도 그 행위를 취소할 수 없다(민법 제17조 제2항).

42 사기·강박에 의한 의사표시에 관한 설명으로 옳지 않은 것은? (다툼이 있으면 판례에 따름)

① 사기에 의한 의사표시의 표의자가 제3자에 대하여 그 취소를 주장하려면 스스로 제3자의 악의를 증명하여야 한다.

② 강박의 수단으로 상대방에게 고지하는 해악의 내용이 법질서에 위배된 경우에는 강박행위의 위법성이 인정된다.

③ 어떤 해악의 고지가 아니라 단지 각서에 서명 날인할 것을 강력히 요구한 행위는 강박행위가 아니다.

④ 상대방의 대리인의 사기로 의사표시를 한 자는 상대방이 그 사실을 알았거나 알 수 있었을 경우에 한하여 그 의사표시를 취소할 수 있다.

⑤ 상대방의 기망행위로 동기에 관하여 착오를 일으킨 표의자는 그 법률행위를 사기에 의한 의사표시로서 취소할 수도 있다.

해설

④ 상대방 있는 의사표시에 관하여 제3자가 사기나 강박을 한 경우에는 상대방이 그 사실을 알았거나 알 수 있었을 경우에 한하여 그 의사표시를 취소할 수 있으나, 상대방의 대리인 등 상대방과 동일시할 수 있는 자의 사기나 강박은 제3자의 사기·강박에 해당하지 아니한다(대판 1999.2.23., 98다60828).

43 법률행위의 종류에 관한 연결이 옳지 않은 것은?

① 준물권행위 – 저당권의 설정

② 채권행위 – 임대차계약의 체결

③ 요식행위 – 사단법인의 설립

④ 상대방 없는 단독행위 – 소유권의 포기

⑤ 상대방 있는 단독행위 – 채무의 면제

해설

① 저당권의 설정은 물권 설정을 목적으로 하는 계약으로 물권행위에 속한다.

44 민법상 법인에 관한 설명으로 옳은 것은? (다툼이 있으면 판례에 따름)

① 감사의 성명과 주소는 설립등기사항이다.

② 이사가 특정한 행위를 위하여 선임한 대리인은 법인의 대표기관이 아니다.

③ 법인의 청산종결등기가 경료되었다면 청산사무가 종료되지 않았더라도 청산법인은 소멸한다.

④ 재단법인의 기본재산으로 새롭게 편입하는 행위는 주무관청의 허가가 없어도 유효하다.

⑤ 법인과 이사의 이익이 상반되는 사항에 대하여 법원은 이해관계인 또는 검사의 청구로 임시이사를 선임하여야 한다.

해설

② 사립학교법 제27조와 민법 제62조를 근거로, 이사는 특정한 행위를 다른 이사에게 대리하게 할 수 있으나, 법인의 제반 사무 처리를 포괄적으로 위임할 수는 없다. 즉, 이사가 선임한 대리인은 특정한 행위에 대해서만 권한을 가지며, 법인의 대표기관으로서의 지위는 갖지 않는다(대판 1989.5.9., 87다카2407).

45 민법 제35조의 법인의 불법행위책임에 관한 설명으로 옳지 않은 것은? (다툼이 있으면 판례에 따름)

① 대표권이 없는 이사의 행위에 의해서는 법인의 불법행위책임이 성립하지 않는다.

② 대표자의 행위가 직무에 관한 것이 아님을 피해자가 안 경우에는 법인에게 불법행위책임을 물을 수 없다.

③ 대표자의 행위가 외관상, 객관적으로 직무에 관한 행위로 인정되더라도 그 행위가 법령의 규정에 위배된다면 민법 제35조의 직무에 관한 행위로 볼 수 없다.

④ 대표자의 불법행위에 대하여 법인의 불법행위책임이 성립하는 경우에 법인은 민법상 사용자책임을 지지 않는다.

⑤ 대표자가 법인의 목적 범위 외의 행위로 인하여 타인에게 손해를 가한 경우에 대표자는 민법 제750조의 불법행위책임을 진다.

> **해설**
> ③ 행위의 외형상 법인의 대표자의 직무행위라고 인정할 수 있는 것이라면 설사 그것이 대표자 개인의 사리를 도모하기 위한 것이었거나 혹은 법령의 규정에 위배된 것이었다 하더라도 민법 제35조의 직무에 관한 행위에 해당한다(대판 1969.8.26., 68다2320).

46 민법상 비법인사단에 관한 설명으로 옳지 않은 것은? (다툼이 있으면 판례에 따름)

① 비법인사단을 당사자로 하는 화해조서의 효력은 그 구성원들에게 미치지 않는다.

② 비법인사단이 타인 간의 금전채무를 보증하는 행위는 총유물 그 자체의 관리 · 처분행위로 볼 수 없다.

③ 비법인사단의 대표자가 권한 없이 행한 총유물의 처분행위에 대하여는 민법 제126조의 표현대리에 관한 규정이 준용된다.

④ 종중을 대표할 권한 없는 자가 종중을 대표하여 소송행위를 하더라도 나중에 총회결의로 그 소송행위를 추인하면 그 행위 시로 소급하여 유효하게 된다.

⑤ 종중총회의 결의방법에 있어 종중규약에 다른 규정이 없는 한, 종원은 서면으로 결의권을 행사할 수 있다.

> **해설**
> ③ 기독교 단체인 교회에 있어서 교인들의 연보, 헌금 기타 교회의 수입으로 이루어진 재산은 특별한 사정이 없는 한 그 교회 소속 교인들의 총유에 속한다. 따라서 그 재산의 처분은 그 교회의 정관 기타 규약에 의하거나 그것이 없는 경우에는 그 교회 소속 교인들로 구성된 총회의 결의에 따라야 한다. 비법인사단인 교회의 대표자는 총유물인 교회 재산의 처분에 관하여 교인총회의 결의를 거치지 아니하고는 이를 대표하여 행할 권한이 없다. 그리고 교회의 대표자가 권한 없이 행한 교회 재산의 처분행위에 대하여는 민법 제126조의 표현대리에 관한 규정이 준용되지 아니한다(대판 2009.2.12., 2006다23312).

47 통정허위표시에 관한 설명으로 옳지 않은 것은? (다툼이 있으면 판례에 따름)

① 통정허위표시의 무효로 대항하기 위한 제3자의 악의에 대해서는 그 허위표시의 무효를 주장하는 자가 증명하여야 한다.

② 가장 소비대차계약상의 지위를 이전받은 자는 통정허위표시의 무효에 대항할 수 있는 제3자에 해당한다.

③ 통정허위표시가 성립하기 위해서는 의사표시자의 진의와 표시의 불일치에 관하여 표의자와 상대방 사이의 합의가 있어야 한다.

④ 채권자취소권의 대상으로 된 채무자의 법률행위가 통정허위표시의 요건을 갖춘 경우에는 무효이다.

⑤ 파산관재인은 파산채권자 모두가 악의로 되지 않는 한, 통정허위표시의 무효로 대항할 수 없는 선의의 제3자에 해당한다.

> **해설**
> ② 가장 소비대차계약상의 지위를 이전받은 자는 기존 계약의 당사자 지위를 그대로 승계하는 것이므로, 새로운 법률상 이해관계를 맺은 제3자로 볼 수 없어 통정허위표시의 무효를 주장할 수 있다.

48 민법상 물건에 관한 설명으로 옳지 않은 것은? (다툼이 있으면 판례에 따름)

① 법정과실은 수취할 권리의 존속기간일수의 비율로 취득한다.

② 주물을 처분할 때에는 당사자의 특약으로 종물을 제외할 수 있다.

③ 가설건축물은 특별한 사정이 없는 한 토지의 정착물로 볼 수 없다.

④ 주물의 소유자의 사용에 공여되는 물건은 주물 그 자체의 효용과 직접 관계가 없더라도 종물이 된다.

⑤ 주물에 대한 저당권이 설정된 경우, 그 저당권의 효력은 특별한 사정이 없는 한 설정 후의 종물에도 미친다.

> **해설**
> ④ 저당권의 효력이 미치는 저당부동산의 종물이라 함은 민법 제100조가 규정하는 종물과 같은 의미로서 종물이기 위하여는 주물의 상용에 이바지되어야 하는 관계가 있어야 하는바 여기에서 주물의 상용에 이바지한다 함은 주물 그 자체의 경제적 효용을 다하게 하는 작용을 하는 것을 말하는 것으로서 주물의 소유자나 이용자의 상용에 공여되고 있더라도 주물 그 자체의 효용과는 직접 관계없는 물건은 종물이 아니다(대판 1985.3.26., 84다카269).

49 반사회질서의 법률행위에 해당하는 것은? (다툼이 있으면 판례에 따름)

① 강제집행을 면할 목적으로 부동산에 허위의 저당권설정등기를 하는 행위

② 반사회적 행위에 의해 조성된 비자금을 소극적으로 은닉하기 위해 임치한 행위

③ 보험계약자가 다수의 보험계약을 통하여 보험금을 부정 취득할 목적으로 보험계약을 체결한 행위

④ 양도소득세의 일부를 회피할 목적으로 실제로 거래한 매매대금보다 낮은 금액을 매매대금으로 기재한 행위

⑤ 부첩관계를 해소하면서 첩의 그동안의 희생을 배상하고 장래 생활대책을 위해 금전을 지급하기로 한 약정

해설

③ 보험계약자가 다수의 보험계약을 통하여 보험금을 부정 취득할 목적으로 보험계약을 체결한 경우, 이러한 목적으로 체결된 보험계약에 의하여 보험금을 지급하게 하는 것은 보험계약을 악용하여 부정한 이득을 얻고자 하는 사행심을 조장함으로써 사회적 상당성을 일탈하게 될 뿐만 아니라, 또한 합리적인 위험의 분산이라는 보험제도의 목적을 해치고 위험발생의 우발성을 파괴하며 다수의 선량한 보험가입자들의 희생을 초래하여 보험제도의 근간을 해치게 되므로, 이와 같은 보험계약은 민법 제103조 소정의 선량한 풍속 기타 사회질서에 반하여 무효라고 할 것이다(대판 2015.2.12., 2014다73237).

50 불공정한 법률행위에 관한 설명으로 옳지 않은 것은? (다툼이 있으면 판례에 따름)

① 법률행위가 대리인에 의하여 행해진 경우, 궁박은 본인을 기준으로 판단한다.

② 폭리행위의 요건에 대한 증명책임은 그 무효를 주장하는 자에게 있다.

③ 불공정한 법률행위에 해당하여 무효이더라도 무효행위의 전환에 관한 민법 규정이 적용될 수 있다.

④ 부담 없는 증여에서는 불공정한 법률행위에 관한 규정이 적용되지 않는다.

⑤ 급부와 반대급부 사이에 현저한 불균형이 존재하는지는 특별한 사정이 없는 한 변제기를 기준으로 판단하여야 한다.

해설

⑤ 어떠한 법률행위가 불공정한 법률행위에 해당하는지는 법률행위 시를 기준으로 판단하여야 한다(대판 2013.9.26., 2011다53683).

51 대리에 관한 설명으로 옳지 않은 것은? (다툼이 있으면 판례에 따름)

① 본인은 임의대리권의 원인된 법률관계가 종료하기 전에는 수권행위를 철회하여 대리권을 소멸시킬 수 없다.

② 법정대리인은 특별한 사정이 없는 한 그 책임으로 복대리인을 선임할 수 있다.

③ 대리행위의 하자로 인한 취소권은 원칙적으로 본인에게 귀속된다.

④ 부동산 입찰절차에서 동일한 물건에 관하여 1인이 이해관계를 달리하는 2인 이상의 대리인이 된 경우, 그 대리인이 한 입찰행위는 원칙적으로 무효이다.

⑤ 대리인이 여러 명인 때에 법률이나 수권행위로 다른 정함이 없으면 각자 본인을 대리한다.

해설

① 대리권의 수여가 본인의 일방적 의사표시에 의해 이루어지기 때문에 본인은 임의대리인에게 수여한 대리권을 언제든지 철회할 수 있다(민법 제128조 참조).

52 甲은 자기 소유의 X토지를 丙에게 매도하기 위하여 乙에게 X의 매매에 관한 대리권을 수여하였고, 乙은 甲을 대리하여 丙과 X에 대해 매매계약을 체결하였다. 이에 관한 설명으로 옳지 않은 것은? (다툼이 있으면 판례에 따름)

① 대리권 수여 후, 甲에 대하여 성년후견이 개시되더라도 乙의 대리권은 소멸하지 않는다.

② 丙이 매매대금의 지급을 지체하더라도 특별한 사정이 없는 한 乙은 이행지체를 이유로 매매계약을 해제할 수 없다.

③ 丙이 채무불이행을 이유로 매매계약을 적법하게 해제한 경우, 乙은 丙에게 원상회복 의무를 부담한다.

④ 甲이 乙에게 매매계약의 체결과 이행에 관하여 포괄적 대리권을 수여한 경우에는 특별한 사정이 없는 한 乙은 매매대금의 지급기일을 연기해 줄 권한을 가진다.

⑤ 乙이 丙으로부터 잔금을 수령하였다면 특별한 사정이 없는 한 乙이 잔금을 甲에게 전달하지 않았더라도 丙의 잔금지급채무는 소멸한다.

해설

③ 계약이 적법한 대리인에 의하여 체결된 경우에 대리인은 다른 특별한 사정이 없는 한 본인을 위하여 계약상 급부를 변제로서 수령할 권한도 가진다. 그리고 대리인이 그 권한에 기하여 계약상 급부를 수령한 경우에, 그 법률효과는 계약 자체에서와 마찬가지로 직접 본인에게 귀속되고 대리인에게 돌아가지 아니한다. 따라서 계약상 채무의 불이행을 이유로 계약이 상대방 당사자에 의하여 유효하게 해제되었다면, 해제로 인한 원상회복의무는 대리인이 아니라 계약의 당사자인 본인이 부담한다. 이는 본인이 대리인으로부터 그 수령한 급부를 현실적으로 인도받지 못하였다거나 해제의 원인이 된 계약상 채무의 불이행에 관하여 대리인에게 책임 있는 사유가 있다고 하여도 다른 특별한 사정이 없는 한 마찬가지라고 할 것이다(대판 2011.8.18., 2011다30871).

53 권한을 넘은 표현대리에 관한 설명으로 옳지 않은 것은? (다툼이 있으면 판례에 따름)

① 공법상의 행위에 관한 대리권도 기본대리권이 될 수 있다.

② 부부간의 일상의 가사에 관한 대리권도 기본대리권이 될 수 있다.

③ 상대방의 유권대리 주장에는 표현대리의 주장이 당연히 포함되는 것은 아니다.

④ 대리행위가 강행법규에 위반하여 무효인 경우에는 표현대리의 법리가 적용되지 않는다.

⑤ 표현대리가 성립하여 본인이 이행책임을 부담하는 경우, 상대방에게 과실이 있으면 과실상계의 법리가 적용된다.

해설

⑤ 표현대리행위가 성립하는 경우에 본인은 표현대리행위에 기하여 전적인 책임을 져야 하는 것이고 상대방에게 과실이 있다고 하더라도 과실상계의 법리를 유추적용하여 본인의 책임을 감경할 수 없는 것이다(대판 1994.12.22., 94다 24985).

54 법률행위의 무효에 관한 설명으로 옳은 것을 모두 고른 것은? (다툼이 있으면 판례에 따름)

> ㄱ. 불공정한 법률행위로서 무효인 경우에는 추인에 의하여 무효인 법률행위가 유효로 될 수 없다.
> ㄴ. 무효인 가등기를 유효한 등기로 전용하기로 약정하였더라도 그 가등기가 소급하여 유효한 등 기로 되지는 않는다.
> ㄷ. 무권대리행위의 추인은 의사표시 전부에 대하여 행하여야 하지만, 상대방의 동의를 얻은 경 우에는 그 일부에 대하여 추인할 수도 있다.

① ㄴ

② ㄱ, ㄴ

③ ㄱ, ㄷ

④ ㄴ, ㄷ

⑤ ㄱ, ㄴ, ㄷ

해설

ㄱ. 민법 제104조 참조

ㄴ. 무효인 법률행위는 당사자가 무효임을 알고 추인할 경우 새로운 법률행위를 한 것으로 간주할 뿐이고 소급효가 없는 것이므로 무효인 가등기를 유효한 등기로 전용키로 한 약정은 약정 시점부터 유효하고 이로써 위 가등기가 소급하여 유효한 등기로 전환될 수 없다(대판 1992.5.12., 91다26546).

ㄷ. 무권대리행위의 추인은 무권대리인에 의하여 행하여진 불확정한 행위에 관하여 그 행위의 효과를 자기에게 직접 발생케 하는 것을 목적으로 하는 의사표시이며, 무권대리인 또는 상대방의 동의나 승낙을 요하지 않는 단독행위로서 추인은 의사표시의 전부에 대하여 행하여져야 하고, 그 일부에 대하여 추인을 하거나 그 내용을 변경하여 추인을 하였을 경우에는 상대방의 동의를 얻지 못하는 한 무효이다(대판 1982.1.26., 81다카549).

55 소멸시효 중단사유에 해당하지 않는 것은? (다툼이 있으면 판례에 따름)

① 성년후견 개시심판
② 지급명령신청
③ 파산절차의 참가
④ 화해를 위한 소환
⑤ 가압류

해설

① 성년후견 개시심판은 후견을 필요로 하는 사람의 권리능력이나 행위능력을 보완하는 제도로 채권의 행사나 그 보전을 위한 절차로 볼 수 없기 때문에 소멸시효 중단사유에 해당하지 않는다.

56 소멸시효에 관한 설명으로 옳지 않은 것은? (다툼이 있으면 판례에 따름)

① 동시이행항변권이 붙어 있는 채권이라 하더라도 약정한 이행기부터 소멸시효가 진행한다.
② 판결에 의하여 확정된 채권은 단기의 소멸시효에 해당한 것이라도 그 소멸시효는 10년으로 한다.
③ 점유취득시효 완성으로 인한 소유권이전등기청구권은 시효완성자의 점유가 계속되는 한 시효로 소멸하지 않는다.
④ 수급인인 건설회사의 도급인에 대한 공사대금채권은 상거래에 관한 것으로 5년의 단기소멸시효에 걸린다.
⑤ 실제의 소멸시효 기산일과 당사자가 주장하는 기산일이 다른 경우, 법원은 당사자가 주장하는 기산일을 기준으로 삼아야 한다.

해설

④ 도급받은 자, 기사 기타 공사의 설계 또는 감독에 종사하는 자의 공사에 관한 채권은 민법의 단기소멸시효가 우선 적용되어 3년의 단기소멸시효에 걸린다(민법 제163조 제3호).

57 조건 또는 기한에 관한 설명으로 옳은 것은? (다툼이 있으면 판례에 따름)

① 조건이 선량한 풍속 기타 사회질서에 위반한 경우, 그 조건만 무효이고 법률행위는 유효하다.
② 조건부 법률행위는 조건이 성취되었을 때에 비로소 법률행위가 성립한다.
③ 기한은 채무자의 이익을 위한 것으로 의제되므로 당사자 사이에 기한이익 상실에 관한 특약을 하여도 그 효력이 없다.
④ 기한의 도래가 미정한 권리의무는 일반규정에 의하여 처분하거나 담보로 할 수 없다.
⑤ 당사자가 불확정한 사실이 발생한 때를 이행기한으로 정한 경우에는 그 사실의 발생이 불가능하게 된 때에도 이행기한이 도래한 것으로 보아야 한다.

해설

⑤ 당사자가 불확정한 사실이 발생한 때를 이행기한으로 정한 경우에는 그 사실이 발생한 때는 물론 그 사실의 발생이 불가능하게 된 때에도 이행기한은 도래한 것으로 보아야 한다(대판 2002.3.29., 2001다41766).
① 조건이 선량한 풍속 기타 사회질서에 위반한 것인 때에는 그 법률행위는 무효로 한다(민법 제103조).
② 조건부 법률행위는 조건의 유무와 관계없이 즉시 성립하며 조건이 성취되었을 때 효력이 발생 및 소멸한다(동법 제147조).
③ 기한은 채무자의 이익을 위한 것으로 추정되므로 당사자 사이에 기한이익 상실에 관한 특약을 하는 것도 가능하다(동법 제153조 제1항 참조).
④ 기한의 도래가 미정한 권리의무는 일반규정에 의하여 처분하거나 담보로 할 수 있다(동법 제154조).

58 甲 소유 X토지에 관하여 甲과 乙, 乙과 丙 사이에 순차적으로 매매계약이 체결되고, 甲·乙·丙 사이에 중간생략등기의 합의가 있었다. 이에 관한 설명으로 옳은 것을 모두 고른 것은? (다툼이 있으면 판례에 따름)

> ㄱ. 甲·乙·丙 사이의 중간생략등기에 관한 합의는 이를 금지하는 효력규정에 위반하여 무효이다.
> ㄴ. 丙은 甲에게 직접 소유권이전등기를 청구할 수 있으므로, 乙의 甲에 대한 소유권이전등기청구 권은 소멸된다.
> ㄷ. 중간생략등기에 관한 합의 후 甲과 乙이 매매대금을 인상하기로 약정한 경우, 甲은 인상된 매 매대금이 지급되지 않았음을 이유로 丙의 소유권이전등기청구를 거절할 수 있다.
> ㄹ. 만약 甲·乙·丙 사이에 중간생략등기의 합의가 없는 경우, 丙이 乙의 甲에 대한 소유권이전 등기청구권을 乙로부터 양도받았더라도 그 양도에 甲이 동의하지 않았다면, 丙은 甲을 상대로 채권양도를 원인으로 한 소유권이전등기를 청구할 수 없다.

① ㄱ, ㄴ
② ㄴ, ㄷ
③ ㄷ, ㄹ
④ ㄱ, ㄴ, ㄹ
⑤ ㄴ, ㄷ, ㄹ

해설

ㄱ. 당사자 사이에 적법한 원인행위가 성립되어 일단 중간생략등기가 이루어진 이상 중간생략등기에 관한 합의가 없었다 는 이유만으로 중간생략등기가 무효라고 할 수는 없다(대판 1980.2.12., 79다2104).

ㄴ. 중간생략등기의 합의가 있었다 하더라도 이러한 합의는 중간등기를 생략하여도 당사자 사이에 이의가 없겠고 또 그 등기의 효력에 영향을 미치지 않겠다는 의미가 있을 뿐이지 그러한 합의가 있었다 하여 중간매수인의 소유권이전등기 청구권이 소멸된다거나 첫 매도인의 그 매수인에 대한 소유권이전등기의무가 소멸되는 것은 아니라 할 것이다(대판 1991.12.13., 91다18316).

59 동산질권에 관한 설명으로 옳지 않은 것은?

① 질권은 선의취득의 대상이 된다.
② 질권은 양도할 수 없는 물건을 목적으로 하지 못한다.
③ 질권자는 채권의 변제를 받기 위하여 질물을 경매할 수 있다.
④ 질권자에게는 정당한 이유가 있더라도 간이변제충당권이 인정되지 않는다.
⑤ 질권은 다른 약정이 없는 한 질물의 하자로 인한 손해배상채권을 담보한다.

해설

④ 질권자에게도 간이변제충당권은 원칙적으로 인정되며 특정한 이유(제3채무자의 이의, 우선변제 순위 등)가 있다면 제한될 수 있다(민법 제338조 제2항).

60 관습법상 법정지상권에 관한 설명으로 옳은 것은? (다툼이 있으면 판례에 따름)

① 관습법상 법정지상권은 설정등기 없이 취득하지 못한다.
② 미등기이거나 무허가인 건물에 대해서는 관습법상 법정지상권이 인정될 수 없다.
③ 관습법상 법정지상권에 대해서는 지상권의 존속기간에 관한 민법 규정이 준용되지 않는다.
④ 관습법상 법정지상권이 성립하기 위해서는 토지와 그 지상건물이 원시적으로 동일인의 소유에 속해야 한다.
⑤ 공유토지 위에 건물을 소유하고 있는 토지 공유자 중 1인이 토지지분만을 매도한 경우에는 관습법상 법정지상권이 성립하지 않는다.

해설

① 관습상 지상권은 법률행위로 인한 물권의 취득이 아니고 관습법에 의한 부동산물권의 취득이므로 등기를 필요로 하지 아니하고 지상권취득의 효력이 발생하고 이 관습상의 법정지상권은 물권으로서의 효력에 의하여 이를 취득할 당시의 토지소유자나 이로부터 소유권을 전득한 제3자에게 대하여도 등기없이 위 지상권을 주장할 수 있다(대판 1988.9.27., 87다카279).
② 토지와 그 지상의 건물이 동일한 소유자에게 속하였다가 토지 또는 건물이 매매나 기타 원인으로 인하여 양자의 소유자가 다르게 된 때에는 그 건물을 철거하기로 하는 합의가 있었다는 등의 특별한 사정이 없는 한 건물소유자는 토지소유자에 대하여 그 건물을 위한 관습상의 지상권을 취득하게 되고, 그 건물은 반드시 등기가 되어 있어야만 하는 것이 아니고 무허가건물이라고 하여도 상관이 없다(대판 1991.8.13., 91다16631).
③ 법정지상권의 존속기간은 성립 후 그 지상목적물의 종류에 따라 규정하고 있는 민법 제280조 제1항 소정의 각 기간으로 봄이 상당하고 분묘기지권과 같이 그 지상에 건립된 건물이 존속하는 한 법정지상권도 존속하는 것이라고는 할 수 없다(대판 1992.6.9., 92다4857).
④ 동일인의 소유에 속하고 있던 토지와 그 지상건물이 강제경매 또는 국세징수법에 의한 공매 등으로 인하여 소유자가 다르게 된 경우에는 그 건물을 철거한다는 특약이 없는 한 건물소유자는 토지소유자에 대하여 그 건물의 소유를 위한 관습상 법정지상권을 취득한다. 원래 관습상 법정지상권이 성립하려면 토지와 그 지상건물이 애초부터 원시적으로 동일인의 소유에 속하였을 필요는 없고, 그 소유권이 유효하게 변동될 당시에 동일인이 토지와 그 지상건물을 소유하였던 것으로 족하다(대판 2012.10.18., 2010다52140).

61 전세권에 관한 설명으로 옳지 않은 것은?

① 전세권자는 특별한 사정이 없는 한 전세권을 타인에게 담보로 제공할 수 없다.
② 전세권의 양수인은 전세권설정자에 대하여 전세권양도인과 동일한 권리의무가 있다.
③ 전세권의 존속기간은 10년을 넘지 못하고, 약정기간이 10년을 넘으면 10년으로 단축한다.
④ 전세권자는 유익비에 관하여 목적물의 가액 증가가 현존한 경우에 한하여 소유자의 선택에 좇아 그 지출액이나 증가액의 상환을 청구할 수 있다.
⑤ 타인의 토지에 있는 건물에 전세권을 설정한 때에는 전세권의 효력은 그 건물의 소유를 목적으로 한 지상권 또는 임차권에 미친다.

해설

① 전세권자는 전세권을 타인에게 양도 또는 담보로 제공할 수 있고 그 존속기간 내에서 그 목적물을 타인에게 전전세 또는 임대할 수 있다. 그러나 설정행위로 이를 금지한 때에는 그러하지 아니하다(민법 제306조).

62 甲은 자기 소유 X토지에 대하여 2023.2.10. 乙명의의 1번 근저당권을 설정해주었고, 2023.2.20. 丙명의의 2번 근저당권를 설정해주었다. 甲의 피담보채무 불이행을 이유로 丙이 2024.2.12. X에 대하여 신청한 담보권 실행의 경매절차에서 2025.2.10. 매각허가결정이 내려졌고, 매수인 丁이 2025.3.5. 매각대금을 완납하였다. 이때 乙의 甲에 대한 피담보채권액이 확정되는 시점은? (다툼이 있으면 판례에 따름)

① 2023.2.10.

② 2023.2.20.

③ 2024.2.12.

④ 2025.2.10.

⑤ 2025.3.5.

해설

⑤ 후순위 근저당권자가 경매를 신청한 경우 선순위 근저당권의 피담보채권은, 그 근저당권이 소멸하는 시기, 즉 경락인이 경락대금을 완납한 때에 확정된다고 보아야 한다(대판 1999.9.21., 99다26085).

63 공유에 관한 설명으로 옳은 것은? (다툼이 있으면 판례에 따름)

① 공유물의 관리에 관한 사항은 공유자 인원수의 과반수로써 결정한다.

② 공유물인 나대지에 새로이 건물을 신축하는 행위는 보존행위에 속한다.

③ 공유자가 다른 공유자의 지분권을 대외적으로 주장하는 행위는 보존행위에 속한다.

④ 공유물 분할의 방법에 관하여 협의가 성립되지 아니한 때에는 공유자는 법원에 그 분할을 청구할 수 있다.

⑤ 공유자는 공유물 전부를 지분의 비율로 사용, 수익할 수 있으나 자신의 지분을 처분할 수는 없다.

해설

분할의 방법(민법 제269조)
• 분할의 방법에 관하여 협의가 성립되지 아니한 때에는 공유자는 법원에 그 분할을 청구할 수 있다.
• 현물로 분할할 수 없거나 분할로 인하여 현저히 그 가액이 감손될 염려가 있는 때에는 법원은 물건의 경매를 명할 수 있다.

64 甲은 乙에 대한 채권에 기하여 乙 소유의 X건물을 점유하면서 유치권을 주장하고 있다. 이에 관한 설명으로 옳은 것을 모두 고른 것은? (다툼에 있으면 판례에 따름)

> ㄱ. 甲은 유치권 행사를 위하여 자신의 점유가 불법행위로 인한 것이 아님을 증명해야 한다.
> ㄴ. 甲이 X에 관한 임대차보증금 반환채권을 피담보채권으로 하여 X를 점유하는 경우, 甲은 유치권을 행사할 수 없다.
> ㄷ. 甲이 유치권을 주장하며 X를 점유하는 동안 乙에 대한 피담보채권의 소멸시효는 중단된다.

① ㄱ   ② ㄴ
③ ㄷ   ④ ㄱ, ㄴ
⑤ ㄴ, ㄷ

해설

ㄱ. 어떠한 물건을 점유하는 자는 소유의 의사로 선의 평온 및 공연하게 점유한 것으로 추정될 뿐만 아니라 점유자가 점유물에 대하여 행사하는 권리는 적법하게 보유하는 것으로 추정되므로 점유물에 대한 유익비상환청구권을 기초로 하는 유치권의 주장을 배척하려면 적어도 그 점유가 불법행위로 인하여 개시되었거나 유익비지출 당시 이를 점유할 권원이 없음을 알았거나 이를 알지 못함이 중대한 과실에 기인하였다고 인정할만한 사유의 상대방 당사자의 주장입증이 있어야 한다(대판 1966.6.7., 66다600).

ㄷ. 유치권은 소멸시효로 인하여 소멸되는 권리가 아니며 소멸시효에는 영향을 미치지 못한다. 즉, 유치권자가 물건 및 토지를 점유하여도 해당 채권의 소멸시효는 별개로 진행되며, 채권이 소멸시효로 소멸하면 유치권도 소멸한다.

※ 기존의 판결은 유치권의 행사만으로는 소멸시효 중단 효과가 없으므로 공사대금채권이 소멸시효 완성으로 사라지는 것을 방지하기 위해 공사대금채권을 피보전채권으로 하여 압류 등을 진행하여 소멸시효를 중단시켰지만 최근 판결(대판 2024.10.31., 2024다241152)에서 유치권 확인 소송을 통해서도 피담보채권의 소멸시효가 중단될 수 있다고 판결 내렸습니다.

65 甲은 자기 소유의 X주택을 乙에게 매도하고 계약금과 중도금을 지급받았는데, 그 후 丙의 방화로 인해 X가 소실되어 乙에게 소유권을 이전할 수 없게 되었다. 이에 관한 설명으로 옳은 것은? (다툼이 있으면 판례에 따름)

① 甲은 乙에게 잔금의 지급을 청구할 수 있다.
② 乙은 甲에게 계약금 및 중도금의 반환을 청구할 수 있다.
③ 乙은 甲에게 채무불이행을 이유로 매매계약을 해제하고 전보배상을 청구할 수 있다.
④ 乙의 수령지체 중에 X가 소실된 경우라도 甲은 乙에게 매매대금의 지급을 청구할 수 없다.
⑤ 만약 乙이 잔금 전액을 甲에게 지급하더라도 甲이 화재사고로 인해 지급받게 되는 화재보험금에 대해서는 대상청구권을 행사할 수 없다.

해설

① 쌍무계약의 당사자 일방의 채무가 당사자 쌍방의 책임 없는 사유로 이행할 수 없게 된 때에는 채무자는 상대방의 이행을 청구하지 못한다(민법 제537조).

③ 채무자가 채무의 내용에 좋은 이행을 하지 아니한 때에는 채권자는 손해배상을 청구할 수 있다. 그러나 채무자의 고의나 과실없이 이행할 수 없게 된 때에는 그러하지 아니한다(동법 제390조).

④ 채권자가 이행을 받을 수 없거나 받지 아니한 때에는 이행의 제공있는 때로부터 지체책임이 있다(동법 제400조).

⑤ 매매의 목적물이 화재로 소실됨으로써 채무자인 매도인의 매매목적물에 대한 인도의무가 이행불능이 되었다면, 채권자인 매수인은 화재사고로 매도인이 지급받게 되는 화재보험금, 화재공제금에 대하여 대상청구권을 행사할 수 있다(대판 2016.10.27., 2013다7769).

66 원칙적으로 동시이행의 관계에 있지 않은 것을 모두 고른 것은? (다툼이 있으면 판례에 따름)

> ㄱ. 매도인의 토지거래 신청절차에 협력할 의무와 매수인의 매매대금 지급의무
> ㄴ. 임차인의 임차목적물 반환의무와 임대인의 권리금 회수방해로 인한 손해배상의무
> ㄷ. 「주택임대차보호법」상 임차권등기명령에 따라 행해진 임차권등기의 말소의무와 임대차보증금
>   반환의무
> ㄹ. 근저당권 실행을 위한 경매가 무효로 되어 근저당권자인 채권자가 채무자를 대위하여 낙찰자
>   에 대한 소유권이전등기 말소청구권을 행사한 경우, 채권자의 배당금반환채무와 낙찰자의 소
>   유권이전등기 말소의무

① ㄱ, ㄷ   ② ㄴ, ㄷ
③ ㄱ, ㄴ, ㄹ   ④ ㄴ, ㄷ, ㄹ
⑤ ㄱ, ㄴ, ㄷ, ㄹ

해설

ㄱ. 국토이용관리법상의 토지거래규제구역 내의 토지에 관하여 관할관청의 토지거래허가 없이 매매계약이 체결됨에 따라, 그 매수인이 위 계약을 효력이 있는 것으로 완성시키기 위하여 매도인에 대하여 위 매매계약에 관한 토지거래허가 신청절차에 협력할 의무의 이행을 청구하는 경우에 있어, 매수인이 위 계약내용에 따른 매매대금 지급채무를 이행제공하여야 하거나 매도인이 그 대금지급채무의 변제 시까지 위 협력의무의 이행을 거절할 수 있는 것은 아니다(대판 1993.8.27., 93다15366).

ㄴ. 임차인의 임차목적물 반환의무는 임대차계약의 종료에 의하여 발생하나, 임대인의 권리금 회수 방해로 인한 손해배상의무는 상가건물 임대차보호법에서 정한 권리금 회수기회 보호의무 위반을 원인으로 하고 있으므로 양 채무는 동일한 법률요건이 아닌 별개의 원인에 기하여 발생한 것일 뿐 아니라 공평의 관점에서 보더라도 그 사이에 이행상 견련관계를 인정하기 어렵다(대판 2019.7.10., 2018다242727).

ㄷ. 주택임대차보호법 제3조의3 규정에 의한 임차권등기는 이미 임대차계약이 종료하였음에도 임대인이 그 보증금을 반환하지 않는 상태에서 경료되게 되므로, 이미 사실상 이행지체에 빠진 임대인의 임대차보증금의 반환의무와 그에 대응하는 임차인의 권리를 보전하기 위하여 새로이 경료하는 임차권등기에 대한 임차인의 말소의무를 동시이행관계에 있는 것으로 해석할 것은 아니고, 특히 위 임차권등기는 임차인으로 하여금 기왕의 대항력이나 우선변제권을 유지하도록 해 주는 담보적 기능만을 주목적으로 하는 점 등에 비추어 볼 때, 임대인의 임대차보증금의 반환의무가 임차인의 임차권등기 말소의무보다 먼저 이행되어야 할 의무이다(대판 2005.6.9., 2005다4529).

ㄹ. 근저당권 실행을 위한 경매가 무효로 되어 채권자가 채무자를 대위하여 낙찰자에 대한 소유권이전등기 말소청구권을 행사하는 경우, 낙찰자가 부담하는 소유권이전등기 말소의무는 채무자에 대한 것인 반면, 낙찰자의 배당금 반환청구권은 실제 배당금을 수령한 채권자에 대한 채권인바, 채권자가 낙찰자에 대하여 부담하는 배당금 반환채무와 낙찰자가 채무자에 대하여 부담하는 소유권이전등기 말소의무는 서로 이행의 상대방을 달리하는 것으로서, 채권자의 배당금 반환채무가 동시이행의 항변권이 부착된 채 채무자로부터 승계된 채무도 아니므로, 위 두 채무는 동시에 이행되어야 할 관계에 있지 아니하다(대판 2006.9.22., 2006다24049).

67 민법에서 규정한 전형계약이 아닌 것은?

① 조합계약   ② 여행계약

③ 고용계약   ④ 소비자계약

⑤ 종신정기금계약

> **해설**
>
> ④ 특정한 유형의 계약이 아닌 소비자와 사업자 간의 계약 전체를 포괄하는 개념
> ① 공동의 목적을 위해 각자가 출자하여 공동사업을 하고, 이익과 손실을 부담하는 계약(민법 제703조 이하 규정)
> ② 당사자 한쪽이 상대방에게 운송, 숙박, 관광 또는 그 밖의 여행관련 용역을 결합하여 제공하기로 약정하고 상대방이
>   그 대금을 지급하기로 약정하는 계약(동법 제674조의2 이하 규정)
> ③ 상대방의 지휘·감독 하에 노무를 제공하고 보수를 받는 계약(동법 제655조 이하 규정)
> ⑤ 일정한 기간 동안 계속적으로 정기금을 지급하는 계약(동법 제725조 이하 규정)

68 甲은 자기 소유 X토지를 乙에게 매도하는 매매계약을 체결하면서 매매대금을 乙이 丙에게 지급하기로 하는 제3자를 위한 계약을 추가하였고, 이에 丙은 수익의 의사표시를 하였다. 이에 관한 설명으로 옳지 않은 것은? (다툼이 있으면 판례에 따름)

① 甲은 乙에 대하여 丙에게 매매대금을 지급할 것을 요구할 수 있다.

② 乙은 甲과 丙 사이의 법률관계에 기한 항변으로 丙에게 대항하지 못한다.

③ 甲과 乙은 특별한 사정이 없는 한 임의로 丙의 권리를 변경 또는 소멸시키지 못한다.

④ 乙의 귀책사유로 매매대금의 지급이 지체된 경우, 丙은 乙에게 이행을 최고한 후 매매계약을 해제할 수 있다.

⑤ 乙이 丙에게 매매대금을 모두 지급한 후 甲과 乙의 매매계약이 해제되더라도, 특별한 사정이 없는 한 乙은 丙을 상대로 원상회복을 청구할 수 없다.

> **해설**
>
> ④ 제3자를 위한 계약의 당사자가 아닌 수익자는 계약의 해제권이나 해제를 원인으로 한 원상회복청구권이 있다고 볼
>   수 없다(대판 1994.8.12., 92다41559).

69 甲은 자기 소유 X토지를 乙에게 매도한 후, 매매대금을 지급받고 소유권이전등기를 마쳐주었다. 그 후 甲과 乙이 매매계약을 합의해제한 경우, 이에 관한 설명으로 옳지 않은 것은? (다툼이 있으면 판례에 따름)

① 甲과 乙의 합의해제는 묵시적 합의로도 가능하다.

② X에 관한 甲의 원상회복청구권은 등기말소청구권이므로 소멸시효의 대상이 된다.

③ 甲과 乙은 특별한 사정이 없는 한 그 상대방에 대하여 채무불이행을 원인으로 손해배상을 청구할 수 없다.

④ 甲은 별도의 약정이 없는 한 매매대금에 관하여 받은 날로부터 이자를 가산하여 반환할 필요가 없다.

⑤ 甲과 乙이 매매계약을 합의해제한 후 乙이 X를 선의의 丙에게 매도하고 소유권이전등기를 마쳐준 경우, 丙은 제3자로서 보호된다.

> **해설**
> ② 매매계약이 합의해제된 경우에도 매수인에게 이전되었던 소유권은 당연히 매도인에게 복귀하는 것이므로 합의해제에 따른 매도인의 원상회복청구권은 소유권에 기한 물권적 청구권이라고 할 것이고 이는 소멸시효의 대상이 되지 아니한다(대판 1982.7.27., 80다2968).

70 매매계약에 관한 설명으로 옳지 않은 것은?

① 해약금 약정에 따라 매매계약이 해제된 경우에도 그 해제로 인한 손해배상을 청구할 수 있다.

② 목적물의 인도와 동시에 대금을 지급하는 경우, 매매대금은 인도장소에서 지급하여야 한다.

③ 매매계약에 관한 비용은 당사자 쌍방이 균분하여 부담한다.

④ 매매 목적물에 대하여 권리를 주장하는 자가 있는 경우에도 매도인이 상당한 담보를 제공하였다면 매수인은 대금의 지급을 거절할 수 없다.

⑤ 매매의 당사자 일방에 대한 의무이행의 기한이 있는 때에는 상대방의 의무이행에 대하여도 동일한 기한이 있는 것으로 추정한다.

> **해설**
> ① 매매의 당사자 일방이 계약당시에 금전 기타 물건을 계약금, 보증금 등의 명목으로 상대방에게 교부한 때에는 당사자 간에 다른 약정이 없는 한 당사자의 일방이 이행에 착수할 때까지 교부자는 이를 포기하고 수령자는 그 배액을 상환하여 매매계약을 해제할 수 있다(민법 제565조 제1항).

71 증여에 관한 설명으로 옳은 것은? (다툼이 있으면 판례에 따름)

① 증여계약의 성립에는 상대방의 승낙을 필요로 하지 아니한다.

② 부담부증여에서 수증자가 부담의 이행을 완료한 경우, 증여자의 증여 의무 이행이 완료되지 않았다면 증여자는 특별한 사정이 없는 한 증여계약을 해제할 수 있다.

③ 서면에 의하지 않았음을 이유로 하는 증여계약의 해제권은 형성권으로서 제척기간의 적용을 받는다.

④ 정기의 급여를 목적으로 한 증여는 증여자 또는 수증자의 사망으로 인하여 그 효력을 잃는다.

⑤ 수증자가 직계존속인 증여자에 대하여 범죄행위를 한 경우, 증여자가 용서의 의사를 표시하여도 해제권은 소멸하지 않는다.

해설

① 증여는 당사자 일방이 무상으로 재산을 상대방에 수여하는 의사를 표시하고 상대방이 이를 승낙함으로써 그 효력이 생긴다(민법 제554조).

② 부담부증여계약에서 증여자의 증여 이행이 완료되지 않았더라도 수증자가 부담의 이행을 완료한 경우에는, 그러한 부담이 의례적·명목적인 것에 그치거나 그 이행에 특별한 노력과 비용이 필요하지 않는 등 실질적으로는 부담 없는 증여가 이루어지는 것과 마찬가지라고 볼 만한 특별한 사정이 없는 한, 각 당사자가 서면에 의하지 않은 증여임을 이유로 증여계약의 전부 또는 일부를 해제할 수는 없다고 봄이 타당하다(대판 2022.9.29., 2021다299976).

③ 민법 제555조(서면에 의한 증여)에서 말하는 해제는 일종의 특수한 철회일 뿐 민법 제543조(해지, 해제권) 이하에서 규정한 본래 의미의 해제와는 다르다고 할 것이어서 형성권의 제척기간의 적용을 받지 않는다(대판 2003.4.11., 2003다1755).

⑤ 수증자가 직계존속인 증여자에 대하여 범죄행위를 한 경우 해제권이 생기지만 해제원인 있음을 안 날로부터 6월을 경과하거나 증여자가 수증자에 대하여 용서의 의사를 표시한 때에는 소멸한다(동법 제556조 제2항).

72 甲이 乙소유의 X토지 위에 Y건물을 신축하여 소유하고자 乙과 X에 관한 임대차계약을 체결하였다. 이후 임대차의 종료를 이유로 甲이 乙에게 Y의 매수를 청구하는 경우에 관한 설명으로 옳은 것은? (다툼이 있으면 판례에 따름)

① 甲의 매수청구가 유효하기 위해서는 乙의 승낙이 있어야 한다.

② 특별한 사정이 없는 한, Y가 건축허가를 받은 건물이 아니더라도 매수청구의 대상이 될 수 있다.

③ Y가 X와 丙 소유의 Z토지 위에 걸쳐서 건립된 경우, 甲은 Y 전체에 대한 매수청구를 할 수 있다.

④ 甲과 乙의 임대차계약이 甲의 채무불이행을 이유로 해지되었다 하더라도 甲은 매수청구를 할 수 있다.

⑤ 甲과 乙이 기간의 정함이 없는 임대차계약을 체결한 경우, 乙의 해지통고에 의하여 甲의 임차권이 소멸한 때에는 甲은 매수청구권을 행사할 수 없다.

> **해설**
> ① 건물매수청구권은 일방적 의사표시에 의해 성립되는 형성권으로서, 상대방의 승낙은 필요없다(민법 제643조 참조).
> ③ 무릇 건물 소유를 목적으로 하는 토지임대차에 있어서 임차인 소유 건물이 임대인이 임대한 토지 외에 임차인 또는 제3자 소유의 토지 위에 걸쳐서 건립되어 있는 경우에는, 임대지 상에 서 있는 건물 부분 중 구분소유의 객체가 될 수 있는 부분에 한하여 임차인에게 매수청구가 허용된다(대판 1996.3.21., 93다42634).
> ④ 토지임대차에 있어서 토지임차인의 차임연체 등 채무불이행을 이유로 그 임대차계약이 해지되는 경우, 토지임차인으로서는 토지 임대인에 대하여 그 지상건물의 매수를 청구할 수는 없다(대판 1996.2.27., 95다29345).
> ⑤ 토지임차인의 지상물매수청구권은 기간의 정함이 없는 임대차에 있어서 임대인에 의한 해지통고에 의하여 그 임차권이 소멸된 경우에도 마찬가지로 인정된다(대판 1995.7.11., 94다34265).

73 도급에 관한 설명으로 옳지 않은 것을 모두 고른 것은? (다툼이 있으면 판례에 따름)

> ㄱ. 수급인이 완성한 목적물에 그의 귀책사유로 인한 하자가 있는 경우, 수급인의 하자담보책임과 채무불이행책임은 경합적으로 인정된다.
> ㄴ. 완성된 목적물의 하자가 중요하지 않으면서 그 보수에 과다한 비용을 요하는 경우, 도급인은 수급인에게 하자보수를 청구할 수 없고 보수에 갈음하는 손해배상을 청구하여야 한다.
> ㄷ. 도급인이 수급인에게 하자보수에 갈음하여 손해배상을 청구하는 경우, 수급인의 손해배상의무와 도급인의 보수지급의무는 특별한 사정이 없는 한 동시이행의 관계에 있다.

① ㄱ   ② ㄴ

③ ㄷ   ④ ㄱ, ㄴ

⑤ ㄴ, ㄷ

> **해설**
> ㄴ. 하자가 중요하지 아니하면서 동시에 그 보수에 과다한 비용을 요하는 경우에는 도급인은 하자보수나 하자보수에 갈음하는 손해배상을 청구할 수 없고 그 하자로 인하여 입은 손해의 배상만을 청구할 수 있는데, 이러한 경우 그 하자로 인하여 입은 통상의 손해는 특별한 사정이 없는 한 수급인이 하자 없이 시공하였을 경우의 목적물의 교환가치와 하자가 있는 현재 상태대로의 교환가치와의 차액이고, 한편 하자가 중요한 경우에는 그 보수에 갈음하는 즉 실제로 보수에 필요한 비용이 손해배상에 포함된다(대판 1998.3.13., 95다30345).

74 위임에 관한 설명으로 옳지 않은 것은? (다툼이 있으면 판례에 따름)

① 무상위임의 경우, 수임인은 위임의 본지에 따라 선량한 관리자의 주의로써 위임사무를 처리하여야 한다.

② 유상위임의 경우, 위임인은 특별한 이유 없이 위임계약을 해지할 수 없다.

③ 수임인이 성년후견 개시의 심판을 받은 경우, 특별한 사정이 없는 한 위임은 종료한다.

④ 수임인이 위임사무의 처리를 위해 필요한 비용을 지출한 때에는 위임인에 대하여 지출한 날 이후의 이자를 청구할 수 있다.

⑤ 당사자 일방이 부득이한 사유없이 상대방의 불리한 시기에 위임계약을 해지한 때에는 그 손해를 배상하여야 한다.

> **해설**
>
> ② 위임계약은 각 당사자가 언제든지 해지할 수 있다(민법 제689조 제1항).

75 화해에 관한 설명으로 옳지 않은 것은? (다툼이 있으면 판례에 따름)

① 당사자가 임의로 처분할 수 없는 법률관계에 관한 화해계약은 효력이 없다.

② 화해 당사자의 자격에 착오가 있는 때에는 화해계약을 취소할 수 있다.

③ 화해계약이 사기로 인해 체결된 경우, 이를 이유로 화해계약을 취소할 수 있다.

④ 분쟁의 대상인 법률관계 자체에 관한 착오가 있는 경우, 이를 이유로 화해의 의사표시를 취소할 수 없다.

⑤ 화해계약이 성립되더라도 화해 전 법률관계에 기초한 담보는 특별한 사정이 없는 한 그대로 존속한다.

> **해설**
>
> ⑤ 화해계약은 당사자가 상호 양보하여 당사자 간의 분쟁을 종지할 것을 약정하는 것으로, 당사자 일방이 양보한 권리가 소멸되고 상대방이 화해로 인하여 그 권리를 취득하는 효력이 있다. 즉, 화해계약이 성립되면 특별한 사정이 없는 한 그 창설적 효력에 따라 종전의 법률관계를 바탕으로 한 권리의무관계는 소멸하고, 계약 당사자 사이에 종전의 법률관계가 어떠하였는지를 묻지 않고 화해계약에 따라 새로운 법률관계가 생긴다(대판 2020.10.15., 2020다227523).

76 민법상 소비대차에 관한 설명으로 옳은 것은? (다툼이 있으면 판례에 따름)

① 소비대차계약은 요물계약이다.

② 대여금에 대한 이자나 변제기에 대한 합의가 없다면 소비대차는 성립할 수 없다.

③ 이자 있는 소비대차는 특별한 사정이 없는 한 차주가 목적물을 인도받은 때로부터 이자를 계산하여야 한다.

④ 금전대차의 경우에 차주가 약정금액에 갈음하여 유가증권 기타 물건의 인도를 받았더라도 그 인도 시의 가액이 아니라 약정금액을 차용액으로 한다.

⑤ 준소비대차는 구채무가 소비대차인 경우에는 이를 기초로 성립할 수 없다.

해설

① 과거에 소비대차계약은 요물계약으로 규정되었으나 현행 민법에서 낙성계약으로 규정하고 있다.

② 소비대차는 당사자 일방이 금전 기타 대체물의 소유권을 상대방에게 이전할 것을 약정하고 상대방은 그와 같은 종류, 품질 및 수량으로 반환할 것을 약정함으로써 그 효력이 생긴다. 즉, 목적물의 인도와 반환 의사의 합치가 있으면 성립한다(민법 제598조 참조).

④ 금전대차의 경우에 차주가 금전에 갈음하여 유가증권 기타 물건의 인도를 받은 때에는 그 인도 시의 가액으로써 차용액으로 한다(동법 제606조).

⑤ 민법 제605조 소정의 준소비대차는 구채무가 소비대차일 경우에도 성립한다(대판 1994.5.13., 94다8440).

77 사용대차에 관한 설명으로 옳은 것은?

① 사용대차는 낙성·유상계약이다.

② 수인이 공동으로 물건을 차용한 때에는 그 수인은 균등한 비율로 분할된 채권과 채무를 부담한다.

③ 차주는 대주에게 차용물의 통상의 필요비의 상환을 청구할 수 없다.

④ 차주는 대주의 승낙이 없더라도 제3자에게 차용물을 사용·수익하게 할 수 있다.

⑤ 계약 성립 후 아직 대주가 목적물을 인도하기 전이라면 대주는 차주가 입은 손해를 배상하지 않고 언제든지 계약을 해제할 수 있다.

해설

① 사용대차는 낙성·불요식·편무·무상계약이다.

② 수인이 공동하여 물건을 차용한 때에는 연대하여 그 의무를 부담한다(민법 제616조).

④ 차주는 대주의 승낙이 없으면 제3자에게 차용물을 사용·수익하게 하지 못한다(동법 제610조 제2항).

⑤ 민법 제601조(이자없는 소비대차의 당사자는 목적물의 인도전에는 언제든지 계약을 해제할 수 있다. 그러나 상대방에게 생긴 손해가 있는 때에는 이를 배상하여야 한다)의 규정은 사용대차에 준용한다(동법 제612조).

78 민법상 토지임차인에게 인정될 수 있는 권리가 아닌 것은?

① 부속물매수청구권　　　　　　　② 계약갱신청구권
③ 차임감액청구권　　　　　　　　④ 유익비상환청구권
⑤ 필요비상환청구권

> **해설**
>
> ① 부속물매수청구권은 건물 기타 공작물의 임차인에게만 인정되는 권리로 임차인이 건물에 부속시킨 물건에 대해 매수
> 를 청구할 수 있는 권리이다(민법 제646조).

79 민법상 임치에 관한 설명으로 옳지 않은 것은?

① 수치인은 임치물을 임치인의 주소지에서 반환하여야 한다.
② 수치인은 임치인의 동의가 없는 한 임치물을 사용할 수 없다.
③ 수치인은 원칙적으로 임치 받은 물건을 스스로 보관하여야 한다.
④ 임치기간의 약정이 있더라도 임치인은 언제든지 계약을 해지할 수 있다.
⑤ 임치기간의 약정이 없는 경우, 수치인은 언제든지 계약을 해지할 수 있다.

> **해설**
>
> ① 임치물은 그 보관한 장소에서 반환하여야 한다. 그러나 수치인이 정당한 사유로 인하여 그 물건을 전치한 때에는 현존
> 하는 장소에서 반환할 수 있다(민법 제700조).

80 甲과 乙은 공동사업의 경영을 위하여 A조합을 설립하는 계약을 체결하면서 甲은 1억 원을 출자하기
로 하고, 乙은 노무만을 제공하기로 하였다. 이에 관한 설명으로 옳지 않은 것은? (다툼이 있으면
판례에 따름)

① A조합의 채무자 丙은 그 채무와 甲에 대한 그의 채권으로 상계하지 못한다.
② 甲이 출자의무를 이행하였더라도 乙의 채무불이행을 이유로 A조합 설립계약을 해제하고 乙을 상
대로 원상회복청구권을 행사할 수 없다.
③ A조합의 사업 경영으로 인한 이익을 乙에게는 분배하지 않고 甲에게만 분배하기로 약정한 경우에
도 A조합관계는 유효하다.
④ 甲과 乙이 이익분배의 비율만을 정한 경우, 그 비율은 이익과 손실에 공통된 것으로 추정한다.
⑤ 乙이 사망하더라도 특별한 사정이 없는 한 A조합은 해산되지 않는다.

> **해설**
>
> ③ 이른바 '내적조합'이라는 일종의 특수한 조합으로 보기 위하여는 당사자의 내부관계에서는 조합관계가 있어야 할 것이
> 고, 내부적인 조합관계가 있다고 하려면 서로 출자하여 공동사업을 경영할 것을 약정하여야 하며, 영리사업을 목적으
> 로 하면서 당사자 중의 일부만이 이익을 분배받고 다른 자는 전혀 이익분배를 받지 않는 경우에는 조합관계(동업관계)
> 라고 할 수 없다(대판 2000.7.7., 98다44666).

81 회계상 거래에 해당하지 않는 것은?

① 10만 원 상당의 원재료를 주문하였다.
② 주거래은행에서 10만 원을 차입하였다.
③ 종업원에게 급여 30만 원을 지급하였다.
④ 폭우로 인해 상품 20만 원이 소실되었다.
⑤ 차입금 이자 5만 원이 발생하였으나 아직 지급하지 않았다.

해설

• 회계상 거래 : 자산·부채·자본의 증감, 수익 비용의 발생을 일으키는 경제적 사건을 말한다.
• 회계거래 및 일상거래의 예

회계거래	회계거래 및 일상거래	일상거래
• 재해손실, 도난손실 • 감가상각비 등 계상 • 각종 자산평가손익 • 현금 등 분실 • 토지, 건물 등의 기증	• 상품의 구매 및 판매 • 현금의 대여 및 회수 • 자산의 취득 및 처분 • 현금의 차입 및 상환 • 각종 현금수지활동 등	• 상품의 매매계약, 부동산의 임대차 계약, 리스계약 등 단순한 거래계약 • 상품·제품의 주문 • 물건의 보관 • 자산의 담보제공 • 직원채용

82 다음은 (주)가맹의 기말재고자산 관련 자료이다. 저가법에 의한 재고자산평가손실은?

○ 장부상 수량 : 100개
○ 단위당 취득원가 : 100원
○ 실제 수량 : 90개
○ 단위당 순실현가능가치 : 95원

① 450원   ② 500원
③ 1,000원   ④ 1,450원
⑤ 1,500원

해설

저가법
취득원가와 순실현가치 중 가격이 낮은 쪽을 장부가액으로 하는 방법
• 취득원가 : 90 × 100 = 9,000원
• 순실현가능가치 : 90 × 95 = 8,550원
재고자산평가손실 = 취득원가 - 순실현가능가치 = 9,000원 - 8,550원 = 450원

83 (주)가맹은 20×1년 초 액면금액 1,000원, 만기 3년, 표시이자율 연 8%(이자는 매년 말 지급), 발행 당시 유효이자율 연 10%인 사채를 950원에 발행하였다. 사채의 회계처리에 관한 설명으로 옳은 것은? (단, 사채의 회계처리는 유효이자율법을 적용하고, 회계기간은 매년 1월 1일부터 12월 31일까지이다)

① 사채는 할증발행되었다.

② 20×1년 사채이자비용은 80원이다.

③ 20×1년 말 사채이자 현금지급액은 95원이다.

④ 20×1년 말 사채의 장부금액은 965원이다.

⑤ 20×1년 말 사채발행차금 잔액은 50원이다.

> **해설**
>
> ④ 장부금액 = 950+(950 × 10% − 1,000 × 8%) = 965원
> ① 1,000원인 사채가 950원으로 할인발행되었다.
> ② 사채이자비용 = 액면이자 + 사채발행차금상각액 = 80 + 15 = 95원
> ③ 사채이자 현금지급액은 이자(8%)에 해당하는 80원이다.
> ⑤ 사채발행차금 = 사채발행차금 − 사채발행차금상각액 = 50 − 15 = 35원

84 (주)가맹은 20×1년 초 기계장치를 10,000원에 취득하였다. 동 기계장치의 내용연수는 4년, 잔존가치는 2,000원으로 추정되고, 감가상각방법은 정액법을 적용한다. (주)가맹이 20×3년 초 동 기계장치를 5,000원에 처분한 경우 인식할 유형자산처분손익은? (단, 회계기간은 매년 1월 1일부터 12월 31일까지이다)

① 처분손실 3,000원   ② 처분손실 1,000원

③ 처분손익 없음   ④ 처분이익 1,000원

⑤ 처분이익 3,000원

> **해설**
>
> • 정액법 = $\dfrac{10,000-2,000}{4} = 2,000$(감가상각비)
> • 감가상각누계액 = 취득액 − 감가상각비 = 10,000 −(2,000 × 2) = 6,000원
> • 유형자산처분손익 = 장부금액 − 처분금액 = 6,000 − 5,000 = 1,000원
> 즉, 장부금액상 6,000원인 기계장치를 5,000원에 처분하여 유형자산처분손익은 1,000원 손실이다.

85 유동자산에 해당하지 않는 것은?

① 주거래은행에 예치되어 있는 보통예금

② 만기가 3개월 이내에 도래하는 받을어음

③ 여유자금 활용 목적으로 6개월간 투자한 단기예금

④ 자동차 제조회사가 판매를 목적으로 생산한 자동차

⑤ 임대수익이나 시세차익을 얻기 위하여 보유하고 있는 부동산

해설

유동자산과 비유동자산

• 유동자산 : 현금이나 현금성자산으로서, 교환이나 부채 상환 목적으로의 사용에 대한 제한기간이 보고기간 후 12개월 이상이 아닌 것

　예 현금 및 현금성자산[당좌예금, 보통예금, 별단예금, 단기금융상품(정기예금, 정기적금-만기가 3개월 이내)], 단기매매증권, 매출채권(외상매출금, 받을어음) 등

• 비유동자산 : 유동자산을 제외한 모든 자산

　예 매매가능증권, 만기보유 증권, 투자부동산, 토지, 건물, 기계장치, 자동차, 영업권, 산업재산권, 저작권, 임차보증금 등

86 간접법에 의한 영업활동 순현금흐름 계산 시 당기순이익에서 차감하는 항목에 해당하는 것은?

① 감가상각비　　　　　　　　② 매출채권의 감소

③ 매입채무의 증가　　　　　　④ 재고자산의 증가

⑤ 유형자산처분손실

해설

④ 재고자산의 증가는 현금 유입이 없는 수입에 해당하여 당기순이익에서 차감된다.

87 (주)가맹의 회계담당자는 20×1년 기말재고자산을 10,000원만큼 과대계상하는 오류를 범하였다. 이 오류가 (주)가맹의 재무제표에 미치는 영향에 해당하지 않는 것은? (단, 회계기간은 매년 1월 1일부터 12월 31일까지이다)

① 20×1년 매출원가가 10,000원 과소계상된다.

② 20×1년 당기순이익이 10,000원 과대계상된다.

③ 20×2년 매출원가가 10,000원 과소계상된다.

④ 20×2년 당기순이익이 10,000원 과소계상된다.

⑤ 20×2년 기초재고자산이 10,000원 과대계상된다.

해설

기말재고자산을 과대계상 시 매출원가는 과소계상되며, 매출원가 과소계상 시 당기순이익은 과대계상된다. 따라서 20×1년 매출원가는 10,000원만큼 과소계상되었으며, 당기순이익은 10,000원만큼 과대계상되었다. 또한, 기말재고자산은 다음 년도 기초재고자산을 형성하기 때문에 기초자산이 10,000원 과대계상되었다고 볼 수 있다. 따라서 20×1년 다음 년도인 20×2년 매출원가는 10,000원 과대계상되고 당기순이익은 10,000원 과소계상된다.

88 분개할 때 대변에 기록되는 항목은?

① 선급금의 증가

② 이자수익의 발생

③ 광고선전비의 발생

④ 장기차입금의 감소

⑤ 미지급배당금의 감소

해설

거래의 8요소를 이용한 분개의 예

차 변		대 변	
자산의 증가	원재료 구입, 상품구입, 비품구입	자산의 감소	매출채권회수, 차량매각
부채의 감소	매입채무변제, 차입금상환	부채의 증가	(상품 구입)외상매입금 발생
자본의 감소	출자금반환	자본의 증가	출 자
비용의 발생	복리후생비, 급여지급, 운반비	수익의 발생	상품판매, 이자수익

89 (주)가맹은 20×1년 6월 1일 1년분 임차료 12,000원을 현금으로 지급하고 전액 자산 처리하였다. 20×1년 말 이와 관련한 결산 수정분개가 누락되었다. 결산 수정분개의 누락이 (주)가맹의 재무제표 요소에 미치는 영향으로 옳은 것을 모두 고른 것은?

> ㄱ. 비용이 과소계상된다.　　　　　ㄴ. 부채가 과대계상된다.
> ㄷ. 자산이 과대계상된다.　　　　　ㄹ. 자본이 과소계상된다.

① ㄱ, ㄴ　　　　　　　　　　② ㄱ, ㄷ
③ ㄴ, ㄷ　　　　　　　　　　④ ㄴ, ㄹ
⑤ ㄷ, ㄹ

해설

6월 1일에 1년분 임차료(12,000원)를 현금으로 지급하였고 전액 자산 처리하였지만 그해 말 결산 수정분개가 누락된 것을 통해, 임차료 중 약 7개월 기간에 해당하는 7,000원은 당기 비용으로 처리하여야 한다. 또한, 결산 수정분개가 누락되었기 때문에 자산이 과대계상되고 비용이 과소계상된다.
• 과대계상 : 감가상각비로 기표할 금액을 실제보다 더 높거나 과장되게 부풀려서 수치를 기표하는 것
• 과소계상 : 자산의 가치를 계산을 누락하거나 비용을 적게 표시하는 등의 방법으로 회계 장부에 기록하는 것

90 한국채택국제회계기준 재무보고의 개념체계에서 제시된 재무정보의 보강적 질적 특성에 해당하지 않는 것은?

① 적시성　　　　　　　　　　② 검증가능성
③ 목적적합성　　　　　　　　　④ 비교가능성
⑤ 이해가능성

해설

재무제표의 질적 특성의 종류
• 근본적 질적 특성
　– 목적적합성
　– 표현충실성
• 보강적 질적 특성
　– 비교가능성
　– 검증가능성
　– 적시성
　– 이해가능성

91 가격에 관한 설명으로 옳지 않은 것은?

① 유보가격(Reservation Price)이란 소비자가 어떤 제품에 대해 지불할 의사가 있는 최고가격이다.

② 준거가격(Reference Price)이란 소비자들이 제품가격이 비싼지 싼지를 평가할 때 비교기준으로 사용하는 가격이다.

③ 시장침투가격(Penetration Pricing)이란 신제품 도입 초기에 높은 가격을 매겨 시장수익률을 극대화하는 가격결정방식이다.

④ 종속제품가격(Captive-product Pricing)이란 특정제품과 반드시 함께 사용되는 제품에 대해 부과하는 가격결정방식이다.

⑤ 묶음가격(Bundling Pricing)이란 복수의 자사 제품을 묶음으로 저렴하게 제시할 때 사용하는 가격결정방식이다.

> **해설**
>
> 시장침투가격(Penetration Pricing)
> 신제품을 출시할 때 빠른 시간 내에 매출 및 시장점유율을 확보하기 위해 상품의 가격을 저가로 책정하여 점차 가격을 높게 설정하는 가격결정방식이다.

92 고객행동에 의한 시장세분화의 변수가 아닌 것은?

① 사용상황   ② 추구하는 편익
③ 상표충성도   ④ 사용빈도
⑤ 라이프스타일

> **해설**
>
> ⑤ 라이프스타일은 심리적 욕구변수에 해당한다.
>
> 시장세분화의 변수
> • 행동적 변수 : 소비자가 추구하는 편익, 제품에 대한 태도, 제품 사용 경험, 충성도, 사용상황 등
> • 사회경제적 변수 : 연령, 성별, 소득별, 가족수별, 직업법, 사회계층별, 라이프 사이클별 등
> • 지리적 변수 : 국내 각 지역, 도시와 지방, 해외의 각 시장지역 등
> • 심리적 욕구변수 : 자기현시욕, 소비자들의 성격, 라이프스타일 등
> • 구매동기 : 경제성, 품질, 안전성, 편리성 등

93 소비자의 구매의사결정과정에서 가장 먼저 발생하는 단계는?

① 대안평가　　　　　　　　② 정보탐색
③ 문제인식　　　　　　　　④ 구 매
⑤ 구매 후 행동

해설

구매의사결정과정
문제인식 → 정보탐색 → 대안평가 → 구매결정 → 구매 후 행동

94 브랜드에 관한 설명으로 옳지 않은 것은?

① 브랜드란 자사제품을 식별시키고 경쟁사의 제품으로부터 차별화시킬 목적으로 사용하는 이름, 어구, 기호, 상징 또는 이들의 결합을 말한다.
② 브랜드확장전략이란 한 제품시장에서 성공을 거둔 기존의 브랜드명을 사용하여 다른 제품범주의 신제품에도 사용하는 전략을 말한다.
③ 공동브랜드(Family Brand)란 여러 개별 제품에 동일한 브랜드를 적용하는 것을 말하며, 제품계열 단위로 사용되기도 한다.
④ 브랜드 자산의 원천은 브랜드 인지도와 브랜드 이미지이다.
⑤ 라이센스브랜드(License Brand)란 유통업체가 제조업체로부터 공급받는 제품에 사용하는 자체 브랜드를 말한다.

해설

라이센스브랜드(License Brand)
특정 브랜드와의 사업권 계약을 체결하여 해당 브랜드의 상품을 생산, 판매하는 것을 말한다.

95 BCG매트릭스에서 Cash Cow(현금젖소)의 특성에 해당하지 않는 것은?

① 낮은 미래의 성장가능성
② 미래 이익 확대를 위한 자원의 집중 투자
③ 시장점유율을 유지하기 위한 전략 필요
④ 상대적으로 높은 현재의 시장점유율
⑤ 제품수명주기상 성숙기 단계에 위치

해설

② 사업의 급격한 성장을 유지하기 위해 많은 투자가 필요한 별(Star)의 특성에 해당한다.

96 마케팅에서 커뮤니케이션 반응단계를 순서대로 제시한 것으로 옳은 것은?

① 인지 → 호감 → 지식 → 선호 → 확신 → 구매
② 지식 → 인지 → 선호 → 호감 → 확신 → 구매
③ 호감 → 지식 → 인지 → 선호 → 확신 → 구매
④ 인지 → 지식 → 호감 → 선호 → 확신 → 구매
⑤ 지식 → 인지 → 호감 → 확신 → 선호 → 구매

해설

커뮤니케이션 반응단계
인지(Awareness) → 지식(Knowledge) → 호감(Like) → 선호(Preference) → 확신(Conviction) → 구매(Purchase)

97 유통경로커버리지를 결정할 때 일정한 지역에서 하나의 유통업체만이 자사제품을 독점적으로 취급하도록 하는 전략은?

① 집중적 유통   ② 전속적 유통
③ 포괄적 유통   ④ 집약적 유통
⑤ 선택적 유통

해설

전속적 유통경로
생산자가 특정 및 일정 지역 또는 시장에 한하여 중간상인, 업체에게 독점적 권한을 부여하여 자사제품을 유통시키는 전략이다.

98 식스시그마의 표준적 접근 방법인 DMAIC 방법론에 관한 내용으로 옳지 않은 것은?

① 정의 – 고객의 선호도 파악과 품질핵심요인(CTQ)파악이 중요
② 측정 – 프로세스의 측정방법 및 운영방법 결정
③ 분석 – 프로세스 변동을 야기하는 핵심변수 파악을 통해 결함의 원인을 분석
④ 개선 – 결함의 원인을 제거하기 위해 핵심요인들의 최소 허용치를 규정하고 최소 허용 범위 내에서 시스템이 안정적으로 작동하도록 수정·보완
⑤ 통제 – 개선을 유지할 수 있는 방법 모색

해설

DMAIC 방법론
• 정의(Define) : 고객의 요구사항을 파악하고 프로젝트의 목표, 정의를 설정하는 단계
• 측정(Measure) : 현재 상태 및 문제의 수준을 파악 및 측정하는 단계
• 분석(Analyze) : 수집 및 파악한 데이터를 토대로 문제의 근본 원인을 분석하는 단계
• 개선(Improve) : 문제의 해결을 위한 개선안과 해결책을 도출하는 단계
• 관리(Control) : 개선된 해결책을 유지 및 관리하는 단계

99 제품수명주기의 단계별 광고 및 판촉전략에 관한 설명으로 옳지 않은 것은?

① 도입기에는 중간상판촉을 통해 자사제품의 진열을 유도하는 것이 필요하다.

② 성장기의 마케팅 목표는 브랜드강화를 통해 시장점유율을 빠르게 확대시키는 것이다.

③ 성장기에는 일반소비자층의 시용구매를 확대하기 위해 판매촉진비를 계속 증가시킨다.

④ 성숙기에는 시장 확대를 위해 적극적 브랜드재활성화 전략이 필요하다.

⑤ 쇠퇴기에는 자사브랜드에 대한 만족도를 높이는 것이 중요하므로 판촉비용을 증가시킨다.

해설

⑤ 쇠퇴기에는 판매와 이익이 모두 계속 감소하는 시기로 대다수의 제품이나 상표는 쇠퇴하기 시작한다. 따라서 이 시기의 마케팅 목표는 남아있는 제품은 마케팅 비용을 최대한 감소시키고 프로모션, 할인 등의 방법으로 남아있는 제품을 처분하여 이익을 최대로 얻을 수 있는 전략을 진행한다.

100 다음에 해당하는 척도(Scale)는?

> ○ 측정대상들을 상호배타적(Mutually Exclusive)으로 분류하기 위해 임의적으로 숫자를 부여한 척도
> ○ 운동선수의 등번호 등이 해당됨

① 서열척도   ② 등간척도

③ 명목척도   ④ 비율척도

⑤ 의미차별화척도

해설

③ 명목척도 : 측정대상이 속한 범주나 종류를 구분하기 위해 부여된 숫자를 통해 대상을 구분하는 척도

① 서열척도 : 대상의 순위관계를 나타내는 척도

② 등간척도 : 대상의 크기나 순서 간의 차이를 나타낼 수 있는 척도

④ 비율척도 : 숫자 간 비율이 산술적 의미를 갖는 척도

⑤ 의미차별화척도 : 서로 상반되는 형용사적 표현을 양쪽 끝에 표시하고 적절한 위치에 답하게 하여 응답자의 반응을 알아보려는 척도

101 투자의사결정을 위한 현금흐름 추정의 원칙에 관한 내용으로 옳은 것은?

① 이자비용과 배당금은 현금유출에 포함하지 않는다.
② 감가상각비는 현금유출에 포함한다.
③ 법인세차감전순이익 기준으로 추정한다.
④ 잠식비용(Erosion Cost)은 현금유출에 포함하지 않는다.
⑤ 매몰비용(Sunk Cost)은 현금유출에 포함한다.

해설

② 감가상각비는 현금의 지출이 없는 비용이다.
③ 기업 입장에서 법인세는 현금유출에 해당하므로 현금흐름에서 법인세를 차감하여 추정한다.
④ 잠식비용은 특정 투자안에 투자를 함으로 인해 다른 부분에서 현금유입이 감소하는 비용이며 현금유출에 해당한다.
⑤ 매몰비용은 과거에 지출되었지만 미래의 현금흐름에 영향을 미치지 않아 현금유출에 포함되지 않는다.

102 올해 초 1,000원의 배당금(d_0)을 지급한 (주)가맹은 앞으로 이익과 배당금이 매년 10%씩 성장할 것으로 예상되며, 주주들의 요구수익률은 20%이다. 정률성장모형(Constant Growth Model)을 적용할 경우 (주)가맹의 이론적 현재주가(P_0)는?

① 1,000원
② 5,000원
③ 10,000원
④ 11,000원
⑤ 20,000원

해설

• 올해 초 배당금(1,000원) + 매년 성장률(10%) = 1,100원
• 이론적 현재주가 ÷ (요구수익률 - 성장률) = 1,100원
∴ 이론적 현재주가 = 11,000원

103 자본예산 기법에서 현금흐름할인법(DCF)으로만 짝지어진 것은?

① 회수기간법, 순현가법
② 회계적이익률법, 내부수익률법
③ 순현가법, 내부수익률법
④ 내부수익률법, 회수기간법
⑤ 회수기간법, 회계적이익률법

해설

자본예산 기법
• 현금흐름할인법
 − 순현재가치법(순현가법)
 − 내부수익률법
 − 수익성지수법
• 비할인모형
 − 회계적이익률법
 − 회수기간법

101 ① 102 ④ 103 ③ **정답**

104 제품에 대한 수요 정보가 공급사슬상의 참여자들을 거쳐서 전달될 때마다 계속 증폭·왜곡되어 가는 현상인 채찍효과(Bullwhip Effect)에 대응하기 위한 정보기술은?

① SCM(Supply Chain Management)

② CRM(Customer Relationship Management)

③ MRP(Material Requirement Planning)

④ TPS(Transaction Processing System)

⑤ EOQ(Economic Order Quantity)

해설

① 생산망의 모든 흐름을 주의 깊게 관리하는 공급사슬관리는 수요 정보가 공급사슬상의 참여자들을 거쳐서 전달될 때마다 계속 증폭·왜곡되어 가는 채찍효과에 대응하는 정보기술이다.

공급사슬관리(Supply Chain Management)
공급망 전체를 하나의 통합된 개체로 보고, 이를 최적화하고자 하는 경영방식으로써 총체적물류비 감소와 고객서비스 강화를 목적으로 원재료 획득부터 최종상품 소비까지 생산망의 모든 기업들을 전자적인 수단으로 연결하여 자원, 상품, 서비스, 정보의 흐름 전체를 주의 깊게 관리함으로써 수요와 공급의 일치를 최적으로 운영하고 조율하는 관리시스템이다.

105 배당수준을 나타내는 상대적 척도로 순이익 중에서 배당금으로 지급되는 비율을 측정하는 것은?

① 배당률　　　　　　　　　　② 배당성향

③ 주당배당액　　　　　　　　④ 배당수익률

⑤ 유보율

해설

① 주당 액면금액에 대하여 지급되는 배당금의 비율로서 배당금을 액면가로 나눈 값

③ 총 현금 배당액을 유통되는 주식 수로 나눈 것으로 가지고 있는 한 개의 주당 지급되는 현금 배당액

④ 주당배당액을 주식가격으로 나눈 값으로 주주가 해당 주식을 보유하고 있을 때 얻을 수 있는 수익

⑤ 영업활동에서 생긴 이익인 이익잉여금과 자본거래 등 영업활동이 아닌 특수 거래에서 생긴 이익인 자본잉여금을 합한 금액을 납입자본금으로 나눈 비율

106 재무레버리지도(DFL)로 측정하고자 하는 것은?

① 영업이익 변화율에 대한 주당순이익의 변화율

② 매출액 변화율에 대한 영업이익의 변화율

③ 매출액 변화율에 대한 주당순이익의 변화율

④ 영업이익 변화율에 대한 공헌이익의 변화율

⑤ 공헌이익 변화율에 대한 주당순이익의 변화율

해설

재무레버리지 효과

부채의존도가 높을수록 고정적인 금융 비용의 부담이 커져서, 영업이익이 변화할 때 주당순이익이 그보다 높은 비율로 변화하는 효과

107 다음의 자료를 이용하여 계산한 (주)가맹의 가중평균자본비용(WACC)은?

○ 자기자본비율 50%
○ 세후 타인자본비용 10%
○ 무위험이자율 4%, 시장포트폴리오수익률 10%, (주)가맹 주식의 베타계수 2(단, 자기자본비용은 증권시장선(SML)을 이용한다)
○ 총자본은 타인자본과 자기자본만으로 구성된다.

① 6%   ② 10%

③ 12%   ④ 13%

⑤ 16%

해설

• 증권시장선(SML) = 무위험이자율 + [(시장포트폴리오 기대수익률 − 무위험이자율) × 베타계수] = 4 + [(10 − 4) × 2] = 16%

• 가중평균자본비용(WACC) = (자기자본비용 × 자기자본비중) + (타인자본비용 × 타인자본비중) = (16 × 0.5) + (10 × 0.5) = 13%

108 제품과 서비스를 비교할 때 서비스의 특징이 아닌 것은?

① 산출물 형태의 무형성
② 서비스 내용의 이질성
③ 품질 측정의 용이성
④ 재고 보유의 불가능성
⑤ 생산과 소비의 동시성

해설

서비스의 특징
• 무형적이며 재판매가 불가능하다.
• 소유는 일반적으로 이전되지 않으며 저장할 수 없다.
• 생산과 소비를 동시에 하며 같은 장소에서 발생한다.
• 서비스는 운송할 수 없으며 구매자가 직접 생산에 참가한다.
• 서비스는 대부분 직접적인 접촉이 요구되며 생산과 판매는 기능적으로 분리될 수 없다.
• 서비스의 품질은 표준화가 어렵다.

109 생산관리 기법 중 PERT/CPM의 주요 목적은?

① 수요예측
② 재고관리
③ 구매관리
④ 입지선정
⑤ 일정관리

해설

⑤ 생산관리 기법 중 PERT/CPM은 작업의 일정과 순서를 최적화하여 자원의 효율성을 높이고 납기일을 준수하는 스케줄링에 속하는 기법이다.

110 포트폴리오 위험에 관한 설명으로 옳지 않은 것은?

① 구성종목 수가 많을수록 위험은 작아진다.
② 위험은 주식 간 상관계수에 따라 달라진다.
③ 총위험은 체계적 위험과 비체계적 위험으로 구성된다.
④ 체계적 위험은 시장위험이라고도 한다.
⑤ 비체계적 위험은 분산 불가능한 위험이다.

해설

⑤ 비체계적 위험(Unsystematic Risk)은 분산투자를 통해서 제거가 가능한 위험(분산가능위험)으로 개별적인 부동산 및 회사와 관련된 특수한 상황과 관련하여 발생하는 위험으로 포트폴리오를 다양화 및 분산화하여 위험을 줄일 수 있다.

111 블레이크(R. Blake)와 머튼(J. Mouton)의 관리격자이론에서 사람과 생산에 대한 관심이 모두 높은 리더십 유형은?

① 팀 형
② 과업형
③ 중간형
④ 무관심형
⑤ 컨트리클럽형

112 네트워크(Network) 조직에 관한 특징으로 옳지 않은 것은?

① 수직적, 수평적, 공간적 신뢰관계로 연결된 조직형태이다.
② 기존 네트워크로부터 행동을 제약받는 압박이 발생할 수 있다.
③ 공장, 유통시설 등에 막대한 투자가 없어도 사업을 할 수 있다.
④ 핵심기능만 보유하고 나머지 기능은 아웃소싱을 할 수 있다.
⑤ 종업원은 기능 관리자와 프로젝트 관리자에게 이중 보고해야 한다.

113 인적자원의 내부공급을 예측하는 데 활용할 수 있는 기법으로 옳은 것을 모두 고른 것은?

> ㄱ. 기능목록(Skill Inventory) ㄴ. 마코브분석(Markov Analysis)
> ㄷ. 간트차트(Gantt Chart) ㄹ. ABC분석(ABC Analysis)

① ㄱ, ㄴ
② ㄷ, ㄹ
③ ㄱ, ㄴ, ㄷ
④ ㄱ, ㄷ, ㄹ
⑤ ㄱ, ㄴ, ㄷ, ㄹ

해설

- 기능목록 : 조직 내 직원들이 보유하고 있는 지식, 기술, 경험 등의 정보를 체계적으로 정리한 목록 또는 데이터베이스
- 마코브분석 : 과거 인력 이동 확률을 기반으로 부서 간 이동, 승진, 퇴직 등을 예측하는 확률적 모델

114 기업집중의 형태에 관한 설명으로 옳은 것은?

① 카르텔(Cartel)은 각 가맹기업이 법적, 경제적 독립성을 잃고, 하나의 기업으로 합동한 형태이다.
② 지주회사(Holding Company)는 개인 한 사람이 출자, 경영, 소유 및 지배하고 무한책임을 지는 형태이다.
③ 컨글로머레이트(Conglomerate)는 다른 업종이나 기업 간 주식 매입을 통해 결합한 대기업 형태이다.
④ 콘체른(Konzern)은 동일 업종의 기업들이 법적, 경제적 독립성을 유지하고 기업 간 신사협정으로 담합한 형태이다.
⑤ 트러스트(Trust)는 법적으로 독립성을 유지하지만, 경제적으로 출자관계에 의해 종속된 형태이다.

해설

① 트러스트는 시장지배를 통한 독점이라는 적극적인 목적에서 참가기업이 각자의 독립성을 버리고 합동하는 형태이다.
② 개인기업은 개인 한 사람이 출자, 경영, 소유 및 지배하고 책임을 지는 형태이다.
④ 카르텔은 동일 업종의 기업들이 법률적·경제적 독립성을 유지하면서 기업 간의 협정을 통해 결합하는 연합체 형태이다.
⑤ 콘체른은 법적으로 독립성을 유지하지만 자본결합을 중심으로 한 다각적인 기업결합 형태이다.

115 고용주는 조합원 이외의 근로자까지 자유롭게 고용할 수 있으나 일단 고용된 근로자는 일정기간 내 자동적으로 노동조합에 가입해야 하는 제도는?

① 유니온 숍(Union Shop)
② 클로즈드 숍(Closed Shop)
③ 에이전시 숍(Agency Shop)
④ 프레퍼렌셜 숍(Preferential Shop)
⑤ 오픈 숍(Open Shop)

해설

② 채용도 조합원에 국한하고, 조합을 탈퇴하면 해고하는 제도로 노동조합원임을 고용조건으로 내세우는 제도
③ 비조합원을 위해서도 조합이 교섭을 맡으며, 대신 비조합원도 조합비를 조합에 납부하는 제도
④ 노동조합의 가입과 관련된 제도로 채용에 있어 노동조합원에게 우선순위를 부여하는 제도
⑤ 기업의 종업원이 그 회사에 결성되어 있는 노동조합에 대한 가입 여부를 자유의사로 결정할 수 있는 제도

116 수신자에게 메시지가 호의적으로 보이도록 발신자가 의도적으로 정보를 조작하는 것은?

① 소음(Noise)
② 여과(Filtering)
③ 부호화(Encoding)
④ 선택적 지각(Selective Perception)
⑤ 정보 과부하(Information Overload)

해설

① 전달과 수신 사이에 발생하여 의사소통의 정확성을 감소시키는 것
③ 전달자가 아이디어를 전달 가능하고 이해 가능한 형태로 변환시키는 것
④ 정보를 전달받는 수신자가 받아들여지는 정보 또는 자극 중 자신의 마음에 맞는 정보 일부만 선택적으로 기억하는 것
⑤ 수신자가 받아들일 수 있는 정보량을 초과하면 수신자는 일부 정보를 무시하거나 잊어버리는 것

117 다음에서 설명하고 있는 경력이론은?

○ 사람은 자기를 알수록 무엇을 해야 하는 지를 인식하고 점차 한곳에 정착하게 된다.
○ 자신의 관심 영역이 아닌 다른 경력을 선택해도 자신의 관심을 포기하지 않는다.

① 홀(D. Hall)의 경력수명주기 이론
② 샤인(E. Schein)의 경력 닻 이론
③ 홀랜드(J. Holland)의 경력선택 이론
④ 리치(J. Leach)의 경력개발시소 이론
⑤ 레빈슨(D. Levinson)의 생애단계 이론

해설
① 경력단계는 탐색, 확립, 유지, 쇠퇴 순으로 진행된다는 이론
③ 개인의 경력 혹은 직업은 개개인의 성격에 의해 선택된다는 이론
④ 개인과 조직이 경력개발시스템의 두 주체로서 정보교환을 통하여 경력개발을 한다는 이론
⑤ 인간의 생애를 성인 전 단계, 성인 초기단계, 성인 중기단계, 성인 말기단계로 구분하는 이론

118 다음에서 설명하고 있는 생산흐름에 따른 공정유형은?

○ 고정경로를 따라 순차적으로 생산이 이루어진다.
○ 한 작업장에서 다른 작업장으로 통제된 속도에 맞추어 제품이 생산된다.
○ TV, 냉장고 등의 표준화된 제품생산에 활용된다.

① 배치공정(Batch Process)
② 잡숍공정(Job Shop Process)
③ 프로젝트공정(Project Process)
④ 조립라인공정(Assembly Line Process)
⑤ 주문생산공정(Make to Order Process)

해설
① 동일한 제품을 일정 수량만큼 묶어서 생산하는 방식으로 다품종 중, 소량 생산에 적합하다는 것이 특징이다.
② 서로 상이한 작업과 상이한 흐름경로로 다양한 품종을 소량 생산하는 형태로 표준화 없이 범용기계를 이용하여 개별화가 요구되는 제품을 생산하는 것이 특징이다.
③ 고객화가 높고 생산수량이 적으며, 많은 생산비용을 투입하고 장기간에 걸쳐 규모가 큰 제품이나 서비스를 생산하는 형태로 생산수량은 하나 또는 두세 개인 것이 특징이다.
⑤ 고객 주문이 들어온 후에 생산을 시작하는 방식으로 재고 없이 주문 수량에 맞춰 생산하는 것이 특징이다.

119 데이터웨어하우스의 특성으로 옳은 것을 모두 고른 것은?

> ㄱ. 통합성
> ㄴ. 시계열성
> ㄷ. 비휘발성

① ㄱ
② ㄴ
③ ㄱ, ㄷ
④ ㄴ, ㄷ
⑤ ㄱ, ㄴ, ㄷ

해설

데이터웨어하우스의 특성

구 분	내 용
주제 중심성	특정 업무 영역 중심으로 데이터 구성
통합성	여러 출처의 데이터를 일관된 형식으로 정제·통합
시계열성	데이터가 시간에 따라 변화하는 모습 반영
비휘발성	한 번 저장된 데이터는 수정하거나 삭제하지 않고 보관

120 데이터 소스에서 가까운 네트워크 말단의 서버들에게 일부 데이터 처리를 수행토록 하여 클라우드 컴퓨팅 시스템을 최적화하는 방법은?

① 에지 컴퓨팅(Edge Computing)
② 그린 컴퓨팅(Green Computing)
③ 양자 컴퓨팅(Quantum Computing)
④ 온디맨드 컴퓨팅(On-demand Computing)
⑤ 인메모리 컴퓨팅(In-memory Computing)

해설

② 그린 컴퓨팅(Green Computing) : 정보기술 자원을 사용하는 과정에서 에너지 소비와 환경 영향을 최소화하려는 모든 기술적·관리적 노력
③ 양자 컴퓨팅(Quantum Computing) : 양자역학의 원리를 이용해 정보를 처리하는 차세대 컴퓨터 기술
④ 온디맨드 컴퓨팅(On-demand Computing) : 필요할 때 원하는 만큼 컴퓨팅 자원을 사용하는 IT 서비스 모델
⑤ 인메모리 컴퓨팅(In-memory Computing) : 데이터를 디스크가 아닌 메모리에 저장하고 그 위에서 직접 처리하여 데이터 처리 속도를 획기적으로 높이는 기술

2024년

제22회 기출문제

---

01 독점규제 및 공정거래에 관한 법률의 목적으로 명시된 것이 아닌 것은?

① 공정하고 자유로운 경쟁 촉진

② 창의적인 기업활동 조성

③ 중소기업 보호 및 육성

④ 소비자 보호

⑤ 국민경제의 균형 있는 발전 도모

해설

목적(독점규제 및 공정거래에 관한 법률 제1조)

이 법은 사업자의 시장지배적 지위의 남용과 과도한 경제력의 집중을 방지하고, 부당한 공동행위 및 불공정거래행위를 규제하여 공정하고 자유로운 경쟁을 촉진함으로써 창의적인 기업활동을 조성하고 소비자를 보호함과 아울러 국민경제의 균형 있는 발전을 도모함을 목적으로 한다.

02 독점규제 및 공정거래에 관한 법률의 역외적용에 관한 설명으로 옳지 않은 것은? (다툼이 있으면 판례에 따름)

① 역외적용에 관한 근거 조문은 이 법 제정 시부터 존재하였다.

② 외국사업자가 국외에서 행한 행위가 국내시장에 영향을 미친 경우 역외적용의 대상이 된다.

③ '국내시장에 영향을 미치는 경우'는 문제된 국외 행위로 인하여 직접적이고 상당하며 합리적으로 예측 가능한 영향을 미치는 경우로 제한 해석해야 한다.

④ 외국사업자가 국외에서 행한 행위가 외국 법률에 따라 허용되는 행위라고 하더라도 그러한 사정만으로는 당연히 우리나라 법의 적용이 제한된다고 볼 수는 없다.

⑤ 정부는 대한민국의 법률 및 이익에 반하지 아니하는 범위에서 외국정부와 이 법의 집행을 위한 협정을 체결할 수 있다.

해설

① 역외적용에 관한 근거 조문은 이 법과 함께 제정되었다.

03 독점규제 및 공정거래에 관한 법률상 독과점적 시장구조를 개선하기 위하여 공정거래위원회가 수행할 수 있는 업무로 규정되어 있지 않은 것은?

① 시장구조의 조사 및 공표   ② 시장구조의 혁신
③ 특정 산업의 경쟁상황 분석   ④ 특정 산업의 규제현황 분석
⑤ 특정 산업의 경쟁촉진 방안 마련

해설

① 독점규제 및 공정거래에 관한 법률 제4조 제3항 제1호
③·④·⑤ 동법 제4조 제3항 제2호

04 독점규제 및 공정거래에 관한 법률상 시장지배적 사업자에 관한 설명으로 옳은 것은?

① 공급자만이 시장지배적 사업자가 될 수 있다.
② 시장지배적 사업자를 판단할 때 진입장벽의 존재는 고려하지 아니한다.
③ 상품이 아닌 용역의 가격을 결정할 수 있는 시장지위를 가진 사업자는 시장지배적 사업자가 될 수 없다.
④ 상품의 품질을 결정할 수 있는 시장지위를 가진 사업자는 시장지배적 사업자가 될 수 없다.
⑤ 다른 사업자와 함께 가격을 변경할 수 있는 시장지위를 가진 사업자도 시장지배적 사업자가 될 수 있다.

해설

⑤ "시장지배적 사업자"란 일정한 거래분야의 공급자나 수요자로서 단독으로 또는 다른 사업자와 함께 상품이나 용역의 가격, 수량, 품질, 그 밖의 거래조건을 결정·유지 또는 변경할 수 있는 시장지위를 가진 사업자를 말한다(독점규제 및 공정거래에 관한 법률 제2조 제3호).

05 독점규제 및 공정거래에 관한 법률상 시장지배적 사업자의 추정에 관한 설명으로 옳은 것은?

① 일정한 거래분야에서 하나의 사업자의 시장점유율이 100분의 30 이상인 경우 시장지배적 사업자로 추정된다.
② 시장점유율은 법 위반 혐의가 있는 행위의 종료일이 속하는 사업연도의 직전 3년 동안에 국내에서 공급되거나 구매된 상품이나 용역의 금액 중 해당 사업자가 같은 기간 동안 국내에서 공급하거나 구매한 상품이나 용역의 금액의 비율로 한다.
③ 시장점유율을 금액 기준으로 산정하기 어려운 경우라도, 물량 기준 또는 생산능력 기준으로는 산정할 수 없다.
④ 시장지배적 사업자를 판단하는 경우에는 해당 사업자와 그 계열회사를 하나의 사업자로 본다.
⑤ 일정한 거래분야에서 연간 매출액 또는 구매액이 100억 원 미만인 사업자는 시장지배적 사업자에서 제외된다.

① 일정한 거래분야에서 하나의 사업자의 시장점유율이 100분의 50 이상인 경우 시장지배적 사업자로 추정된다(독점규제 및 공정거래에 관한 법률 제6조 제1호).

② 시장점유율은 법 위반 혐의가 있는 행위의 종료일이 속하는 사업연도의 직전 1년 동안에 국내에서 공급되거나 구매된 상품이나 용역의 금액 중 해당 사업자가 같은 기간 동안 국내에서 공급하거나 구매한 상품이나 용역의 금액의 비율로 한다(동법 시행령 제2조 제1항).

③ 시장점유율을 금액 기준으로 산정하기 어려운 경우에는 물량기준 또는 생산능력기준으로 산정할 수 있다(동법 시행령 제2조 제1항).

⑤ 일정한 거래분야에서 연간 매출액 또는 구매액이 80억 원 미만인 사업자는 시장지배적 사업자에서 제외된다(동법 제6조 제1호).

06 독점규제 및 공정거래에 관한 법률상 시장지배적 사업자의 지위남용 행위 유형 중 새로운 경쟁사업자의 시장참가 방해행위에 해당하는 것을 모두 고른 것은?

> ㄱ. 정당한 이유 없이 거래하는 유통사업자와 배타적 거래계약을 체결하는 행위
> ㄴ. 정당한 이유 없이 다른 사업자의 생산활동에 필요한 원재료 구매를 방해하는 행위
> ㄷ. 정당한 이유 없이 기존 사업자의 계속적인 사업활동에 필요한 권리 등을 매입하는 행위
> ㄹ. 정당한 이유 없이 최근의 추세에 비추어 상품 또는 용역의 공급량을 현저히 감소시키는 행위
> ㅁ. 정당한 이유 없이 새로운 경쟁사업자의 상품 또는 용역의 생산ㆍ공급ㆍ판매에 필수적인 요소의 사용 또는 접근을 거절하거나 제한하는 행위

① ㄱ, ㄴ, ㄷ
② ㄱ, ㄴ, ㄹ
③ ㄱ, ㄷ, ㅁ
④ ㄴ, ㄹ, ㅁ
⑤ ㄷ, ㄹ, ㅁ

남용행위의 유형 또는 기준(독점규제 및 공정거래에 관한 법률 시행령 제9조 제4항)
• 정당한 이유 없이 거래하는 유통사업자와 배타적 거래계약을 체결하는 행위(ㄱ)
• 정당한 이유 없이 기존 사업자의 계속적인 사업활동에 필요한 권리 등을 매입하는 행위(ㄷ)
• 정당한 이유 없이 새로운 경쟁사업자의 상품 또는 용역의 생산ㆍ공급ㆍ판매에 필수적인 요소의 사용 또는 접근을 거절하거나 제한하는 행위(ㅁ)

07 독점규제 및 공정거래에 관한 법률상 불공정거래행위 유형 중 부당하게 거래상대방을 차별하여 취급하는 행위로 정하고 있지 않은 것은?

① 가격차별
② 거래조건차별
③ 계열회사를 위한 차별
④ 집단적 차별
⑤ 위계에 의한 차별

부당하게 거래의 상대방을 차별하여 취급하는 행위(독점규제 및 공정거래에 관한 법률 시행령 별표 2)
- 가격차별(①)
- 거래조건차별(②)
- 계열회사를 위한 차별(③)
- 집단적 차별(④)

08 독점규제 및 공정거래에 관한 법률상 불공정거래행위 유형이 바르게 연결되어 있지 않은 것은?

① 거래거절 – 공동의 거래거절
② 경쟁사업자 배제 – 거래처 이전 방해
③ 거래강제 – 사원판매
④ 사업활동 방해 – 기술의 부당이용
⑤ 구속조건부거래 – 거래지역 또는 거래상대방의 제한

② 경쟁사업자 배제의 유형으로는 부당염매, 부당고가매입 등이 있으며, 거래처 이전 방해는 사업활동 방해 행위에 속한다.

09 독점규제 및 공정거래에 관한 법률상 거래상대방에게 자기의 상품 또는 용역을 공급하면서 정상적인 거래관행에 비추어 부당하게 다른 상품 또는 용역을 자기 또는 자기가 지정하는 사업자로부터 구입하도록 하는 행위는 어떠한 불공정거래행위에 해당하는가?

① 끼워팔기
② 판매목표강제
③ 구입강제
④ 거래상대방 제한
⑤ 그 밖의 거래강제

② 판매목표강제 : 자기가 공급하는 상품 또는 용역과 관련하여 거래상대방의 거래에 관한 목표를 제시하고 이를 달성하도록 강제하는 행위
③ 구입강제 : 거래상대방이 구입할 의사가 없는 상품 또는 용역을 구입하도록 강제하는 행위
④ 거래상대방 제한 : 상품 또는 용역을 거래하는 경우에 그 거래상대방의 거래지역 또는 거래상대방을 부당하게 구속하는 조건으로 거래하는 행위
⑤ 그 밖의 거래강제 : 정상적인 거래관행에 비추어 부당한 조건 등 불이익을 거래상대방에게 제시하여 자기 또는 자기가 지정하는 사업자와 거래하도록 강제하는 행위

10 독점규제 및 공정거래에 관한 법률상 불공정거래행위 유형 중 거래상 지위 남용행위에 해당하는 것을 모두 고른 것은?

> ㄱ. 구입강제
> ㄴ. 이익제공강요
> ㄷ. 부당고가매입
> ㄹ. 부당한 이익에 의한 고객유인
> ㅁ. 불이익제공

① ㄱ, ㄴ, ㄹ   ② ㄱ, ㄴ, ㅁ

③ ㄱ, ㄷ, ㄹ   ④ ㄴ, ㄷ, ㅁ

⑤ ㄷ, ㄹ, ㅁ

해설

거래상 지위의 남용(독점규제 및 공정거래에 관한 법률 시행령 별표 2)
- 구입강제(ㄱ)
- 이익제공강요(ㄴ)
- 판매목표강제
- 불이익제공(ㅁ)
- 경영간섭

11 독점규제 및 공정거래에 관한 법률상 공시대상 기업집단에 속하는 국내회사가 특수관계인과 상당한 규모로 거래하는 경우 특수관계인에게 부당한 이익을 귀속시키는 행위에 해당할 수 있다. 다만 일정한 규모를 넘지 않는 경우에는 상당한 규모에 해당하지 않는 바, (　　)에 들어갈 숫자로 옳은 것은?

> 거래당사자 간 상품·용역의 해당 연도 거래총액이 (ㄱ)억 원 미만이고, 거래상대방의 평균매출액의 100분의 (ㄴ) 미만인 경우에는 상당한 규모에 해당하지 않는 것으로 본다.

① ㄱ : 200, ㄴ : 12

② ㄱ : 200, ㄴ : 20

③ ㄱ : 300, ㄴ : 10

④ ㄱ : 300, ㄴ : 12

⑤ ㄱ : 300, ㄴ : 20

해설

거래당사자 간 상품·용역의 해당 연도 거래총액(둘 이상의 회사가 동일한 거래 상대방과 거래하는 경우에는 각 회사의 거래금액의 합계)이 200억 원 미만이고, 거래상대방의 평균매출액의 100분의 12 미만인 경우에는 상당한 규모에 해당하지 않는 것으로 본다(독점규제 및 공정거래에 관한 법률 시행령 별표 3의 참고).

12 독점규제 및 공정거래에 관한 법률상 불공정거래행위에 관한 설명으로 옳지 않은 것은?

① 불공정거래행위의 유형 또는 기준은 대통령령으로 정한다.

② 공정거래위원회는 사업자가 준수하여야 할 지침을 제정·고시할 수 있다.

③ 사업자 또는 사업자단체는 부당한 고객유인을 방지하기 위하여 자율적으로 공정경쟁규약을 정할 수 있다.

④ 사업자 또는 사업자단체는 공정거래위원회에 공정경쟁규약이 법률 규정을 위반하는지에 대한 심사를 요청하여야 한다.

⑤ 공정거래위원회는 공정경쟁규약의 심사를 요청받은 경우 요청을 받은 날부터 60일 이내에 그 심사 결과를 서면으로 요청인에게 통보해야 한다.

해설

④ 사업자 또는 사업자단체는 공정거래위원회에 공정경쟁규약이 법률 규정을 위반하는지에 대한 심사를 요청할 수 있다 (독점규제 및 공정거래에 관한 법률 제45조 제6항).

13 독점규제 및 공정거래에 관한 법률상 재판매가격유지행위에 관한 설명으로 옳지 않은 것을 모두 고른 것은?

> ㄱ. 재판매가격유지행위는 소비자후생의 증대효과가 경쟁제한으로 인한 폐해보다 큰 경우에도 금지된다.
> ㄴ. 재판매가격유지행위 금지의 대상에 용역의 제공도 포함된다.
> ㄷ. 「저작권법」제2조 제1호에 따른 저작물로서 관계 중앙행정기관의 장과의 협의를 거쳐 공정거래위원회가 고시하는 전자출판물의 거래에 있어서는 재판매가격유지행위가 허용된다.
> ㄹ. 사업자가 거래상대방이 아닌 그다음 거래단계별 사업자에 대하여 거래가격을 정하여 그 가격대로 상품을 판매하도록 강제하는 행위는 재판매가격유지행위 금지 규정의 적용대상이 아니다.

① ㄱ, ㄴ   ② ㄱ, ㄹ

③ ㄴ, ㄷ   ④ ㄴ, ㄹ

⑤ ㄷ, ㄹ

해설

ㄱ. 효율성 증대로 인한 소비자후생 증대효과가 경쟁제한으로 인한 폐해보다 큰 경우 등 재판매가격유지행위에 정당한 이유가 있는 경우 재판매가격유지행위가 허용된다(독점규제 및 공정거래에 관한 법률 제46조 제1호).

ㄹ. "재판매가격유지행위"란 사업자가 상품 또는 용역을 거래할 때 거래상대방인 사업자 또는 그다음 거래단계별 사업자에 대하여 거래가격을 정하여 그 가격대로 판매 또는 제공할 것을 강제하거나 그 가격대로 판매 또는 제공하도록 그 밖의 구속조건을 붙여 거래하는 행위를 말한다(동법 제2조 제20호).

14 독점규제 및 공정거래에 관한 법률상 재판매가격유지행위에 관한 설명으로 옳은 것은? (다툼이 있으면 판례에 따름)

① 사업자가 용역을 거래할 때 거래상대방인 사업자에 대하여 최저가격을 정하여 그 가격대로 제공할 것을 강제하였다면 정당한 이유가 존재하여도 금지된다.

② 사업자가 상품을 거래할 때 거래상대방에 대하여 강제력 없는 희망가격을 제시하는 행위도 재판매가격유지행위로써 금지된다.

③ 재판매가격유지행위 금지는 상품의 유통단계에서 상위의 사업자가 하위의 사업자에 대하여 조직적으로 가격제한을 가하여 하위 사업자의 자율성을 침해하는 것을 제한하는 성격을 가지고 있다.

④ 사업자가 상품을 거래하면서 거래상대방인 사업자에 대하여 거래가격을 정하여 그 가격대로 판매하도록 조건을 붙여 거래하는 행위를 하였다면 그 조건의 구속력 여부에 상관없이 금지된다.

⑤ 상표 간의 경쟁(Inter-brand Competition)은 제한되나 상표 내의 경쟁(Intra-brand Competition)은 촉진할 수 있다는 장점이 있다.

> **해설**
> ③ 유통업자는 독립된 사업자로서 자신 소유의 상품에 대하여 가격을 스스로 결정할 수 있어야 함에도 불구하고 재판매가격유지행위는 이에 대해 제한을 가하는 것이므로 이는 가장 기본적인 형태의 불공정거래행위에 해당한다고 할 수 있다.

15 독점규제 및 공정거래에 관한 법률상 사업자단체에 관한 설명으로 옳지 않은 것은? (다툼이 있으면 판례에 따름)

① 사업자단체나 그 구성원인 사업자는 법인이 아니어도 된다.

② 사업자의 이익을 위한 행위를 하는 임원은 사업자단체에 관한 규정을 적용할 때에는 사업자로 본다.

③ 사업자단체로 되기 위해서는 개별 구성사업자와 구별되는 단체성, 조직성을 갖추어야 한다.

④ 조사, 연구, 사회활동만을 목적으로 하여 이에 관한 활동만을 하는 단체도 이 법상 사업자단체에 해당된다.

⑤ 부당한 공동행위를 통해 부당하게 경쟁을 제한하는 행위를 한 사업자단체는 형사처벌의 대상이 된다.

> **해설**
> ① 사업자단체활동지침 제2조 가
> ② 사업자단체활동지침 제2조 나
> ③ 사업자단체활동지침 제2조 가 참고
> ⑤ 독점규제 및 공정거래에 관한 법률 제51조 제1항 제1호

16 독점규제 및 공정거래에 관한 법률상 사업자단체의 금지행위로 규정되어 있지 않은 것은?

① 부당한 공동행위로 부당하게 경쟁을 제한하는 행위

② 일정한 거래분야에서 현재의 사업자 수를 제한하는 행위

③ 시장지배적 지위를 남용하여 부당하게 경쟁을 제한하는 행위

④ 사업자의 재판매가격유지행위를 방조하는 행위

⑤ 사업자단체의 구성원인 사업자의 사업내용 또는 활동을 부당하게 제한하는 행위

> **해설**
>
> 사업자단체의 금지행위(독점규제 및 공정거래에 관한 법률 제51조 제1항)
> • 부당한 공동행위로 부당하게 경쟁을 제한하는 행위(①)
> • 일정한 거래분야에서 현재 또는 장래의 사업자 수를 제한하는 행위(②)
> • 구성사업자의 사업내용 또는 활동을 부당하게 제한하는 행위(⑤)
> • 사업자에게 불공정거래행위 또는 재판매가격유지행위를 하게 하거나 이를 방조하는 행위(④)

17 독점규제 및 공정거래에 관한 법률상 부당한 공동행위에 관한 설명으로 옳지 않은 것은?

① 공정거래위원회는 지방자치단체가 발주하는 입찰과 관련된 부당한 공동행위를 적발하거나 방지하기 위하여 지방자치단체의 장에게 입찰 관련 자료의 제출과 그 밖의 협조를 요청할 수 있다.

② 부당한 공동행위에 관한 심사의 기준은 공정거래위원회가 정하여 고시한다.

③ 부당한 공동행위를 할 것을 약정하는 계약 등은 해당 사업자 간에는 그 효력을 무효로 한다.

④ 증거제공의 방법으로 공정거래위원회의 조사 및 심의·의결에 협조한 자에 대해서는 시정조치나 과징금의 감경 또는 면제는 가능하나 이 법 제129조에 따른 고발을 면제할 수는 없다.

⑤ 공동행위대표사업자는 이 법 제40조 제2항에 따라 인가된 공동행위가 폐지된 경우 지체 없이 그 사실을 공정거래위원회에 알려야 한다.

> **해설**
>
> ④ 증거제공 등의 방법으로 공정거래위원회의 조사 및 심의·의결에 협조한 자는 시정조치나 과징금을 감경 또는 면제할 수 있고 법 제129조에 따른 고발을 면제할 수 있다(독점규제 및 공정거래에 관한 법률 제44조 제1항 제2호).

18 A와 B는 가격을 결정·유지하는 부당한 공동행위를 할 것을 합의하였다. 공정거래위원회가 이들에 대하여 독점규제 및 공정거래에 관한 법률에 따라 취할 수 있는 조치에 관한 설명으로 옳지 않은 것은? (단, A는 매출액이 있으나 B는 매출액이 없는 사업자이다)

① A와 B에게 해당 행위의 중지를 명할 수 있다.

② B에게는 과징금을 부과할 수 없다.

③ A에게 대통령령으로 정하는 매출액에 100분의 20을 곱한 금액을 초과하지 아니하는 범위에서 과징금을 부과할 수 있다.

④ A가 회사인 경우 C 회사로 흡수합병되어 소멸하였다면, C 회사에 대하여 시정조치를 할 수 있다.

⑤ A가 부당한 공동행위 사실을 자진신고 했다면 시정조치를 면제할 수 있다.

> **해설**
> ② 공정거래위원회는 시장지배적 사업자가 남용행위를 한 경우에는 그 사업자에게 대통령령으로 정하는 매출액에 100분의 6을 곱한 금액을 초과하지 아니하는 범위에서 과징금을 부과할 수 있다. 다만, 매출액이 없거나 매출액의 산정이 곤란한 경우로서 대통령령으로 정하는 경우에는 20억 원을 초과하지 아니하는 범위에서 과징금을 부과할 수 있다(독점규제 및 공정거래에 관한 법률 제8조).

19 독점규제 및 공정거래에 관한 법률 제40조(부당한 공동행위의 금지) 제1항 제9호에서 가격, 생산량, 그 밖에 대통령령으로 정하는 정보를 주고받음으로써 일정한 거래분야에서 경쟁을 실질적으로 제한하는 행위를 금지하고 있다. 이에 관하여 대통령령으로 정하는 정보에 해당하지 않는 것은?

① 용역의 시공 방법

② 용역의 거래조건

③ 상품의 원가

④ 상품의 출고량

⑤ 상품의 재고량

> **해설**
> 대통령령으로 정하는 정보(독점규제 및 공정거래에 관한 법률 제40조 제1항 제9호)
> • 원 가
> • 출고량, 재고량 또는 판매량
> • 거래조건 또는 대금·대가의 지급조건

20 독점규제 및 공정거래에 관한 법률상 부당한 공동행위에 대한 공정거래위원회의 인가사유로서 이 법에 명시되어 있지 않은 것은?

① 불황극복을 위한 산업구조의 조정
② 연구개발
③ 대기업의 경쟁력 향상
④ 거래조건의 합리화
⑤ 기술개발

해설

부당한 공동행위의 금지(독점규제 및 공정거래에 관한 법률 제40조 제2항)
• 불황극복을 위한 산업구조조정(①)
• 연구 · 기술개발(② · ⑤)
• 거래조건의 합리화(④)
• 중소기업의 경쟁력 향상

21 독점규제 및 공정거래에 관한 법률상 부당한 공동행위의 유형으로 명시되어 있지 않은 것은?

① 용역의 거래조건을 정하는 행위
② 상품의 생산 · 거래 시에 그 상품의 종류 · 규격을 제한하는 행위
③ 영업의 주요 부문을 공동으로 수행 · 관리하기 위한 회사를 설립하는 행위
④ 입찰을 할 때 낙찰가격을 결정하는 행위
⑤ 부당하게 경쟁사업자의 고객을 자기와 거래하도록 유인하는 행위

해설

부당한 공동행위의 금지(독점규제 및 공정거래에 관한 법률 제40조 제1항)
• 가격을 결정 · 유지 또는 변경하는 행위
• 상품 또는 용역의 거래조건이나, 그 대금 또는 대가의 지급조건을 정하는 행위(①)
• 상품의 생산 · 출고 · 수송 또는 거래의 제한이나 용역의 거래를 제한하는 행위
• 거래지역 또는 거래상대방을 제한하는 행위
• 생산 또는 용역의 거래를 위한 설비의 신설 또는 증설이나 장비의 도입을 방해하거나 제한하는 행위
• 상품 또는 용역의 생산 · 거래 시에 그 상품 또는 용역의 종류 · 규격을 제한하는 행위(②)
• 영업의 주요 부문을 공동으로 수행 · 관리하거나 수행 · 관리하기 위한 회사 등을 설립하는 행위(③)
• 입찰 또는 경매를 할 때 낙찰자, 경락자, 입찰가격, 낙찰가격 또는 경락가격, 그 밖에 대통령령으로 정하는 사항을 결정하는 행위(④)
• 그 밖의 행위로서 다른 사업자의 사업활동 또는 사업내용을 방해 · 제한하거나 가격, 생산량, 그 밖에 대통령령으로 정하는 정보를 주고받음으로써 일정한 거래분야에서 경쟁을 실질적으로 제한하는 행위

22 독점규제 및 공정거래에 관한 법률상 부당한 공동행위에 관한 설명으로 옳지 않은 것은? (다툼이 있으면 판례에 따름)

① 담합에 참여한 3개의 회사가 순차적으로 부당한 공동행위에 관한 합의 파기의사를 대외적으로 표시하여 탈퇴함으로써 1개의 회사만 남게 되면 담합은 종료된다.

② 부당한 공동행위가 성립하기 위해서는 '부당하게 경쟁을 제한하는 행위에 대한 합의'가 있어야 하는데, 이때 '합의'에는 묵시적인 합의도 포함된다.

③ 다른 사업자의 부당한 공동행위를 단순히 방조하는 행위는 다른 사업자로 하여금 부당한 공동행위를 행하도록 하는 행위에 포함되지 않는다.

④ 공정거래위원회는 부당한 공동행위를 한 사업자에 대하여 과징금을 부과할 수 있는데, 과징금 산정의 기준이 되는 매출액을 산정함에 있어서 그 전제가 되는 부당한 공동행위와 관련된 상품 또는 용역의 범위는, 부당한 공동행위를 한 사업자 간의 합의의 내용에 포함된 상품 또는 용역의 종류와 성질·거래지역·거래상대방·거래단계 등을 고려하여 개별적·구체적으로 판단하여야 한다.

⑤ 과점적 시장구조하에서 시장점유율이 높은 선발 업체가 독자적인 판단에 따라 가격을 결정한 뒤 후발 업체가 일방적으로 이를 모방하여 가격을 결정하는 경우는 언제나 가격담합이다.

해설

과점적 시장구조하에서 시장점유율이 높은 선발 업체가 독자적인 판단에 따라 가격을 결정한 뒤 후발 업체가 일방적으로 이를 모방하여 가격을 결정하는 경우에는, 선발 업체가 종전의 관행 등 시장의 현황에 비추어 가격을 결정하면 후발 업체들이 이에 동조하여 가격을 결정할 것으로 예견하고 가격 결정을 하였다는 등 특별한 사정이 없는 한, 구 독점규제 및 공정거래에 관한 법률(1999.2.5. 법률 제5813호로 개정되기 전의 것) 제19조 제5항에 따른 공동행위의 합의 추정은 번복되나, 다만 이때 후발 업체들이 서로 간의 명시적이거나 묵시적인 합의 또는 양해에 따라 선발 업체의 가격을 모방한 경우에는 그 후발 업체들 상호 간의 공동행위가 문제되나, 후발 업체들 상호 간의 공동행위 성립 여부는 그들의 시장점유율 등 가격결정 영향력 등에 따라 별도로 판단되어야 한다(대판 2002.5.28., 2000두1386).

23 독점규제 및 공정거래에 관한 법률상 공정거래위원회의 회의에 관한 설명으로 옳지 않은 것은?

① 전원회의는 위원장이 주재한다.

② 전원회의는 재적위원 과반수의 출석으로 개의하고, 출석위원 과반수의 찬성으로 의결한다.

③ 소회의는 상임위원이 주재한다.

④ 소회의는 구성위원 전원의 출석과 출석위원 전원의 찬성으로 의결한다.

⑤ 규칙 또는 고시의 제정 또는 변경은 전원회의에서 의결한다.

해설

② 전원회의는 위원장이 주재하며, 재적위원 과반수의 찬성으로 의결한다(독점규제 및 공정거래에 관한 법률 제64조 제1항).

24 독점규제 및 공정거래에 관한 법률상 공정거래분쟁조정협의회(이하 "협의회"라 함)의 분쟁조정에 관한 설명으로 옳지 않은 것은?

① 불공정거래의 혐의가 있는 행위로 피해를 입은 사업자는 분쟁조정신청서를 협의회에 제출함으로써 분쟁조정을 신청할 수 있다.

② 공정거래위원회는 이 법에 따른 신고가 접수된 경우 협의회에 그 행위 또는 사건에 대한 분쟁조정을 의뢰할 수 있다.

③ 협의회는 분쟁당사자에게 분쟁조정사항에 대하여 스스로 합의하도록 권고하거나 조정안을 작성하여 제시할 수 있다.

④ 분쟁조정의 신청이 각하된 경우에, 6개월 내에 재판상의 청구를 하였을 때에는 시효는 재판상 청구 시에 중단된 것으로 본다.

⑤ 분쟁조정사항에 대하여 조정이 성립되어 작성된 조정조서는 재판상 화해와 동일한 효력을 갖는다.

> **해설**
> ④ 분쟁조정의 신청이 각하된 경우에, 6개월 내에 재판상의 청구를 하였을 때에는 시효는 최초의 분쟁조정의 신청으로 중단된 것으로 본다(독점규제 및 공정거래에 관한 법률 제76조 제5항).

25 독점규제 및 공정거래에 관한 법률상 위반행위에 대한 신고에 관한 설명으로 옳지 않은 것은? (다툼이 있으면 판례에 따름)

① 누구든지 이 법에 위반되는 사실을 공정거래위원회에 신고할 수 있다.

② 긴급하거나 부득이한 사정이 있는 경우에는 전화 또는 구두로 위반행위에 대하여 신고할 수 있다.

③ 신고로 조사한 결과 공정거래위원회가 무혐의 처분을 하는 경우에는 그 근거, 내용 및 사유 등을 기재한 서면(의결서를 작성하는 경우에는 해당 의결서 정본)을 해당 사건의 당사자에게 통지하여야 한다.

④ 신고로 조사한 결과 공정거래위원회가 무혐의 처분을 하는 경우 신고자는 그러한 조치에 대하여 이의신청 또는 행정소송을 제기할 수 있다.

⑤ 신고로 조사한 결과 공정거래위원회가 무혐의 처분을 하는 경우 신고자는 그러한 조치에 대하여 헌법소원을 제기할 수 있다.

> **해설**
> ① 독점규제 및 공정거래에 관한 법률 제80조 제2항
> ② 동법 시행령 제71조
> ③ 동법 제80조 제3항
> ⑤ 동법 제99조

26 독점규제 및 공정거래에 관한 법률상 동의의결제도에 관한 설명으로 옳지 않은 것은?

① 동의의결이란 공정거래위원회가 신청인이 서면으로 제출한 시정방안과 같은 취지의 의결을 함으로써 사건을 신속하게 종결하는 제도이다.

② 공정거래위원회의 조사를 받고 있는 사업자는 조사의 대상이 되는 행위로 인한 경쟁 제한상태의 자발적 해소를 위하여 동의의결을 신청할 수 있다.

③ 부당한 공동행위에 대해서는 공정거래위원회가 동의의결을 하지 아니하고 이 법에 따른 심의 절차를 진행하여야 한다.

④ 공정거래위원회의 동의의결은 해당 행위가 이 법에 위반된다고 인정한 것을 의미한다.

⑤ 신청인이 정당한 이유 없이 동의의결을 이행하지 아니하는 경우 공정거래위원회는 동의의결을 취소할 수 있다.

> **해설**
>
> 동의의결(독점규제 및 공정거래에 관한 법률 제89조 제4항)
> 공정거래위원회의 동의의결은 해당 행위가 이 법에 위반된다고 인정한 것을 의미하지 아니하며, 누구든지 신청인이 동의의결을 받은 사실을 들어 해당 행위가 이 법에 위반된다고 주장할 수 없다.

27 독점규제 및 공정거래에 관한 법률상 공정거래위원회의 처분에 대한 불복 절차에 관한 설명으로 옳지 않은 것은?

① 처분에 대하여 불복하는 자는 그 처분의 통지를 받은 날로부터 30일 이내에 그 사유를 갖추어 공정거래위원회에 이의신청할 수 있다.

② 이의신청에 대하여 공정거래위원회는 부득이한 사정이 없으면 60일 이내에 재결하여야 한다.

③ 공정거래위원회는 부득이한 사정이 있는 경우 30일의 범위 안에서 결정으로 재결기간을 연장할 수 있다.

④ 처분에 대하여 불복의 소를 제기하려는 자는 처분의 통지를 받은 날 또는 이의신청에 대한 재결서의 정본을 송달받은 날부터 30일 이내에 이를 제기하여야 한다.

⑤ 처분에 대한 불복의 소는 행정법원을 전속관할로 한다.

> **해설**
>
> ⑤ 처분에 대한 불복의 소는 서울고등법원을 전속관할로 한다(독점규제 및 공정거래에 관한 법률 제100조).

28 독점규제 및 공정거래에 관한 법률상 과징금에 관한 설명으로 옳지 않은 것은?

① 공정거래위원회는 이 법을 위반한 회사인 사업자가 합병으로 소멸한 경우에는 해당 회사가 한 위반 행위를 합병에 따라 설립된 회사가 한 행위로 보아 과징금을 부과·징수할 수 있다.

② 공정거래위원회는 이 법을 위반한 회사인 사업자가 분할된 경우에는 분할되는 사업자의 분할일 이전의 위반행위를 분할로 설립되는 새로운 회사의 행위로 보고 과징금을 부과·징수할 수 있다.

③ 과징금을 부과받은 회사인 사업자가 분할되는 경우 그 과징금은 분할되는 회사 또는 분할로 설립되는 새로운 회사가 연대하여 납부할 책임을 진다.

④ 과징금납부의무자가 그 부과된 과징금 납부기한의 연기를 신청하려는 경우에는 과징금 납부를 통지받은 날부터 60일 이내에 공정거래위원회에 신청하여야 한다.

⑤ 과징금의 징수권에 대한 소멸시효가 완성된 경우 공정거래위원회는 납부의무자에 대한 과징금의 결손처분을 할 수 있다.

해설

④ 과징금납부의무자가 그 부과된 과징금 납부기한의 연기를 신청하려는 경우에는 과징금 납부를 통지받은 날부터 30일 이내에 공정거래위원회에 신청하여야 한다(독점규제 및 공정거래에 관한 법률 제103조 제2항).

29 독점규제 및 공정거래에 관한 법률상 손해배상에 관한 설명으로 옳지 않은 것은?

① 이 법 위반행위로 인해 피해를 입은 자가 손해배상청구소송을 제기한 경우 그 피해를 입은 자는 사업자의 고의 또는 과실을 입증할 책임을 진다.

② 이 법상 부당한 공동행위의 금지조항을 위반함으로써 손해를 입은 자가 있는 경우, 자진신고를 하지 않은 사업자는 피해를 입은 자에게 발생한 손해의 3배를 넘지 아니하는 범위에서 손해배상의 책임을 진다.

③ 법원은 손해배상청구의 소가 제기되었을 때 필요한 경우 공정거래위원회에 대하여 해당 사건의 기록의 송부를 요구할 수 있다.

④ 법원은 당사자가 정당한 이유 없이 자료제출명령에 따르지 아니한 경우에는 자료의 기재에 대한 상대방의 주장을 진실한 것으로 인정할 수 있다.

⑤ 법원은 이 법을 위반한 행위로 손해가 발생한 것은 인정되나 그 손해액을 입증하기 위하여 필요한 사실을 입증하는 것이 해당 사실의 성질상 매우 곤란한 경우에 변론 전체의 취지와 증거조사의 결과에 기초하여 상당한 손해액을 인정할 수 있다.

해설

① 사업자 또는 사업자단체는 이 법을 위반함으로써 피해를 입은 자가 있는 경우에는 해당 피해자에 대하여 손해배상의 책임을 진다. 다만, 사업자 또는 사업자단체가 고의 또는 과실이 없음을 입증한 경우에는 그러하지 아니하다(독점규제 및 공정거래에 관한 법률 제109조 제1항).

30 독점규제 및 공정거래에 관한 법률상 공정거래위원회의 고발에 관한 설명으로 옳지 않은 것은?

① 이 법상 시장지배적 지위의 남용금지를 위반하여 남용행위를 한 자에 대해서는 공정거래위원회의 고발이 있어야 공소를 제기할 수 있다.

② 이 법상 시장지배적 지위의 남용금지를 위반하였고 그 위반의 정도가 객관적으로 명백하고 중대하여 경쟁질서를 현저히 해친다고 인정하는 경우에는 공정거래위원회는 그 남용행위를 한 자를 검찰총장에게 고발하여야 한다.

③ 검찰총장이 고발요건에 해당하는 사실이 있음을 공정거래위원회에 통보하여 고발을 요청한 경우 공정거래위원회는 검찰총장에게 고발하여야 한다.

④ 감사원장, 중소벤처기업부장관, 조달청장이 사회적 파급효과, 국가재정에 끼친 영향, 중소기업에 미친 피해 정도 등 사정을 이유로 공정거래위원회에 고발을 요청한 경우 공정거래위원회는 검찰총장에게 고발하여야 한다.

⑤ 공정거래위원회는 공소가 제기된 후에도 상황의 변화에 따라 그 고발을 취소할 수 있다.

해설

⑤ 공정거래위원회는 공소가 제기된 후에는 고발을 취소할 수 없다(독점규제 및 공정거래에 관한 법률 제129조 제6항).

31 약관의 규제에 관한 법률을 위반할 경우에 과태료 부과 기준 금액이 가장 높은 것은?

① 약관의 법 위반 여부에 대한 조사를 거부·방해 또는 기피한 사업자 또는 사업자단체의 임원 또는 종업원, 그 밖의 이해관계인

② 고객에게 약관의 내용을 밝히지 아니하거나 그 약관의 사본을 내주지 아니한 자

③ 고객에게 약관의 중요한 내용을 설명하지 아니한 자

④ 표준약관과 다르게 정한 주요 내용을 고객이 알기 쉽게 표시하지 아니한 자

⑤ 표준약관과 다른 내용을 약관으로 사용하면서 표준약관 표지를 사용한 사업자 또는 사업자단체

해설

⑤ 5천만 원 이하의 과태료(약관의 규제에 관한 법률 제34조 제1항 제1호)
① 1천만 원 이하의 과태료(동법 제34조 제2항)
②·③·④ 5백만 원 이하의 과태료(동법 제34조 제3항)

32 약관의 규제에 관한 법률상 면책약관조항 중 무효 사유에 해당하지 않는 것은?

① 사업자, 이행 보조자 또는 피고용자의 과실로 인한 법률상의 책임을 배제하는 조항

② 상당한 이유 없이 사업자의 손해배상 범위를 제한하는 조항

③ 상당한 이유 없이 사업자의 담보책임을 배제하는 조항

④ 상당한 이유 없이 사업자가 부담하여야 할 위험을 고객에게 떠넘기는 조항

⑤ 상당한 이유 없이 계약목적물에 관하여 견본이 제시되거나 품질·성능 등에 관한 표시가 있는 경우 그 보장된 내용에 대한 책임을 배제 또는 제한하는 조항

> **해설**
>
> ① 사업자, 이행 보조자 또는 피고용자의 고의 또는 중대한 과실로 인한 법률상의 책임을 배제하는 조항은 무효로 한다(약관의 규제에 관한 법률 제7조 제1호).

33 약관의 규제에 관한 법률상 약관의 행정적 규제에 관한 설명으로 옳지 않은 것은? (다툼이 있으면 판례에 따름)

① 공정거래위원회는 법률의 제정·개정·폐지 등으로 약관을 정비할 필요가 발생한 경우 사업자 및 사업자단체에 대하여 표준약관의 제정·개정안을 마련하여 심사청구할 것을 권고할 수 있다.

② 공정거래위원회는 시정권고나 시정명령을 할 때, 동종 업종의 다른 사업자에게 동일한 내용의 불공정약관조항의 사용 금지를 권고할 수 있다.

③ 공정거래위원회는 불공정약관조항에 대해서 구체적인 내용을 제시하여 수정할 것을 적극적으로 명할 수 있다.

④ 공정거래위원회는 시장지배적 사업자가 불공정약관조항을 계약의 내용으로 한 경우에는 해당 조항의 삭제·수정, 시정명령을 받은 사실의 공표 등의 조치를 명할 수 있다.

⑤ 공정거래위원회는 은행의 약관이 불공정약관에 해당된다고 인정할 때에는 금융감독원에 그 사실을 통보하고 이를 시정하기 위하여 필요한 조치를 권고할 수 있다.

> **해설**
>
> ③ 공정거래위원회는 사업자가 불공정약관조항을 위반한 경우에는 사업자에게 해당 불공정약관조항의 삭제·수정 등 시정에 필요한 조치를 권고할 수 있다(약관의 규제에 관한 법률 제17조의2 제1항).

34 약관의 규제에 관한 법률상 공정거래위원회의 역할에 관한 설명으로 옳지 않은 것은?

① 사업자단체는 약관조항이 이 법에 위반되는지 여부에 관한 심사를 공정거래위원회에 청구할 수 있다.

② 긴급한 경우 약관의 심사청구는 공정거래위원회에 전화 또는 구두로 제출할 수 있다.

③ 공정거래위원회는 심사대상인 약관조항이 변경된 때에는 직권 또는 심사청구인의 신청에 따라 심사대상을 변경할 수 있다.

④ 공정거래위원회는 이 법에 위반된다고 심의·의결한 약관조항의 목록을 인터넷 홈페이지에 공개하여야 한다.

⑤ 소비자단체 또는 한국소비자원은 소비자 피해가 자주 일어나는 거래 분야에서 표준이 될 약관을 제정 또는 개정할 것을 공정거래위원회에 요청할 수 있다.

해설

② 약관의 심사청구는 공정거래위원회에 서면이나 전자문서로 제출하여야 한다(약관의 규제에 관한 법률 제19조 제2항).

35 약관의 규제에 관한 법률상 약관 분쟁조정협의회(이하 "협의회"라 함)에 관한 설명으로 옳은 것은?

① 6명의 위원으로 구성한다.

② 위원장은 공정거래위원회 위원장의 제청으로 국무총리가 위촉한다.

③ 전체회의는 재적위원 과반수의 출석으로 개의하고, 출석위원 과반수의 찬성으로 의결한다.

④ 분과회의는 구성위원 전원의 출석과 출석위원 과반수의 찬성으로 의결한다.

⑤ 위원은 한국공정거래조정원장의 제청으로 협의회 위원장이 임명 또는 위촉한다.

해설

① 협의회는 위원장 1명을 포함한 9명의 위원으로 구성한다(약관의 규제에 관한 법률 제24조 제2항).

② 협의회 위원장은 조정원의 장의 제청으로 공정거래위원회 위원장이 위촉한다(동법 제24조 제3항).

④ 분과회의는 구성위원 전원의 출석과 출석위원 전원의 찬성으로 의결한다(동법 제25조 제4항).

⑤ 위원은 조정원의 장의 제청으로 공정거래위원회의 위원장이 임명하거나 위촉한다(동법 제24조 제5항).

36 약관의 규제에 관한 법률상 약관 분쟁조정협의회(이하 "협의회"라 함)의 집단분쟁조정에 관한 설명으로 옳지 않은 것은?

① 협의회는 집단분쟁조정의 당사자가 아닌 고객으로부터 그 분쟁조정의 당사자에 추가로 포함될 수 있도록 하는 신청을 받을 수 있다.

② 한국소비자원은 협의회에 집단분쟁조정을 의뢰 또는 신청할 수 있다.

③ 사업자가 협의회의 집단분쟁조정의 내용을 수락한 경우 협의회는 집단분쟁조정의 당사자가 아닌 자로서 피해를 입은 고객에 대한 보상계획서를 작성하여 협의회에 제출하도록 권고할 수 있다.

④ 한국공정거래조정원은 집단분쟁조정 대상 발굴, 조정에 의한 피해구제 사례 연구 등 집단분쟁조정 활성화에 필요한 연구를 한다.

⑤ 협의회는 의결로써 집단분쟁조정의 당사자 중에서 공동의 이익을 대표하기에 가장 적합한 자를 대표당사자로 선임할 수 있다.

> **해설**
>
> ② 불공정약관 및 비슷한 유형, 대통령령으로 정하는 약관으로 피해를 입은 고객은 협의회에 집단분쟁조정을 의뢰 또는 신청할 수 있다(약관의 규제에 관한 법률 제27조 및 제28조의2 참고).

37 약관의 규제에 관한 법률상 분쟁조정을 신청할 수 없는 사건으로 규정되어 있지 않은 것은?

① 해당 분쟁조정사항에 대해 법원에 소를 제기한 사건

② 분쟁조정 신청의 내용이 약관의 해석을 요구하는 사건

③ 약관의 무효판정을 요구하는 사건

④ 고객과 사업자 간에 분쟁해결이나 피해보상에 관한 합의가 이루어진 사건

⑤ 「중재법」에 따라 중재가 진행 중인 사건

> **해설**
>
> ① 약관의 규제에 관한 법률 제27조 제1항 제4호에 대한 내용이었지만 〈2023.06.20.〉 법이 개정되면서 삭제되었다.
> ② 동법 제27조 제1항 제2호
> ③ 동법 제27조 제1항 제3호
> ④ 동법 제27조 제1항 제5호
> ⑤ 동법 제27조 제1항 제5호

38 약관의 규제에 관한 법률상 약관의 작성 및 설명의무 등에 관한 설명으로 옳지 않은 것은?

① 사업자는 고객이 약관의 내용을 쉽게 알 수 있도록 한글로 작성하고, 표준화·체계화된 용어를 사용하여야 한다.

② 사업자는 약관의 중요한 내용을 부호, 색채, 굵고 큰 문자 등으로 명확하게 표시하여 알아보기 쉽게 약관을 작성하여야 한다.

③ 사업자가 약관에 정하여져 있는 중요한 내용을 고객이 이해할 수 있도록 설명하는 것이 계약의 성질상 현저하게 곤란한 경우에는 설명의무가 면제된다.

④ 금융업에 대해서는 약관의 명시 및 교부의무가 면제된다.

⑤ 사업자가 약관의 설명의무를 위반하여 계약을 체결한 경우에는 해당 약관을 계약의 내용으로 주장할 수 없다.

해설

약관의 명시 및 교부의무 면제 업종(약관의 규제에 관한 법률 제3조 제2항)
• 여객운송업
• 전기·가스 및 수도사업
• 우편업
• 공중전화 서비스 제공 통신업

39 약관의 규제에 관한 법률상 계약의 해제·해지에 관하여 정하고 있는 약관의 조항 중 무효 사유에 해당하지 않는 것은?

① 법률에서 규정하고 있지 아니하는 해제권 또는 해지권을 고객에게 부여하는 조항

② 법률에 따른 고객의 해제권 또는 해지권을 배제하거나 그 행사를 제한하는 조항

③ 법률에 따른 사업자의 해제권 또는 해지권의 행사 요건을 완화하여 고객에게 부당하게 불이익을 줄 우려가 있는 조항

④ 계약의 해제 또는 해지로 인한 사업자의 원상회복의무나 손해배상의무를 부당하게 경감하는 조항

⑤ 계속적인 채권관계의 발생을 목적으로 하는 계약에서 그 존속기간을 부당하게 단기 또는 장기로 하거나 묵시적인 기간의 연장 또는 갱신이 가능하도록 정하여 고객에게 부당하게 불이익을 줄 우려가 있는 조항

해설

② 약관의 규제에 관한 법률 제9조 제1호
③ 동법 제9조 제3호
④ 동법 제9조 제5호
⑤ 동법 제9조 제6호

40 약관의 규제에 관한 법률의 적용 범위 및 약관에 관한 설명으로 옳지 않은 것은?

① 약관이라는 명칭을 사용하지 않더라도 그 실질이 약관에 해당된다면 이 법이 적용된다.

② 약관이 「근로기준법」에 속하는 계약에 관한 것일 경우에도 이 법이 적용된다.

③ 이 법은 약관에 관한 일반법으로서 거래주체나 계약유형에 관계없이 원칙적으로 모든 약관에 대하여 적용된다.

④ 특정한 거래 분야의 약관에 대하여 다른 법률에 특별한 규정이 있는 경우를 제외하고는 이 법에 따른다.

⑤ 국제적으로 통용되는 보험업 약관에 대해서는 불공정약관에 관한 이 법 제7조부터 제14조까지의 규정을 적용하는 것을 조항별·업종별로 제한할 수 있다.

해설

② 약관이 상법, 근로기준법 또는 그 밖에 대통령령으로 정하는 비영리사업의 분야에 속하는 계약에 관한 것일 경우에는 이 법을 적용하지 아니한다(약관의 규제에 관한 법률 제30조 제1항).

41 단독행위가 아닌 것은? (다툼이 있으면 판례에 따름)

① 대물변제
② 공유지분의 포기
③ 무효행위의 추인
④ 법률행위의 취소
⑤ 재단법인 설립행위

해설

단독행위의 종류
• 상대방이 없는 단독행위 : 유언, 재단법인의 설립행위, 소유권 포기
• 상대방이 있는 단독행위 : 취소, 철회, 동의, 추인, 해제, 해지, 채무면제, 상계 등

42 자연인의 능력에 관한 설명으로 옳지 않은 것은? (다툼이 있으면 판례에 따름)

① 특정후견은 본인의 의사에 반하여 할 수 없다.
② 미성년자가 법정대리인으로부터 특정한 영업을 허락받은 경우, 그 영업에 관한 법정대리인의 대리
   권은 소멸하지 않는다.
③ 미성년자는 법정대리인의 동의 없이 부담부증여계약을 체결할 수 없다.
④ 미성년자는 법정대리인의 동의 없이 경매절차의 매수인이 될 수 없다.
⑤ 미성년자가 속임수로 법정대리인의 동의가 있는 것으로 믿게 한 경우, 그 행위를 취소할 수 없다.

해설

② 미성년자가 법정대리인으로부터 허락을 얻은 특정한 영업에 관하여는 성년자와 동일한 행위능력이 있다(민법 제8조
   제1항).

43 민법상 법원(法源)에 관한 설명으로 옳지 않은 것은? (다툼이 있으면 판례에 따름)

① 민법 제1조의 '법률'에는 민사에 관한 조약도 포함된다.

② 관습법은 성문의 법률에 반하지 않는 경우에 한하여 보충적인 법원이 된다.

③ 관습법은 당사자가 그 존재를 주장·증명하여야 법원(法院)이 이를 확정할 수 있다.

④ 사실인 관습은 법령으로서의 효력이 없는 단순한 관행으로서 법률행위의 당사자의 의사를 보충함에 그친다.

⑤ 사회의 거듭된 관행으로 생성된 사회생활규범이 법적 규범으로 승인되어 관습법으로서의 효력이 인정되기 위해서는 전체 법질서에 반하지 않아야 한다.

> **해설**
>
> ③ 법령과 같은 효력을 갖는 관습법은 당사자의 주장 입증을 기다림이 없이 법원이 직권으로 이를 확정하여야 하고 사실인 관습은 그 존재를 당사자가 주장 입증하여야 하나, 관습은 그 존부자체도 명확하지 않을 뿐만 아니라 그 관습이 사회의 법적 확신이나 법적 인식에 의하여 법적 규범으로까지 승인되었는지의 여부를 가리기는 더욱 어려운 일이므로, 법원이 이를 알 수 없는 경우 결국은 당사자가 이를 주장 입증할 필요가 있다(대판 1983.6.14., 80다3231).

44 비법인사단에 관한 설명으로 옳지 않은 것은? (다툼이 있으면 판례에 따름)

① 임시이사 선임에 관한 민법 제63조는 비법인사단에 유추적용될 수 있다.

② 비법인사단이 타인 간의 금전채무를 보증하는 행위는 총유물의 관리·처분행위에 해당하지 않는다.

③ 비법인사단의 대표자는 비법인사단의 업무처리를 포괄적으로 타인에게 위임할 수 없다.

④ 비법인사단의 각 사원은 정관 기타의 규약에 좇아 총유물을 사용, 수익할 수 있다.

⑤ 비법인사단이 그 총유재산에 대한 보존행위로서 소송을 하는 경우, 특별한 사정이 없는 한 사원총회의 결의를 요하지 않는다.

> **해설**
>
> ⑤ 민법 제276조 제1항은 "총유물의 관리 및 처분은 사원총회의 결의에 의한다.", 같은 조 제2항은 "각 사원은 정관 기타의 규약에 좇아 총유물을 사용·수익할 수 있다."라고 규정하고 있을 뿐 공유나 합유의 경우처럼 보존행위는 그 구성원 각자가 할 수 있다는 민법 제265조 단서 또는 제272조 단서와 같은 규정을 두고 있지 아니한 바, 이는 법인 아닌 사단의 소유상태인 총유가 공유나 합유에 비하여 단체성이 강하고 구성원 개인들의 총유재산에 대한 지분권이 인정되지 아니하는 데에서 나온 당연한 귀결이라고 할 것이므로, 총유재산에 관한 소송은 법인 아닌 사단이 그 명의로 사원총회의 결의를 거쳐 하거나 또는 그 구성원 전원이 당사자가 되어 필수적 공동소송의 형태로 할 수 있을 뿐 그 사단의 구성원은 설령 그가 사단의 대표자라거나 사원총회의 결의를 거쳤다 하더라도 그 소송의 당사자가 될 수 없고, 이러한 법리는 총유재산의 보존행위로서 소를 제기하는 경우에도 마찬가지라 할 것이다(대판 2005.9.15., 2004다44971).

45 신의성실의 원칙(이하 '신의칙')에 관한 설명으로 옳은 것을 모두 고른 것은? (다툼이 있으면 판례에 따름)

> ㄱ. 신의칙은 당사자의 주장이 없더라도 법원이 직권으로 판단할 수 있다.
> ㄴ. '사정변경으로 인한 계약해제'에서 사정이란 계약의 기초가 되었던 객관적인 사정을 의미한다.
> ㄷ. 강행법규에 위반하여 무효인 수익보장약정이 투자신탁회사가 먼저 고객에게 제의하여 체결된 경우, 그 회사가 스스로 약정의 무효를 주장하는 것은 신의칙에 반하지 않는다.

① ㄱ
② ㄴ
③ ㄱ, ㄷ
④ ㄴ, ㄷ
⑤ ㄱ, ㄴ, ㄷ

해설

ㄱ. 신의성실의 원칙에 반하는 것 또는 권리남용은 강행규정에 위배되는 것이므로 당사자의 주장이 없더라도 법원은 직권으로 판단할 수 있다(대판 1995.12.22., 94다42129).

ㄴ. 사정변경으로 인한 계약해제는, 계약성립 당시 당사자가 예견할 수 없었던 현저한 사정의 변경이 발생하였고 그러한 사정의 변경이 해제권을 취득하는 당사자에게 책임 없는 사유로 생긴 것으로서, 계약 내용대로의 구속력을 인정한다면 신의칙에 현저히 반하는 결과가 생기는 경우에 계약준수 원칙의 예외로서 인정되는 것이고, 여기에서 말하는 사정이라 함은 계약의 기초가 되었던 객관적인 사정으로서, 일방당사자의 주관적 또는 개인적인 사정을 의미하는 것은 아니다. 또한, 계약의 성립에 기초가 되지 아니한 사정이 그 후 변경되어 일방당사자가 계약 당시 의도한 계약목적을 달성할 수 없게 됨으로써 손해를 입게 되었다 하더라도 특별한 사정이 없는 한 그 계약 내용의 효력을 그대로 유지하는 것이 신의칙에 반한다고 볼 수도 없다(대판 2007.3.29., 2004다31302).

ㄷ. 강행법규에 위반하여 무효인 수익보장약정이 투자신탁회사가 먼저 고객에게 제의를 함으로써 체결된 것이라고 하더라도, 이러한 경우에 강행법규를 위반한 투자신탁회사 스스로가 그 약정의 무효를 주장함이 신의칙에 위반되는 권리의 행사라는 이유로 그 주장을 배척한다면, 이는 오히려 강행법규에 의하여 배제하려는 결과를 실현시키는 셈이 되어 입법취지를 완전히 몰각하게 되므로, 달리 특별한 사정이 없는 한 위와 같은 주장이 신의성실의 원칙에 반하는 것이라고 할 수 없다(대판 1999.3.23., 99다4405).

46 민법상 법인에 관한 설명으로 옳지 않은 것은? (다툼이 있으면 판례에 따름)

① 법인은 법률의 규정에 의함이 아니면 성립하지 못한다.
② 법인설립을 허가할 것인지 여부는 주무관청의 재량에 속한다.
③ 법인이 설립허가의 조건에 위반하는 행위를 한 때에는 주무관청은 그 허가를 취소할 수 있다.
④ 사단법인의 사원은 정관에 다른 규정이 없는 한 서면이나 대리인으로 결의권을 행사할 수 없다.
⑤ 법인의 해산 및 청산은 법원이 검사, 감독한다.

해설

④ 사원은 서면이나 대리인으로 결의권을 행사할 수 있다(민법 제73조 제2항). 다만, 정관에 다른 규정이 있는 때에는 적용하지 아니한다(동법 제73조 제3항).

47 법률행위의 목적(내용)에 관한 설명으로 옳지 않은 것은? (다툼이 있으면 판례에 따름)

① 적법한 공경매에는 불공정한 법률행위에 관한 민법 제104조가 적용될 여지가 없다.

② 궁박, 경솔, 무경험 중 하나만 충족되는 경우에도 불공정한 법률행위가 성립할 수 있다.

③ 어느 법률행위가 반사회적 법률행위로서 무효인지 여부는 특별한 사정이 없는 한 그 법률행위 시를 기준으로 판단하여야 한다.

④ 개업공인중개사가 중개의뢰인과 직접 거래를 하는 행위를 금지하는「공인중개사법」제33조 제1항 제6호는 그 위반행위의 사법상 효력까지 부인하는 강행규정이다.

⑤ 강제집행을 면할 목적으로 부동산에 허위의 저당권설정등기를 하는 행위는 특별한 사정이 없는 한 반사회적 법률행위에 해당하지 않는다.

> **해설**
>
> ④ 개업공인중개사 등이 중개의뢰인과 직접 거래를 하는 행위를 금지하는 공인중개사법 제33조 제6호의 규정 취지는 개업공인중개사 등이 거래상 알게 된 정보 등을 자신의 이익을 꾀하는 데 이용하여 중개의뢰인의 이익을 해하는 경우가 있게 될 것이므로 이를 방지하여 중개의뢰인을 보호하고자 함에 있는바, 위 규정에 위반하여 한 거래행위 자체가 그 사법상의 효력까지도 부인하지 않으면 안 될 정도로 현저히 반사회성, 반도덕성을 지닌 것이라고 할 수 없을 뿐만 아니라 그 행위의 사법상의 효력을 부인하여야만 비로소 입법목적을 달성할 수 있다고 볼 수 없고, 위 규정을 효력규정으로 보아 이에 위반한 거래행위를 일률적으로 무효라고 할 경우 중개의뢰인이 직접 거래임을 알면서도 자신의 이익을 위해 한 거래 등도 단지 직접 거래라는 이유로 그 효력이 부인되어 거래의 안전을 해칠 우려가 있으므로, 위 규정은 강행규정이 아니라 단속규정이라고 보아야 한다(대판 2017.2.3., 2016다259677).

48 민법상 물건에 관한 설명으로 옳지 않은 것은? (다툼이 있으면 판례에 따름)

① 전기 기타 관리할 수 있는 자연력은 동산이다.

② 법정과실은 수취할 권리의 존속기간일수의 비율로 취득한다.

③ 국립공원의 입장료는 토지의 사용대가로서 과실에 해당한다.

④ 주물과 종물은 원칙적으로 동일한 소유자에게 속하여야 한다.

⑤ 주물 처분 시 특약으로 종물을 제외하거나 종물만을 별도로 처분할 수 있다.

> **해설**
>
> ③ 국립공원의 입장료는 수익자 부담의 원칙에 따라 국립공원에 입장하는 자에게 국립공원의 유지·관리비의 일부를 징수하는 것이며, 공원의 관리와 공원 안에 있는 문화재의 관리·보수를 위한 비용에만 사용하여야 하는 것이므로, 민법상 과실이라고 볼 여지가 없다(헌법재판소 2001.6.28., 2000헌바44).

49 착오에 의한 의사표시에 관한 설명으로 옳은 것은? (다툼이 있으면 판례에 따름)

① 당사자들 사이에 동기를 의사표시의 내용으로 삼기로 하는 별도의 합의가 있어야만 동기의 착오를 이유로 의사표시를 취소할 수 있다.

② 착오한 표의자의 중대한 과실 유무에 관한 증명책임은 그 표의자에게 있다.

③ 재단법인 설립을 위하여 서면에 의한 증여로 재산을 출연한 경우, 출연자는 착오를 이유로 출연의 의사표시를 취소할 수 없다.

④ 매도인이 매수인의 중도금 지급채무불이행을 이유로 매매계약을 적법하게 해제한 후에는 매수인은 착오를 이유로 그 계약을 취소할 수 없다.

⑤ 표의자가 중대한 과실로 법률행위 내용의 중요 부분에 착오를 일으킨 경우라도 상대방이 표의자의 착오를 알고 이를 이용했다면 표의자는 의사표시를 취소할 수 있다.

해설

⑤ 민법 제109조 제1항은 법률행위 내용의 중요 부분에 착오가 있는 때에는 그 의사표시를 취소할 수 있다고 규정하면서 같은 항 단서에서 그 착오가 표의자의 중대한 과실로 인한 때에는 취소하지 못한다고 규정하고 있다. 여기서 '중대한 과실'이란 표의자의 직업, 행위의 종류, 목적 등에 비추어 보통 요구되는 주의를 현저히 결여한 것을 의미한다. 한편 위 단서 규정은 표의자의 상대방의 이익을 보호하기 인한 것이므로, 상대방이 표의자의 착오를 알고 이를 이용한 경우에는 그 착오가 표의자의 중대한 과실로 인한 것이라고 하더라도 표의자는 그 의사표시를 취소할 수 있다(대판 1955.11.10., 4288민상321, 대판 2014.11.27., 2013다49794 등 참조).

50 법률행위와 의사표시에 관한 설명으로 옳지 않은 것은? (다툼이 있으면 판례에 따름)

① 채무자의 법률행위가 통정허위표시인 경우에도 채권자취소권의 대상이 된다.

② 통정허위표시의 무효로 대항할 수 없는 제3자는 선의이면 족하고 그 무과실은 요건이 아니다.

③ 비진의의사표시에서 상대방의 악의나 과실은 의사표시의 무효를 주장하는 자가 주장·증명해야 한다.

④ 파산관재인은 통정허위표시에서의 제3자에 해당하지 않는다.

⑤ 비진의의사표시가 대리인에 의하여 이루어진 경우, 대리인의 진의가 본인에 대하여 배임적인 것임을 상대방이 알았다면 그 의사표시의 효과는 본인에게 미치지 않는다.

해설

통정허위표시에서의 제3자에 해당하는 경우
- 가장소비대차의 대주가 파산선고를 받은 경우 그 파산관재인
- 가장매매의 매수인으로부터 목적물을 매수한 자
- 가장매매의 매수인으로부터 저당권을 설정받거나 가등기를 취득한 자
- 가장매매에 기한 대금채권의 양수인
- 가장소비대차에 기한 채권인 양수인
- 가장저당권의 설정행위에 대한 저당권의 실행으로 경락받은 자

51 표현대리에 관한 설명으로 옳지 않은 것은? (다툼이 있으면 판례에 따름)

① 표현대리가 성립하는 경우, 과실상계의 법리를 유추적용하여 본인의 책임을 경감할 수 없다.

② 사회통념상 대리권을 추단할 수 있는 직함 사용을 본인이 묵인한 경우, '대리권수여의 표시에 의한 표현대리'에서 대리권 수여의 표시가 있은 것으로 볼 수 있다.

③ '권한을 넘은 표현대리'에서 정당한 이유 유무를 판단하는 시기는 대리행위 당시이다.

④ '대리권 소멸 후의 표현대리'로 인정되는 경우, 그 표현대리의 권한을 넘은 대리행위가 있을 때에는 '권한을 넘은 표현대리'가 성립될 수 있다.

⑤ '대리권 소멸 후의 표현대리'는 법정대리에 적용되지 않는다.

해설

대리인이 대리권 소멸 후 직접 상대방과 사이에 대리행위를 하는 경우는 물론 대리인이 대리권 소멸 후 복대리인을 선임하여 복대리인으로 하여금 상대방과 사이에 대리행위를 하도록 한 경우에도, 상대방이 대리권 소멸 사실을 알지 못하여 복대리인에게 적법한 대리권이 있는 것으로 믿었고 그와 같이 믿은 데 과실이 없다면 민법 제129조에 의한 표현대리가 성립할 수 있다(대판 1998.5.29., 97다55317).

52 민법상 법률행위의 무효와 취소에 관한 설명으로 옳지 않은 것을 모두 고른 것은? (다툼이 있으면 판례에 따름)

ㄱ. 농지취득자격증명 없이 농지매매계약이 체결된 경우, 그 계약은 무효이다.
ㄴ. 근로계약이 취소된 경우, 그 취소의 효력은 계약 시로 소급한다.
ㄷ. 법률행위의 일부분이 무효인 때에는 그 전부를 무효로 하는 것이 원칙이다.
ㄹ. 무효인 불공정한 법률행위에는 무효행위의 전환법리가 적용될 여지가 없다.

① ㄱ, ㄹ
② ㄴ, ㄷ
③ ㄱ, ㄴ, ㄷ
④ ㄱ, ㄴ, ㄹ
⑤ ㄴ, ㄷ, ㄹ

해설

ㄷ. 법률행위의 일부분이 무효인 때에는 그 전부를 무효로 한다(민법 제137조).

53 민법상 대리에 관한 설명으로 옳지 않은 것은? (다툼이 있으면 판례에 따름)

① 임의대리인은 본인의 승낙이 있으면 복대리인을 선임할 수 있다.

② 대리로 행한 의사표시의 효력이 강박으로 인하여 영향을 받을 경우, 그 사실의 유무는 대리인을 표준하여 결정한다.

③ 피한정후견인은 임의대리인이 될 수 있다.

④ 본인의 사망은 대리권의 소멸사유이다.

⑤ 법정대리인은 부득이한 사유 없이 복대리인을 선임할 수 없다.

> **해설**
> ⑤ 대리인은 본인의 승낙이 있거나 부득이한 사유가 있을 때 법정대리인은 그 책임으로 복대리인을 선임할 수 있다(민법 제120조 및 제122조).

54 乙은 甲의 무권대리인으로서 丙과 계약을 체결하였다. 이에 관한 설명으로 옳은 것은? (다툼이 있으면 판례에 따름)

① 甲은 丙의 동의가 없더라도 乙의 의사표시의 내용을 변경하여 추인할 수 있다.

② 계약에 대한 甲의 추인은 丙뿐만 아니라 그 계약으로 인한 권리의 승계인에게도 할 수 있다.

③ 丙이 乙과 계약을 체결할 당시에 대리권이 없음을 알았더라도 丙은 그 계약을 철회할 수 있다.

④ 丙이 甲에게 상당한 기간을 정하여 계약의 추인 여부에 관한 확답을 최고한 경우, 甲이 그 기간 내에 확답을 발송하지 않으면 추인한 것으로 본다.

⑤ 계약에 대한 甲의 추인은 乙에게 할 수 없다.

> **해설**
> ① 대리권 없는 자가 타인의 대리인으로 한 계약은 본인이 이를 추인하지 아니하면 본인에 대하여 효력이 없다(민법 제130조).
> ③ 추인 또는 거절의 의사표시는 상대방에 대하여 하지 아니하면 그 상대방에 대항하지 못한다. 그러나 상대방이 그 사실을 안 때에는 그러하지 아니하다(동법 제132조).
> ④ 대리권 없는 자가 한 계약은 본인의 추인이 있을 때까지 상대방은 본인이나 그 대리인에 대하여 이를 철회할 수 있다(동법 제134조).
> ⑤ 추인은 다른 의사표시가 없는 때에는 계약 시에 소급하여 그 효력이 생긴다. 그러나 제삼자의 권리를 해하지 못한다(동법 제133조).

55 물권적 청구권에 관한 설명으로 옳지 않은 것은? (다툼이 있으면 판례에 따름)

① 저당권 설정 후 부동산 소유권이 이전된 경우, 소유권을 상실한 전(前) 소유자는 방해제거청구로서 피담보채무의 소멸을 원인으로 저당권설정등기의 말소청구를 할 수 있다.

② 피담보채무가 변제된 이후에 양도담보권설정자가 행사하는 말소등기청구권은 시효소멸되지 않는다.

③ 소유자는 소유권을 방해하는 자에 대하여 방해제거를 청구할 수 있다.

④ 점유자에게 물건을 점유할 권리가 있는 경우, 소유자는 그 점유자에게 물건의 반환청구를 할 수 없다.

⑤ 소유권에 기한 방해예방청구권에 관한 규정은 저당권에 준용된다.

> **해설**
>
> ① 근저당권이 설정된 후에 그 부동산의 소유권이 제3자에게 이전된 경우에는 현재의 소유자가 자신의 소유권에 기하여 피담보채무의 소멸을 원인으로 그 근저당권설정등기의 말소를 청구할 수 있음은 물론이지만, 근저당권설정자인 종전 의 소유자도 근저당권설정계약의 당사자로서 근저당권소멸에 따른 원상회복으로 근저당권자에게 근저당권설정등기 의 말소를 구할 수 있는 계약상 권리가 있으므로 이러한 계약상 권리에 터잡아 근저당권자에게 피담보채무의 소멸을 이유로 하여 그 근저당권설정등기의 말소를 청구할 수 있다고 봄이 상당하고, 목적물의 소유권을 상실하였다는 이유만 으로 그러한 권리를 행사할 수 없다고 볼 것은 아니다(대판 1994.1.25., 93다16338). 판례와 별개로 물권적 청구권은 현재 물권을 정당하게 보유하고 있는 자가 청구할 수 있는 권리로 전(前) 소유자는 물권적 청구권의 권리를 행사할 수 없다.

56 지상권에 관한 설명으로 옳지 않은 것은? (다툼이 있으면 판례에 따름)

① 관습상의 법정지상권은 건물로서의 요건을 갖추고 있는 이상 무허가건물에 대해서도 인정될 수 있다.

② 저당권설정 당사자 간의 특약으로 저당목적물인 토지에 대하여 민법 제366조의 법정지상권을 배제 하는 약정을 하더라도 그 특약은 효력이 없다.

③ 상린관계규정은 지상권자 간에 준용된다.

④ 지상권자의 지료 연체를 이유로 지상권이 소멸된 경우, 지상권자는 지상물매수청구권을 행사할 수 있다.

⑤ 지상권을 목적으로 저당권을 설정한 자는 저당권자의 동의 없이 지상권을 소멸하게 하는 행위를 하지 못한다.

> **해설**
>
> ④ 임대차에 있어서 임차인의 채무 불이행 등의 사유로 인하여 임대차계약이 해지되었을 때에는 임차인에게 계약갱신권 이나 매수청구권이 발생할 수 없다(대판 1972.12.26., 72다2013).

57 X 건물에 대하여 그 소유자 甲과 매매계약을 체결하고 매매대금을 지급한 乙은 소유권 취득에 장애가 없음에도 등기 없이 X 건물을 점유·사용하고 있다. 이에 관한 설명으로 옳지 않은 것은? (다툼이 있으면 판례에 따름)

① X 건물을 丙이 불법점유하는 경우, 乙은 丙에게 직접 소유권에 기한 반환청구를 할 수 없다.

② X 건물에 대지사용권이 없는 경우, 그 대지소유자 丁은 乙을 상대로 X 건물의 철거를 요구할 수 없다.

③ X 건물을 점유·사용한 乙에 대하여 甲은 법률상 원인이 없음을 이유로 부당이득반환청구를 할 수 없다.

④ 乙의 X 건물에 관한 소유권이전등기청구권은 소멸시효가 진행하지 않는다.

⑤ 乙은 甲의 소유권에 기한 X 건물의 반환청구를 거절할 수 있다.

해설

② 건물철거는 그 소유권의 종국적 처분에 해당하는 사실행위이므로 원칙으로는 그 소유자에게만 그 철거처분권이 있으나 미등기건물을 그 소유권의 원시취득자로부터 양도받아 점유 중에 있는 자는 비록 소유권취득등기를 하지 못하였다고 하더라도 그 권리의 범위 내에서는 점유 중인 건물을 법률상 또는 사실상 처분할 수 있는 지위에 있으므로 그 건물의 존재로 불법점유를 당하고 있는 토지소유자는 위와 같은 건물점유자에게 그 철거를 구할 수 있다(대판 1989.2.14., 87다카3073).

58 공유에 관한 설명으로 옳은 것은? (다툼이 있으면 판례에 따름)

① 공유토지 위에 견고한 신축건물을 축조하는 경우, 토지공유자 전원의 동의가 필요하다.

② 상린자의 공유로 추정되는 경계에 설치된 경계표에 대해서도 공유물 분할을 청구할 수 있다.

③ 재판에 의한 분할이 공유물 분할의 원칙적 방법이다.

④ 공유자가 다른 공유자의 지분권만을 대외적으로 주장하는 것은 공유물의 보존행위에 해당한다.

⑤ 보존행위가 아닌 공유물의 관리에 관한 사항은 공유자의 과반수에 의해서만 결정된다.

해설

② 경계에 설치된 경계표, 담, 구거 등은 상린자의 공유로 추정한다. 그러나 경계표, 담, 구거 등이 상린자 일방의 단독비용으로 설치되었거나 담이 건물의 일부인 경우에는 그러하지 아니하다(민법 제239조).

③ 분할의 방법에 관하여 협의가 성립되지 아니한 때에는 공유자는 법원에 그 분할을 청구할 수 있다(민법 제269조).

④ 공유자가 다른 공유자의 지분권을 대외적으로 주장하는 것을 공유물의 멸실·훼손을 방지하고 공유물의 현상을 유지하는 사실적·법률적 행위인 공유물의 보존행위에 속한다고 할 수 없다(대판 1994.11.11., 94다35008).

⑤ 공유물의 관리에 관한 사항은 공유자의 지분의 과반수로써 결정한다. 그러나 보존행위는 각자가 할 수 있다(민법 제265조).

59 물권인 전세권에 관한 설명으로 옳지 않은 것은? (다툼이 있으면 판례에 따름)

① 전세금의 지급은 전세권의 요소이다.

② 농경지는 전세권의 목적으로 하지 못한다.

③ 전세기간 만료 이후 전세권양도계약 및 전세권이전의 부기등기가 경료된 것만으로도 전세금반환채권 양도의 제3자에 대한 대항요건은 충족된다.

④ 전세권의 존속기간이 만료되면 특별한 사정이 없는 한 전세권의 용익물권적 권능은 전세권설정등기의 말소 없이도 당연히 소멸한다.

⑤ 전세권의 목적물을 전전세한 경우, 전세권자는 전전세하지 아니하였으면 면할 수 있는 불가항력으로 인한 손해에 대하여 그 책임을 부담한다.

> **해설**
>
> ③ 전세기간 만료 이후 전세권양도계약 및 전세권이전의 부기등기가 이루어진 것만으로는 전세금반환채권의 양도에 관하여 확정일자 있는 통지나 승낙이 있었다고 볼 수 없어 이로써 제3자에게 대항할 수 없다(대판 2005.03.25., 2003다35659).

60 민법상 유치권에 관한 설명으로 옳은 것을 모두 고른 것은? (다툼이 있으면 판례에 따름)

> ㄱ. 유치권 배제 특약에 따른 효력은 그 특약의 상대방에 한하여 주장할 수 있다.
> ㄴ. 점유가 불법행위로 개시된 경우, 유치권이 성립하지 않는다.
> ㄷ. 유치물의 공정한 가격을 쉽게 알 수 없는 경우, 유치권자에게 유치물의 간이변제충당을 허가할 정당한 이유가 있다.
> ㄹ. 유치권자가 유치물에 대한 보존행위로서 목적물을 사용하는 경우, 불법사용으로 인한 손해배상책임이 없다.

① ㄱ, ㄴ   ② ㄱ, ㄷ

③ ㄴ, ㄹ   ④ ㄱ, ㄷ, ㄹ

⑤ ㄴ, ㄷ, ㄹ

> **해설**
>
> ㄱ. 유치권은 채권자의 이익을 보호하기 위한 법정담보물권으로서 당사자는 미리 유치권의 발생을 막는 특약을 할 수 있고 이러한 특약은 유효하다. 유치권 배제 특약에 따른 효력은 특약의 상대방뿐 아니라 그 밖의 사람도 주장할 수 있으며, 조건을 붙일 수도 있다(대판 2018.1.24., 2016다234043).
>
> ㄷ. 정당한 이유 있는 때에는 유치권자는 감정인의 평가에 의하여 유치물로 직접 변제에 충당할 것을 법원에 청구할 수 있다(민법 제322조 제2항).

61 조건과 기한에 관한 설명으로 옳은 것은?

① 해제조건 있는 법률행위는 조건이 성취한 때로부터 그 효력이 생긴다.

② 정지조건이 법률행위의 당시에 이미 성취된 경우, 그 법률행위는 조건 없는 법률행위가 된다.

③ 조건이 선량한 풍속에 위반한 경우, 그 조건이 해제조건이면 그 법률행위는 조건 없는 법률행위가 된다.

④ 기한은 채권자의 이익을 위한 것으로 본다.

⑤ 조건과 기한에서 문제되는 '장래의 사실'이 어느 사람의 출생이라면 조건에 해당하고, 어느 사람의 사망이라면 기한에 해당한다.

해설

① 해제조건 있는 법률행위는 조건이 성취한 때로부터 그 효력을 잃는다(민법 제147조 제2항).

③ 조건이 선량한 풍속 기타 사회질서에 위반한 것인 때에는 그 법률행위는 무효로 한다(동법 제151조 제1항).

④ 기한은 채무자의 이익을 위한 것으로 추정한다(동법 제153조 제1항).

※ 문제 오류로 확정답안 발표 시 ②, ⑤번이 정답 처리되었다.

62 임대차에 관한 설명으로 옳은 것은?

① 임대인이 임대물의 보존에 필요한 행위를 하는 때에는 임차인은 이를 거절하지 못한다.

② 부동산임대차 계약을 체결한 후에 이를 등기한 때에는 계약을 체결한 때로부터 제3자에 대하여 효력이 생긴다.

③ 건물의 소유를 목적으로 한 토지임대차가 등기되지는 아니하였으나 그 지상건물이 등기된 경우, 그 후 건물이 임대차기간 만료 전에 멸실한 때에도 임대차는 계속 제3자에 대하여 효력이 있다.

④ 임차물의 일부가 임차인의 과실 없이 멸실로 인하여 사용, 수익할 수 없게 되었으나 그 잔존부분으로 임차목적을 달성할 수 있는 경우, 임차인은 그 부분의 비율에 의한 차임의 감액을 청구할 수 없다.

⑤ 일시사용을 위한 임대차에서 임대물에 대한 공과부담의 증감으로 인하여 약정한 차임이 상당하지 않게 된 경우, 당사자는 장래에 대한 차임의 증감을 청구할 수 있다.

해설

② 부동산임대차를 등기한 때에는 그때부터 제3자에 대하여 효력이 생긴다(민법 제621조 제2항).

③ 건물의 소유를 목적으로 한 토지임대차는 이를 등기하지 아니한 경우에도 임차인이 그 지상건물을 등기한 때에는 제3자에 대하여 임대차의 효력이 생긴다. 다만, 건물이 임대차기간 만료 전에 멸실 또는 후폐한 때에는 효력을 잃는다 (동법 제622조 제1항).

④ 임차물의 일부가 임차인의 과실 없이 멸실 기타 사유로 인하여 사용, 수익할 수 없는 때에는 임차인은 그 부분의 비율에 의한 차임의 감액을 청구할 수 있다(동법 제627조 제1항).

⑤ 임대물에 대한 공과부담의 증감 기타 경제사정의 변동으로 인하여 약정한 차임이 상당하지 아니하게 된 때에는 당사자는 장래에 대한 차임의 증감을 청구할 수 있지만 일시사용하기 위한 임대차 또는 전대차인 것이 명백한 경우에는 적용하지 아니한다(동법 제628조 및 제653조).

63 소멸시효의 중단과 정지에 관한 설명으로 옳지 않은 것은? (다툼이 있으면 판례에 따름)

① 피해자인 채권자의 고소에 기초하여 채무자에 대하여 제기된 형사소송은 소멸시효의 중단사유인 재판상의 청구에 해당하지 아니한다.

② 소멸시효의 중단은 당사자 및 그 승계인 사이에만 효력이 있다.

③ 아직 현존하지 아니하는 장래의 채권에 대하여 채무자가 그 채무를 미리 승인하는 것은 소멸시효의 중단사유로서 허용된다.

④ 주채무자에 대한 시효의 중단은 보증인에 대하여 그 효력이 있다.

⑤ 천재 기타 사변으로 인하여 소멸시효를 중단할 수 없는 때에는 그 사유가 종료한 때부터 1개월 내에는 시효가 완성하지 아니한다.

> **해설**
> ① 재판상의 청구에서 형사소송 또는 행정소송은 중단사유로 인정하지 않는다.
> ② 민법 제169조
> ④ 동법 제440조
> ⑤ 동법 제182조

64 소비대차에 관한 설명으로 옳지 않은 것은?

① 이자 있는 소비대차에서 차주가 그 과실(過失)로 목적물의 수령을 지체할 때에는 대주가 이행을 제공한 때로부터 이자를 계산하여야 한다.

② 차주는 약정된 시기에 차용물과 같은 종류, 품질 및 수량의 물건을 반환하여야 한다.

③ 차주가 어느 나라의 특정한 종류의 외화로 반환해야 하는 경우, 그 종류의 외화가 강제통용력을 잃어 이를 반환할 수 없는 때에는 그 나라의 반환할 수 있는 다른 통화로는 변제할 수 없다.

④ 대물반환의 예약의 규정에 위반한 당사자의 약정으로서 차주에게 불리한 것은 환매기타 여하한 명목이라도 그 효력이 없다.

⑤ 이자 없는 소비대차의 당사자는 목적물의 인도 전에는 언제든지 계약을 해제할 수 있다.

> **해설**
> ③ 채권의 목적이 어느 종류의 다른 나라 통화로 지급할 것인 경우에 그 통화가 변제기에 강제통용력을 잃은 때에는 그 나라의 다른 통화로 변제하여야 한다(민법 제377조 제2항).

65 조합에 관한 설명으로 옳지 않은 것은? (다툼이 있으면 판례에 따름)

① 조합의 출자는 금전 기타 재산 또는 노무로 할 수 있다.

② 조합원의 출자 기타 조합재산은 조합원의 합유로 한다.

③ 조합의 통상사무의 완료 전에 다른 조합원의 이의가 있어도 각 조합원은 그 사무를 중지하지 아니하고 계속 전행할 수 있다.

④ 조합의 채무자는 그 채무와 조합원에 대한 채권으로 상계하지 못한다.

⑤ 당사자가 이익 또는 손실에 관하여 분배비율을 정한 때에는 그 비율은 이익과 손실에 공통된 것으로 추정한다.

해설

③ 조합의 통상사무는 전항의 규정에 불구하고 각 조합원 또는 각 업무집행자가 전행할 수 있다. 그러나 그 사무의 완료 전에 다른 조합원 또는 다른 업무집행자의 이의가 있는 때에는 즉시 중지하여야 한다(민법 제706조 제3항).

66 민법상 임대차에 관한 설명으로 옳지 않은 것은?

① 임차물에 대하여 권리를 주장하는 자가 있는 때에 임대인이 이를 알지 못하는 경우, 임차인은 지체 없이 임대인에게 이를 통지하여야 한다.

② 임대인은 목적물을 임차인에게 인도하고 계약존속 중 그 사용, 수익에 필요한 상태를 유지하게 할 의무를 부담한다.

③ 토지의 임대차에서 임차인의 차임연체액이 2기의 차임액에 달하는 때에는 임대인은 계약을 해지할 수 있다.

④ 건물의 임대인이 임대차에 관한 채권에 의하여 그 건물에 부속한 임차인 소유의 동산을 압류한 때에는 질권과 동일한 효력이 있다.

⑤ 임대차기간이 만료한 후 임대차의 묵시적 갱신이 인정되는 경우, 전(前) 임대차에 대하여 제3자가 제공한 담보는 기간만료로 인하여 소멸하지 아니한다.

해설

⑤ 임대차기간이 만료한 후 임차인이 임차물의 사용, 수익을 계속하는 경우에 임대인이 상당한 기간 내에 이의를 하지 아니한 때에는 전임대차와 동일한 조건으로 다시 임대차한 것으로 보며, 전임대차에 대하여 제3자가 제공한 담보는 기간의 만료로 인하여 소멸한다(민법 제639조).

67 현상광고에 관한 설명으로 옳지 않은 것은? (다툼이 있으면 판례에 따름)

① 지정행위의 완료에 조건을 붙일 수 있다.

② 광고 있음을 알지 못하고 광고에서 정한 행위를 완료한 자는 그 보수를 받을 권리가 있다.

③ 광고에서 정한 행위를 여러 사람이 동시에 완료하였으나 광고에서 그 보수를 1인만 받을 것으로 정한 때에는 추첨에 의하여 결정한다.

④ 우수현상광고는 그 광고에 응모기간을 정한 때에 한하여 그 효력이 생긴다.

⑤ 우수현상광고에서 응모자는 우수의 판정에 대하여 이의를 제기할 수 있다.

해설

⑤ 응모자는 우수의 판정 및 판정의 표준이 정하여져 있는 때에는 판정에 대하여 이의를 하지 못한다(민법 제678조 제4항 참고).

68 임치에 관한 설명으로 옳은 것은?

① 유상임치인은 자기 재산과 동일한 주의로 임치물을 보관하여야 한다.

② 임치물에 대하여 권리를 주장하는 제3자가 수치인에 대하여 압류한 때에는 수치인은 지체 없이 임치인에게 이를 통지하여야 한다.

③ 유상수치인은 임치인의 동의가 없어도 임치물을 사용할 수 있다.

④ 수치인이 정당한 사유로 인하여 임치물을 다른 곳으로 옮긴 때에 그 물건의 반환장소는 현존하는 장소에서 반환할 수 없다.

⑤ 수치인은 임치기간의 약정의 유무와 관계없이 언제든지 임치를 해지할 수 있다.

해설

① 보수 없이 임치를 받은 자는 임치물을 자기재산과 동일한 주의로 보관하여야 한다(민법 제695조).

③ 수치인은 임치인의 동의 없이 임치물을 사용하지 못한다(동법 제694조).

④ 임치물은 그 보관한 장소에서 반환하여야 한다. 그러나 수치인이 정당한 사유로 인하여 그 물건을 전치한 때에는 현존하는 장소에서 반환할 수 있다(동법 제700조).

⑤ 임치기간의 약정이 없는 때에는 각 당사자는 언제든지 계약을 해지할 수 있다(동법 제699조).

69 위임에 관한 설명으로 옳지 않은 것은? (다툼이 있으면 판례에 따름)

① 사무처리에 관하여 위임인의 지시에 따르는 것이 위임인에게 불이익한 때에는 수임인은 그 사실을 위임인에게 통지하고 지시의 변경을 요청하여야 한다.

② 수임인이 부득이한 사유로 제3자에게 위임사무를 처리하게 하였으나 이것이 위임인의 지명에 따라 그 제3자를 선임한 경우에는 그 제3자의 부적임 또는 불성실을 알고 위임인에 대한 통지나 해임하는 것을 태만히 한 경우에만 책임이 있다.

③ 수임인이 성년후견개시의 심판을 받은 경우, 위임은 종료되지 아니한다.

④ 수임인이 위임사무를 처리하는 중에 수임인의 책임 없는 사유로 인하여 위임이 종료된 때에는 수임인은 이미 처리한 사무의 비율에 따른 보수를 청구할 수 있다.

⑤ 수임인이 위임사무의 처리에 필요한 채무를 부담하는 때에 그 채무가 변제기에 있지 않은 경우, 상당한 담보를 제공하게 할 수 있다.

해설

③ 수임인이 성년후견개시의 심판을 받은 경우에는 위임은 종료된다(민법 제690조).

70 도급에 관한 설명으로 옳지 않은 것은? (다툼이 있으면 판례에 따름)

① 보수의 지급시기에 관하여 특약이나 관습이 없는 경우, 도급에 목적물의 인도를 요하지 아니하는 때에는 그 일이 완성된 후에 도급인은 지체 없이 보수를 지급하여야 한다.

② 도급인이 재료의 주요 부분을 공급하는 경우, 다른 약정이 없으면 완성된 부동산의 소유권은 원시적으로 수급인에게 귀속한다.

③ 수급인이 일을 완성하기 전에는 도급인은 손해를 배상하고 계약을 해제할 수 있다.

④ 도급인이 파산선고를 받고 파산관재인이 계약을 해제한 경우, 수급인은 계약해제로 인한 손해의 배상을 청구하지 못한다.

⑤ 부동산공사의 수급인은 보수에 관한 채권을 담보하기 위하여 그 부동산을 목적으로 한 저당권의 설정을 청구할 수 있다.

해설

② 타인의 동산에 가공한 때에는 그 물건의 소유권은 원재료의 소유자에게 속한다. 그러나 가공으로 인한 가액의 증가가 원재료의 가액보다 현저히 다액인 때에는 가공자의 소유로 한다(민법 제259조 제1항).
① 동법 제665조
③ 동법 제673조
④ 동법 제674조
⑤ 동법 제666조

71 제3자를 위한 계약에 관한 설명으로 옳지 않은 것은? (다툼이 있으면 판례에 따름)

① 제3자의 권리는 그 제3자가 채무자에 대하여 계약의 이익을 받을 의사를 표시한 때에 생긴다.

② 채무자가 상당한 기간을 정하여 계약이익의 향수 여부의 확답을 제3자에게 최고하였으나, 그 기간 내에 확답을 받지 못한 때에는 그 제3자가 그 이익을 받을 것을 거절한 것으로 본다.

③ 계약 당사자가 계약 당시 '제3자의 권리를 소멸시킬 수 있다'고 합의한 때에는, 제3자의 권리가 생긴 후라도 당사자는 그 제3자의 권리를 소멸시킬 수 있다.

④ 낙약자의 요약자에 대한 행위 자체가 불법행위가 되는 경우, 제3자는 그 불법행위를 이유로 손해배상을 청구할 수 없다.

⑤ 제3자를 위한 계약이 유상·쌍무계약인 경우, 요약자는 낙약자의 채무불이행을 이유로 제3자의 동의 없이 계약을 해제할 수 없다.

> **해설**
> ⑤ 제3자를 위한 유상·쌍무계약의 경우 요약자는 낙약자의 채무불이행을 이유로 제3자의 동의 없이 계약을 해제할 수 있다(대판 1970.2.24., 69다1410).

72 법정해제에 관한 설명으로 옳지 않은 것은? (다툼이 있으면 판례에 따름)

① 당사자의 일방 또는 쌍방이 수인인 경우, 계약의 해제는 그 전원으로부터 또는 전원에 대하여 하여야 한다.

② 당사자의 일방 또는 쌍방이 수인인 경우, 당사자 1인에 대하여 해제권이 소멸한 때에는 다른 당사자에 대하여도 소멸한다.

③ 계약이 해제된 경우, 금전을 받은 당사자는 그 받은 날로부터 이자를 가산하여 반환하여야 한다.

④ 해제권의 행사기간을 정하지 아니한 경우, 상대방이 해제권자에게 상당한 기간을 정하여 최고하였으나 그 기간 내에 해제통지를 받지 못하면 해제된 것으로 본다.

⑤ 해제권자의 과실(過失)로 계약의 목적물이 현저히 훼손된 경우, 해제권은 소멸한다.

> **해설**
> ④ 해제권의 행사의 기간을 정하지 아니한 때에는 상대방은 상당한 기간을 정하여 해제권 행사여부의 확답을 해제권자에게 최고할 수 있다. 다만, 기간 내에 해제의 통지를 받지 못한 때에는 해제권은 소멸한다(민법 제552조).

73 甲이 2023.3.1. 乙에게 甲 소유의 X 토지를 금 1억 원에 매도함에 있어, 계약금 1천만 원은 당일, 중도금 3천만 원은 2023.3.15., 잔금 6천만 원은 2023.3.29. 소유권이전등기에 필요한 서류와 상환으로 지급하기로 하였고, 계약당일 계약금 중 300만 원만 지급하였으며 나머지 계약금은 아직 미지급한 상태이다. 이에 관한 설명으로 옳은 것은? (각 답항은 독립적임. 다툼이 있으면 판례에 따름)

① 甲은 2023.3.5. 乙에게 600만 원을 지급하고 계약을 해제할 수 있다.

② 甲이 2023.3.5. 乙에게 적법한 해약금을 현실적으로 지급하지 않더라도 이행준비를 갖춘 후 해제 통고를 하면 특별한 사정이 없는 한 甲의 해약금에 의한 해제는 유효하다.

③ 乙이 2023.3.5. 계약금의 잔금 700만 원과 중도금 3천만 원을 지급한 경우, 甲은 특별한 사정이 없는 한 해약금에 의한 해제를 할 수 없다.

④ 乙이 2023.3.5. 계약금의 잔금 700만 원과 중도금 3천만 원을 지급한 경우, 乙은 특별한 사정이 없는 한 해약금에 의한 해제를 할 수 있다.

⑤ 계약이 乙의 귀책사유로 해제된 경우, 특별한 사정이 없는 한 계약금은 위약금으로서 甲에게 귀속되지 않는다.

해설

③ 계약이 일단 성립한 후에는 당사자의 일방이 이를 마음대로 해제할 수 없는 것이 원칙이고, 다만 주된 계약과 더불어 계약금계약을 한 경우에는 민법 제565조 제1항의 규정에 따라 임의 해제를 할 수 있기는 하나, 계약금계약은 금전 기타 유가물의 교부를 요건으로 하므로 단지 계약금을 지급하기로 약정만 한 단계에서는 아직 계약금으로서의 효력, 즉 위 민법 규정에 의해 계약해제를 할 수 있는 권리는 발생하지 않는다고 할 것이다. 따라서 당사자가 계약금의 일부만을 먼저 지급하고 잔액은 나중에 지급하기로 약정하거나 계약금 전부를 나중에 지급하기로 약정한 경우, 교부자가 계약금의 잔금이나 전부를 약정대로 지급하지 않으면 상대방은 계약금 지급의무의 이행을 청구하거나 채무불이행을 이유로 계약금 약정을 해제할 수 있고, 나아가 위 약정이 없었더라면 주계약을 체결하지 않았을 것이라는 사정이 인정된다면 주계약도 해제할 수도 있을 것이나, 교부자가 계약금의 잔금 또는 전부를 지급하지 아니하는 한 계약금계약은 성립하지 아니하므로 당사자가 임의로 주계약을 해제할 수는 없다 할 것이다(대판 2008.3.13., 2007다73611).

74 甲은 2020.3.1. 乙에게 자신의 임야 100m² 중 위치를 특정한 70m²를 매도하는 계약을 체결하였는데, 위 임야는 2020.1.1. 시행된 관계 법령에 의하여 위 시행일 후부터 '100m² 이하'로는 분할이 불가능한 것으로 드러났다. 이에 관한 설명으로 옳은 것은? (다툼이 있으면 판례에 따름)

① 乙은 甲에게 계약에 따른 이행을 청구할 수 있다.

② 乙은 甲에게 계약상의 채무불이행을 이유로 손해배상을 청구할 수 있다.

③ 乙이 甲에게 계약금을 지급하였다면, 乙은 甲에 대하여 지급한 계약금의 반환을 청구할 수 있다.

④ 계약 당시 甲이 분할할 수 없다는 사실을 알고 있었다면, 乙은 그 사실에 관하여 악의이더라도 甲에 대하여 민법 제535조의 계약체결상의 과실책임을 물을 수 있다.

⑤ 甲이 민법 제535조의 계약체결상의 과실책임을 부담하는 경우, 乙은 甲에 대하여 이행이익을 초과하는 손해도 청구할 수 있다.

해설

① 쌍무계약의 당사자 일방의 채무가 당사자 쌍방의 책임없는 사유로 이행할 수 없게 된 때에는 채무자는 상대방의 이행을 청구하지 못한다(민법 제537조).

② 특별한 사정으로 인한 손해는 채무자가 그 사정을 알았거나 알 수 있었을 때에 한하여 배상의 책임이 있다(동법 제393조 제2항).

④·⑤ 목적이 불능한 계약을 체결할 때에 그 불능을 알았거나 알 수 있었을 자는 상대방이 그 계약의 유효를 믿었음으로 인하여 받은 손해를 배상하여야 한다. 그러나 그 배상액은 계약이 유효함으로 인하여 생길 이익액을 넘지 못하며, 상대방이 그 불능을 알았거나 알 수 있었을 경우에는 적용하지 아니한다(동법 제535조 제2항).

75 증여에 관한 설명으로 옳은 것은? (다툼이 있으면 판례에 따름)

① 증여의 의사가 서면으로 표시되지 않은 경우, 그 증여의 이행이 전부 완료되었더라도 수증자는 해제할 수 있다.

② 부담 없는 증여의 경우, 증여자는 증여의 목적인 물건의 흠결을 알고 수증자에게 고지하지 않은 때에 한하여 담보책임을 부담한다.

③ '서면에 의하지 않은 것'을 이유로 하는 증여에서의 해제권은 제척기간의 적용을 받는다.

④ 부담부증여의 경우, 상대방이 자신의 의무를 이행하지 아니하더라도 이미 증여계약의 이행이 완료되었으면 증여자는 해제할 수 없다.

⑤ 서면에 의하지 않은 부담부증여의 경우, 수증자가 부담의 이행을 완료하였더라도 증여자는 '서면에 의하지 않은 증여'임을 이유로 해제할 수 있다.

해설

① 증여의 의사가 서면으로 표시되지 아니한 경우에는 각 당사자는 이를 해제할 수 있다(민법 제555조). 하지만 규정에 의한 계약의 해제는 이미 이행한 부분에 대하여는 영향을 미치지 아니한다(동법 제558조).

③ 민법 제555조에서 말하는 해제는 일종의 특수한 철회일 뿐 민법 제543조 이하에서 규정한 본래 의미의 해제와는 다르다고 할 것이어서 형성권의 제척기간의 적용을 받지 않는다(대판 2003.4.11., 2003다1755).

④ 증여계약이 이미 이행되었더라도 증여자는 부담의 불이행을 이유로 해제하고 원상회복을 청구할 수 있다. 특별해제에 관한 규정(제555조, 제558조)은 적용되지 않는다(대판 1997.7.8., 97다2177).

⑤ 부담부증여계약에서 증여자의 증여 이행이 완료되지 않았더라도 수증자가 부담의 이행을 완료한 경우에는 그러한 부담이 의례적·명목적인 것에 그치거나 그 이행에 특별한 노력과 비용이 필요하지 않는 등 실질적으로는 부담 없는 증여가 이루어지는 것과 마찬가지라고 볼 만한 특별한 사정이 없는 한 각 당사자가 서면에 의하지 않은 증여임을 이유로 증여계약의 전부 또는 일부를 해제할 수는 없다고 봄이 타당하다(대판 2022.9.29., 2021다299976).

76 동시이행관계에 있지 않은 것은? (다툼이 있으면 판례에 따름)

① 전세권이 소멸된 경우, 전세권자의 목적물 인도 및 전세권설정등기 말소의무와 전세권 설정자의 전세금반환의무

② 계약해제로 인한 쌍방의 원상회복의무

③ 완성된 목적물에 하자가 있는 경우, 이를 보수(補修)할 수급인의 의무와 도급인의 보수(報酬) 지급 의무

④ 공사도급계약상 도급인의 공사대금 지급채무와 수급인의 지체상금 지급채무

⑤ 근저당권이 등기되어 있는 부동산의 매매계약의 경우, 매도인의 소유권이전등기 의무 및 근저당권 설정등기의 말소의무와 매수인의 대금지급의무

해설

④ 공사도급계약상 도급인의 지체상금채권과 수급인의 공사대금채권은 특별한 사정이 없는 한 동시이행의 관계에 있다고 할 수 없다(대판 2015.8.27., 2013다81224).

77 매매에 관한 설명으로 옳지 않은 것은? (다툼이 있으면 판례에 따름)

① 매매 당사자 일방에 대한 의무이행의 기한이 있는 때에는 상대방의 의무이행에 대하여도 동일한 기한이 있는 것으로 추정한다.

② 매매대금을 목적물의 인도와 동시에 지급해야 하는 경우, 매매대금 채권자의 주소지에서 대금을 지급하여야 한다.

③ 매매계약이 있은 후에도 인도하지 아니한 목적물로부터 생긴 과실은, 특별한 사정이 없는 한 매매대금을 완납받을 때까지는 매도인에게 속한다.

④ 매매의 일방예약은 상대방이 매매를 완결할 의사를 표시하는 때에 매매의 효력이 생긴다.

⑤ 매매계약의 비용은 당사자 쌍방이 균분하여 부담한다.

해설

② 매매의 목적물의 인도와 동시에 대금을 지급할 경우에는 그 인도장소에서 이를 지급하여야 한다(민법 제586조).

78 승낙에 관한 설명으로 옳지 않은 것은? (다툼이 있으면 판례에 따름)

① 청약철회의 의사표시가 청약의 의사표시보다 먼저 도달하면 그 청약은 철회된다.

② 청약은 계약의 내용을 결정할 수 있을 정도의 사항을 포함시키는 것이 필요하다.

③ 광고는 일반적으로 청약의 유인에 불과하지만 내용이 명확하고 확정적이며 광고주가 광고의 내용대로 계약에 구속되려는 의사가 명백한 경우에는 이를 청약으로 볼 수 있다.

④ 승낙기간을 정한 청약에서, 승낙 통지가 승낙기간 후에 도달하였으나 보통 그 기간 내에 도달할 수 있는 발송인 경우, 청약자가 지체 없이 승낙자에게 그 연착통지를 하지 아니하면 계약은 성립한 것으로 본다.

⑤ 청약에 대하여 변경을 가하여 승낙하면, 청약을 거절한 것이고 그 승낙의 의사표시를 새로운 청약으로 볼 수 없다.

해설

⑤ 승낙자가 청약에 대하여 조건을 붙이거나 변경을 가하여 승낙한 때에는 그 청약의 거절과 동시에 새로 청약한 것으로 본다(민법 제534조).

79 쌍무계약이 아닌 것은?

① 증 여

② 매 매

③ 교 환

④ 임대차

⑤ 도 급

해설

① 편무계약에 해당한다.

쌍무계약

계약의 양 당사자가 서로 대가적 의미를 갖는 채무를 부담하는 계약을 말한다(예 매매, 교환, 임대차, 도급).

편무계약

한쪽만 채무를 부담하거나, 양쪽이 채무를 부담하더라도 양 채무가 대가적 의미를 갖지 않는 계약을 말한다(예 증여, 사용대차, 현상광고).

80 매도인의 담보책임에 관한 설명으로 옳지 않은 것은? (다툼이 있으면 판례에 따름)

① 권리자가 매도할 의사가 전혀 없는 현존 목적물을, 타인이 매도한 경우, 그 매매계약은 원시적 불능으로 무효이다.

② 계약 당시 매매의 목적이 된 권리가 자기에게 속하지 아니함을 알고 있었던 매도인은, 매수인의 손해를 배상하더라도 매매계약을 해제할 수 없다.

③ 매매의 목적이 된 권리의 일부가 타인에게 속하여 그 권리를 이전해줄 수 없는 경우, 선의의 매수인은 잔존한 부분만이면 이를 매수하지 아니하였을 때에는 계약 전부를 해제할 수 있다.

④ 매매의 목적이 된 부동산에 설정된 저당권의 행사로 인하여 매수인이 취득한 소유권을 잃은 경우, 매수인은 계약을 해제할 수 있다.

⑤ 경매로 인한 담보책임은, 권리의 하자에 대해서만 인정되고 물건의 하자에 대해서는 인정되지 않는다.

해설

② 민법 제546조

③ 동법 제572조 제2항

④ 동법 제576조 제1항

⑤ 경매에서의 담보책임은 매매의 경우와 마찬가지로 권리의 하자가 있는 경우에만 인정된다. 권리의 하자는 경매목적물의 소유권, 제한물권(지상권, 지역권, 전세권 등), 유치권 등이 있으며 물건 자체의 하자는 담보책임을 묻지 못한다(동법 578조 참조).

81 한국채택국제회계기준에서 규정하는 재무제표로 옳지 않은 것은?

① 재무상태표

② 현금흐름표

③ 포괄손익계산서

④ 비교재무제표

⑤ 자본변동표

해설

한국채택국제회계준(K-IFRS) 재무제표 규정

• 기말 재무상태표

• 기간 손익과 기타포괄손익계산서

• 기간 자본변동표

• 기간 현금흐름표

• 주 석

• 회계정책을 소급하여 적용하거나, 재무제표의 항목을 소급하여 재작성 또는 재분류하는 경우 가장 이른 전기의 기초 재무상태표

82 재무정보의 질적 특성으로 옳지 않은 것은?

① 연결성

② 적시성

③ 검증가능성

④ 비교가능성

⑤ 이해가능성

해설

재무정보의 질적 특성

• 근본적 질적 특성 : 목적적합성, 표현충실성

• 보강적 질적 특성 : 비교가능성, 검증가능성, 적시성, 이해가능성

83 (주)가맹의 20×2년도 및 20×3년도 회계자료가 다음과 같을 때, 이를 이용하여 계산한 20×3년의 당좌비율과 재고자산회전율은? (단위 : 천 원)

	20×2.12.31.	20×3.12.31.
○ 현금 및 현금성 자산	60,000	30,000
○ 매출채권	250,000	170,000
○ 재고자산	120,000	40,000
○ 장기금융자산	20,000	20,000
○ 토지 및 건물	530,000	450,000
○ 장기차입금	400,000	320,000
○ 매입채무	120,000	80,000
○ 매출원가	1,200,000	1,000,000

① 당좌비율 = 200%, 재고자산회전율 = 25회
② 당좌비율 = 250%, 재고자산회전율 = 12.5회
③ 당좌비율 = 250%, 재고자산회전율 = 25회
④ 당좌비율 = 300%, 재고자산회전율 = 12.5회
⑤ 당좌비율 = 300%, 재고자산회전율 = 25회

해설

- 당좌자산 = 현금 및 현금성자산 + 매출채권 = 30,000 + 170,000 = 200,000
- 유동부채 = 매입채무 = 80,000
- 당좌비율 = 당좌자산/유동부채 × 100
       = 200,000/80,000 × 100 = 250%
- 재고자산회전율 = 매출원가/재고자산 = 1,000,000/80,000 = 12.5회

84 물가가 상승하는 경우, 기말재고자산의 단가 결정방법에 따라 계상되는 매출총이익의 크기를 비교한 것으로 옳은 것은?

① 후입선출법 < 평균법 < 선입선출법
② 후입선출법 < 선입선출법 < 평균법
③ 선입선출법 < 평균법 < 후입선출법
④ 선입선출법 < 후입선출법 < 평균법
⑤ 평균법 < 선입선출법 < 후입선출법

해설

물가가 상승하고 기말재고수량이 기초재고수량과 같거나 증가하는 경우를 가정할 때, 각 비교방법은 다음과 같다.
• 기말재고 : 후입선출법 < 총평균법 < 이동평균법 < 선입선출법
• 매출원가 : 선입선출법 < 이동평균법 < 총평균법 < 후입선출법
• 당기순이익 : 후입선출법 < 총평균법 < 이동평균법 < 선입선출법
• 법인세비용 : 후입선출법 < 총평균법 < 이동평균법 < 선입선출법
• 순현금흐름 : 선입선출법 < 이동평균법 < 총평균법 < 후입선출법

85 재무상태표상에 기록되는 유동부채로서 옳지 않은 것은?

① 단기차입금
② 선수수익
③ 예수금
④ 사 채
⑤ 미지급비용

해설

④ 사채는 비유동부채에 해당한다.

유동부채
재무상태표일로부터 1년 이내에 상환되어야 하는 단기차입금 등의 부채(예 단기차입금, 미지급비용, 예수금, 선수수익 등)

86 (주)가맹의 20×3년도 회계자료가 다음과 같을 때, 이를 이용하여 계산한 매출원가는? (단위 : 원)

○ 기초상품재고액	50,000	○ 기말상품재고액	25,000
○ 총매입액	630,000	○ 매입운임	20,000
○ 매입환출	30,000	○ 매입할인	16,000
○ 총매출액	780,000	○ 매출환입	23,000
○ 매출할인	12,000		

① 579,000   ② 589,000

③ 604,000   ④ 621,000

⑤ 629,000

해설

매출원가 공식

기초상품재고액 + 순매입액[총매입액 + 매입부대비용(매입운임 등) − 매입환출 − 매입할인] − 기말상품재고액 = 매출원가

∴ 50,000 + (630,000 + 20,000 − 30,000 − 16,000) − 25,000 = 629,000원

$\underbrace{\qquad\qquad\qquad\qquad}_{604,000}$

87 공인회계사가 회계감사를 실시하고 표명하는 감사의견의 유형으로 옳지 않은 것은?

① 적정의견

② 부적정의견

③ 한정의견

④ 불합치의견

⑤ 의견거절

해설

감사의견의 유형

• 적정의견 : 회사의 회계정책이나 재무제표 작성 등에 중요한 왜곡표시가 없음을 표시하는 감사의견

• 한정의견 : 중요하지만 전반적이지 아니한 특정 부분에서 감사인이 충분하고 적합한 감사증거를 수집하지 못하였거나, 재무제표에 왜곡표시에 포함되었을 때 나오는 감사의견

• 부적정의견 : 재무제표에 포함된 왜곡표시가 중요하고 전반적일 경우에 표명되는 의견

• 의견거절 : 감사인의 감사 수행에 중요하고 전반적인 제한이 있어 감사를 수행할 수 없어 이에 따라 재무제표에 대한 검토와 의견 표명을 할 수 없을 때 나오는 감사의견

88 (주)가맹은 20×3년 4월 30일에 주주들에게 배당금 100억 원을 현금으로 지급하였다. 이 거래를 계정에 기록한 것으로 옳은 것은?

① (차변) 자산 감소 (대변) 자본 감소
② (차변) 자본 감소 (대변) 자산 감소
③ (차변) 자산 감소 (대변) 자본 증가
④ (차변) 자본 감소 (대변) 자산 증가
⑤ (차변) 자산 감소 (대변) 이익 감소

해설

거래의 8요소

차변요소	대변요소
자산 증가	자산 감소
부채 감소	부채 증가
자본 감소	자본 증가
비용 발생	수익 발생

89 확률표본추출방법으로 옳은 것은?

① 층화표본추출
② 할당표본추출
③ 편의표본추출
④ 판단표본추출
⑤ 눈덩이표본추출

해설

②·③·④·⑤ 비확률표본추출방법에 해당한다.

확률표본추출방법의 종류
• 단순무작위표본추출
• 층화표본추출
• 군집표본추출
• 체계적 표본추출법

90 효과적인 시장세분화의 조건으로 옳지 않은 것은?

① 각 세분시장은 서로 이질성이 있어야 한다.

② 각 세분시장은 측정가능성이 있어야 한다.

③ 각 세분시장은 접근가능성이 있어야 한다.

④ 각 세분시장은 유형성이 있어야 한다.

⑤ 각 세분시장은 충분한 규모가 되어야 한다.

해설

효과적인 시장세분화조건

• 측정가능성 : 세분시장의 규모와 구매력을 측정할 수 있는 정도
• 접근가능성 : 세분시장에 접근할 수 있고 시장에서 활동할 수 있는 정도
• 실질성 : 세분시장의 규모가 충분히 크고 이익이 발생할 가능성이 큰 정도
• 행동가능성 : 특정한 세분시장을 유인하고 프로그램을 설계하여 영업활동을 할 수 있는 정도
• 비차별 마케팅 : 기업의 시장특성의 차이를 무시하고 한 가지 제품을 가지고 전체시장에서 영업을 하는 시장영업범위 전략
• 유효정당성 : 세분시장 사이에 특징·탄력성이 있어야 함
• 신뢰성 : 각 세분시장은 일정기간 일관성 있는 특징을 가지고 있어야 함

91 로저스(E. Rogers)가 분류한 신제품 수용자 유형 중 조기다수자(Early Majority)에 관한 설명으로 옳은 것을 모두 고른 것은?

> ㄱ. 전체 수용자의 34%를 차지한다.
> ㄴ. 전체 수용자 중 세 번째 순서로 신제품을 수용한다.
> ㄷ. 조기수용자(Early Adopters) 다음으로 신제품을 수용한다.

① ㄱ
② ㄴ
③ ㄱ, ㄷ
④ ㄴ, ㄷ
⑤ ㄱ, ㄴ, ㄷ

해설

로저스의 조기다수자(Early Majority)

전체 소비자의 34%를 차지하며, 전체 수용자 중 혁신자, 조기수용자 다음으로 신제품을 수용한다. 또한, 이들은 신중하고 보수적인 성향을 가지고 있어 신제품이 시장에서 충분히 검증된 후에 구매하는 경향이 있으며, 다른 사람들의 평가와 의견을 중요시한다.

92 소비자행동에 영향을 미치는 요인 중 소비자의 활동, 관심, 의견 등을 조사하여 파악되는 것은?

① 사회계층   ② 준거집단

③ 문 화   ④ 라이프스타일

⑤ 가 족

해설

라이프스타일(Life Style)
라이프스타일은 개인이나 가족의 가치관 때문에 나타나는 다양한 생활양식, 행동양식, 사고양식 등 생활의 모든 측면의
문화적 · 심리적 차이를 나타낸 말이다.

93 다음의 예시들이 의미하는 가격책정 방법은?

> ○ 프린터는 싸게 팔고 프린터 토너는 비싸게 판다.
> ○ 면도기는 싸게 팔고 면도날은 비싸게 판다.

① 종속제품(Captive-product) 가격책정

② 제품계열(Product Line) 가격책정

③ 옵션제품(Optional-product) 가격책정

④ 묶음제품(Product-bundle) 가격책정

⑤ 차별적(Discriminatory) 가격책정

해설

① 종속제품(Captive-product) 가격책정 : 주요한 제품과 함께 사용하여야 하는 종속제품에 대한 가격을 책정하는 방법
② 제품계열(Product Line) 가격책정 : 특정 제품계열 내 제품들 간의 원가차이 · 상이한 특성에 대한 소비자들의 평가정
    도 및 경쟁사 제품의 가격을 기초로 하여 여러 제품들 간에 가격단계를 설정하는 방법
③ 옵션제품(Optional-product) 가격책정 : 주제품에 추가되는 각종 부가제 및 액세서리에 대한 가격을 책정하는 방법
④ 묶음제품(Product-bundle) 가격책정 : 몇 개의 제품을 묶어서 인하된 가격으로 결합된 제품을 제공하는 방법
⑤ 차별적(Discriminatory) 가격책정 : 동일한 상품을 구입자에 따라 다른 가격으로 판매하는 방법

94 앤소프(H. Ansoff)의 제품/시장 매트릭스에서 새로운 제품을 가지고 새로운 시장을 대상으로 하는
전략으로 옳은 것은?

① 시장침투전략   ② 시장개발전략

③ 제품개발전략   ④ 차별화전략

⑤ 다각화전략

해설

다각화전략
신시장 + 신제품의 경우로 기존 제품이나 시장과는 완전히 다른 새로운 사업을 시작하거나 인수하는 전략이다.

95 수직적 마케팅 시스템(Vertical Marketing System : VMS)에 관한 설명으로 옳지 않은 것은?

① 프랜차이즈 조직은 기업형 VMS의 한 유형이다.
② 계약형 VMS는 경로 구성원들 간의 명시적인 계약을 통해 경로관계가 형성된다.
③ 기업형 VMS는 계약형 VMS보다 경로 구성원들에게 더 강한 통제력을 행사할 수 있다.
④ 관리형 VMS에서는 명시적인 계약에 의하지 않고 운영되는 특성이 있다.
⑤ VMS에서는 특정 경로 구성원에게 힘이 집중되는 특성이 있다.

해설
① 프랜차이즈 조직은 계약형 VMS의 한 유형이다.

96 BCG 매트릭스에 관한 설명으로 옳지 않은 것은?

① 사업의 매력도를 평가하기 위해 시장성장률을 사용한다.
② 사업의 경쟁력을 평가하기 위해 상대적 시장점유율을 사용한다.
③ Cash Cow는 시장성장률과 상대적 시장점유율이 모두 높은 영역이다.
④ Dog는 시장성장률과 상대적 시장점유율이 모두 낮은 영역이다.
⑤ Star는 지속적인 투자가 요구되는 영역이다.

해설
Cash Cow(자금젖소, 수익주종사업)
저성장·고점유율을 보이는 성공한 사업으로서 기업의 지급비용을 지불하며, 또한 투자가 필요한 다른 전략사업단위 등을 지원하는 데 사용할 자금을 창출하는 전략사업단위이다.

97 촉진전략의 두 가지 유형인 푸시(Push)전략과 풀(Pull)전략에 관한 설명으로 옳은 것은?

① 푸시전략에서는 제조업체가 주로 최종소비자를 대상으로 촉진활동을 수행한다.
② 푸시전략에서는 풀전략보다 광고를 많이 사용한다.
③ 풀전략에서는 제조업체가 주로 유통업체를 대상으로 촉진활동을 수행한다.
④ 풀전략에서는 푸시전략보다 인적판매를 많이 사용한다.
⑤ 촉진믹스 중 판매촉진은 푸시전략과 풀전략 모두에서 사용된다.

해설
① 풀전략에서는 제조업체가 주로 최종소비자를 대상으로 촉진활동을 수행한다.
② 풀전략은 자사의 이미지나 상품의 광고를 통해 소비자의 수요를 환기시킨다.
③ 푸시전략에서는 제조업체가 주로 유통업체를 대상으로 촉진활동을 수행한다.
④ 푸시전략에서는 풀전략보다 판매원에 의한 인적판매를 통해 소비자의 수요를 창조한다.

98 (주)가맹은 작년에 1주당 1,000원의 배당금을 지급하였고, 향후 배당금은 매년 10%씩 증가할 것으로 기대된다. 현재 주가가 50,000원일 때, 배당성장모형을 이용하여 계산한 자기자본비용은?

① 12%
② 12.2%
③ 12.4%
④ 12.6%
⑤ 12.8%

해설

② 배당성장모형을 이용한 주가는 배당금을 자기자본비용과 성장률의 차이로 나누어 계산한다. 배당금은 미래의 최초 배당금을 의미하므로 1,000원에 성장률을 반영한 1,100원이 된다. 따라서 50,000원은 1,100원을 자기자본비용과 10%의 차이로 나누어 계산된 금액이므로 자기자본비용은 12.2%가 된다.

99 다음의 정보가 주어졌을 때, (주)가맹 주식의 베타(β)는? (단, 주식수익률은 CAPM에 의해 완전하게 예측될 수 있다고 가정한다)

○ (주)가맹 주식의 기대수익률 : 21%
○ 시장에 대한 기대수익률 : 14%
○ 무위험이자율 : 7%

① 1.2
② 1.4
③ 1.6
④ 1.8
⑤ 2

해설

기대수익률 = 무위험이자율 + 베타(체계적 위험) × (시장포트폴리오 기대수익률 − 무위험이자율)
21% = 7 + 베타 × (14 − 7)
21% = 7 + 베타 × 7
∴ 베타 = 2

100 (주)가맹의 매출액순이익률이 20%, 총자산회전율이 60%, 그리고 부채비율이 25%라면, 자기자본순이익률(ROE)은?

① 3%
② 5%
③ 9%
④ 12%
⑤ 16%

해설

자기자본순이익률(ROE) = 총자산이익률(ROA) × (1 + 자기자본 부채비율)
∴ 20% × 60% × (1 + 25%) = 15%
※ 확정답안상 정답은 ⑤ 16%이지만 정답오류로 판단됨

101 주식 A와 B의 수익률-위험 특성에 관한 설명으로 옳지 않은 것은?

	베타(β)	표준편차
주식 A	0.5	30%
주식 B	2.0	15%

① 주식 A의 총위험이 주식 B의 총위험보다 더 크다.
② 주식 B의 체계적 위험이 주식 A의 체계적 위험보다 더 크다.
③ 주식 A의 비체계적 위험이 주식 B의 비체계적 위험보다 더 크다.
④ 주식 A의 기대수익률이 주식 B의 기대수익률보다 더 높다.
⑤ 주식 B의 위험프리미엄이 주식 A의 위험프리미엄보다 더 높다.

> **해설**
>
> ④ 다른 조건이 동일하다면, 베타(β)가 크다는 것은 해당 주식의 기대수익률이 크다는 것을 의미한다. 따라서 주식 B의 기대수익률이 주식 A의 기대수익률보다 더 높다.

102 다음은 (주)가맹의 현황자료이다. (주)가맹이 3억 원을 차입하여 그만큼의 주식을 다시 사들이는 경우, 기업가치는? (단, 발생한 부채는 영구적이며, '법인세를 고려한 M&M 제1명제'를 이용하시오)

> ○ 향후 예상되는 EBIT : 영구적으로 매년 2억 원
> ○ 자기자본비용 : 14%
> ○ 법인세율 : 30%
> ○ 현재 부채는 없으나 5% 이자율로 차입할 수 있음

① 9.1억 원 ② 10억 원
③ 10.9억 원 ④ 11.4억 원
⑤ 13억 원

> **해설**
>
> 법인세를 고려한 M&M 제1명제
> 부채사용기업의 가치가 무부채기업의 가치보다 부채사용에 따라 발생하는 이자비용 감세효과의 현재가치만큼 더 크다는 것이다. 따라서 부채사용기업의 가치는 무부채기업의 가치와 이자비용 감세효과의 현재가치의 합이 된다.
> • 무부채기업의 가치 = 2억 원(1 - 30%) ÷ 14% = 10억 원
> • 현재가치 = 3억 원 × 30% = 0.9억 원
> ∴ 10.9억 원

103 기업의 재무상태표상에 나타나는 현금을 감소시킬 수 있는 활동으로 옳지 않은 것은? (단, 해당 활동을 제외한 다른 활동의 영향은 무시한다)

① 자기자본의 감소
② 장기부채의 감소
③ 유동부채의 증가
④ 고정자산의 증가
⑤ 현금 이외의 유동자산의 증가

> **해설**
> ③ 재무상태표는 자산 = 부채 + 자본의 형태이며, 유동부채의 증가는 곧 자산의 증가로 이어지기 때문에 현금을 감소시킬 수 있는 활동에 해당하지 않는다.

104 성격의 Big 5 모형의 요소로 옳은 것은?

① 친화성(Agreeableness)
② 자존감(Self-esteem)
③ 자기효능감(Self-efficacy)
④ 자기관찰(Self-monitoring)
⑤ 위험선호(Risk Taking)

> **해설**
> Big 5의 성격은 크게 외향성(Extraversion), 정서적 안정성(Emotional Stability), 성실성(Conscientiousness), 개방성(Openness to Experience), 우호성(친화성, Agreeableness)으로 구성되어 있다.

105 직무내용의 실질적인 변화 없이 직급명칭이 변경되는 형식적 승진으로 옳은 것은?

① 직급승진   ② 대용승진
③ 자격승진   ④ 연공승진
⑤ 조직변화승진

> **해설**
> **대용승진제도**
> 자격승진제도와 같이 경영 내의 공식적인 자격을 인정하고 거기에 따라 승진시키는 것이 아닌, 승진은 시켜야 하나 담당직책이 없을 경우 인사체증과 사기저하를 방지하기 위해서 직무내용상의 실질적인 승진 없이 직위심볼상의 형식적인 승진을 하는 제도이다.

106 직무특성모형의 결과요인으로 옳지 않은 것은?

① 내적인 동기부여 증대

② 작업성과의 질적 향상

③ 과업 정체성의 증가

④ 작업에 대한 만족도 증대

⑤ 이직률 및 결근율 저하

해설

직무특성모형 성과
• 높은 내적 동기부여
• 높은 질의 작업성과
• 작업에 대한 높은 만족
• 낮은 이직 및 결근

107 로키치(M. Rokeach)의 수단가치(Instrumental Values)로 옳지 않은 것은?

① 야망(Ambitious)   ② 용기(Courageous)

③ 청결(Clean)   ④ 자유(Freedom)

⑤ 복종(Obedient)

해설

수단가치
• 야심에 참(야망)   • 너그러움
• 유능함   • 즐거움
• 깨끗함(청결)   • 용기 있는(용기)
• 아 량   • 도 움
• 정 직   • 상상력
• 독립성   • 지성적
• 논리적   • 복종적(존경심, 순종적)
• 예의 바름   • 책임감 있는
• 자기통제적

108 브레인스토밍에서 지켜야 할 규칙으로 옳지 않은 것은?

① 타인의 아이디어에 대해 비판해서는 안 된다.

② 자유롭게 아이디어를 제시할 수 있어야 한다.

③ 전문가들에게 독립된 장소에서 서면으로 의견을 제시하도록 한다.

④ 가능한 많은 아이디어를 제시하도록 한다.

⑤ 타인의 아이디어를 수정하여 제시하는 것이 허용된다.

> **해설**
> 브레인스토밍의 규칙
> • 판단 · 평가보류, 비판 · 판단금지
> • 자유토론
> • 질보다 양
> • 결합과 개선

109 하우스(R. House)의 경로-목표 이론에서 제시하는 리더십 유형으로 옳지 않은 것은?

① 지시적 리더십   ② 서번트 리더십

③ 지원적 리더십   ④ 참여적 리더십

⑤ 성취지향적 리더십

> **해설**
> 하우스의 경로-목표 이론에서 제시하는 리더십 유형
> • 지시적 리더십 : 지도, 통제, 명령 위주의 리더십
> • 지원적 리더십 : 심리적, 물리적 지원 위주의 리더십
> • 참여적 리더십 : 목표 달성을 위해 팀원과 협의하는 리더십
> • 성취지향적 리더십 : 성과 및 목표 달성 위주의 리더십

110 데시(E. Deci)는 내재적 동기에 의해 직무를 수행할 때 외재적 보상이 주어지면 내재적 동기가 낮아진다고 주장한다. 이 이론으로 옳은 것은?

① 목표설정이론   ② 절차공정성이론

③ 분배공정성이론   ④ 기대이론

⑤ 인지평가이론

> **해설**
> ① 목표설정이론 : 목표를 달성하려는 의도가 동기의 근원이 되는 이론
> ② 절차공정성이론 : 자신의 분배과정까지의 절차가 얼마나 공정한지 판단하는 이론
> ③ 분배공정성이론 : 구성원은 자신의 투입에 대한 결과의 비율을, 동일 직무 상황에 있는 준거인의 투입 대 결과의 비율과 비교해 자신의 행동을 결정하는 이론
> ④ 기대이론 : 구성원 개인의 동기부여 정도가 업무에서의 행동양식을 결정하는 이론

111 시계열 자료에서 발견할 수 있는 수요변동의 형태를 모두 고른 것은?

> ㄱ. 수직적 패턴   ㄴ. 수평적 패턴
> ㄷ. 추세 패턴   ㄹ. 계절적 패턴

① ㄱ, ㄴ
② ㄱ, ㄹ
③ ㄴ, ㄷ
④ ㄱ, ㄷ, ㄹ
⑤ ㄴ, ㄷ, ㄹ

해설

시계열 자료 수요변동 형태
수요의 시계열 특성은 수평, 추세, 순환, 계절적, 확률적 변동 등이 있다.
• 추세변동(Trend Variation : T) : 상승과 하락의 영향을 받아 시계열 자료에 영향을 주는 장기 변동요인
• 순환변동(Cyclical Variation : C) : 일정한 기간 없이 반복적인 요소를 가지는 중장기 변동요인
• 계절변동(Seasonal Variation : S) : 일정한 기간에 의해서 1년 단위로 반복적인 요소를 가지는 단기 변동요인
• 불규칙변동(Irregular Variation : I) : 어떤 규칙 없이 예측 불가능한 변동요인으로 추세, 순환, 계절요인으로 설명할 수 없는 요인. 실제 시계열 자료에서 추세, 순환, 계절요인을 뺀 결과로 나타남

112 총괄생산계획에서 선택할 수 있는 수요전략 방안으로 옳지 않은 것은?

① 노동력 이용률 조정
② 가격 조정
③ 광고와 판매촉진 활용
④ 보완제품의 수요 개발
⑤ 추후납품(Back-order) 조절

해설

① 총괄생산계획의 공급조절 전략 방안에 해당한다.

총괄생산계획 수요전략 방안
• 가격정책
• 광 고
• 추후납품
• 사전예약
• 계절보완상품

113 규모의 경제가 발생하는 이유로 옳지 않은 것은?

① 단위당 고정비용 분산
② 단위당 건설비용 감소
③ 단위당 자재 구매비용 감소
④ 관료주의 심화
⑤ 학습효과 가속화

해설

④ 관료주의 심화는 규모의 경제의 발생 이유인 생산량을 증가시킴에 따라 평균비용이 감소하는 현상에 해당하지 않는다.

규모의 경제가 발생하는 이유
• 연구개발, 생산설비 구축 등 초기비용 대비 이익 극대화
• 대량 생산과 구입에 따르는 운임, 원료비 감축
• 분업에 의하는 생산요소의 전문화

114 경제적 주문량 모형(EOQ)에 관한 설명으로 옳지 않은 것은? (단, 다른 조건이 동일하다고 가정한다)

① 연간 수요가 감소하면, 경제적 주문량은 감소한다.
② 재고유지비용이 감소하면, 경제적 주문량은 감소한다.
③ 재고유지비용이 감소하면, 재고회전율은 감소한다.
④ 주문비용이 감소하면, 재고회전율은 증가한다.
⑤ 주문비용이 감소하면, 공급주수(Weeks of Supply)는 감소한다.

해설

② 경제적 주문량 모형(EOQ)에서 재고유지비용이 감소하면 경제적 주문량은 증가한다.

115 수요와 리드타임이 확실한 고정주문량모형(Q-모형)의 재주문점은?

○ 일일수요 : 40개
○ 리드타임 : 4일
○ 보유재고 : 10개
○ 예정입고 : 200개
○ 미납주문 : 0개

① 10개
② 40개
③ 160개
④ 200개
⑤ 210개

해설

재주문점 산출 공식
R = D × L(수요율 × 리드타임)
재주문점 = 40 × 4 = 160

116 통계적 품질관리 기법 중 프로세스의 변동성을 모니터링하기 위하여 사용되는 관리도는?

① R–관리도

② $\overline{x}$–관리도

③ p–관리도

④ c–관리도

⑤ Z–관리도

> **해설**
>
> R 관리도
> 프로세스 내에서 발생하는 변동성을 모니터링하여 각 샘플의 범위(최대값과 최소값의 차이)를 계산하여 그래프에 표시한다.
>
> 관리도의 분류
> • 계량형 : $\overline{x}$, R 관리도
> • 계수형 : p, c 관리도

117 합법적인 웹사이트로의 요청경로를 바꾸어 가짜 웹사이트로 연결시키는 수법은?

① 피싱(Phishing)

② 파밍(Pharming)

③ 도스(Dos : Denial of Service)

④ 디도스(DDos : Distributed Denial of Service)

⑤ 백도어(Back Door Program)

> **해설**
>
> ① 전자우편 또는 메신저를 사용하여 신뢰할 수 있는 인물 또는 기업이 보낸 메시지로 가장함으로써, 비밀번호 및 신용카드 등 개인정보와 같이 기밀을 요하는 정보를 얻으려는 소셜 엔지니어링의 한 종류이다.
> ③ 정보시스템의 데이터나 자원을 정당한 사용자가 적절한 대기시간 내에 사용하는 것을 방해하는 행위이다.
> ④ 특정 서버나 네트워크 장비를 대상으로 많은 데이터를 발생시켜 장애를 일으키는 대표적인 서비스 거부 공격이다.
> ⑤ 인증되지 않은 사용자에 의해 컴퓨터의 기능이 무단으로 사용될 수 있도록 컴퓨터에 몰래 설치된 통신연결 기능이다.

118 인간의 시각시스템을 모방하여 실제 이미지에서 정보를 추출하는 방법으로 옳은 것은?

① 딥러닝(Deep Learning)

② 로봇공학(Robotics)

③ 컴퓨터비전(Computer Vision)

④ 자연어처리(Natural Language Processing)

⑤ 지능형 에이전트(Intelligent Agent)

> **해설**
>
> ① 컴퓨터가 스스로 외부 데이터를 조합, 분석하여 학습하는 기술을 뜻한다.
> ② 로봇에 관련된 구조 설계, 기술, 지능에 관한 기술 등에 대해 연구하는 공학을 뜻한다.
> ④ 컴퓨터를 이용하여 사람의 자연어(일상생활에서 의사소통을 위해 사용하는 언어)를 분석하고 처리하는 기술을 뜻한다.
> ⑤ 주변 환경을 탐지하여 자율적으로 동작하는 장치 또는 프로그램을 뜻한다.

119 시스템개발 수명주기에서 시스템 분석단계의 결과물로 옳은 것은?

① 프로토타이핑
② 계속/중지 결정
③ 시스템 요구사항
④ 시스템 타당성 조사
⑤ 기술적 시스템 사양서

해설

시스템 분석단계의 특징
• 사용자 요구사항 수집 및 분석
• 요구에 근거하여 시스템 기능, 성능 및 조건을 정의

120 클라우드 컴퓨팅과 관련된 개념으로 옳은 것은?

① Saas : 사용자들은 클라우드 컴퓨팅 제공업체의 컴퓨터 자원을 활용하여 자신들의 정보시스템을 가동시킨다.
② Paas : 사용자들은 기존의 애플리케이션을 실행할 수 있고, 새로운 애플리케이션을 개발하여 테스트할 수도 있다.
③ Iaas : 클라우드 컴퓨팅 제공업체가 사용자들의 요구사항에 특화된 소프트웨어를 제공한다.
④ On-demand Self Service : 클라우드 컴퓨팅 시스템을 최적화하기 위해 데이터를 네트워크 말단의 서버에서 처리한다.
⑤ Edge Computing : 사용자들은 자신만의 서버 타임이나 네트워크 저장소와 같은 컴퓨터 역량을 얻을 수 있다.

해설

① 사용자가 네트워크를 통해 접근 가능한 소프트웨어를 제공하는 서비스를 의미한다.
③ CPU, 메모리, 저장장치 및 네트워크 등 IT 인프라를 사용량 기반으로 소비자에게 제공하는 서비스를 의미한다.
④ 사용자는 서비스 제공자와 별도의 접촉 없이도, 원하는 컴퓨팅 자원을 신청하여 사용할 수 있는 서비스를 의미한다.
⑤ 중앙 클라우드 서버가 아니라 이용자의 단말기, 주변(Edge)이나 단말기 자체에서 데이터를 처리하는 기술을 의미한다.

2023년

제21회 기출문제

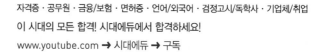

제1과목 | 경제법

01 독점규제 및 공정거래에 관한 법률에 관한 설명으로 옳지 않은 것은? (다툼이 있으면 판례에 따름)

① "일정한 거래분야"란 거래의 객체별·단계별 또는 지역별로 경쟁관계에 있거나 경쟁관계가 성립될 수 있는 분야를 말한다.

② "사업자단체"란 그 형태가 무엇이든 상관없이 둘 이상의 사업자가 공동의 이익을 증진할 목적으로 조직한 결합체 또는 그 연합체를 말한다.

③ 사업자단체에 관한 규정을 적용할 때 임원과는 달리 종업원은 사업자의 이익을 위한 행위를 하더라도 사업자로 보지 않는다.

④ 지방자치단체도 일정한 경제주체의 하나로서 타인과 거래행위를 하는 경우에는 그 한도 내에서 이 법의 적용을 받게 된다.

⑤ 대법원은 서울특별시에 대하여 전동차의 제작납품·구매계약의 주체로서 사업자성을 인정한 바 있다.

해설

③ 사업자의 이익을 위한 행위를 하는 임원, 종업원(계속하여 회사의 업무에 종사하는 사람으로서 임원 외의 사람을 말한다. 이하 같다), 대리인 및 그 밖의 자는 사업자단체에 관한 규정을 적용할 때에는 사업자로 본다(독점규제 및 공정거래에 관한 법률 제2조 제1호).

02 독점규제 및 공정거래에 관한 법률에 명시적으로 규정되어 있는 시장지배적 지위의 남용행위의 유형에 해당하는 것을 모두 고른 것은?

> ㄱ. 부당하게 경쟁사업자를 배제하기 위하여 거래하는 행위
> ㄴ. 새로운 경쟁사업자의 참가를 부당하게 방해하는 행위
> ㄷ. 거래의 상대방의 사업활동을 부당하게 구속하는 조건으로 거래하는 행위
> ㄹ. 영업의 주요 부문을 공동으로 수행·관리하는 행위
> ㅁ. 용역의 제공을 부당하게 조절하는 행위

① ㄱ, ㄴ, ㄷ
② ㄱ, ㄴ, ㅁ
③ ㄱ, ㄷ, ㄹ
④ ㄱ, ㄷ, ㅁ
⑤ ㄴ, ㄹ, ㅁ

해설

시장지배적 지위의 남용금지(독점규제 및 공정거래에 관한 법률 제5조 제1항)
- 상품의 가격이나 용역의 대가를 부당하게 결정·유지 또는 변경하는 행위
- 상품의 판매 또는 용역의 제공을 부당하게 조절하는 행위
- 다른 사업자의 사업활동을 부당하게 방해하는 행위
- 새로운 경쟁사업자의 참가를 부당하게 방해하는 행위
- 부당하게 경쟁사업자를 배제하기 위하여 거래하거나 소비자의 이익을 현저히 해칠 우려가 있는 행위

03 독점규제 및 공정거래에 관한 법률상 시장지배적 지위를 남용한 사업자에 대하여만 명할 수 있는 시정조치의 유형으로 명시하고 있는 것은?

① 가격의 인하
② 시정명령을 받은 사실의 공표
③ 사죄광고
④ 해당 행위의 중지
⑤ 계약조항의 삭제

해설

① 독점규제 및 공정거래에 관한 법률상의 시정조치 중 가격의 인하는 시장지배적 지위를 남용한 사업자에 대하여만 명시하고 있다.

시정조치(독점규제 및 공정거래에 관한 법률 제7조 제1항)
공정거래위원회는 남용행위가 있을 때에는 그 시장지배적 사업자에게 가격의 인하, 해당 행위의 중지, 시정명령을 받은 사실의 공표 또는 그 밖에 필요한 시정조치를 명할 수 있다.

04 독점규제 및 공정거래에 관한 법률상 시장지배적 사업자에 관한 설명으로 옳지 않은 것은? (다툼이 있으면 판례에 따름)

① 수요자도 시장지배적 사업자가 될 수 있다.
② 시장지배적 사업자의 추정제도를 두고 있으며, 사전지정제도는 현재 시행되고 있지 않다.
③ 단독으로 시장지배적 지위가 없는 사업자라도 다른 사업자와 함께 시장지배적 사업자로 될 수 있다.
④ 다른 사업자의 사업활동을 부당하게 방해하는 행위에서 다른 사업자란 시장지배적 사업자의 전·후방관계에 있는 사업자는 포함되지 않는다.
⑤ 다른 사업자의 사업활동을 부당하게 방해하는 행위에서 다른 사업자란 시장지배적 사업자의 거래상대방인 사업자는 포함된다.

해설

④ 독점규제 및 공정거래에 관한 법률 제3조의2 제1항은 시장지배적 사업자의 지위남용행위를 금지하고 있고, 같은 항 제3호는 그 지위남용행위의 하나로 다른 사업자의 사업활동을 부당하게 방해하는 행위를 규정하고 있는바, 여기에서 '다른 사업자'란 시장지배적 사업자의 거래상대방인 사업자도 포함한다고 보아야 한다(대판 2010.3.25., 2008두7465).

05 독점규제 및 공정거래에 관한 법률 제1조가 명시적으로 규정하고 있는 목적으로 옳은 것은?

① 중소기업의 보호와 육성
② 소비자의 보호
③ 완전경쟁의 실현
④ 경제규제의 완화
⑤ 사회복지의 증진

해설

목적(독점규제 및 공정거래에 관한 법률 제1조)
이 법은 사업자의 시장지배적 지위의 남용과 과도한 경제력의 집중을 방지하고, 부당한 공동행위 및 불공정거래행위를 규제하여 공정하고 자유로운 경쟁을 촉진함으로써 창의적인 기업활동을 조성하고 소비자를 보호함과 아울러 국민경제의 균형 있는 발전을 도모함을 목적으로 한다.

06 독점규제 및 공정거래에 관한 법률상 부당한 공동행위에 관한 설명으로 옳은 것은? (다툼이 있으면 판례에 따름)

① 합의는 공급자 사이는 물론 수요자 사이의 합의, 나아가 공급자와 수요자 사이의 합의도 이에 해당될 수 있다.
② 공동행위 참가자 중 일방의 진의 아닌 의사표시에 의하여 합의한 경우라면 다른 쪽의 사업자가 이를 진의로 신뢰하였더라도 부당한 공동행위는 성립하지 않는다.
③ 부당한 공동행위를 할 것을 약정하는 계약 등은 해당 사업자 간에는 유효하다.
④ 합의는 어떠한 거래분야나 특정한 입찰에 참여하는 모든 사업자들 사이에서 이루어져야 부당한 공동행위가 성립한다.
⑤ 합의는 그 합의에 따른 행위의 일치가 있어야만 부당한 공동행위가 성립한다.

해설

합의의 의의(공동행위 심사기준 참조)
• 부당한 공동행위가 성립하려면 계약, 협정, 결의 기타 어떠한 방법으로든지 사업자 간에 공동행위를 하기로 하는 합의가 있어야 한다. 부당한 공동행위를 인정하기 위한 합의는 계약, 협정, 협약, 결의, 양해각서, 동의서 등과 같은 명시적 합의뿐만 아니라 사업자 간의 암묵적 양해와 같은 묵시적 합의까지 포함한다.
• 어느 한쪽의 사업자가 당초부터 합의에 따를 의사도 없이 진의 아닌 의사표시에 의하여 합의한 경우라고 하더라도 다른 쪽 사업자는 당해 사업자가 합의에 따를 것으로 신뢰하고 당해 사업자는 다른 사업자가 위와 같이 신뢰하고 행동할 것이라는 점을 이용한 경우에는 당해 합의가 경쟁을 제한하는 행위가 되는 것은 마찬가지이다. 따라서, 진의 아닌 의사표시라 하여 부당한 공동행위의 성립에 방해가 되는 것은 아니다.
• 합의는 일정한 거래분야나 특정한 입찰에 참여하는 모든 사업자들 중에서 일부의 사업자들 사이에만 이루어진 경우에도 성립될 수 있다.
• 공급자들이 아닌 수요자들의 합의라 하더라도 그로 인하여 부당한 공동행위가 성립될 수 있다.

07 독점규제 및 공정거래에 관한 법률상 시장지배적 지위의 남용금지와 부당한 공동행위의 금지에 관한 비교 설명으로 옳지 않은 것은? (다툼이 있으면 판례에 따름)

① 시장지배적 지위 남용금지의 경우 사업자가 시장지배력을 가지고 있을 것을 요건으로 하며, 부당한 공동행위 금지의 경우 둘 이상의 사업자가 합의를 하였을 것을 요건으로 한다.

② 시장지배적 사업자가 남용행위를 한 경우에는 대통령령으로 정하는 매출액의 6% 이하의 과징금을 부과할 수 있으며, 사업자가 부당한 공동행위를 한 경우에는 대통령령으로 정하는 매출액의 20% 이하의 과징금을 부과할 수 있다.

③ 시장지배적 지위 남용금지의 경우 시장지배적 사업자로 추정하는 규정을 두고 있고, 부당한 공동행위 금지의 경우 둘 이상의 사업자가 합의한 것으로 추정하는 규정이 있다.

④ 시장지배적 지위 남용금지의 경우 징역 또는 벌금에 처할 수 있는데 대하여 부당한 공동행위의 경우 징역에만 처할 수 있다.

⑤ 시장지배적 지위 남용금지와 부당한 공동행위에 해당하는지 여부의 판단을 위해서는 모두 관련시장의 획정이 필요하다.

해설

④ 시장지배적 지위 남용금지와 부당한 공동행위의 경우 3년 이하의 징역 또는 2억 원 이하의 벌금에 처할 수 있다(독점규제 및 공정거래에 관한 법률 제124조 제1항).

08 독점규제 및 공정거래에 관한 법률상 부당한 공동행위의 유형으로 규정하고 있지 않은 것은?

① 거래상대방을 제한하는 행위
② 상품의 수송을 제한하는 행위
③ 용역의 대가의 지급조건을 정하는 행위
④ 가격을 변경하는 행위
⑤ 자기의 거래상의 지위를 부당하게 이용하여 상대방과 거래하는 행위

해설

부당한 공동행위의 유형(독점규제 및 공정거래에 관한 법률 제40조 제1항)
• 가격을 결정·유지 또는 변경하는 행위
• 상품 또는 용역의 거래조건이나, 그 대금 또는 대가의 지급조건을 정하는 행위
• 상품의 생산·출고·수송 또는 거래의 제한이나 용역의 거래를 제한하는 행위
• 거래지역 또는 거래상대방을 제한하는 행위
• 생산 또는 용역의 거래를 위한 설비의 신설 또는 증설이나 장비의 도입을 방해하거나 제한하는 행위
• 상품 또는 용역의 생산·거래 시에 그 상품 또는 용역의 종류·규격을 제한하는 행위
• 영업의 주요 부문을 공동으로 수행·관리하거나 수행·관리하기 위한 회사 등을 설립하는 행위
• 입찰 또는 경매를 할 때 낙찰자, 경락자, 입찰가격, 낙찰가격 또는 경락가격, 그 밖에 대통령령으로 정하는 사항을 결정하는 행위
• 그 밖의 행위로서 다른 사업자(그 행위를 한 사업자를 포함한다)의 사업활동 또는 사업내용을 방해·제한하거나 가격, 생산량, 그 밖에 대통령령으로 정하는 정보를 주고받음으로써 일정한 거래분야에서 경쟁을 실질적으로 제한하는 행위

09 독점규제 및 공정거래에 관한 법률상 부당한 공동행위가 대통령령이 정하는 요건에 해당하고 공정거래위원회의 인가를 받은 경우에 예외적으로 허용되는 목적으로 명시된 것이 아닌 것은?

① 불황극복을 위한 산업구조조정
② 거래조건의 합리화
③ 연구·기술개발
④ 기업지배구조의 조정
⑤ 중소기업의 경쟁력향상

해설

부당한 공동행위의 금지(독점규제 및 공정거래에 관한 법률 제40조 제2항)
부당한 공동행위가 다음의 어느 하나에 해당하는 목적을 위하여 하는 경우로서 대통령령으로 정하는 요건에 해당하고 공정거래위원회의 인가를 받은 경우에는 적용하지 아니한다.
• 불황극복을 위한 산업구조조정
• 연구·기술개발
• 거래조건의 합리화
• 중소기업의 경쟁력향상

10 독점규제 및 공정거래에 관한 법률상 부당한 공동행위에 관한 설명으로 옳지 않은 것은? (다툼이 있으면 판례에 따름)

① 증거제공 등의 방법으로 조사에 협조한 자에 대하여는 시정조치 또는 과징금의 감경만이 가능하며, 고발을 면제할 수는 없다.
② 공정거래위원회는 국가가 발주하는 입찰과 관련된 부당한 공동행위를 적발하거나 방지하기 위해서 중앙행정기관의 장에게 관련 자료의 제출을 요청할 수 있다.
③ 다른 사업자로 하여금 부당한 공동행위를 하게 하는 행위에 방조하는 행위는 포함되지 않는다.
④ 부당한 공동행위에 관한 합의에는 명시적인 경우 외에 암묵의 요해에 그치는 경우를 포함한다.
⑤ 부당한 공동행위를 한 사업자에게는 매출액이 없는 경우에도 40억 원 이하의 과징금을 부과할 수 있다.

해설

① 부당한 공동행위의 사실을 자진신고한 자 및 증거제공 등의 방법으로 공정거래위원회의 조사 및 심의·의결에 협조한 자(소속 전·현직 임직원을 포함한다)에 대해서는 시정조치나 과징금을 감경 또는 면제할 수 있고, 고발을 면제할 수 있다(독점규제 및 공정거래에 관한 법률 제44조 제1항).

11 독점규제 및 공정거래에 관한 법률상 공정경쟁규약을 통해 방지하고자 하는 불공정거래행위의 유형으로 옳은 것은?

① 거래거절
② 차별적 취급
③ 경쟁사업자 배제
④ 부당한 고객유인
⑤ 구속조건부거래

해설

④ 부당한 고객유인 : 사업자가 과도한 이익의 제공, 계약성립의 저지, 계약불이행의 유인 등을 통해 부당하게 경쟁자의 고객을 자기와 거래하도록 유인하는 행위
① 거래거절 : 사업자가 정당한 이유 없이 거래의 개시를 거절하거나, 계속적인 거래관계를 중단하거나, 거래하는 상품이나 용역의 수량·내용을 현저히 제한하는 행위
② 차별적 취급 : 사업자가 거래상대방에 대해 거래지역이나 가격, 기타 거래조건을 차별하여 경쟁사업자나 거래상대방의 지위를 약화시켜 자신의 지위를 유지·강화하는 행위
③ 경쟁사업자 배제 : 사업자가 경쟁사업자를 배제하기 위해 정상적인 경쟁 수단을 사용하지 않고 상품 또는 용역을 공급원가보다 현저히 낮은 가격으로 판매하거나 통상 거래되는 가격에 비하여 부당하게 높은 가격으로 구입하는 행위
⑤ 구속조건부거래 : 사업자가 자유롭고 공정한 시장경쟁을 침해하여 거래지역 또는 거래상대방을 제한함으로써 사업활동을 부당하게 구속하는 조건으로 거래하는 행위

12 독점규제 및 공정거래에 관한 법률 제47조의 특수관계인에 대한 부당한 이익제공에 해당되지 않는 것은?

① 특수관계인과 현금을 상당히 유리한 조건으로 거래하는 행위
② 회사가 직접 수행할 경우 회사에 상당한 이익이 될 사업기회를 제공하는 행위
③ 정상적인 거래에서 적용될 것으로 판단되는 조건보다 상당히 유리한 조건으로 거래하는 행위
④ 다른 사업자와 직접 거래하면 상당히 유리함에도 불구하고 거래상 실질적인 역할이 없는 특수관계인을 매개로 거래하는 행위
⑤ 사업능력, 재무상태, 신용도, 기술력, 품질, 가격 또는 거래조건 등에 대한 합리적인 고려나 다른 사업자와의 비교 없이 상당한 규모로 거래하는 행위

해설

특수관계인에 대한 부당한 이익제공 등 금지(독점규제 및 공정거래에 관한 법률 제47조 제1항)
다음의 어느 하나에 해당하는 행위를 통하여 특수관계인에게 부당한 이익을 귀속시키는 행위를 하여서는 아니 된다. 이 경우 다음에 해당하는 행위의 유형 및 기준은 대통령령으로 정한다.
• 정상적인 거래에서 적용되거나 적용될 것으로 판단되는 조건보다 상당히 유리한 조건으로 거래하는 행위
• 회사가 직접 또는 자신이 지배하고 있는 회사를 통하여 수행할 경우 회사에 상당한 이익이 될 사업기회를 제공하는 행위
• 특수관계인과 현금이나 그 밖의 금융상품을 상당히 유리한 조건으로 거래하는 행위
• 사업능력, 재무상태, 신용도, 기술력, 품질, 가격 또는 거래조건 등에 대한 합리적인 고려나 다른 사업자와의 비교 없이 상당한 규모로 거래하는 행위

13 독점규제 및 공정거래에 관한 법률상 재판매가격유지행위에 관한 설명으로 옳지 않은 것은? (다툼이 있으면 판례에 따름)

① 예외 요건인 정당한 이유의 증명책임은 사업자에게 있다.

② 사업자가 거래가격을 정하여 거래상대방인 사업자에게 그 가격대로 제공하도록 구속조건을 붙여 거래하는 행위는 재판매가격유지행위이다.

③ 사업자의 거래처에 대한 권장소비자가격 통보나 판매가격 인상요청에 그 실효성을 확보할 수 있는 수단이 부수되어 있지 않다면, 재판매가격유지행위에 해당하지 않는다.

④ 「저작권법」상 저작물 중 관계 중앙행정기관의 장과의 협의를 거쳐 공정거래위원회가 고시하는 출판된 저작물인 경우 재판매가격유지행위가 허용된다.

⑤ 공정거래위원회는 사업자에게 재판매가격유지행위를 하게 하는 사업자단체에 대하여 20억 원의 범위에서 과징금을 부과할 수 있다.

> **해설**
>
> ⑤ 재판매가격유지행위를 위반하는 행위가 있을 때에는 해당 사업자에게 대통령령으로 정하는 매출액에 100분의 4를 곱한 금액을 초과하지 아니하는 범위에서 과징금을 부과할 수 있다. 다만, 매출액이 없는 경우 등에는 10억 원을 초과하지 아니하는 범위에서 과징금을 부과할 수 있다(독점규제 및 공정거래에 관한 법률 제50조 제1항 참조).

14 독점규제 및 공정거래에 관한 법률상 사업자단체의 금지행위로 규정되어 있지 않은 것은?

① 소비자의 이익을 현저히 해칠 우려가 있는 행위

② 사업자에게 불공정거래행위를 하게 하는 행위

③ 구성사업자의 사업내용을 부당하게 제한하는 행위

④ 가격담합으로 부당하게 경쟁을 제한하는 행위

⑤ 일정한 거래분야에서 장래의 사업자 수를 제한하는 행위

> **해설**
>
> 사업자단체의 금지행위(독점규제 및 공정거래에 관한 법률 제51조 제1항)
> • 부당하게 경쟁을 제한하는 행위
> • 일정한 거래분야에서 현재 또는 장래의 사업자 수를 제한하는 행위
> • 구성사업자(사업자단체의 구성원인 사업자를 말한다. 이하 같다)의 사업내용 또는 활동을 부당하게 제한하는 행위
> • 사업자에게 불공정거래행위 또는 재판매가격유지행위를 하게 하거나 이를 방조하는 행위

15 독점규제 및 공정거래에 관한 법률상 사업자단체에 관한 설명으로 옳지 않은 것은? (다툼이 있으면 판례에 따름)

① 개별 구성사업자와 구별되는 단체성, 조직성을 갖추어야 한다.
② 사업자들의 결합체 또는 연합체로서 그 법적 형태는 상관없다.
③ 사업자에게 재판매가격유지행위를 하게 하는 행위는 사업자단체의 금지행위에 해당한다.
④ 구성사업자들이 연구만을 목적으로 만든 단체는 사업자단체에 해당하지 않는다.
⑤ 공정거래위원회는 사업자단체가 준수하여야 할 지침을 제정·고시하여야 한다.

> **해설**
>
> ⑤ 공정거래위원회는 불공정거래행위의 금지규정을 위반하는 행위를 예방하기 위하여 필요한 경우 사업자가 준수하여야 할 지침을 제정·고시할 수 있다(독점규제 및 공정거래에 관한 법률 제45조 제4항).

16 독점규제 및 공정거래에 관한 법률상 불공정거래행위의 유형 중 거래강제에 해당하는 것은?

① 끼워팔기   ② 거래조건차별
③ 부당한 자금지원   ④ 경영간섭
⑤ 구입강제

> **해설**
>
> **거래강제(독점규제 및 공정거래에 관한 법률 시행령 별표 2 참조)**
> • 끼워팔기
> • 사원판매
> • 그 밖의 거래강제

17 독점규제 및 공정거래에 관한 법률상 불공정거래행위 중 과징금 부과 한도가 다른 것은?

① 부당하게 경쟁자를 배제하는 행위
② 부당하게 거래의 상대방을 차별하여 취급하는 행위
③ 부당하게 다른 사업자의 사업활동을 방해하는 행위
④ 부당하게 다른 회사에 무체재산권을 제공하는 행위
⑤ 부당하게 경쟁자의 고객을 자기와 거래하도록 강제하는 행위

> **해설**
>
> ④ 해당 특수관계인 또는 회사에 대통령령으로 정하는 매출액에 100분의 10을 곱한 금액을 초과하지 아니하는 범위에서 과징금을 부과할 수 있다. 다만, 매출액이 없는 경우 등에는 40억 원을 초과하지 아니하는 범위에서 과징금을 부과할 수 있다(독점규제 및 공정거래에 관한 법률 제50조 제2항).
> ①·②·③·⑤ 해당 사업자에게 대통령령으로 정하는 매출액에 100분의 4를 곱한 금액을 초과하지 아니하는 범위에서 과징금을 부과할 수 있다. 다만, 매출액이 없는 경우 등에는 10억 원을 초과하지 아니하는 범위에서 과징금을 부과할 수 있다(독점규제 및 공정거래에 관한 법률 제50조 제1항).

18 독점규제 및 공정거래에 관한 법률상 불공정거래행위의 유형 중 사업활동 방해에 해당하는 것을 모두 고른 것은?

> ㄱ. 기술의 부당이용 ㄴ. 사원판매
>
> ㄷ. 배타조건부거래 ㄹ. 인력의 부당유인·채용
>
> ㅁ. 가격차별 ㅂ. 부당고가매입

① ㄱ, ㄷ ② ㄱ, ㄹ

③ ㄴ, ㄹ, ㅁ ④ ㄴ, ㄹ, ㅂ

⑤ ㄷ, ㅁ, ㅂ

해설

사업활동 방해(독점규제 및 공정거래에 관한 법률 시행령 별표 2 참조)
- 기술의 부당이용
- 인력의 부당유인·채용
- 거래처 이전 방해
- 그 밖의 사업활동 방해

19 독점규제 및 공정거래에 관한 법률상 보복조치의 금지에 관한 내용 중 ( )에 들어갈 것으로 옳은 것은?

> 사업자는 (ㄱ) 및 (ㄴ)와 관련하여 분쟁조정 신청을 한 사업자에게 그 행위를 한 것을 이유로 거래의 정지 또는 물량의 축소, 그 밖에 불이익을 주는 행위를 하여서는 아니 된다.

① ㄱ : 시장지배적 지위의 남용행위, ㄴ : 부당한 공동행위

② ㄱ : 시장지배적 지위의 남용행위, ㄴ : 특수관계인에 대한 부당한 이익제공행위

③ ㄱ : 부당한 공동행위, ㄴ : 불공정거래행위

④ ㄱ : 불공정거래행위, ㄴ : 재판매가격유지행위

⑤ ㄱ : 재판매가격유지행위, ㄴ : 특수관계인에 대한 부당한 이익제공행위

해설

보복조치의 금지(독점규제 및 공정거래에 관한 법률 제48조)

사업자는 불공정거래행위 및 재판매가격유지행위와 관련하여 다음의 어느 하나에 해당하는 행위를 한 사업자에게 그 행위를 한 것을 이유로 거래의 정지 또는 물량의 축소, 그 밖에 불이익을 주는 행위를 하거나 계열회사 또는 다른 사업자로 하여금 이를 하도록 하여서는 아니 된다.
- 분쟁조정 신청
- 신 고
- 공정거래위원회의 조사에 대한 협조

20 독점규제 및 공정거래에 관한 법률상 불공정거래행위 중 부당염매에 관한 설명으로 옳지 않은 것은?

① 부당염매를 한 사업자가 매출액이 없는 경우 10억 원 이하의 과징금을 부과할 수 있다.

② 자기의 상품 또는 용역을 공급하는 경우에 정당한 이유 없이 그 공급에 소요되는 비용보다 현저히 낮은 가격으로 계속 공급하는 행위를 포함한다.

③ 부당하게 상품 또는 용역을 낮은 가격으로 공급하여 자기 또는 계열회사의 경쟁사업자를 배제시킬 우려가 있는 행위를 포함한다.

④ 부당염매로 인해 경쟁사업자가 관련시장에서 실제로 배제될 것을 요건으로 한다.

⑤ 부당염매를 한 사업자에게 대통령령으로 정하는 매출액의 4% 이하의 과징금을 부과할 수 있다.

> **해설**
> ④ 염매행위가 당해 상품 또는 용역이 거래되는 시장에서 자기 또는 계열회사의 경쟁사업자를 배제시킬 우려(경쟁제한성) 가 있는지 여부를 위주로 판단한다. '경쟁사업자를 배제시킬 우려'란 당해 염매행위로 인해 경쟁사업자가 시장에서 배제될 가능성이 있으면 족하고 실제 경쟁사업자가 시장에서 배제될 것을 요구하지 않는다(불공정거래행위 심사지침 참조).

21 독점규제 및 공정거래에 관한 법률상 금지청구 및 손해배상에 관한 설명으로 옳지 않은 것은?

① 금지청구의 소를 제기하는 경우에는 「민사소송법」에 따라 관할권을 갖는 지방법원 소재지를 관할 하는 고등법원이 있는 곳의 지방법원에도 제기할 수 있다.

② 법원은 금지청구의 소가 제기된 경우에 그로 인한 피고의 이익을 보호하기 위하여 필요하다고 인정 하면 직권으로 원고에게 상당한 담보의 제공을 명할 수 있다.

③ 해당 피해자가 사업자의 고의 또는 중과실이 있음을 입증한 경우에 한하여 사업자는 그 피해자에 대하여 손해배상의 책임을 진다.

④ 법원은 손해배상청구의 소가 제기되었을 때 필요한 경우 공정거래위원회에 대하여 해당 사건의 기록의 송부를 요구할 수 있다.

⑤ 법원은 당사자가 정당한 이유 없이 자료제출명령에 따르지 아니한 경우에는 자료의 기재에 대한 상대방의 주장을 진실한 것으로 인정할 수 있다.

> **해설**
> ③ 사업자 또는 사업자단체는 이 법을 위반함으로써 피해를 입은 자가 있는 경우에는 해당 피해자에 대하여 손해배상의 책임을 진다. 다만, 사업자 또는 사업자단체가 고의 또는 과실이 없음을 입증한 경우에는 그러하지 아니하다(독점규제 및 공정거래에 관한 법률 제109조 제1항).

22 독점규제 및 공정거래에 관한 법률 제107조 제1항에 공정거래위원회가 납부의무자에 대한 과징금의 결손처분을 할 수 있는 사유로 명시적으로 규정된 것이 아닌 것은?

① 체납처분이 끝나고 체납액에 충당된 배분금액이 체납액에 미치지 못하는 경우
② 징수금 등의 징수권에 대한 소멸시효가 완성된 경우
③ 체납처분의 목적물인 총재산의 추산가액이 체납처분비에 충당하고 남을 여지가 없음이 확인된 경우
④ 체납자가 국외로 이주하여 해외 소재지가 확인된 경우
⑤ 체납처분의 목적물인 총재산이 징수금 등보다 우선하는 국세, 지방세, 전세권·질권 또는 저당권으로 담보된 채권 등의 변제에 충당하고 남을 여지가 없음이 확인된 경우

> **해설**
>
> **결손처분(독점규제 및 공정거래에 관한 법률 제107조 제1항)**
> 공정거래위원회는 과징금·과태료, 그 밖에 이 법에 따른 징수금(이하 "징수금 등"이라 한다)의 납부의무자에게 다음의 어느 하나에 해당하는 사유가 있는 경우에는 결손처분을 할 수 있다.
> • 체납처분이 끝나고 체납액에 충당된 배분금액이 체납액에 미치지 못하는 경우
> • 징수금 등의 징수권에 대한 소멸시효가 완성된 경우
> • 체납자의 행방이 분명하지 아니하거나 재산이 없다는 것이 판명된 경우
> • 체납처분의 목적물인 총재산의 추산가액이 체납처분비에 충당하고 남을 여지가 없음이 확인된 경우
> • 체납처분의 목적물인 총재산이 징수금 등보다 우선하는 국세, 지방세, 전세권·질권 또는 저당권으로 담보된 채권 등의 변제에 충당하고 남을 여지가 없음이 확인된 경우
> • 징수할 가능성이 없는 경우로서 대통령령으로 정하는 사유에 해당되는 경우

23 독점규제 및 공정거래에 관한 법률 제109조 제2항에 따른 피해자에 대한 손해배상액을 정할 때 고려하여야 할 사항으로 옳지 않은 것은?

① 고의 또는 손해 발생의 우려를 인식한 정도
② 위반행위로 인한 피해 규모
③ 위반행위로 사업자 또는 사업자단체가 취득한 경제적 이익
④ 위반행위에 따른 벌금 및 과징금
⑤ 피해자의 재산상태

> **해설**
>
> **손해배상책임(독점규제 및 공정거래에 관한 법률 제109조 제3항)**
> 법원은 배상액을 정할 때에는 다음의 사항을 고려하여야 한다.
> • 고의 또는 손해 발생의 우려를 인식한 정도
> • 위반행위로 인한 피해 규모
> • 위반행위로 사업자 또는 사업자단체가 취득한 경제적 이익
> • 위반행위에 따른 벌금 및 과징금
> • 위반행위의 기간·횟수 등
> • 사업자의 재산상태
> • 사업자 또는 사업자단체의 피해구제 노력의 정도

24 독점규제 및 공정거래에 관한 법률상 공정거래위원회의 심의 · 의결에 관한 설명으로 옳지 않은 것은?

① 공정거래위원회의 심리는 서면심리를 원칙으로 하되, 필요하면 구술심리로 할 수 있다.

② 위원장은 당사자의 기피신청에 대하여 위원회의 의결을 거치지 아니하고 기피 여부를 결정한다.

③ 공정거래위원회는 의결서 등에 오기(誤記) 또는 계산착오가 명백한 경우에는 직권으로 경정할 수 있다.

④ 공정거래위원회가 이 법에 위반되는 사항에 대하여 의결하는 경우에는 그 사항에 관한 심리를 종결하는 날까지 발생한 사실을 기초로 판단한다.

⑤ 공정거래위원회의 심리(審理)와 의결은 공개하지만, 사업자의 사업상 비밀을 보호할 필요가 있다고 인정할 때에는 그러하지 아니하다.

> **해설**
>
> ① 공정거래위원회의 심리는 구술심리를 원칙으로 하되, 필요한 경우 서면심리로 할 수 있다(독점규제 및 공정거래에 관한 법률 제65조 제2항).

25 독점규제 및 공정거래에 관한 법률상 공정거래위원회에 관한 설명으로 옳지 않은 것은?

① 공정거래위원회는 위원장 1명, 부위원장 1명을 포함하여 9명의 위원으로 구성하며, 그중 4명은 비상임위원으로 한다.

② 공정거래위원회의 회의는 위원 전원으로 구성하는 전원회의와 상임위원 1명을 포함하여 위원 3명으로 구성하는 소회의로 구분한다.

③ 경제적 파급효과가 중대한 사항은 전원회의가 심의 · 의결한다.

④ 소회의는 상임위원이 주재하며, 구성위원 과반수의 출석과 출석위원 전원의 찬성으로 의결한다.

⑤ 전원회의는 위원장이 주재하며, 재적위원 과반수의 찬성으로 의결한다.

> **해설**
>
> ④ 소회의는 상임위원이 주재하며, 구성위원 전원의 출석과 출석위원 전원의 찬성으로 의결한다(독점규제 및 공정거래에 관한 법률 제64조 제2항).

26 독점규제 및 공정거래에 관한 법률상 공정거래분쟁조정협의회(이하 "협의회"라 함)에 관한 설명으로 옳지 않은 것은?

① 불공정거래행위의 금지를 위반한 혐의가 있는 행위와 관련된 분쟁을 조정하기 위하여 한국공정거래조정원에 협의회를 둔다.

② 협의회 위원장은 한국공정거래조정원의 장이 겸임한다.

③ 협의회는 재적위원 과반수의 출석으로 개의(開議)하고, 출석위원 전원의 찬성으로 의결한다.

④ 협의회 위원의 임기는 3년으로 한다.

⑤ 조정의 대상이 된 분쟁의 당사자인 사업자는 협의회에 출석하여 의견을 진술할 수 있다.

> **해설**
>
> ③ 협의회는 재적위원 과반수의 출석으로 개의(開議)하고, 출석위원 과반수의 찬성으로 의결한다(독점규제 및 공정거래에 관한 법률 제74조 제2항).

27 독점규제 및 공정거래에 관한 법률상 위반행위 조사 등에 관한 설명으로 옳지 않은 것은?

① 공정거래위원회는 일정한 거래분야의 공정한 거래질서 확립을 위하여 해당 거래분야에 관한 서면 실태조사를 실시하여 그 조사결과를 공표할 수 있다.

② 공정거래위원회는 이 법을 위반하는 행위가 있는 경우에 해당 사업자에 시정방안을 정하여 이에 따를 것을 권고할 수 있다.

③ 공정거래위원회의 시정권고를 받은 자가 해당 권고를 수락한 때에는 이 법에 따른 시정조치가 명하여진 것으로 본다.

④ 동의의결이 있기 전에 신청인이 동의의결의 신청을 취소하는 경우, 공정거래위원회는 동의의결을 하지 아니하고 이 법에 따른 심의 절차를 진행하여야 한다.

⑤ 신청인이 동의의결을 신청한 경우 공정거래위원회는 동의의결 절차를 반드시 개시하여야 한다.

> **해설**
>
> ⑤ 공정거래위원회는 신속한 조치의 필요성, 소비자 피해의 직접 보상 필요성 등을 종합적으로 고려하여 동의의결 절차의 개시 여부를 결정하여야 한다(독점규제 및 공정거래에 관한 법률 제90조 제1항).

28 독점규제 및 공정거래에 관한 법률상 위반행위 조사 등의 절차에 관한 설명으로 옳지 않은 것은?

① 공정거래위원회는 이 법을 위반한 혐의가 있다고 인정할 때에는 직권으로 필요한 조사를 할 수 있다.

② 공정거래위원회는 부당한 공동행위에 대하여 조사를 개시하지 아니한 경우 해당 위반행위의 종료 일부터 7년의 기간이 지난 경우에는 이 법에 따른 과징금을 부과할 수 없다.

③ 조사공무원은 이 법의 시행을 위하여 필요한 최소한의 범위에서 조사를 하여야 하며, 다른 목적 등을 위하여 조사권을 남용해서는 아니 된다.

④ 공정거래위원회로부터 조사 및 심의를 받는 사업자는 변호사 등 변호인으로 하여금 조사 및 심의에 참여하게 하거나 의견을 진술하게 할 수 있다.

⑤ 공정거래위원회 전원회의의 심의·의결절차가 이미 진행 중인 경우 전원회의가 필요하다고 인정하더라도, 조사공무원은 장소를 불문하고 이해관계인 또는 참고인의 진술을 들을 수 없다.

> **해설**
>
> ⑤ 조사공무원은 심의·의결 절차가 진행 중인 경우에는 조사를 하거나 당사자의 진술을 들어서는 아니 된다. 다만, 조사공무원 또는 당사자의 신청에 대하여 전원회의 또는 소회의가 필요하다고 인정하는 경우에는 그러하지 아니하다(독점규제 및 공정거래에 관한 법률 제81조 제4항).

29 독점규제 및 공정거래에 관한 법률상 적용 제외 및 보칙에 관한 설명으로 옳지 않은 것은?

① 이 법은 사업자단체가 다른 법령에 따라 하는 정당한 행위에 대해서는 적용하지 아니한다.

② 이 법은 「디자인보호법」에 따른 권리의 정당한 행사라고 인정되는 행위에 대해서는 적용하지 아니한다.

③ 이 법에 따른 동의의결 이행관리 업무를 담당하는 사람은 그 직무상 알게 된 사업자의 비밀을 누설해서는 아니 된다.

④ 관계 행정기관의 장은 경쟁제한사항을 내용으로 하는 예규·고시 등을 개정하려는 경우에는 미리 공정거래위원회에 통보하여야 한다.

⑤ 공정거래위원회는 이 법의 시행을 위하여 필요하다고 인정할 때에는 관계 행정기관의 장의 의견을 들어야 한다.

> **해설**
>
> ⑤ 공정거래위원회는 이 법의 시행을 위하여 필요하다고 인정할 때에는 관계 행정기관의 장이나 그 밖의 기관 또는 단체의 장의 의견을 들을 수 있다(독점규제 및 공정거래에 관한 법률 제121조 제1항).

28 ⑤ 29 ⑤ **정답**

30 독점규제 및 공정거래에 관한 법률상 과징금 부과 및 징수 등에 관한 설명으로 옳지 않은 것은?

① 공정거래위원회가 과징금을 부과하는 경우 위반행위의 내용 및 정도, 위반행위의 기간 및 횟수, 위반행위로 취득한 이익의 규모 등을 고려하여야 한다.

② 공정거래위원회는 이 법을 위반한 회사인 사업자가 분할되는 경우에는 분할되는 사업자의 분할일 이전의 위반행위를 분할되는 회사, 분할로 설립되는 새로운 회사 중 어느 하나에 해당하는 회사의 행위로 보고 과징금을 부과·징수할 수 있다.

③ 과징금납부의무자가 그 부과된 과징금 납부기한의 연기를 신청하려는 경우에는 과징금 납부를 통지받은 날부터 30일 이내에 공정거래위원회에 신청하여야 한다.

④ 과징금을 부과받은 회사인 사업자가 분할되는 경우, 그 과징금은 분할되는 회사와 분할로 설립되는 회사가 연대하여 납부할 책임을 진다.

⑤ 분할납부가 허용된 과징금납부의무자가 그 사유가 해소되어 과징금을 일시에 납부할 수 있다고 인정되는 경우에도, 공정거래위원회는 분할납부 결정을 취소하고 일시에 징수할 수 없다.

해설

과징금 납부기한의 연기 및 분할납부(독점규제 및 공정거래에 관한 법률 제103조 제3항)

공정거래위원회는 납부기한이 연기되거나 분할납부가 허용된 과징금납부의무자가 다음의 어느 하나에 해당하게 된 경우에는 그 납부기한의 연기 또는 분할납부 결정을 취소하고 일시에 징수할 수 있다.

• 분할납부 결정된 과징금을 그 납부기한까지 납부하지 아니한 경우
• 담보의 변경 또는 그 밖에 담보보전에 필요한 공정거래위원회의 명령을 이행하지 아니한 경우
• 강제집행, 경매의 개시, 파산선고, 법인의 해산, 국세 또는 지방세의 체납처분 등으로 과징금의 전부 또는 잔여분을 징수할 수 없다고 인정되는 경우
• 사유가 해소되어 과징금을 일시에 납부할 수 있다고 인정되는 경우

31 약관의 규제에 관한 법률상 약관에 관한 설명으로 옳지 않은 것은?

① 일정한 거래관계에 약관이 존재하더라도 사업자와 고객은 약관의 내용과 다르게 합의할 수 있다.

② 계약의 당사자 중 상대방에게 약관을 계약의 내용으로 할 것을 제안하는 자는 사업자이다.

③ 약관의 뜻이 명백하지 아니한 경우에는 고객에게 유리하게 해석되어야 한다.

④ 약관의 규제에 관한 법률의 목적 중의 하나는 소비자보호이다.

⑤ 특정한 거래 분야의 약관에 대하여 다른 법률에 특별한 규정이 있는 경우에도 약관의 규제에 관한 법률의 규정이 우선적으로 적용된다.

해설

⑤ 특정한 거래 분야의 약관에 대하여 다른 법률에 특별한 규정이 있는 경우를 제외하고는 이 법에 따른다(약관의 규제에 관한 법률 제30조 제2항).

32 약관의 규제에 관한 법률상 약관의 작성 및 설명의무 등에 관한 설명으로 옳지 않은 것은?

① 사업자가 명시·설명의무를 위반하여 계약을 체결한 경우 해당 약관을 계약의 내용으로 주장할 수 없다.

② 업종에 상관없이 모든 사업자는 약관의 명시·교부의무를 부담한다.

③ 계약의 성질상 약관의 중요한 내용을 설명하는 것이 현저하게 곤란한 경우, 사업자는 약관의 설명의무를 부담하지 않는다.

④ 사업자는 고객이 약관의 내용을 쉽게 알 수 있도록 한글로 작성하고 표준화·체계화된 용어를 사용하여야 한다.

⑤ 사업자는 약관의 중요한 내용을 부호, 색채 등으로 명확하게 표시하여 알아보기 쉽게 약관을 작성하여야 한다.

> **해설**
>
> **약관의 작성 및 설명의무 등(약관의 규제에 관한 법률 제3조 제2항)**
> 사업자는 계약을 체결할 때에는 고객에게 약관의 내용을 계약의 종류에 따라 일반적으로 예상되는 방법으로 분명하게 밝히고, 고객이 요구할 경우 그 약관의 사본을 고객에게 내주어 고객이 약관의 내용을 알 수 있게 하여야 한다. 다만, 다음의 어느 하나에 해당하는 업종의 약관에 대하여는 그러하지 아니하다.
> • 여객운송업
> • 전기·가스 및 수도사업
> • 우편업
> • 공중전화 서비스 제공 통신업

33 공정성을 잃은 것으로 추정되는 약관조항으로 약관의 규제에 관한 법률에 명시된 것을 모두 고른 것은?

> ㄱ. 계약의 목적을 달성할 수 없을 정도로 계약에 따르는 본질적 권리를 제한하는 조항
> ㄴ. 사업자의 고의 또는 중과실로 인한 법률상의 책임을 배제하는 조항
> ㄷ. 고객에게 부당하게 불리한 조항
> ㄹ. 고객이 계약의 거래형태 등 관련된 모든 사정에 비추어 예상하기 어려운 조항
> ㅁ. 법률에 따른 고객의 해제권 또는 해지권을 배제하거나 그 행사를 제한하는 조항

① ㄱ, ㄴ
② ㄱ, ㄷ, ㄹ
③ ㄴ, ㄷ, ㄹ
④ ㄷ, ㄹ, ㅁ
⑤ ㄴ, ㄷ, ㄹ, ㅁ

> **해설**
>
> **일반원칙(약관의 규제에 관한 법률 제6조 제2항)**
> 약관의 내용 중 다음의 어느 하나에 해당하는 내용을 정하고 있는 조항은 공정성을 잃은 것으로 추정된다.
> • 고객에게 부당하게 불리한 조항
> • 고객이 계약의 거래형태 등 관련된 모든 사정에 비추어 예상하기 어려운 조항
> • 계약의 목적을 달성할 수 없을 정도로 계약에 따르는 본질적 권리를 제한하는 조항

34 약관의 규제에 관한 법률상 약관 분쟁의 조정 등에 관한 설명으로 옳지 않은 것은?

① 분쟁조정 신청의 내용이 약관의 해석이나 그 이행을 요구하는 사건에 대하여 약관 분쟁조정협의회 (이하 "협의회"라 한다)는 조정신청을 각하하여야 한다.

② 조정을 신청 또는 의뢰받은 날부터 30일이 경과하여도 조정이 성립되지 아니한 경우 협의회는 조정 절차를 종료하여야 한다.

③ 협의회는 분쟁조정 신청서를 접수하거나 분쟁조정을 의뢰받은 경우, 즉시 이를 분쟁당사자에게 통지하여야 한다.

④ 협의회는 해당 분쟁조정사항에 관한 사실을 확인하기 위하여 필요한 경우 조사를 하거나 분쟁당사 자에게 관련 자료의 제출을 요구할 수 있다.

⑤ 분쟁조정 신청이 있기 이전에 공정거래위원회가 조사 중인 사건에 대하여 협의회는 조정신청을 각하하여야 한다.

해설

② 조정을 신청 또는 의뢰받은 날부터 60일(분쟁당사자 쌍방이 기간연장에 동의한 경우에는 90일로 한다)이 경과하여도 조정이 성립되지 아니한 경우에는 조정절차를 종료하여야 한다(약관의 규제에 관한 법률 제27조의2 제4항 제2호).

35 약관의 규제에 관한 법률상 고객의 권익 보호에 관하여 정하고 있는 불공정약관의 내용이다. (   )에 들어갈 내용을 바르게 연결한 것은?

○ 법률에 따른 고객의 항변권(抗辯權), 상계권(相計權) 등의 권리를 (ㄱ) 배제하거나 제한하는 조항
○ 고객에게 주어진 기한의 이익을 (ㄴ) 박탈하는 조항
○ 고객이 제3자와 계약을 체결하는 것을 (ㄷ) 제한하는 조항
○ 사업자가 업무상 알게 된 고객의 비밀을 (ㄹ) 누설하는 것을 허용하는 조항

① ㄱ : 상당한 이유 없이, ㄴ : 정당한 이유 없이, ㄷ : 부당하게, ㄹ : 상당한 이유 없이
② ㄱ : 부당하게, ㄴ : 부당하게 ㄷ : 상당한 이유 없이, ㄹ : 정당한 이유 없이
③ ㄱ : 상당한 이유 없이, ㄴ : 상당한 이유 없이, ㄷ : 부당하게, ㄹ : 정당한 이유 없이
④ ㄱ : 정당한 이유 없이, ㄴ : 정당한 이유 없이, ㄷ : 상당한 이유 없이, ㄹ : 부당하게
⑤ ㄱ : 상당한 이유 없이, ㄴ : 부당하게, ㄷ : 부당하게, ㄹ : 정당한 이유 없이

해설

고객의 권익 보호(약관의 규제에 관한 법률 제11조)
고객의 권익에 관하여 정하고 있는 약관의 내용 중 다음의 어느 하나에 해당하는 내용을 정하고 있는 조항은 무효로 한다.
• 법률에 따른 고객의 항변권(抗辯權), 상계권(相計權) 등의 권리를 상당한 이유 없이 배제하거나 제한하는 조항
• 고객에게 주어진 기한의 이익을 상당한 이유 없이 박탈하는 조항
• 고객이 제3자와 계약을 체결하는 것을 부당하게 제한하는 조항
• 사업자가 업무상 알게 된 고객의 비밀을 정당한 이유 없이 누설하는 것을 허용하는 조항

36 약관의 규제에 관한 법률상 금지하고 있는 면책조항에 해당하는 것은?

① 계약의 해제 또는 해지로 인한 사업자의 원상회복의무나 손해배상 의무를 부당하게 경감하는 조항

② 고객의 이익에 중대한 영향을 미치는 사업자의 의사표시 기한을 부당하게 길게 정하거나 불확정하게 정하는 조항

③ 상당한 이유 없이 사업자의 손해배상 범위를 제한하거나 사업자가 부담하여야 할 위험을 고객에게 떠넘기는 조항

④ 사업자에게 법률에서 규정하고 있지 아니하는 해제권 또는 해지권을 부여하여 고객에게 부당하게 불이익을 줄 우려가 있는 조항

⑤ 고객에게 부당하게 과중한 지연 손해금 등의 손해배상 의무를 부담시키는 조항

해설

면책조항의 금지(약관의 규제에 관한 법률 제7조)
계약 당사자의 책임에 관하여 정하고 있는 약관의 내용 중 다음의 어느 하나에 해당하는 내용을 정하고 있는 조항은 무효로 한다.
• 사업자, 이행 보조자 또는 피고용자의 고의 또는 중대한 과실로 인한 법률상의 책임을 배제하는 조항
• 상당한 이유 없이 사업자의 손해배상 범위를 제한하거나 사업자가 부담하여야 할 위험을 고객에게 떠넘기는 조항
• 상당한 이유 없이 사업자의 담보책임을 배제 또는 제한하거나 그 담보책임에 따르는 고객의 권리행사의 요건을 가중하는 조항
• 상당한 이유 없이 계약목적물에 관하여 견본이 제시되거나 품질·성능 등에 관한 표시가 있는 경우 그 보장된 내용에 대한 책임을 배제 또는 제한하는 조항

37 약관의 규제에 관한 법률상 공정거래위원회에 약관의 심사청구를 할 수 있는 자로 명시되어 있지 않은 것은?

① 「소비자기본법」에 따라 등록된 소비자단체
② 약관의 조항과 관련하여 법률상의 이익이 있는 자
③ 「소비자기본법」에 따라 설립된 한국소비자원
④ 사업자단체
⑤ 한국공정거래조정원

해설

약관의 심사청구(약관의 규제에 관한 법률 제19조 제1항)
• 약관의 조항과 관련하여 법률상의 이익이 있는 자
• 「소비자기본법」에 따라 등록된 소비자단체
• 「소비자기본법」에 따라 설립된 한국소비자원
• 사업자단체

38 약관의 규제에 관한 법률상 표준약관에 관한 설명으로 옳지 않은 것은?

① 법률의 제정·개정·폐지 등으로 약관을 정비할 필요가 발생한 경우에 공정거래위원회는 사업자 및 사업자단체에 대하여 표준이 될 약관의 제정·개정안을 마련하여 심사청구할 것을 권고할 수 있다.

② 소비자단체 등의 요청이 있는 경우에 공정거래위원회는 사업자 및 사업자단체에 대하여 표준이 될 약관의 제정·개정안을 마련하여 심사청구할 것을 권고할 수 있다.

③「소비자기본법」에 따라 등록된 소비자단체는 소비자 피해가 자주 일어나는 거래 분야에서 표준이 될 약관을 제정 또는 개정할 것을 공정거래위원회에 요청할 수 있다.

④ 사업자 및 사업자단체는 표준약관과 다른 내용을 약관으로 사용하는 경우에도 표준약관 표지(標識)를 사용할 수 있다.

⑤ 사업자 및 사업자단체는 일정한 거래 분야에서 표준이 될 약관의 제정·개정안을 마련하여 그 내용이 약관의 규제에 관한 법률에 위반되는지 여부를 공정거래위원회에 심사를 청구할 수 있다.

> **해설**
>
> ④ 사업자 및 사업자단체는 표준약관과 다른 내용을 약관으로 사용하는 경우 표준약관 표지를 사용하여서는 아니 된다(약관의 규제에 관한 법률 제19조의3 제8항).

39 약관의 규제에 관한 법률상 약관 분쟁조정협의회(이하 "협의회"라 함)에 관한 설명으로 옳은 것을 모두 고른 것은?

> ㄱ. 협의회 위원의 임기는 3년으로 하되, 연임할 수 있다.
> ㄴ. 협의회는 전체회의와 분과회의로 구분된다.
> ㄷ. 분쟁당사자는 협의회의 회의에 서면으로만 의견을 제출할 수 있다.
> ㄹ. 협의회 위원은 한국공정거래조정원장이 위촉하고, 그중 위원장은 공정거래위원회 위원장이 위촉한다.
> ㅁ. 협의회의 전체회의는 재적위원 과반수의 출석으로 개의하고, 출석위원 과반수의 찬성으로 의결한다.

① ㄱ, ㄴ, ㄷ   ② ㄱ, ㄴ, ㅁ

③ ㄴ, ㄷ, ㄹ   ④ ㄴ, ㄷ, ㅁ

⑤ ㄷ, ㄹ, ㅁ

> **해설**
>
> ㄷ. 조정의 대상이 된 분쟁의 당사자인 고객(「소비자기본법」에 따른 소비자는 제외한다. 이하 이 장에서 같다)과 사업자(이하 "분쟁당사자"라 한다)는 협의회의 회의에 출석하여 의견을 진술하거나 관계 자료를 제출할 수 있다(약관의 규제에 관한 법률 제25조 제5항).
> ㄹ. 협의회 위원장 및 위원은 조정원의 장의 제청으로 공정거래위원회 위원장이 위촉한다(약관의 규제에 관한 법률 제24조 제3항 및 제5항).

40 약관의 규제에 관한 법률상 무효사유에 해당하지 않는 약관조항은?

① 상당한 이유 없이 사업자의 손해배상 범위를 제한하는 조항

② 상당한 이유 없이 급부(給付)의 내용을 사업자가 일방적으로 결정하거나 변경할 수 있도록 권한을 부여하는 조항

③ 상당한 이유 없이 계약의 해제로 인한 원상회복의무나 손해배상의무를 사업자에게 과중하게 부담시키는 조항

④ 상당한 이유 없이 사업자의 담보책임을 배제 또는 제한하는 조항

⑤ 상당한 이유 없이 사업자가 이행하여야 할 급부를 제3자에게 대행할 수 있게 하는 조항

해설

③ 계약의 해제 또는 해지로 인한 사업자의 원상회복의무나 손해배상의무를 부당하게 경감하는 조항(약관의 규제에 관한 법률 제9조 제5호)

41 민법의 법원(法源)에 관한 설명으로 옳은 것은? (다툼이 있으면 판례에 따름)

① 판례는 사실인 관습에 대해 법령으로서의 효력을 인정한다.

② 민법의 법원(法源)은 민사에 관하여 재판을 할 때 적용되는 기준으로서 형식적 의미의 민법만이 이에 해당한다.

③ 관습법은 당사자의 주장·입증을 요하지 아니하고 법원(法院)이 직권으로 이를 확정하여야 한다.

④ 대법원이 제정한 부동산등기규칙은 민법의 법원이 아니다.

⑤ 민사에 관하여 일반적으로 승인된 국제법규라도 국회가 비준하지 않으면 민법의 법원이 될 수 없음 이 원칙이다.

> **해설**
>
> ③ 법령과 같은 효력을 갖는 관습법은 당사자의 주장 입증을 기다림이 없이 법원이 직권으로 이를 확정하여야 하고 사실인 관습은 그 존재를 당사자가 주장 입증하여야 하나, 관습은 그 존부 자체도 명확하지 않을 뿐만 아니라 그 관습이 사회의 법적 확신이나 법적 인식에 의하여 법적 규범으로까지 승인되었는지의 여부를 가리기는 더욱 어려운 일이므로, 법원이 이를 알 수 없는 경우 결국은 당사자가 이를 주장 입증할 필요가 있다(대판 1983.6.14., 80다3231).

42 형성권에 해당하는 권리를 모두 고른 것은?

> ㄱ. 토지임차인의 지상물매수청구권
> ㄴ. 임차인의 필요비상환청구권
> ㄷ. 전세권자의 유익비상환청구권
> ㄹ. 전세권자의 부속물매수청구권

① ㄱ, ㄴ   ② ㄱ, ㄹ

③ ㄴ, ㄹ   ④ ㄱ, ㄴ, ㄷ

⑤ ㄴ, ㄷ, ㄹ

> **해설**
>
> ㄴ·ㄷ. 동시이행항변권과 유치권에 해당하는 권리이다.
>
> **형성권**
> 형성권은 권리자의 일방적인 의사표시가 있으면 이에 대한 법률의 힘에 의하여 법률관계의 발생·변경·소멸을 일어나게 하는 권리이다. 권리자의 의사표시만으로써 효과를 발생하는 것과 법원의 판결에 의하여 비로소 효과를 발생하는 것이 있다.

43 자연인의 권리능력에 관한 설명으로 옳은 것은? (다툼이 있으면 판례에 따름)

① 태아는 불법행위로 인한 손해배상청구권에 관하여 이미 출생한 것으로 본다.

② 태아는 법정대리인을 통하여 수증행위를 할 수 있다.

③ 2인 이상이 동일한 위난으로 사망한 경우에는 동시에 사망한 것으로 본다.

④ 태아의 법적 지위에 관하여 판례는 해제조건설을 따르고 있다.

⑤ 자연인은 출생신고 시로부터 권리능력을 취득한다.

> **해설**
>
> ① 태아는 손해배상의 청구권에 관하여는 이미 출생한 것으로 본다(민법 제762조).
> ② 의용 민법이나 구관습하에 태아에게는 일반적으로 권리능력이 인정되지 아니하고 손해배상청구권 또는 상속 등 특별한 경우에 한하여 제한된 권리능력을 인정하였을 따름이므로 증여에 관하여는 태아의 수증능력이 인정되지 아니하였고, 또 태아인 동안에는 법정대리인이 있을 수 없으므로 법정대리인에 의한 수증행위도 할 수 없다(대판 1982.2.9., 81다534).
> ③ 2인 이상이 동일한 위난으로 사망한 경우에는 동시에 사망한 것으로 추정한다(민법 제30조).
> ④ 태아의 법적 지위에 관하여 판례는 정지조건설을 따르고 있다(대판 1976.9.14., 76다1365 참조).
> ⑤ 자연인은 출생한 때부터 권리능력을 취득한다.

44 신의성실의 원칙에 관한 설명으로 옳지 않은 것은? (다툼이 있으면 판례에 따름)

① 소멸시효를 이유로 한 항변권의 행사는 원칙적으로 신의칙의 적용을 받지 않는다.

② 강행법규를 위반한 자가 스스로 그 약정의 무효를 주장하는 것은 특별한 사정이 없는 한 신의칙에 반한다고 할 수 없다.

③ 신의성실의 원칙에 반하는지 여부는 당사자의 주장이 없더라도 법원이 직권으로 판단할 수 있다.

④ 경제상황 등의 변동으로 당사자에게 손해가 생기더라도 합리적인 사람의 입장에서 사정변경을 예견할 수 있었다면 사정변경을 이유로 계약을 해지할 수 없다.

⑤ 공중접객업인 숙박업을 경영하는 자는 고객의 생명·신체 등의 안전을 배려해야 할 신의칙상의 보호의무를 부담한다.

> **해설**
>
> ① 소멸시효에 기한 항변권의 행사도 우리 민법의 대원칙인 신의성실의 원칙과 권리남용금지의 원칙의 지배를 받는 것이다(대판 2005.5.13., 2004다71881).

45 법인의 불법행위책임을 규정한 민법 제35조에 관한 설명으로 옳지 않은 것은? (다툼이 있으면 판례에 따름)

① 대표권이 없는 이사는 법인의 대표기관이 아니므로 그의 행위로 인하여 법인의 불법행위책임이 성립하지 않는다.

② 법인의 불법행위책임을 성립시키는 법인의 대표자에는 법인을 실질적으로 운영하면서 사실상 대표하여 법인의 사무를 집행하는 사람이 포함된다.

③ 대표자의 행위가 대표자 개인의 사리를 도모하기 위한 것이었더라도 외관상 객관적으로 직무에 관한 행위라고 인정된다면 그 행위는 민법 제35조 제1항의 직무에 관한 행위에 해당한다.

④ 법인은 그 대표기관의 선임 및 감독에 과실이 없음을 증명하여 민법 제35조 제1항에 기한 불법행위책임을 면할 수 있다.

⑤ 법인의 대표자의 행위가 직무에 관한 행위에 해당하지 아니함을 피해자가 안 경우에는 법인에게 손해배상책임을 물을 수 없다.

> **해설**
>
> ④ 법인은 이사 기타 대표자가 그 직무에 관하여 타인에게 가한 손해를 배상할 책임이 있다. 이사 기타 대표자는 이로 인하여 자기의 손해배상책임을 면하지 못한다(민법 제35조 제1항).

46 민법상 사단법인의 사원총회에 관한 설명으로 옳지 않은 것은?

① 사단법인의 사무는 정관으로 이사 또는 기타 임원에게 위임한 사항 외에는 총회의 결의에 의하여야 한다.

② 임시총회 소집 요건의 기준인 '총사원의 5분의 1 이상'이라는 정족수는 정관으로 늘릴 수 없다.

③ 총회의 소집은 1주간 전에 그 회의의 목적사항을 기재한 통지를 발하고 기타 정관에 정한 방법에 의해야 한다.

④ 정관변경의 권한은 사원총회의 전속적 권한이므로 그 권한은 정관에 의해서도 박탈할 수 없다.

⑤ 민법 또는 정관에 다른 정함이 없는 한 총회의 결의는 사원 과반수의 출석과 출석사원의 결의권의 과반수로써 한다.

> **해설**
>
> ② 총사원의 5분의 1 이상으로부터 회의의 목적사항을 제시하여 청구한 때에는 이사는 임시총회를 소집하여야 한다. 이 정수는 정관으로 증감할 수 있다(민법 제70조 제2항).

47 종물에 관한 설명으로 옳지 않은 것은? (다툼이 있으면 판례에 따름)

① 주물의 소유자가 아닌 다른 사람의 소유에 속하는 물건도 종물이 될 수 있다.
② 주물에 설정된 저당권의 효력은 원칙적으로 종물에도 미친다.
③ 주물의 소유자나 이용자의 사용에 공여되고 있더라도 주물 그 자체의 효용과 직접 관계가 없는 물건은 종물이 아니다.
④ 횟감용 생선을 보관할 목적으로 횟집으로 사용할 점포 건물에 거의 붙여서 신축한 수족관 건물은 그 점포 건물의 종물이다.
⑤ 어느 건물이 주된 건물의 종물이기 위하여는 주된 건물의 경제적 효용을 보조하기 위하여 계속적으로 이바지 되어야 하는 관계가 있어야 한다.

> **해설**
> ① 종물은 물건의 소유자가 그 물건의 상용에 공하기 위하여 자기 소유인 다른 물건을 이에 부속하게 한 것을 말하므로(민법 제100조 제1항) 주물과 다른 사람의 소유에 속하는 물건은 종물이 될 수 없다(대판 2008.5.8., 2007다36933).

48 반사회적 법률행위로서 무효가 아닌 것은? (다툼이 있으면 판례에 따름)

① 과도하게 무거운 위약벌 약정
② 부첩관계의 종료를 해제조건으로 하여 첩에게 한 증여
③ 소송에서의 증언을 조건으로 통상 용인되는 수준을 넘는 대가를 받기로 한 약정
④ 부동산에 대한 강제집행을 면할 목적으로 그 부동산에 허위의 근저당권을 설정한 행위
⑤ 변호사 아닌 자가 승소를 조건으로 하여 그 대가로 소송당사자로부터 소송물의 일부를 양도받기로 한 약정

> **해설**
> ④ 강제집행을 면할 목적으로 부동산에 허위의 근저당권설정등기를 경료하는 행위는 민법 제103조의 선량한 풍속 기타 사회질서에 위반한 사항을 내용으로 하는 법률행위로 볼 수 없다(대판 2004.5.28., 2003다70041).

49 불공정한 법률행위에 관한 설명으로 옳지 않은 것은? (다툼이 있으면 판례에 따름)

① 부담 없는 증여에서는 불공정한 법률행위가 문제되지 않는다.
② 어떤 법률행위가 불공정한 법률행위에 해당하는지는 법률행위 당시를 기준으로 판단하여야 한다.
③ 법률행위가 대리인에 의해 행해진 경우에 궁박·경솔·무경험의 상태는 대리인을 기준으로 판단하여야 한다.
④ 불공정한 법률행위가 성립하기 위해서는 폭리자에게 폭리행위에 대한 악의가 있어야 한다.
⑤ 불공정한 법률행위로서 무효인 경우, 무효행위 전환의 법리가 적용될 수 있다.

> **해설**
> ③ 대리인에 의하여 법률행위가 이루어진 경우 그 법률행위가 민법 제104조의 불공정한 법률행위에 해당하는지 여부를 판단함에 있어서 경솔과 무경험은 대리인을 기준으로 하여 판단하고, 궁박은 본인의 입장에서 판단하여야 한다(대판 2002.10.22., 2002다38927).

50 진의 아닌 의사표시에 관한 설명으로 옳지 않은 것은? (다툼이 있으면 판례에 따름)

① 진의란 표의자가 진정으로 마음속에서 바라는 사항을 뜻하는 것이 아니라 특정한 내용의 의사표시를 하고자 하는 표의자의 생각을 말한다.

② 진의 아닌 의사표시의 상대방이 그 의사표시가 표의자의 진의 아님을 알았을 경우, 표의자는 그 의사표시를 취소할 수 있다.

③ 진의 아닌 의사표시는 원칙적으로 표시된 대로 효력이 발생한다.

④ 진의 아닌 의사표시는 상대방과 통정이 없다는 점에서 통정허위표시와 구분된다.

⑤ 진의 아닌 의사표시에 관한 규정은 원칙적으로 상대방 있는 단독행위에도 적용된다.

> **해설**
>
> ② 의사표시는 표의자가 진의 아님을 알고 한 것이라도 그 효력이 있다. 그러나 상대방이 표의자의 진의 아님을 알았거나 이를 알 수 있었을 경우에는 무효로 한다(민법 제107조 제1항).

51 통정허위표시를 기초로 새로운 법률상의 이해관계를 맺은 제3자를 모두 고른 것은? (다툼이 있으면 판례에 따름)

> ㄱ. 허위로 체결된 전세권설정계약에 기하여 등기까지 마친 전세권에 관하여 저당권을 취득한 제3자
> ㄴ. 허위로 체결된 근저당권설정계약이 유효하다고 믿고 그 피담보채권에 대하여 가압류한 제3자
> ㄷ. 허위로 체결된 소비대차계약상의 지위를 이전받은 제3자

① ㄱ

② ㄱ, ㄴ

③ ㄱ, ㄷ

④ ㄴ, ㄷ

⑤ ㄱ, ㄴ, ㄷ

> **해설**
>
> 통정허위의사표시의 무효는 선의의 제3자에게 대항하지 못한다(민법 제108조 제2항). 여기서 제3자라고 함은 허위표시행위를 기초로 하여 새로운 이해관계를 맺은 자만을 의미한다.
>
> **선의의 제3자에 해당한다고 본 사례**
> • 가장매매의 매수인으로부터 목적부동산을 다시 매수한 자(대판 1960.2.4., 4291민상636)
> • 가장매매예약에 기하여 가등기 및 그에 기한 본등기를 한 자로부터 목적부동산을 매수한 자(대판 1996.4.26., 94다12074)
> • 가장전세권자의 전세권부 채권을 가압류한 자(대판 2013.2.15., 2012다49292)
> • 가장양수인으로부터 저당권을 설정받은 자(대판 2008.3.13., 2006다29372)
> • 가장행위에 기한 근저당권부 채권을 압류한 자(대판 2004.5.28., 2003다7004)
> • 임대차보증금반환채권이 양도된 후 양수인의 채권자가 임대차보증금반환채권에 대하여 채권압류 및 추심명령을 받았는데 임대차보증금반환채권 양도계약이 허위표시로서 무효인 경우, 그 채권자(대판 2014.4.10., 2013다59753)

52 착오에 관한 설명으로 옳지 않은 것은? (다툼이 있으면 판례에 따름)

① 대리인에 의해 계약이 체결된 경우, 착오의 유무는 대리인을 표준으로 하여 결정한다.

② 착오의 대상에는 현재의 사실뿐만 아니라 장래의 불확실한 사실도 포함될 수 있다.

③ 매도인이 계약을 적법하게 해제한 후에도 매수인은 착오를 이유로 계약을 취소할 수 있다.

④ 표의자의 상대방이 표의자의 착오를 알고 이를 이용한 경우, 표의자는 착오로 인한 의사표시가 자신의 중과실로 인한 것이라도 그 의사표시를 취소할 수 있다.

⑤ 표의자의 중과실 유무에 관한 주장 및 증명책임은 상대방이 아니라 착오자에게 있다.

해설

⑤ 민법 제109조 제1항 단서에서 규정하는 착오한 표의자의 중대한 과실 유무에 관한 주장과 입증책임은 착오자가 아니라 의사표시를 취소하게 하지 않으려는 상대방에게 있다(대판 2005.5.12., 2005다6228).

53 표현대리에 관한 설명으로 옳은 것은? (다툼이 있으면 판례에 따름)

① 유권대리에 관한 주장 속에는 표현대리의 주장이 포함된 것으로 볼 수 있다.

② 표현대리행위가 성립하는 경우 상대방에게 과실이 있다고 하더라도 과실상계의 법리를 유추적용하여 본인의 책임을 경감할 수 없다.

③ 대리권 수여의 표시에 의한 표현대리는 임의대리뿐만 아니라 법정대리에도 적용된다.

④ 권한을 넘은 표현대리는 사실행위를 기본대리권으로 하여서도 성립한다.

⑤ 대리권 소멸 후 표현대리가 성립하는 경우, 그 표현대리의 권한을 넘은 대리행위가 있더라도 권한을 넘은 표현대리는 성립할 수 없다.

해설

② 표현대리행위가 성립하는 경우에 본인은 표현대리행위에 기하여 전적인 책임을 져야 하는 것이고 상대방에게 과실이 있다고 하더라도 과실상계의 법리를 유추적용하여 본인의 책임을 감경할 수 없는 것이다(대판 1994.12.22., 94다24985).

① 유권대리에 관한 주장 속에는 무권대리에 속하는 표현대리의 주장이 포함되어 있다고 볼 수 없다(대판 1984.7.24., 83다카1819).

③ 대리권 수여의 표시에 의한 표현대리는 임의대리에 한해서만 적용된다.

④ 민법 제126조의 표현대리가 성립하기 위하여는 무권대리인에게 법률행위에 관한 기본대리권이 있어야 하는바, 증권회사로부터 위임받은 고객의 유치, 투자상담 및 권유, 위탁매매약정실적의 제고 등의 업무는 사실행위에 불과하므로 이를 기본대리권으로 하여서는 권한초과의 표현대리가 성립할 수 없다(대판 1992.5.26., 91다32190).

⑤ 대리권이 소멸되어 민법 제129조에 의하여 표현대리로 인정되는 경우에 그 표현대리의 권한을 넘는 대리행위가 있을 때에는 민법 제126조에 의한 표현대리가 성립할 수 있다(대판 2008.1.31., 2007다74713).

54 甲은 토지거래허가구역 내에 있는 자신 소유의 토지에 대하여 乙과 매매계약을 체결하였다. 이에 관한 설명으로 옳은 것은? (당사자 사이에 별도의 약정은 없으며, 다툼이 있으면 판례에 따름)

① 甲은 토지거래허가를 받기 전이라도 채무불이행을 이유로 乙에게 손해배상을 청구할 수 있다.

② 乙은 토지거래허가를 받기 전이라도 허가조건부 소유권이전등기를 청구할 수 있다.

③ 甲의 허가신청절차 협력의무와 乙의 대금지급의무는 동시이행관계에 있다.

④ 특별한 사정이 없는 한, 乙은 토지거래허가를 받기 전이라도 민법 제565조 제1항의 해약금 규정에 의해 계약을 해제할 수 있다.

⑤ 甲과 乙이 처음부터 허가를 배제하는 내용으로 계약을 체결한 경우, 그 후 토지에 대한 허가구역지정이 해제되면 그 계약은 유효한 것으로 된다.

해설

해약금(민법 제565조 제1항)

매매의 당사자 일방이 계약 당시에 금전 기타 물건을 계약금, 보증금 등의 명목으로 상대방에게 교부한 때에는 당사자 간에 다른 약정이 없는 한 당사자의 일방이 이행에 착수할 때까지 교부자는 이를 포기하고 수령자는 그 배액을 상환하여 매매계약을 해제할 수 있다.

55 조건과 기한에 관한 설명으로 옳지 않은 것은? (다툼이 있으면 판례에 따름)

① 기한이익 상실의 특약은 특별한 사정이 없는 한 정지조건부 기한이익 상실의 특약으로 추정한다.

② 조건이 선량한 풍속 기타 사회질서에 위반한 것이면, 그 조건뿐만 아니라 법률행위 전부가 무효로 된다.

③ 기성조건이 해제조건이면 그 법률행위는 무효가 된다.

④ 불확정한 사실의 발생을 이행기로 정한 경우, 그 사실의 발생이 불가능하게 된 때에도 기한은 도래한 것으로 본다.

⑤ 조건은 조건의사와 표시가 필요하며, 그것이 표시되지 않으면 법률행위의 동기에 불과하다.

해설

① 기한이익 상실의 특약은 그 내용에 의하여 일정한 사유가 발생하면 채권자의 청구 등을 요함이 없이 당연히 기한의 이익이 상실되어 이행기가 도래하는 것으로 하는 정지조건부 기한이익 상실의 특약과 일정한 사유가 발생한 후 채권자의 통지나 청구 등 채권자의 의사행위를 기다려 비로소 이행기가 도래하는 것으로 하는 형성권적 기한이익 상실의 특약의 두 가지로 대별할 수 있고, 기한이익 상실의 특약이 위의 양자 중 어느 것에 해당하느냐는 당사자의 의사해석의 문제이지만 일반적으로 기한이익 상실의 특약이 채권자를 위하여 둔 것인 점에 비추어 명백히 정지조건부 기한이익 상실의 특약이라고 볼 만한 특별한 사정이 없는 이상 형성권적 기한이익 상실의 특약으로 추정하는 것이 타당하다(대판 2002.9.4., 2002다28340).

56 소멸시효에 관한 설명으로 옳지 않은 것은? (다툼이 있으면 판례에 따름)

① 공유물분할청구권은 공유관계가 존속하는 한 그 분할청구권만 독립하여 소멸시효에 걸리지 않는다.

② 권리자가 주관적 사정으로 권리의 존재를 알지 못한 경우에도 그 권리의 소멸시효는 진행한다.

③ 변제기가 불확정기한인 경우에는 그 기한이 도래한 사실을 안 때로부터 소멸시효가 진행한다.

④ 변호사의 직무에 관한 채권은 3년간 행사하지 아니하면 소멸시효가 완성한다.

⑤ 당사자가 민법에 따른 소멸시효기간을 주장하더라도 법원은 직권으로 상법에 따른 소멸시효기간을 적용할 수 있다.

> **해설**
> ③ 변제기가 불확정기한인 경우에는 그 기한이 객관적으로 도래한 때부터 소멸시효가 진행한다.

57 소멸시효의 중단에 관한 설명으로 옳지 않은 것은? (다툼이 있으면 판례에 따름)

① 시효중단의 효력이 있는 승인에는 상대방의 권리에 관한 처분능력이 있음을 요한다.

② 파산절차참가는 채권자가 이를 취소한 때에는 시효중단의 효력이 없다.

③ 지급명령은 채권자가 법정기간 내에 가집행신청을 하지 아니함으로 인하여 그 효력을 잃은 때에는 시효중단의 효력이 없다.

④ 재판상의 청구는 소송이 각하된 경우에는 시효중단의 효력이 없다.

⑤ 압류는 시효의 이익을 받은 자에 대하여 하지 아니한 때에는 이를 그에게 통지한 후가 아니면 시효중단의 효력이 없다.

> **해설**
> ① 시효중단의 효력 있는 승인에는 상대방의 권리에 관한 처분의 능력이나 권한 있음을 요하지 아니한다(민법 제177조).

58 甲 소유의 X 토지가 甲에서 乙, 乙에서 丙으로 순차적으로 매도되었다. 이에 관한 설명으로 옳지 않은 것은? (다툼이 있으면 판례에 따름)

① 甲, 乙, 丙 사이에 중간생략등기에 관한 합의가 있는 경우, 丙은 甲에게 직접 소유권이전등기를 청구할 수 있다.

② 甲, 乙, 丙 사이에 중간생략등기에 관한 합의가 있는 경우, 乙의 甲에 대한 소유권이전등기청구권은 소멸되지 않는다.

③ 甲, 乙, 丙 사이에 중간생략등기에 관한 합의가 있은 후 甲과 乙 사이에 매매대금을 인상하기로 약정한 경우, 甲은 인상된 매매대금이 지급되지 않았음을 이유로 丙의 소유권이전등기청구를 거절할 수 있다.

④ 乙의 甲에 대한 소유권이전등기청구권을 양도받은 丙이 甲에게 대항할 수 있기 위해서는 그 양도에 대한 甲의 동의가 있어야 한다.

⑤ 만약 X 토지가 토지거래허가구역 내의 토지인 경우라면, 丙은 중간생략등기의 합의가 있음을 이유로 甲에게 직접 허가신청절차의 협력을 구할 수 있다.

해설

⑤ 토지거래허가구역 내의 토지가 관할 관청의 허가 없이 전전매매되고 그 당사자들 사이에 최초의 매도인으로부터 최종 매수인 앞으로 직접 소유권이전등기를 경료하기로 하는 중간생략등기의 합의가 있는 경우, 이러한 중간생략등기의 합의란 부동산이 전전매도된 경우 각 매매계약이 유효하게 성립함을 전제로 그 이행의 편의상 최초의 매도인으로부터 최종의 매수인 앞으로 소유권이전등기를 경료하기로 한다는 당사자 사이의 합의에 불과할 뿐 그러한 합의가 있다고 하여 최초의 매도인과 최종의 매수인 사이에 매매계약이 체결되었다는 것을 의미하는 것은 아니고, 따라서 최종 매수인은 최초 매도인에 대하여 직접 그 토지에 관한 토지거래허가 신청절차의 협력의무 이행청구권을 가지고 있다고 할 수 없으며, 설사 최종 매수인이 자신과 최초 매도인을 매매 당사자로 하는 토지거래허가를 받아 최종 매수인 앞으로 소유권이전등기를 경료하더라도 그러한 소유권이전등기는 적법한 토지거래허가 없이 경료된 등기로서 무효이다(대판 1996.6.28., 96다3982).

59 점유에 관한 설명으로 옳지 않은 것은? (다툼이 있으면 판례에 따름)

① 공유자 중 일부만이 건물을 점유하고 있더라도 그 건물의 부지는 건물 공유자 전원이 공동으로 점유한 것으로 본다.

② 점유물이 점유자의 책임 있는 사유로 멸실된 경우, 선의의 자주(自主)점유자는 회복자에게 현존이 익의 범위에서 배상책임을 진다.

③ 선의의 점유자라도 본권에 관한 소송에서 패소한 경우, 패소가 확정된 때로부터 악의의 점유자로 본다.

④ 점유의 특정승계인은 자기의 점유만을 주장하거나 자기의 점유와 전(前) 점유자의 점유를 아울러 주장할 수 있다.

⑤ 점유권에 기인한 소와 본권에 기인한 소는 서로 영향을 미치지 아니한다.

해설

③ 선의의 점유자라도 본권에 관한 소에 패소한 때에는 그 소가 제기된 때로부터 악의의 점유자로 본다(민법 제197조 제2항).

60 甲, 乙, 丙이 균등한 지분으로 X 주택을 공유하고 있다. 이에 관한 설명으로 옳지 않은 것은? (당사자 사이에 별도의 약정은 없으며, 다툼이 있으면 판례에 따름)

① 甲과 乙이 X 주택에 대한 지분을 상호 교환하고자 하는 경우, 丙의 동의를 요하지 않는다.

② 甲이 상속인 없이 사망한 경우, 甲의 지분은 乙과 丙에게 각 지분의 비율로 귀속한다.

③ 乙과 丙의 합의로 X 주택을 제3자에게 임대한 경우, 甲은 제3자를 상대로 X 주택의 반환을 청구할 수 없다.

④ X 주택에 관하여 제3자 명의로 원인무효의 소유권이전등기가 마쳐진 경우, 甲은 제3자를 상대로 그 등기 전부의 말소를 구할 수 있다.

⑤ 甲이 乙, 丙과 협의 없이 X 주택 전부를 독점적으로 점유하는 경우, 丙은 甲에게 공유물에 관한 보존행위로서 X 주택의 인도를 청구할 수 있다.

해설

⑤ 공유물의 소수지분권자가 다른 공유자와 협의 없이 공유물의 전부 또는 일부를 독점적으로 점유·사용하고 있는 경우 다른 소수지분권자는 공유물의 보존행위로서 그 인도를 청구할 수는 없고, 다만 자신의 지분권에 기초하여 공유물에 대한 방해 상태를 제거하거나 공동 점유를 방해하는 행위의 금지 등을 청구할 수 있다(대판 2020.9.7., 2017다204810).

61 지상권에 관한 설명으로 옳지 않은 것은? (다툼이 있으면 판례에 따름)

① 관습상의 법정지상권은 설정등기 없이 취득한다.

② 지료(地料)의 지급은 지상권의 성립요소가 아니다.

③ 지상권자는 토지소유자의 동의 없이도 타인에게 지상권을 양도할 수 있음이 원칙이다.

④ 지상권자가 2년분 이상의 지료를 지급하지 아니한 때에는 지상권설정자는 지상권의 소멸을 청구할 수 있다.

⑤ 지상권이 존속기간 만료로 소멸되었으나 지상물이 현존하고 있다면, 지상권자는 지상권설정계약의 갱신을 청구하지 않더라도 지상권설정자에게 지상물매수를 청구할 수 있다.

> **해설**
>
> ⑤ 지상권이 소멸한 경우에 건물 기타 공작물이나 수목이 현존한 때에는 지상권자는 계약의 갱신을 청구할 수 있다. 지상권설정자가 계약의 갱신을 원하지 아니하는 때에는 지상권자는 상당한 가액으로 전항의 공작물이나 수목의 매수를 청구할 수 있다(민법 제283조).

62 민법상 유치권의 법적 성질로 옳지 않은 것은?

① 수반성   ② 부종성

③ 불가분성   ④ 물상대위성

⑤ 법정담보물권성

> **해설**
>
> **유치권의 법적 성질**
> • 법정담보물권성
> • 불가분성
> • 부종성
> • 수반성

63 민법상 동산질권에 관한 설명으로 옳은 것은?

① 질권은 선의취득의 대상이 될 수 있다.

② 질권자는 원칙적으로 전질(轉質)할 수 없다.

③ 질권자는 피담보채권을 변제받기 위하여 질물을 경매할 수 없다.

④ 질권자에게는 정당한 이유가 있더라도 간이변제충당권이 인정될 수 없다.

⑤ 질권자는 원칙적으로 질권설정자에게 질물을 점유하게 할 수 있다.

> **해설**
>
> ① 평온, 공연하게 동산을 양수한 자가 선의이며 과실 없이 그 동산을 점유한 경우에는 양도인이 정당한 소유자가 아닌 때에도 즉시 그 동산의 소유권을 취득한다(민법 제249조).
> ② 질권자는 그 권리의 범위 내에서 자기의 책임으로 질물을 전질할 수 있다. 이 경우에는 전질을 하지 아니하였으면 면할 수 있는 불가항력으로 인한 손해에 대하여도 책임을 부담한다(민법 제336조).
> ③ 질권자는 채권의 변제를 받기 위하여 질물을 경매할 수 있다(민법 제338조 제1항).
> ④ 정당한 이유 있는 때에는 질권자는 감정자의 평가에 의하여 질물로 직접 변제에 충당할 것을 법원에 청구할 수 있다. 이 경우에는 질권자는 미리 채무자 및 질권설정자에게 통지하여야 한다(민법 제338조 제2항).
> ⑤ 질권자는 설정자로 하여금 질물의 점유를 하게 하지 못한다(민법 제332조).

64 저당권에 관한 설명으로 옳은 것은? (다툼이 있으면 판례에 따름)

① 지상권은 저당권의 목적이 될 수 있다.
② 금전채권의 일부는 저당권의 피담보채권이 될 수 없음이 원칙이다.
③ 저당권이 설정된 부동산의 등기부가 멸실하면 그 저당권의 효력은 당연히 소멸한다.
④ 피담보채권이 변제로 소멸하였더라도 저당권말소등기가 되지 않았다면 저당권의 효력은 유지된다.
⑤ 저당권은 원칙적으로 피담보채권과 분리하여 타인에게 양도할 수 있다.

> **해설**
>
> **지상권소멸청구와 저당권자에 대한 통지(민법 제288조)**
> 지상권이 저당권의 목적인 때 또는 그 토지에 있는 건물, 수목이 저당권의 목적이 된 때에는 전조의 청구는 저당권자에게 통지한 후 상당한 기간이 경과함으로써 그 효력이 생긴다.

65 다음 중 편무계약에 해당하는 것은?

① 매매계약   ② 여행계약
③ 고용계약   ④ 교환계약
⑤ 현상광고계약

> **해설**
>
> **편무계약**
> 증여의 경우와 같이 당사자 일방만이 급부를 하고, 상대방은 이에 대응하는 반대급부를 하지 않는 계약(증여, 사용대차, 소비대차, 현상광고 등)을 말한다.

66 동시이행의 관계에 있는 의무가 아닌 것은? (당사자 사이에 별도의 약정은 없으며, 다툼이 있으면 판례에 따름)

① 채무의 변제와 영수증의 교부의무
② 계약해제로 인한 당사자 쌍방의 원상회복의무
③ 피담보채무의 변제와 저당권설정등기의 말소의무
④ 구분소유적 공유관계가 해소되는 경우, 공유지분권자 상호 간의 지분소유권이전등기의무
⑤ 완성된 목적물에 하자가 있는 경우, 수급인의 하자보수(補修)의무와 도급인의 보수(報酬)지급의무

> **해설**
>
> ③ 소비대차계약에 있어서 채무의 담보목적으로 저당권설정등기를 경료한 경우에 채무자의 채무변제는 저당권설정등기 말소등기에 앞서는 선행의무이며 채무의 변제와 동시이행 관계에 있는 것이 아니다(대판 1969.9.30., 69다1173).

67 쌍무계약의 당사자 일방의 채무가 다음과 같은 사유로 이행할 수 없게 된 경우, (   )에 들어갈 내용으로 옳은 것을 모두 고른 것은?

> ○ 쌍방의 책임 없는 사유로 채무자가 이행할 수 없게 된 경우, 채무자는 채권자에게 반대급부의 이행을 청구할 수 (ㄱ).
> ○ 채권자의 책임 있는 사유로 채무자가 이행할 수 없게 된 경우, 채무자는 채권자에게 반대급부의 이행을 청구할 수 (ㄴ).
> ○ 채권자의 수령지체 중에 당사자 쌍방의 책임 없는 사유로 채무자가 이행할 수 없게 된 경우, 채무자는 채권자에게 반대급부의 이행을 청구할 수 (ㄷ).

① ㄱ : 있다, ㄴ : 없다, ㄷ : 있다
② ㄱ : 있다, ㄴ : 있다, ㄷ : 없다
③ ㄱ : 있다, ㄴ : 있다, ㄷ : 있다
④ ㄱ : 없다, ㄴ : 있다, ㄷ : 있다
⑤ ㄱ : 없다, ㄴ : 없다, ㄷ : 없다

해설

ㄱ. 쌍무계약의 당사자 일방의 채무가 당사자 쌍방의 책임 없는 사유로 이행할 수 없게 된 때에는 채무자는 상대방의 이행을 청구하지 못한다(민법 제537조).
ㄴ・ㄷ. 쌍무계약의 당사자 일방의 채무가 채권자의 책임 있는 사유로 이행할 수 없게 된 때에는 채무자는 상대방의 이행을 청구할 수 있다. 채권자의 수령지체 중에 당사자 쌍방의 책임 없는 사유로 이행할 수 없게 된 때에도 같다(민법 제538조 제1항).

68 甲은 자신 소유의 X 주택을 乙에게 매도하고 乙 명의로 소유권이전등기를 마쳤으나, 그 후 乙의 대금채무불이행을 이유로 위 매매계약을 해제하였다. 매매계약이 해제되기 전에 소유자였던 乙과 새로운 법률관계를 맺은 丙이 해제의 소급효로부터 보호받지 못하는 경우에 해당하는 것은? (다툼이 있으면 판례에 따름)

① 乙의 X 주택을 압류한 乙의 채권자 丙
② 乙로부터 X 주택을 임차하여 대항요건을 갖춘 丙
③ 乙의 X 주택에 대하여 저당권설정등기를 마친 丙
④ 乙로부터 X 주택을 매수하였으나 아직 소유권이전등기를 마치지 않은 丙
⑤ 乙로부터 X 주택을 매수하여 그에 기한 소유권이전등기청구권 보전을 위한 가등기를 마친 丙

해설

④ 당사자 일방이 계약을 해제한 때에는 각 당사자는 그 상대방에 대하여 원상회복의 의무가 있다. 그러나 제3자의 권리를 해하지 못한다(민법 제548조 제1항). 즉, 乙로부터 X 주택을 매수하였으나 아직 소유권이전등기를 마치지 않은 丙은 제3자에 해당하지 않으므로 보호받지 못한다.

69 쌍무계약의 당사자 일방에게 다음과 같은 사유가 있는 경우, 상대방에게 계약해제권을 발생시키는 사유를 모두 고른 것은? (다툼이 있으면 판례에 따름)

> ㄱ. 채권자의 과실로 인한 이행지체
> ㄴ. 채무자의 고의에 의한 이행거절
> ㄷ. 채무자의 경과실로 인한 이행불능

① ㄱ

② ㄷ

③ ㄱ, ㄴ

④ ㄴ, ㄷ

⑤ ㄱ, ㄴ, ㄷ

해설

ㄱ. 당사자 일방이 그 채무를 이행하지 아니하는 때에는 상대방은 상당한 기간을 정하여 그 이행을 최고하고 그 기간 내에 이행하지 아니한 때에는 계약을 해제할 수 있다. 그러나 채무자가 미리 이행하지 아니할 의사를 표시한 경우에는 최고를 요하지 아니한다(민법 제544조).

ㄴ. 계약의 성질 또는 당사자의 의사표시에 의하여 일정한 시일 또는 일정한 기간 내에 이행하지 아니하면 계약의 목적을 달성할 수 없을 경우에 당사자 일방이 그 시기에 이행하지 아니한 때에는 상대방은 전조의 최고를 하지 아니하고 계약을 해제할 수 있다(민법 제545조).

ㄷ. 채무자의 책임 있는 사유로 이행이 불능하게 된 때에는 채권자는 계약을 해제할 수 있다(민법 제546조).

70 증여계약에 관한 설명으로 옳지 않은 것은? (당사자 사이에 별도의 약정은 없음)

① 증여계약은 낙성계약이다.

② 증여계약이 성립하기 위해서는 증여계약서가 작성되어야 한다.

③ 증여자가 증여 목적물의 하자를 알면서도 수증자에게 고지하지 않은 경우 증여자는 담보책임을 진다.

④ 상대방 부담 있는 증여의 경우 증여자는 그 부담의 한도에서 매도인과 같은 담보책임이 있다.

⑤ 증여의사가 서면으로 표시되지 않아 증여계약이 해제된 경우, 이미 이행한 부분에 대하여는 해제의 효력이 미치지 않는다.

해설

② 증여는 당사자 일방이 무상으로 재산을 상대방에 수여하는 의사를 표시하고 상대방이 이를 승낙함으로써 그 효력이 생긴다(민법 제554조).

71 매매의 예약에 관한 설명으로 옳지 않은 것은? (다툼이 있으면 판례에 따름)

① 매매의 예약은 장래 본계약 체결을 내용으로 하는 계약이다.

② 매매의 예약이 성립한 후 본계약이 성립하지 않았더라도 특별한 사정이 없는 한 당사자 일방이 그 예약의 주요 내용을 변경할 수 없다.

③ 매매의 일방예약은 상대방이 매매를 완결할 의사를 표시하는 때에 그 효력이 생긴다.

④ 매매예약완결권의 제척기간이 도과하였는지 여부는 법원의 직권조사 사항이다.

⑤ 당사자 사이에 약정한 매매예약완결권의 행사기간이 12년인 경우, 그 매매예약완결권은 10년의 제척기간의 경과로 소멸한다.

> **해설**
>
> ⑤ 민법 제564조가 정하고 있는 매매의 일방예약에서 예약자의 상대방이 매매예약완결의 의사표시를 하여 매매의 효력을 생기게 하는 권리, 즉 매매예약의 완결권은 일종의 형성권으로서 당사자 사이에 행사기간을 약정한 때에는 그 기간 내에, 약정이 없는 때에는 예약이 성립한 때로부터 10년 내에 이를 행사하여야 하고, 그 기간을 지난 때에는 예약완결권은 제척기간의 경과로 인하여 소멸한다. 한편 당사자 사이에 약정하는 예약완결권의 행사기간에 특별한 제한은 없다 (대판 2017.1.25., 2016다42077).

72 계약금에 관한 설명으로 옳은 것을 모두 고른 것은? (다툼이 있으면 판례에 따름)

> ㄱ. 계약금을 포기하고 행사할 수 있는 해제권은 당사자의 합의로 배제할 수 있다.
> ㄴ. 계약금 포기에 의한 계약해제의 경우, 다른 약정이 없는 한 상대방은 채무불이행을 이유로 손해배상을 청구할 수 없다.
> ㄷ. 매매계약의 매수인이 중도금을 지급하여 이행에 착수한 경우, 매수인은 민법 제565조 제1항에 의하여 계약금을 포기하고 그 계약을 해제할 수 없다.

① ㄱ   ② ㄴ

③ ㄱ, ㄷ   ④ ㄴ, ㄷ

⑤ ㄱ, ㄴ, ㄷ

> **해설**
>
> ㄱ. 민법 제565조의 해약권은 당사자 간에 다른 약정이 없는 경우에 한하여 인정되는 것이고, 만일 당사자가 위 조항의 해약권을 배제하기로 하는 약정을 하였다면 더 이상 그 해제권을 행사할 수 없다(대판 2009.4.23., 2008다50615).
> ㄴ. 매매의 당사자 일방이 계약 당시에 금전 기타 물건을 계약금, 보증금 등의 명목으로 상대방에게 교부한 때에는 당사자 간에 다른 약정이 없는 한 당사자의 일방이 이행에 착수할 때까지 교부자는 이를 포기하고 수령자는 그 배액을 상환하여 매매계약을 해제할 수 있다. 위 경우 계약의 해지 또는 해제는 손해배상의 청구에 영향을 미치지 아니한다는 규정을 적용하지 아니한다(민법 제565조).
> ㄷ. 민법 제565조 제1항에서 말하는 당사자의 일방이라는 것은 매매 쌍방 중 어느 일방을 지칭하는 것이고, 상대방이라 국한하여 해석할 것이 아니므로, 비록 상대방인 매도인이 매매계약의 이행에는 전혀 착수한 바가 없다 하더라도 매수인이 중도금을 지급하여 이미 이행에 착수한 이상 매수인은 민법 제565조에 의하여 계약금을 포기하고 매매계약을 해제할 수 없다(대판 2000.2.11., 99다62074).

73 물건의 하자에 대한 담보책임에 관한 설명으로 옳지 않은 것은? (다툼이 있으면 판례에 따름)

① 하자담보책임에 기한 매수인의 손해배상청구권도 소멸시효의 대상이 될 수 있다.

② 경매목적물에 법률상의 장애가 있는 경우, 매도인은 매수인에 대하여 하자담보책임을 진다.

③ 건축의 목적으로 매수한 토지에 대한 법적 제한으로 건축허가를 받을 수 없어 건축이 불가능하게 된 경우, 이는 매매목적물의 하자에 해당한다.

④ 매수인이 과실로 하자가 있음을 알지 못한 경우에는 매도인은 하자담보책임을 지지 않는다.

⑤ 매도인의 하자담보책임에 기한 매수인의 계약해제권은 매수인이 목적물에 하자가 있다는 사실을 안 날로부터 6월 내에 행사하여야 한다.

> **해설**
>
> ② 매매의 목적물에 하자가 있는 때에는 제575조 제1항의 규정을 준용한다. 그러나 매수인이 하자 있는 것을 알았거나 과실로 인하여 이를 알지 못한 때에는 그러하지 아니하다. 앞의 규정은 경매의 경우에는 적용하지 아니한다(민법 제 580조).

74 소비대차계약에 관한 설명으로 옳지 않은 것은? (다툼이 있으면 판례에 따름)

① 소비대차계약은 당사자의 합의로 달리 정한 바가 없으면 무상이 원칙이다.

② 대주가 목적물을 차주에게 인도하기 전에 당사자 일방이 파산선고를 받은 때에는 소비대차는 그 효력을 잃는다.

③ 이자 없는 소비대차의 대주는 목적물을 인도하기 전에는 언제든지 계약을 해제할 수 있음이 원칙이다.

④ 이자 있는 소비대차는 특별한 사정이 없는 한 차주가 목적물을 인도받은 때로부터 이자를 계산하여야 한다.

⑤ 이자 없는 소비대차의 경우에는 대주가 목적물에 하자가 있음을 알면서 이를 차주에게 고지하지 않았더라도 당사자 사이에 특약이 없는 한 이자 있는 소비대차에서와 동일한 담보책임을 지지 않는다.

> **해설**
>
> ⑤ 이자 없는 소비대차의 경우에는 차주는 하자 있는 물건의 가액으로 반환할 수 있다. 그러나 대주가 그 하자를 알고 차주에게 고지하지 아니한 때에는 전항과 같은 담보책임 규정을 준용한다(민법 제602조 제2항).

75 임대차계약에 관한 설명으로 옳은 것은? (당사자 사이에 별도의 약정은 없으며, 다툼이 있으면 판례에 따름)

① 임차인이 비용상환청구권을 포기하기로 한 약정은 무효이다.

② 임차인이 유익비를 지출한 경우, 임대인은 임대차 종료 전이라도 임차물의 가액증가분을 상환하여야 한다.

③ 임차인이 필요비를 지출한 경우, 임차인은 지출 후 즉시 임대인에게 그 상환을 청구할 수 있다.

④ 임대차계약이 임차인의 채무불이행으로 인하여 해지된 경우에도 임차인은 부속물매수청구권을 행사할 수 있다.

⑤ 건물의 소유를 목적으로 하는 토지임대차에서 임차인이 그 토지 위에 신축한 건물을 타인에게 양도한 경우에도 임차인은 여전히 건물매수청구권을 행사할 수 있다.

> **해설**
>
> ③ 임차인이 임차물의 보존에 관한 필요비를 지출한 때에는 임대인에 대하여 그 상환을 청구할 수 있다(민법 제626조 제1항).
>
> ① 비용상환청구권인 필요비와 유익비는 모두 임의 규정으로 임대차계약 시 포기하는 약정은 유효하다.
>
> ② 임차인이 유익비를 지출한 경우에는 임대인은 임대차 종료 시에 그 가액의 증가가 현존한 때에 한하여 임차인의 지출한 금액이나 그 증가액을 상환하여야 한다. 이 경우에 법원은 임대인의 청구에 의하여 상당한 상환기간을 허여할 수 있다(민법 제626조 제2항).
>
> ④ 임대차계약이 임차인의 채무불이행으로 인하여 해지된 경우에는 임차인은 민법 제646조에 의한 부속물매수청구권이 없다(대판 1990.1.23., 88다카7245, 88다카7252).
>
> ⑤ 임대차계약의 효과가 토지 소유자에게 귀속되었다면 토지 소유자가 임대인으로서 지상물매수청구권의 상대방이 된다. 그러나 제3자가 임대차계약의 당사자로서 토지를 임대하였다면, 토지 소유자가 임대인의 지위를 승계하였다는 등의 특별한 사정이 없는 한 임대인이 아닌 토지 소유자가 직접 지상물매수청구권의 상대방이 될 수는 없다(대판 2017.4.26., 2014다72449, 72456).

76 임차물의 전대에 관한 설명으로 옳은 것은? (다툼이 있으면 판례에 따름)

① 임대인의 동의 없는 임차인의 전대차계약은 무효이다.

② 건물임차인이 임대인의 동의 없이 건물의 소부분을 전대한 경우에도 임대인은 임대차계약을 해지할 수 있다.

③ 임대인의 동의 있는 전대차의 경우, 임대인은 원칙적으로 임차인에게 임대차계약상의 권리를 행사할 수 없다.

④ 임대인의 동의 있는 전대차의 경우, 전차인은 전대차계약상의 차임지급시기를 기준으로 그 이전에 전대인에게 지급한 차임으로 임대인에게 대항할 수 없다.

⑤ 임차인이 임대인의 동의를 받지 않고 제3자에게 임차물을 전대하여 이를 사용·수익하게 한 경우, 임대인은 임대차계약이 존속하더라도 제3자에게 불법점유를 이유로 한 차임상당의 손해배상을 청구할 수 있다.

④ 전차인은 전대차계약상의 차임지급시기 전에 전대인에게 차임을 지급한 사정을 들어 임대인에게 대항하지 못하지만, 차임지급시기 이후에 지급한 차임으로는 임대인에게 대항할 수 있고, 전대차계약상의 차임지급시기 전에 전대인에게 지급한 차임이라도, 임대인의 차임청구 전에 차임지급시기가 도래한 경우에는 그 지급으로 임대인에게 대항할 수 있다 (대판 2018.7.11., 2018다200518).

77 임대차보증금에 관한 설명으로 옳지 않은 것은? (다툼이 있으면 판례에 따름)

① 임대차보증금의 수수는 임대차계약의 성립요건이 아니다.
② 임차인은 건물에 대한 임대차보증금반환채권을 피담보채권으로 하여 건물에 관한 유치권을 주장할 수 없다.
③ 임대차계약의 존속 중에는 임대인은 임차인의 임대차보증금반환채권을 수동채권으로 하여 상계적 상에 있는 자신의 임차인에 대한 대여금채권과 상계할 수 없다.
④ 임대차 종료 시 임대인의 임대차보증금반환의무와 임차인의 임차물반환의무는 특별한 사정이 없는 한 동시이행의 관계에 있다.
⑤ 임대차보증금이 수수된 임대차계약에서 차임채권이 양도되었더라도 임차인은 특별한 사정이 없는 한 임대차계약이 종료되어 목적물을 반환할 때까지 연체한 차임 상당액을 임대차보증금에서 공제할 것을 주장할 수 있다.

③ 임대차계약이 존속 중이라도 임대차보증금반환채무에 관한 기한의 이익을 포기하고 임차인의 임대차보증금반환채권을 수동채권으로 하여 상계할 수 있고, 임대차 존속 중에 그와 같은 상계의 의사표시를 한 경우에는 임대차보증금반환채무에 관한 기한의 이익을 포기한 것으로 볼 수 있다(대판 2017.3.15., 2015다252501).

78 민법상 고용계약에 관한 설명으로 옳지 않은 것은? (다툼이 있으면 판례에 따름)

① 민법은 노무자 보호를 위해 해고의 제한에 관한 규정을 두고 있다.
② 노무자가 사용자의 동의 없이 제3자로 하여금 자기에 갈음하여 노무를 제공하게 한때에는 특별한 사정이 없는 한 사용자는 고용계약을 해지할 수 있다.
③ 보수의 지급시기에 관한 약정이 없으면 관습에 의하고, 관습이 없으면 약정한 노무를 종료한 후 지체 없이 지급하여야 한다.
④ 고용의 약정기간이 3년을 넘는 경우, 사용자는 3년을 경과한 후 언제든지 계약해지의 통고를 할 수 있다.
⑤ 사용자의 파산선고로 인해 노무자가 계약을 해지한 경우에도 노무자는 계약해지로 인한 손해배상을 청구할 수 없다.

① 노무자 보호를 위해 해고의 제한에 관한 규정을 두고 있는 법은 근로기준법이다.

79 도급계약에 관한 설명으로 옳지 않은 것은? (다툼이 있으면 판례에 따름)

① 신축건물의 소유권은 원칙적으로 자기의 노력과 재료를 들여 이를 건축한 사람이 원시적으로 취득한다.

② 수급인이 일을 완성하기 전에는 도급인은 손해를 배상하고 계약을 해제할 수 있다.

③ 완성된 건물의 하자로 인하여 계약의 목적을 달성할 수 없는 때에는 도급인은 계약을 해제할 수 있다.

④ 건축공사의 수급인은 도급계약상 보수에 관한 채권을 담보하기 위하여 도급인을 상대로 그 건물에 대한 저당권의 설정을 청구할 수 있다.

⑤ 수급인이 완성한 목적물에 그의 귀책사유로 인한 하자가 있는 경우, 수급인의 하자담보책임과 채무불이행책임은 경합적으로 인정된다.

> **해설**
> ③ 도급인이 완성된 목적물의 하자로 인하여 계약의 목적을 달성할 수 없는 때에는 계약을 해제할 수 있다. 그러나 건물 기타 토지의 공작물에 대하여는 그러하지 아니하다(민법 제668조).

80 민법상 조합에 관한 설명으로 옳지 않은 것은? (다툼이 있으면 판례에 따름)

① 조합의 출자는 노무로 할 수도 있다.

② 조합의 채무자는 그 채무와 조합원에 대한 채권으로 상계하지 못한다.

③ 조합원 중 1인에 대한 채권자는 특별한 사정이 없는 한 그 조합원 개인을 집행채무자로 하여 조합의 채권에 대하여 강제집행을 할 수 없다.

④ 조합채무에 관하여 변제할 자력이 없는 조합원이 있는 때에는 그 변제할 수 없는 부분은 다른 조합원들이 각자의 출자가액에 비례하여 변제할 책임이 있다.

⑤ 2인 조합에서 조합원 1인이 탈퇴한 경우, 조합관계는 종료하지만 특별한 사정이 없는 한 조합은 해산되지 않는다.

> **해설**
> ④ 조합원 중에 변제할 자력 없는 자가 있는 때에는 그 변제할 수 없는 부분은 다른 조합원이 균분하여 변제할 책임이 있다(민법 제713조).

81 (주)가맹의 20×2년 회계자료는 다음과 같다. (주)가맹의 20×2년 기말 재고자산은?

○ 총매출액 45,000원, 매출에누리 5,000원
○ 총매입액 27,000원, 매입에누리 1,000원
○ 기초재고원가 10,000원
○ 20×2년 매출총이익률 20%

① 1,000원
② 2,000원
③ 3,000원
④ 4,000원
⑤ 5,000원

해설

④ 매출원가는 '기초재고 + 당기순매입액 − 기말재고'로 구하고, 순매출액은 총매출액에서 매출에누리를 차감하여 계산
한다. 그리고 매출총이익률은 '(순매출액 − 매출원가)/순매출액'이기 때문에 매출원가는 32,000원이 된다. 따라서
기말재고는 '기초재고 + 당기순매입액 − 매출원가'로 구할 수 있기 때문에 '10,000원 + 26,0000원 − 32,000원'을
계산한 4,000원이 된다.

82 (주)가맹은 20×2년 4월 1일에 1년 보험료 12,000원을 현금으로 지급하고 전액 비용 처리하였다.
이와 관련한 20×2년 결산일(12월 31일)의 수정분개는? (단, 필요한 경우 월할 계산한다)

① (차변)보험료 9,000, (대변)선급보험료 9,000
② (차변)보험료 3,000, (대변)선급보험료 3,000
③ (차변)선급보험료 3,000, (대변)보험료 3,000
④ (차변)선급보험료 9,000, (대변)보험료 9,000
⑤ 수정분개할 필요 없다.

해설

③ 1년 보험료가 12,000원이기 때문에 1월 보험료는 1,000원이다. 그런데 20×2년 4월 1일에 1년 보험료 12,000원을
현금으로 지급하였다면 20×2년 말에 비용으로 처리되어야 하는 보험료는 9,000원이다. 그럼에도 불구하고 전액 비용
으로 처리하였기 때문에 3,000원만큼의 비용(보험료)을 감소시키고, 선급보험료를 3,000원 증가시켜야 한다.

83 (주)가맹의 다음 자료에서 당기 총수익은? (단, 당기 중에 발생한 자본거래는 없다)

기초 자산	기초 부채	기초 자본	기말 자산	기말 부채	기말 자본	총수익	총비용	순이익 (순손실)
5,000원	2,800원		4,300원	2,300원		?	7,000원	

① 6,200원   ② 6,800원

③ 7,200원   ④ 7,400원

⑤ 7,800원

해설

② 기말자본은 '기초자본 + 당기자본증가액'이다. 그런데 해당 문제에서 다른 거래가 없기 때문에 당기자본증가액은 당기 순이익(= 총수익 – 총비용)과 일치한다. 그리고 기초자본은 기초자산에서 기초부채를 차감하고 기말자본은 기말자산에서 기말부채를 차감하면 되기 때문에 기초자본은 2,200원이 되고, 기말자본은 2,000원이 된다. 즉, 자본이 200원 감소하였기 때문에 당기순손실이 200원 발생한 것이다. 따라서 총수익은 6,800원이 된다.

84 (주)가맹은 20×1년 초에 기계장치를 10,000원에 취득하였다. 이 기계장치의 내용연수는 4년, 잔존가치는 1,000원으로 추정되고, 감가상각은 연수합계법으로 한다. 이 회사는 감가상각누계액 계정을 사용하며, 이외 다른 유형자산은 없는 것으로 가정한다. 다음 설명 중 옳은 것은?

① 20×1년 포괄손익계산서에 계상될 감가상각누계액은 3,600원이다.

② 20×1년 말 재무상태표에 계상될 감가상각누계액은 2,250원이다.

③ 20×1년 말 재무상태표에 계상될 감가상각누계액은 2,500원이다.

④ 20×2년 포괄손익계산서에 계상될 감가상각누계액은 5,000원이다.

⑤ 20×2년 말 재무상태표에 계상될 감가상각누계액은 6,300원이다.

해설

⑤ 20×1년 말에 계상될 감가상각비(감가상각누계액)는 '(10,000원 – 1,000원) $\times \frac{4}{10}$'을 계산한 3,600원이다. 그리고 20×2년 말에 계상될 감가상각비는 '(10,000원 – 1,000원) $\times \frac{3}{10}$'을 계산한 2,700원이다. 따라서 20×2년 말에 계상될 감가상각누계액은 6,300원이 된다. 그리고 감가상각누계액은 포괄손익계산서가 아니라 재무상태표에 반영되는 금액이다.

85 장부 마감 후 잔액을 가지지 않는 임시계정에 해당하지 않는 것은?

① 임차료 ② 운송비
③ 미수수익 ④ 배당금
⑤ 종업원급여

해설

③ 포괄손익계산서에 포함되는 항목은 장부 마감 후 잔액을 가지지 않는다. 따라서 장부 마감 후 잔액을 가지지 않는 임시계정에 해당하지 않는 것은 미수수익이다.

86 활동원가계산에 관한 설명으로 옳은 것은?

① 다품종 소량생산에 적합하지 않다.
② 제조간접비는 생산량이나 조업도에 비례한다.
③ 제조간접비 비중이 높은 기업에 적합하지 않다.
④ 판매관리비에 적용이 가능하지 않다.
⑤ 시스템 유지와 업데이트 비용이 크다.

해설

① 다품종 소량생산에 적합하다.
② 제조간접비는 활동에 비례한다.
③ 제조간접비는 비중이 높은 기업에 적합하다.
④ 판매관리비에 적용이 가능하다.

87 분개할 때 차변에 기록할 거래는?

① 매입채무 감소 ② 매출채권 감소
③ 자본금 증가 ④ 차입금 증가
⑤ 선급금 감소

해설

차변 거래기록
• 매입채무 감소
• 매출매권 증가
• 자본금 감소
• 차입금 감소
• 선급금 증가

88 비확률표본추출방법에 해당하는 것은?

① 할당표본추출법
② 단순무작위표본추출법
③ 체계적표본추출법
④ 층화표본추출법
⑤ 군집표본추출법

해설

확률표본추출법과 비확률표본추출법
• 확률표본추출법
  – 단순무작위표본추출법
  – 층화표본추출법
  – 군집표본추출법
  – 체계적표본추출법
• 비확률표본추출법
  – 편의표본추출법
  – 판단표본추출법
  – 할당표본추출법
  – 눈덩이표본추출법

89 프랜차이즈 가맹점의 장점으로 옳지 않은 것은?

① 관리 및 마케팅 지원
② 개인 소유
③ 이익 공유
④ 재정지원 및 조언
⑤ 높은 인지도

해설

③ 이익 공유는 프랜차이즈 가맹점의 단점에 해당한다.

90 가격에 관한 설명 중 옳지 않은 것은?

① 준거가격은 구매자가 가격이 비싼지 싼지를 판단하는 기준으로 삼는 가격이다.
② 스키밍가격전략은 신상품이 처음 나왔을 때 낮은 가격을 책정하고 이후 시간의 흐름에 따라 가격을 높이는 방식이다.
③ 최저수용금액은 구매자가 의심하지 않고 구매할 수 있는 최저금액이다.
④ 단수가격조정은 끝자리를 미세한 단위(~9원)로 정하는 방식이다.
⑤ 유인가격은 일부 제품에 대해 원가와 무관하게 낮은 가격을 제시하는 것이다.

해설

② 신상품이 처음 나왔을 때 낮은 가격을 책정하고 이후 시간의 흐름에 따라 가격을 높이는 방식은 초기저가전략에 대한 설명이다.

스키밍가격전략(초기고가전략)
신제품 도입초기에 고가격으로 시장에 진입하여 가격에 비교적 둔감한 고소득층의 혁신층(Innovators)과 조기수용층(Early Adopters)을 흡수하고, 점점 가격을 낮추어 중산층과 저소득층까지 공략하는 가격전략이다.

91 소비자의 정보처리과정에 관한 설명 중 옳지 않은 것은?

① 정보처리과정은 노출 → 이해(해석) → 주의 → 기억 순으로 진행된다.

② 노출은 자극이 감각기관에 들어오는 것이다.

③ 이해(해석)는 유입된 정보를 조직하고 그 의미를 해석하는 것이다.

④ 주의는 정보처리자원을 특정 자극에 집중하는 인지작용이다.

⑤ 기억은 처리된 정보를 저장하는 것이다.

해설

① 정보처리과정은 '노출 → 감지 → 주의 → 이해(해석) → 기억'의 순으로 진행된다.

92 마케팅 믹스 4P에 해당하지 않는 것은?

① Price ② Product

③ Place ④ People

⑤ Promotion

해설

마케팅 믹스 4P

• 제품(Product)

• 가격(Price)

• 유통(Place)

• 판매촉진(Promotion)

93 서열척도로 측정한 두 변수 간 상관관계를 분석하는 방법은?

① 교차분석 ② 스피어만 상관분석

③ 피어슨 상관분석 ④ 편상관분석

⑤ 회귀분석

해설

① 교차분석 : 범주형 데이터들 간의 상호관련성을 확인하는 분석방법

③ 피어슨 상관분석 : 두 변수의 순위 사이의 통계적 의존성을 측정하는 분석방법

④ 편상관분석 : 다른 변수들을 통제하고 변수들의 선형적 관련성을 측정하는 분석방법

⑤ 회귀분석 : 원인의 변화가 얼마나 결과에 영향을 미치는지 확인하는 분석방법

94 고객특성 차원에서 인구통계학적 세분화 기준이 아닌 것은?

① 성 별　　　　　　　　　　　② 나 이
③ 교육수준　　　　　　　　　　④ 가족규모
⑤ 라이프스타일

해설

⑤ 라이프스타일은 심리특성적 세분화 기준에 해당한다.

95 자본자산가격결정모형(CAPM)에서 베타계수(β)에 관한 설명 중 옳지 않은 것은?

① 시장포트폴리오 베타 값은 1이다.
② 증권시장선(SML)의 기울기를 의미한다.
③ 개별 주식의 체계적 위험을 계산할 때 사용한다.
④ 베타 값이 1보다 크면 공격적 자산, 1보다 작으면 방어적 자산이라 한다.
⑤ 개별 주식과 시장포트폴리오의 공분산을 시장포트폴리오의 분산으로 나눈 값이다.

해설

② 증권시장선(SML)의 기울기는 베타계수(β)가 아니라 시장위험프리미엄(= 시장포트폴리오의 기대수익률 – 무위험이자율)이다.

96 (주)가맹의 부채비율이 200%일 때 법인세 절세효과를 차감한 세후타인자본(부채)비용이 9%, 자기자본비용이 12%이다. (주)가맹의 가중평균자본비용(WACC)은?

① 9.5%　　　　　　　　　　　② 10%
③ 10.5%　　　　　　　　　　　④ 11%
⑤ 11.5%

해설

② 부채비율이 200%라면 세후타인자본(부채)비용과 자기자본비용의 비율이 2:1이라는 의미가 된다. 따라서 가중평균자본비용(WACC)은 '9% $\times \frac{2}{3}$ + 12% $\times \frac{1}{3}$'을 계산한 10%이다.

97 다음 자료를 이용한 주식 A의 체계적 위험과 비체계적 위험의 크기는?

○ 주식 A의 표준편차 20%
○ 주식 A의 베타계수 1.2
○ 시장포트폴리오 표준편차 10%
○ 무위험 이자율 5%

	체계적 위험	비체계적 위험
①	0.24	0.04
②	0.12	0.08
③	0.048	0.152
④	0.0144	0.0256
⑤	0.0576	0.0176

해설

④ 시장포트폴리오의 표준편차가 10%이고, 주식 A의 베타계수가 1.2이기 때문에 체계적 위험만 고려한 주식 A의 표준편차는 12%이다. 따라서 주식 A의 체계적 위험은 0.12를 제곱한 0.0144가 된다. 그리고 총위험을 고려한 주식 A의 표준편차가 20%이기 때문에 총위험은 0.2를 제곱한 0.04가 되고, 비체계적 위험은 0.04에서 0.0144를 차감한 0.0256이 된다.

98 (주)가맹의 20×2년 회계자료는 다음과 같다. (주)가맹의 손익분기점 판매수량은? (단, 제시된 자료 외에는 고려사항이 없다)

○ 매출액 800,000원
○ 단위당 판매가격 100원
○ 단위당 변동원가 60원
○ 단위당 고정원가 25원

① 5,000개 ② 6,000개
③ 7,000개 ④ 8,000개
⑤ 9,000개

해설

① 손익분기점 판매수량은 총고정비를 단위당 공헌이익(= 단위당 판매가격 – 단위당 변동원가)으로 나누어 계산한다. 그리고 문제에서 주어진 자료를 보면 총판매수량은 매출액을 단위당 판매가격으로 나누어 계산한 8,000개가 되기 때문에 총고정비는 단위당 고정원가(25원)와 8,000개를 곱한 200,000원이 된다. 따라서 손익분기점 판매수량은 200,000원을 40원으로 나누어 계산한 5,000개가 된다.

99 자본예산 기법 중 내부수익률(IRR)법에 관한 설명으로 옳지 않은 것은?

① 투자안의 연평균수익률을 의미한다.

② 순현가(NPV)가 0이 되는 할인율이다.

③ 내부수익률이 자본비용보다 크면 투자한다.

④ 자본비용으로 재투자된다고 가정한다.

⑤ 화폐의 시간적 가치를 고려한다.

해설

④ 내부수익률(IRR)법은 내부수익률로 재투자된다고 가정한다. 자본비용(할인율)으로 재투자된다고 가정하는 것은 순현 재가치법이다.

100 분산투자 효과가 가장 크게 나타나는 두 자산 간 상관계수는?

① 1   ② 0.5

③ 0   ④ −0.5

⑤ −1

해설

⑤ 상관계수가 +1이 아닌 주식으로 포트폴리오를 구성하면 기대수익률은 일정한 상태에서 위험만 줄일 수 있게 되는데, 분산투자 효과가 가장 크게 나타나는 두 자산 간 상관계수는 −1이다.

101 효과적인 커뮤니케이션의 장애요인에 해당하는 것을 모두 고른 것은?

> ㄱ. 정보과중
> ㄴ. 적극적 경청
> ㄷ. 선택적 지각
> ㄹ. 피드백의 활용
> ㅁ. 필터링(Filtering)

① ㄱ, ㄴ, ㄹ   ② ㄱ, ㄴ, ㅁ

③ ㄱ, ㄷ, ㅁ   ④ ㄴ, ㄷ, ㄹ

⑤ ㄷ, ㄹ, ㅁ

해설

ㄴ・ㄹ. 효과적인 커뮤니케이션을 가능하게 하는 요인에 해당한다.

102 집단 휴가 실시, 초과근무 거부, 정시 출·퇴근 등과 같은 근로자의 쟁의행위는?

① 파 업
② 태 업
③ 준법투쟁
④ 직장폐쇄
⑤ 피케팅

해설

① 파업 : 노동조합 및 기타 근로자단체의 통제하에 그 소속원(조합원)이 집단적으로 노무제공을 정지하는 쟁의행위
② 태업 : 표면적으로는 작업을 하면서 집단적으로는 작업능률을 저하시켜 사용자에게 손해를 주는 쟁의행위
④ 직장폐쇄 : 노사 간의 교섭력의 균형을 유지하고자 법률이 보장하는 사용자 측의 쟁의행위
⑤ 피케팅(시위) : 파업을 효과적으로 수행하기 위하여 파업불참자들의 사업장 또는 공장의 출입을 감시·저지하거나 파업참여에 협력할 것을 호소하는 쟁의행위

103 평정척도법과 중요사건기술법을 결합하여 계량적으로 수정한 인사평가기법은?

① 행동기준평가법(Behaviorally Anchored Rating Scales)
② 목표관리법(Management by Objectives)
③ 평가센터법(Assessment Center Method)
④ 체크리스트법(Check List Method)
⑤ 강제할당법(Forced Distribution Method)

해설

행동기준평가법(Behaviorally Anchored Rating Scales)
평정척도법과 중요사건서술(기술)법을 혼합하여 계량적으로 수정한 인사평가기법으로, 행동기준평가법은 직무를 수행할 때 발생하는 수많은 중요사건을 추출하여 몇 개의 범주로 나눈 후에 각 범주의 중요사건을 척도에 따라 평가한다.

104 메이요(E. Mayo)의 호오손 실험에 관한 설명으로 옳은 것은?

① 인간관계론과 관련이 없다.
② 2차에 걸쳐서 진행된 프로젝트이다.
③ 비경제적 보상은 작업자의 만족과 관련이 없다.
④ 직무의 전문화를 강조했다.
⑤ 구성원의 생각과 감정을 중시했다.

해설

① 호손 실험으로 인해 인간관계론이 성립되었다.
② 호손 실험은 제4차 실험에 걸쳐서 진행된 프로젝트이다.
③ 비경제적 보상은 작업자의 만족과 관련이 있다.
④ 직무의 전문화를 강조한 것은 고전적 접근법이다.

105 마일즈(R. Miles)와 스노우(C. Snow)의 전략유형으로 옳지 않은 것은?

① 반응형(Reactor)
② 방어형(Defender)
③ 분석형(Analyzer)
④ 혁신형(Innovator)
⑤ 공격형(Prospector)

해설

마일즈(R. Miles)와 스노우(C. Snow)의 전략유형으로는 공격형(Prospector), 방어형(Defender), 분석형(Analyzer), 반응형(Reactor)이 있다.

106 프렌치(J. French)와 레이븐(B. Raven)이 제시한 권력의 원천 중 개인의 특성에 기반한 권력은?

① 강제적 권력, 합법적 권력
② 강제적 권력, 보상적 권력
③ 준거적 권력, 합법적 권력
④ 준거적 권력, 전문적 권력
⑤ 전문적 권력, 합법적 권력

해설

강압적(강제적) 권력, 합법적 권력, 보상적 권력은 조직의 공식적 지위의 특성에 기반한 권력이다.

107 집단응집성의 증대요인으로 옳지 않은 것은?

① 구성원의 동질성
② 집단 내 경쟁
③ 성공적인 목표달성
④ 집단 간 경쟁
⑤ 구성원 간 높은 접촉빈도

해설

② 집단응집성은 집단이 얼마만큼 잘 뭉쳐 있는가의 정도를 말하는 것으로, 집단 내 경쟁은 집단응집성을 감소시키는 요인이다.

108 브룸(V. Vroom)의 기대이론에서 동기부여를 나타내는 공식으로 (   )에 들어갈 내용으로 옳은 것은?

> 동기부여(M) = 기대(E) × 수단성(I) × (   )

① 욕구(Needs)

② 성격(Personality)

③ 역량(Competency)

④ 유의성(Valence)

⑤ 타당성(Validity)

해설

브룸(V. Vroom)의 기대이론

브룸에 의하면 모티베이션(Motivation)은 유의성(Valence)·수단(Instrumentality)·기대(Expectancy)의 3요소에 의해 영향을 받는다. 유의성은 특정 보상에 대해 갖는 선호의 강도이고, 수단은 어떤 특정한 수준의 성과를 달성하면 바람직한 보상이 주어지리라고 믿는 정도, 기대는 어떤 활동이 특정 결과를 가져오리라고 믿는 가능성을 말한다.

109 식스시그마 방법론(DMAIC)의 단계와 수행활동의 연결로 옳은 것은?

① 정의 – 결함원인을 제거하기 위한 방법 규명

② 측정 – 프로세스 변동을 야기하는 핵심변수를 파악함으로써 결함원인 규명

③ 분석 – 프로세스 측정 및 운영 방법 결정

④ 개선 – 고객이 품질에 가장 큰 영향을 미칠 것이라고 생각하는 품질핵심요인 파악

⑤ 통제 – 개선을 유지할 방법 결정

해설

① 정의 – 고객이 품질에 가장 큰 영향을 미칠 것이라고 생각하는 품질핵심요인 파악

② 측정 – 프로세스 측정 및 운영 방법 결정

③ 분석 – 프로세스 변동을 야기하는 핵심변수를 파악함으로써 결함원인 규명

④ 개선 – 결함원인을 제거하기 위한 방법 규명

110 품질의 집(House of Quality) 구성요소가 아닌 것은?

① 고객요구사항

② 제품의 기술특성

③ 기술특성에 관한 경쟁사의 설계목표

④ 고객요구사항과 기술특성의 상관관계

⑤ 고객요구사항에 관한 자사와 경쟁사 수준 평가

해설

③ 기술특성에 관한 경쟁사의 설계목표는 품질의 집(House of Quality)의 구성요소에 해당하지 않는다.

품질의 집(House of Quality)

• 품질 기능 전개를 위한 고객의 요구를 전달하기 위한 도구

• 고객의 요구와 그에 대응되는 생산기술상의 특성을 매트릭스 형태로 배치한 것

• 고객의 중요 요구와 그것을 만족시키기 위해서 제품의 어떤 성능을 개선해야 하며, 그 성능에 대응하는 생산기술이 무엇인가를 일목요연하게 정리

• 품질의 집을 통한 고객의 요구를 반영하는 작업의 반복시행으로 고객의 요구가 반영되고 생산기법의 개량으로 결국 품질 향상

• 제품 또는 서비스를 고객관점, 기술관점, 외부관점(경쟁사)으로 다각도에서 살펴봄으로써 개선되어야 할 점과 경쟁우위에 있는 부분이 어떤 부분인지 파악

111 JIT(Just In Time) 생산방식에서 제거대상으로 제시한 낭비에 해당하지 않는 것은?

① 과잉생산에 의한 낭비   ② 대기시간으로 인한 낭비

③ 수송으로 인한 낭비   ④ 재고부족으로 인한 낭비

⑤ 제품불량에 의한 낭비

해설

④ JIT 생산방식에서는 재고보유로 인해 발생하는 것들이 낭비에 해당하기 때문에 재고부족은 낭비에 해당하지 않는다.

112 고정주문량모형(Q-모형)과 고정기간모형(P-모형)을 비교한 설명으로 옳지 않은 것은?

① Q-모형은 주문량이 일정하고, P-모형은 주문량이 변동한다.

② Q-모형은 재고량이 재주문점에 이를 때 주문하고, P-모형은 정기적으로 주문한다.

③ Q-모형은 반입·반출 시 재고량을 파악하고, P-모형은 점검시기에 재고량을 파악한다.

④ Q-모형의 재고량이 P-모형의 재고량보다 상대적으로 많다.

⑤ Q-모형은 고가이고 중요한 품목에 활용되고, P-모형은 저가 품목에 활용된다.

해설

④ P-모형의 재고량이 Q-모형의 재고량보다 상대적으로 많다.

113 자재소요계획(MRP)의 입력자료를 모두 고른 것은?

> ㄱ. 주일정계획(MPS)
> ㄴ. 자재명세서(BOM)
> ㄷ. 재고기록철
> ㄹ. 발주계획 보고서
> ㅁ. 예외 보고서

① ㄱ, ㄴ, ㄷ   ② ㄱ, ㄴ, ㄹ
③ ㄱ, ㄷ, ㅁ   ④ ㄴ, ㄹ, ㅁ
⑤ ㄷ, ㄹ, ㅁ

해설

자재소요계획(MRP) 구성요소
• 주생산일정계획(MPS)
• 자재명세서(BOM)
• 재고상황파일(재고기록철)

114 예측방법이 실제수요의 변화를 정확하게 예측하는지 판단하기 위해 관리한계를 활용하는 예측오차 측정방법은?

① 추적지표(Tracking Signal)
② 평균자승오차(Mean Squared Error)
③ 평균절대편차(Mean Absolute Deviation)
④ 평균절대비율오차(Mean Absolute Percentage Error)
⑤ 평균오차(Mean Error)

해설

추적지표(Tracking Signal)
예측방법이 실제수요의 변화를 정확하게 예측하는지 판단하기 위해 관리한계를 활용하는 예측오차측정방법이다. 즉, 추적지표는 예측기법이 실제수요변화를 정확히 예측하고 있는지를 나타내는 지표로 누적예측오차(CFE)를 평균절대오차(MAD)로 나누어 계산한다.

115 5개 작업이 동일한 순서(기계1 → 기계2)로 두 대의 기계에서 처리되는 경우, 존슨의 규칙 (Johnson's Rule)을 적용하여 모든 작업의 완료시간을 최소화할 수 있는 작업순서는?

작 업	작업시간	
	기계1	기계2
A	3	5
B	4	2
C	6	4
D	6	6
E	5	7

① A - B - C - D - E
② A - B - E - C - D
③ A - E - D - C - B
④ B - A - C - E - D
⑤ B - C - A - D - E

해설

존슨의 규칙(Johnson's Rule)
작업장이 두 곳일 때에만 적용할 수 있다. 공정시간이 짧은 것부터 순서대로 배치하는데, 앞 공정은 앞부터 배치하고 뒷 공정은 뒤부터 배치한다. 따라서 기계1(앞 공정)을 기준으로 하면 A, B, E, C, D 또는 A, B, E, D, C의 순서가 되고, 기계2(뒷 공정)를 기준으로 하면 E, D, A, C, B의 순서가 된다. 이를 종합하면, A, E, D, C, B가 된다.

116 노나카(I. Nonaka)의 지식전환 모델에 관한 설명으로 옳지 않은 것은?

① 암묵지(Implicit Knowledge)와 형식지(Explicit Knowledge)의 전환과정에서 지식이 공유되고 창출된다.
② 암묵지에서 형식지로 전환과정을 외재화(Externalization)라 한다.
③ 형식지에서 암묵지로 전환과정을 표준화(Standardization)라 한다.
④ 형식지에서 형식지로 전환과정을 결합화(Combination)라 한다.
⑤ 암묵지에서 암묵지로 전환과정을 사회화(Socialization)라 한다.

해설

③ 형식지에서 암묵지로 전환과정을 내면화(Internalization)라 한다.

117 원자재 조달, 제품 생산, 유통 등을 통해 상품이 고객에게 전달되는 과정을 효율적으로 관리하는 시스템은?

① 공급사슬관리(SCM) ② 고객관계관리(CRM)

③ 공급자재고관리(VMI) ④ 전사적자원관리(ERP)

⑤ 업무프로세스리엔지니어링(BPR)

해설

공급사슬관리(SCM)
공급망 전체를 하나의 통합된 개체로 보고, 이를 최적화하고자 하는 경영방식으로써 총체적 물류비 감소와 고객서비스 강화를 목적으로 원재료 획득부터 최종상품 소비까지 생산망의 모든 기업들을 전자적인 수단으로 연결하여 자원, 상품, 서비스, 정보의 흐름 전체를 주의 깊게 관리함으로써 수요와 공급의 일치를 최적으로 운영하고 조율하는 관리시스템이다.

118 정보시스템 아웃소싱의 장점이 아닌 것은?

① 규모의 경제를 활용한 비용 절감

② 개발과정이나 개발결과에 관한 통제 용이

③ 외부 조직의 기술이나 경험 활용

④ 고정자산에 관한 투자 회피를 통한 유동성 증진

⑤ 핵심적 활동에 조직 자원 집중

해설

② 정보시스템 아웃소싱은 개발과정이나 개발결과에 관한 통제가 어렵다.

119 정보 및 정보시스템 보안에 관한 설명 중 옳지 않은 것은?

① 방화벽은 네트워크에 승인되지 않은 사용자가 접근하는 것을 막는 장치이다.

② 방화벽은 하드웨어, 소프트웨어 혹은 그 두 개의 결합으로 구성된다.

③ 암호화는 텍스트나 데이터를 송신자와 수신예정자 이외의 다른 사람이 읽을 수 없는 형태로 변경하는 프로세스이다.

④ 암호화 방법은 대칭키 암호화와 공개키 암호화 방식이 있다.

⑤ 대칭키 암호화 방식은 공개키와 비밀키를 사용한다.

해설

⑤ 공개키와 비밀키 암호를 사용하는 것은 공개키 암호화 방식이다.

120 ERP(Enterprise Resource Planning) 시스템의 특징에 해당하지 않는 것은?

① 통합 데이터베이스를 매개로 기업의 다양한 업무에 적용이 가능하다.

② 영업, 생산, 구매, 재고, 회계, 인사 등 기업 내 단위업무를 통합적으로 처리한다.

③ 국제적으로 인정된 표준에 맞게 업무프로세스를 구현할 수 있다.

④ 다양한 기능을 내장한 ERP 패키지는 파라미터 지정을 통해 해당기업에 맞도록 시스템을 적용할 수 있다.

⑤ 기업 업무내용의 외부유출을 방지하기 위해 폐쇄적 구조로 설계되어 시스템 확장이 어렵다.

해설

전사적자원관리(ERP)

기업 내 생산, 물류, 재무, 회계, 영업과 구매, 재고 등 경영 활동 프로세스들을 통합적으로 연계해 관리해주며, 기업에서 발생하는 정보들을 서로 공유하고 새로운 정보의 생성과 빠른 의사결정을 도와주는 시스템이다.

2022년

제20회 기출문제

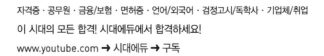

제1과목 | 경제법

01 독점규제 및 공정거래에 관한 법률상 사업자에 관한 설명으로 옳지 않은 것은?

① 사업자는 제조업, 서비스업 또는 그 밖의 사업을 하는 자를 말한다.

② 사업자의 이익을 위한 행위를 하는 임원, 종업원, 대리인 및 그 밖의 자는 사업자단체에 관한 규정을 적용할 때에는 사업자로 본다.

③ 예술을 목적으로 하는 비영리단체도 사업자에 해당할 수 있다.

④ 농업, 어업 등 제1차 산업을 행하는 자도 사업자에 해당할 수 있다.

⑤ 국가나 지방자치단체도 공행정관계에서 사업자에 해당할 수 있다.

해설

⑤ 국가나 지방자치단체도 사경제 주체로서 활동하는 경우에는 이 법에 따른 사업자가 될 수 있다(대판 1990.11.23., 90다카3659).

02 독점규제 및 공정거래에 관한 법률이 적용되는 경우를 모두 고른 것은? (다툼이 있으면 판례에 따름)

> ㄱ. 노동조합의 쟁의행위
> ㄴ. 서울시가 전동차제작회사와 체결하는 전동차제작납품계약
> ㄷ. 변호사 또는 의사와 같은 전문인이 행하는 사업
> ㄹ. 외국사업자가 외국에서 행한 행위가 국내시장에 간접적으로 영향을 미치는 경우

① ㄱ, ㄴ   ② ㄱ, ㄹ

③ ㄴ, ㄷ   ④ ㄴ, ㄹ

⑤ ㄷ, ㄹ

해설

ㄴ. 대판 1990.11.23., 90다카3659

ㄷ. 독점규제 및 공정거래에 관한 법률 제2조 제1호

ㄱ. 노동조합의 쟁의행위는 노동조합 및 노동관계조정법에 따른다.

ㄹ. 외국사업자가 외국에서 다른 사업자와 공동으로 경쟁을 제한하는 합의를 하였더라도, 그 합의의 대상에 국내시장이 포함되어 있어서 그로 인한 영향이 국내시장에 미친다면 그 합의가 국내시장에 영향을 미친 한도 내에서 공정거래법이 적용된다고 할 것이다(대판 2006.3.23., 2003두11155).

03 독점규제 및 공정거래에 관한 법률의 목적으로 규정된 것이 아닌 것은?

① 경제의 민주화
② 창의적인 기업활동 조성
③ 소비자 보호
④ 공정하고 자유로운 경쟁 촉진
⑤ 국민경제의 균형 있는 발전 도모

> **해설**
>
> 목적(독점규제 및 공정거래에 관한 법률 제1조)
> 이 법은 사업자의 시장지배적 지위의 남용과 과도한 경제력의 집중을 방지하고, 부당한 공동행위 및 불공정거래행위를 규제하여 공정하고 자유로운 경쟁을 촉진함으로써 창의적인 기업활동을 조성하고 소비자를 보호함과 아울러 국민경제의 균형 있는 발전을 도모함을 목적으로 한다.

04 독점규제 및 공정거래에 관한 법률상 시장지배적 지위의 남용행위로 규정된 것이 아닌 것은?

① 상품의 가격이나 용역의 대가를 부당하게 결정·유지 또는 변경하는 행위
② 거래지역 또는 거래상대방을 제한하는 행위
③ 상품의 판매 또는 용역의 제공을 부당하게 조절하는 행위
④ 다른 사업자의 사업활동을 부당하게 방해하는 행위
⑤ 새로운 경쟁사업자의 참가를 부당하게 방해하는 행위

> **해설**
>
> 시장지배적 지위의 남용금지(독점규제 및 공정거래에 관한 법률 제5조)
> • 상품의 가격이나 용역의 대가를 부당하게 결정·유지 또는 변경하는 행위
> • 상품의 판매 또는 용역의 제공을 부당하게 조절하는 행위
> • 다른 사업자의 사업활동을 부당하게 방해하는 행위
> • 새로운 경쟁사업자의 참가를 부당하게 방해하는 행위
> • 부당하게 경쟁사업자를 배제하기 위하여 거래하거나 소비자의 이익을 현저히 해칠 우려가 있는 행위

05 독점규제 및 공정거래에 관한 법률상 시장지배적 사업자로 추정되는 자를 모두 고른 것은?

> 일정한 거래분야에서 주요 사업자들의 연간 매출액(시장점유율)이 A는 70억 원(35%), B는 50억 원(25%), C는 30억 원(15%), D는 20억 원(10%), E는 10억 원(5%)이다. (D는 A의 계열회사이다)

① A, B
② A, B, C
③ A, B, D
④ A, B, C, D
⑤ A, B, C, D, E

> **해설**
>
> ※ 기존의 정답은 ③번이었다. 문제는 구법에 해당한다. 바뀐 조문의 내용은 아래와 같다.
> 시장지배적 사업자의 추정(독점규제 및 공정거래에 관한 법률 제6조 및 시행령 제11조)
> 일정한 거래분야에서 연간 매출액 또는 구매액이 80억 원 미만인 사업자는 제외한다. 또한, 시장지배적 사업자를 추정하는 경우에는 해당 사업자와 그 계열회사를 하나의 사업자로 본다.

06 독점규제 및 공정거래에 관한 법률상 시장지배적 지위를 남용한 사업자에 대하여 공정거래위원회가 취할 수 있는 조치 등으로 명시된 것이 아닌 것은?

① 가격 인하
② 경쟁촉진 방안 마련
③ 해당 행위의 중지
④ 시정명령을 받은 사실의 공표
⑤ 과징금의 부과

해설

공정거래위원회는 남용행위가 있을 때에는 그 시장지배적 사업자에게 가격의 인하, 해당 행위의 중지, 시정명령을 받은 사실의 공표 또는 그 밖에 필요한 시정조치를 명할 수 있다. 또한, 그 사업자에게 대통령령으로 정하는 매출액에 100분의 6을 곱한 금액을 초과하지 아니하는 범위에서 과징금을 부과할 수 있다(독점규제 및 공정거래에 관한 법률 제7조 및 제8조).

07 독점규제 및 공정거래에 관한 법률상 부당한 공동행위에 관한 설명으로 옳은 것은?

① 입찰에 참가하여 들러리를 서주는 등 입찰행위의 실행을 묵시적으로 동의한 경우에는 공동행위가 성립하지 아니한다.
② 수 차례의 합의가 1개의 부당한 공동행위가 되기 위해서는 위반행위 기간 전체에 걸쳐서 합의의 당사자가 동일하여야 한다.
③ 다른 사업자와 공동으로 부당하게 경쟁을 제한하기 위하여 가격을 유지하는 것은 부당한 공동행위에 해당하지 아니한다.
④ 부당한 공동행위를 한 사업자에 대해서는 5년 이하의 징역 또는 3억 원 이하의 벌금에 처한다.
⑤ 부당한 공동행위를 할 것을 약정하는 계약은 해당 사업자 간에는 그 효력을 무효로 한다.

해설

⑤ 독점규제 및 공정거래에 관한 법률 제40조 제4항
① 위와 같은 사정들과 부당한 공동행위의 유형과 이에 대한 과징금 부과 근거에 관한 공정거래법 제22조, 독점규제 및 공정거래에 관한 법률 시행령 제9조 제1항의 형식 및 내용과 체계 등을 종합하여 보면, 공구배분 합의에 가담한 사업자가 합의에 참여한 다른 사업자가 배분받기로 한 공구입찰에 형식적으로 참가하기로 하는 들러리 합의를 한 경우, 그 들러리 합의는 특별한 사정이 없는 한 공구배분 합의와는 별개로 독립된 부당한 공동행위에 해당하고, 그에 대하여 별개의 과징금을 부과할 수 있다(대판 2017.4.26., 2016두32688).
② 사업자들이 부당한 공동행위의 기본적 원칙에 관한 합의를 하고 이를 실행하는 과정에서 수 차례의 합의를 계속하여 온 경우는 물론, 그러한 기본적 원칙에 관한 합의 없이 장기간에 걸쳐 여러 차례의 합의를 해 온 경우에도 그 각 합의가 단일한 의사에 기하여 동일한 목적을 수행하기 위한 것으로서 단절됨이 없이 계속 실행되어 왔다면, 그 각 합의의 구체적인 내용이나 구성원 등에 일부 변경이 있었다고 할지라도, 특별한 사정이 없는 한 그와 같은 일련의 합의는 전체적으로 1개의 부당한 공동행위로 봄이 상당하다(대판 2009.1.30., 2008두16179).
③ 가격을 결정·유지 또는 변경하는 행위를 할 것을 합의하거나 다른 사업자로 하여금 이를 하도록 하여서는 아니 된다 (독점규제 및 공정거래에 관한 법률 제40조 제1항 제1호).
④ 부당한 공동행위를 한 사업자에 대해서는 3년 이하의 징역 또는 2억 원 이하의 벌금에 처한다(동법 제124조 제1항 제9호).

08 독점규제 및 공정거래에 관한 법률상 연구·기술개발을 위하여 공동행위를 하는 경우로서 공정거래 위원회의 인가를 받을 수 있는 요건에 해당되지 않는 것은?

① 해당 연구·기술개발이 산업경쟁력 강화를 위해 매우 필요하며 그 경제적 파급효과가 클 것

② 해당 연구·기술개발에 소요되는 투자금액이 과다하여 한 사업자가 조달하기 어려울 것

③ 해당 연구·기술개발성과의 불확실에 따른 위험분산을 위해 필요할 것

④ 해당 연구·기술개발이 소비자의 편익증진에 명백하게 기여할 것

⑤ 경쟁을 제한하는 효과보다 연구·기술개발의 효과가 클 것

해설

공동행위의 적용 제외(독점규제 및 공정거래에 관한 법률 시행령 제45조 제1항 제2호)
• 해당 연구·기술개발이 산업경쟁력 강화를 위해 매우 필요하며 그 경제적 파급효과가 클 것
• 연구·기술개발에 소요되는 투자금액이 과다하여 한 사업자가 조달하기 어려울 것
• 연구·기술개발성과의 불확실에 따른 위험분산을 위해 필요할 것
• 경쟁을 제한하는 효과보다 연구·기술개발의 효과가 클 것

---

09 독점규제 및 공정거래에 관한 법률상 부당한 공동행위의 유형으로 규정하고 있는 것을 모두 고른 것은?

ㄱ. 상품의 생산·출고·수송 또는 거래의 제한이나 용역의 거래를 제한하는 행위
ㄴ. 상품 또는 용역의 거래조건이나, 그 대금 또는 대가의 지급조건을 정하는 행위
ㄷ. 자기의 거래상의 지위를 부당하게 이용하여 상대방과 거래하는 행위
ㄹ. 영업의 주요 부문을 공동으로 수행·관리하거나 수행·관리하기 위한 회사 등을 설립하는 행위
ㅁ. 거래의 상대방의 사업활동을 부당하게 구속하는 조건으로 거래하는 행위

① ㄱ, ㄴ, ㄹ

② ㄱ, ㄴ, ㅁ

③ ㄱ, ㄷ, ㅁ

④ ㄴ, ㄷ, ㄹ

⑤ ㄷ, ㄹ, ㅁ

해설

ㄱ. 독점규제 및 공정거래에 관한 법률 제40조 제1항 제3호
ㄴ. 동법 제40조 제1항 제2호
ㄹ. 동법 제40조 제1항 제7호
ㄷ·ㅁ. 불공정거래행위의 금지에 해당하는 내용이다(동법 제45조 제1항 참조).

---

10 독점규제 및 공정거래에 관한 법률상 부당한 공동행위를 행한 사업자에 대한 공정거래위원회의 조치 등으로 옳지 않은 것은?

① 해당행위의 중지를 명할 수 있다.

② 시정명령을 받은 사실의 공표를 명할 수 있다.

③ 대통령령으로 정하는 매출액에 100분의 20을 곱한 금액을 초과하지 아니하는 범위에서 과징금을 부과할 수 있다.

④ 과징금 부과 시 그 사업자의 매출액이 없는 경우에는 40억 원을 초과하지 아니하는 범위에서 과징금을 부과할 수 있다.

⑤ 부당한 공동행위의 사실을 두 번째로 자진신고하는 자에게는 과징금을 면제하여야 한다.

> **해설**
>
> ⑤ 첫 번째 자진신고자는 과징금, 시정조치를 면제받게 되며, 두 번째 자진신고자는 과징금을 50% 감경받게 되고 시정조치도 감경받을 수 있다(독점규제 및 공정거래에 관한 법률 시행령 제51조 참조).

11 독점규제 및 공정거래에 관한 법률상 불공정거래행위의 유형들이 바르게 연결되어 있는 것은?

① 경쟁사업자 배제 – 집단적 차별

② 거래강제 – 끼워팔기

③ 부당한 고객유인 – 배타조건부거래

④ 사업활동 방해 – 이익제공강요

⑤ 거래거절 – 부당염매

> **해설**
>
> ② 거래강제 – 끼워팔기, 사원판매, 그 밖의 거래강제
> ① 경쟁사업자 배제 – 부당염매, 부당고가매입
> ③ 부당한 고객유인 – 부당한 이익에 의한 고객유인, 위계에 의한 고객유인, 그 밖의 부당한 고객유인
> ④ 사업활동 방해 – 기술의 부당이용, 인력의 부당유인·채용, 거래처 이전 방해, 그 밖의 사업활동 방해
> ⑤ 거래거절 – 공동의 거래거절, 그 밖의 거래거절

12 독점규제 및 공정거래에 관한 법률상 부당하게 특정사업자에게 수량·품질 등의 거래조건이나 거래내용을 현저하게 유리하거나 불리하게 취급하는 행위는 불공정거래행위의 어느 유형에 해당하는가?

① 거래조건차별
② 위계에 의한 고객유인
③ 사원판매
④ 부당고가매입
⑤ 경영간섭

해설

② 부당한 표시·광고 외의 방법으로 자기가 공급하는 상품 또는 용역의 내용이나 거래조건 및 그 밖의 거래에 관한 사항을 실제보다 또는 경쟁사업자의 것보다 현저히 우량 또는 유리한 것으로 고객이 잘못 알게 하거나 경쟁사업자의 것이 실제보다 또는 자기의 것보다 현저히 불량 또는 불리한 것으로 고객을 잘못 알게 하여 경쟁사업자의 고객을 자기와 거래하도록 유인하는 행위
③ 부당하게 자기 또는 계열회사의 임직원에게 자기 또는 계열회사의 상품이나 용역을 구입 또는 판매하도록 강제하는 행위
④ 부당하게 상품 또는 용역을 통상거래가격에 비해 높은 가격으로 구입하여 자기 또는 계열회사의 경쟁사업자를 배제시킬 우려가 있는 행위
⑤ 거래상대방의 임직원을 선임·해임하는 경우에 자기의 지시 또는 승인을 얻게 하거나 거래상대방의 생산품목·시설규모·생산량·거래내용을 제한하여 경영활동을 간섭하는 행위

13 독점규제 및 공정거래에 관한 법률상 불공정거래행위의 유형 중 거래상 지위남용에 해당하는 것을 모두 고른 것은?

ㄱ. 구입강제
ㄴ. 기술의 부당이용
ㄷ. 판매목표강제
ㄹ. 거래처이전방해
ㅁ. 부당한 자금지원

① ㄱ, ㄴ
② ㄱ, ㄷ
③ ㄴ, ㄹ
④ ㄷ, ㅁ
⑤ ㄹ, ㅁ

해설

거래상 지위의 남용(독점규제 및 공정거래에 관한 법률 시행령 별표 2 불공정거래행위의 유형 또는 기준 제6호)
• 구입강제
• 이익제공강요
• 판매목표강제
• 불이익제공
• 경영간섭

14 독점규제 및 공정거래에 관한 법률상 불공정거래행위의 유형 중 부당한 지원행위에 해당하지 않는 것은?

① 특수관계인에 자금을 상당히 낮은 대가로 제공하는 행위
② 다른 회사에 부동산을 상당히 높은 대가로 제공하는 행위
③ 특수관계인에 인력을 상당히 낮은 대가로 제공하는 행위
④ 다른 사업자와 직접 상품을 거래하면 상당히 유리함에도 불구하고 다른 회사를 거쳐서 거래하면서 그 다른 회사에 거래상 역할에 비해 과도한 대가를 지급하는 행위
⑤ 정당한 이유 없이 자기의 계열회사를 유리하게 하기 위해 거래조건을 현저하게 불리하게 하는 행위

해설

⑤ 불공정거래행위의 유형 중 차별적 취급의 계열회사를 위한 차별에 대한 설명이다.

15 A 전자 주식회사는 자신의 대리점에 대하여 전기면도기 등 4개 품목을 인터넷 오픈마켓에 공급하는 것을 금지하고 이를 위반한 대리점에 대하여 공급가격 인상 등의 제재를 하였다. 독점규제 및 공정거래에 관한 법률상 불공정거래행위의 어느 유형에 해당하는가? (다툼이 있으면 판례에 따름)

① 구속조건부거래   ② 부당한 고객유인
③ 거래강제   ④ 사업활동 방해
⑤ 차별적 취급

해설

① 구속조건부거래행위의 공정거래저해성에 관하여 이 사건 제2행위가 신규 제품의 원활한 시장 진입이나 무임승차 방지를 위한 합리적인 유통채널 선별전략이라고 인정하기 어렵다는 이유를 들어, 이는 공정한 거래를 저해할 우려가 있는 행위라고 판단하였다(대판 2017.6.19., 2013두17435).

16 자동차부분정비사업자들이 공동의 이익증진 및 친목도모 등을 목적으로 설립한 사업자단체가 구성사업자들에게 특정 지정폐기물 처리업체를 통하여만 지정폐기물을 처리하도록 강제하고 이에 따르지 않는 구성사업자를 제명하였다. 독점규제 및 공정거래에 관한 법률상 사업자단체의 어떤 금지유형에 해당하는가? (다툼이 있으면 판례에 따름)

① 부당한 공동행위에 의해 경쟁을 제한하는 행위
② 일정한 거래분야에서 현재 또는 장래의 사업자 수를 제한하는 행위
③ 구성사업자의 사업내용 또는 활동을 부당하게 제한하는 행위
④ 불공정거래행위를 하게 하는 행위
⑤ 재판매가격유지행위를 방조하는 행위

해설

③ 자동차부분정비사업자들이 공동의 이익증진 및 친목도모 등을 목적으로 설립한 사업자단체가 구성사업자들에게 특정 지정폐기물 처리업체를 통하여만 지정폐기물을 처리하도록 강제하고 이에 따르지 않는 구성사업자를 제명한 행위에 대하여, 공정거래위원회가 '구성사업자의 사업내용 또는 활동을 부당하게 제한하는 행위'에 해당한다는 이유로 시정명령을 한 사안에서, 그 시정명령이 적법하다고 본 원심의 판단을 수긍한 사례이다(대판 2010.10.28., 2010두14084).

17 독점규제 및 공정거래에 관한 법률상 불공정거래행위에 관한 설명으로 옳지 않은 것은?

① 불공정거래행위의 유형 또는 기준은 대통령령으로 정한다.

② 공정거래위원회는 불공정거래행위를 예방하기 위하여 필요한 경우 사업자가 준수하여야 할 지침을 제정·고시할 수 있다.

③ 사업자 또는 사업자단체는 부당한 고객유인을 방지하기 위하여 자율적으로 공정경쟁규약을 정할 수 있다.

④ 사업자 또는 사업자단체는 공정거래위원회에 공정경쟁규약이 이 법을 위반하는지에 대한 심사를 요청해야 한다.

⑤ 공정거래위원회는 공정경쟁규약의 심사를 요청받은 경우 요청을 받은 날부터 60일 이내에 그 심사 결과를 서면으로 요청인에게 통보해야 한다.

> **해설**
>
> ④ 사업자 또는 사업자단체는 공정거래위원회에 자율적으로 정한 규약(공정경쟁규약)이 부당하게 경쟁자의 고객을 자기 와 거래하도록 유인하는 행위를 위반하는지에 대한 심사를 요청할 수 있다(독점규제 및 공정거래에 관한 법률 제45조 제6항).

18 독점규제 및 공정거래에 관한 법률상 재판매가격유지행위에 관한 설명으로 옳지 않은 것은?

① 재판매가격유지행위란 사업자가 거래상대방인 사업자 또는 그 다음 거래단계별 사업자에 대하여 거래가격을 정하여 그 가격대로 판매 또는 제공할 것을 강제하거나 그 가격대로 판매 또는 제공하 도록 그 밖의 구속조건을 붙여 거래하는 행위를 말한다.

② 재판매가격유지행위 금지 규정이 적용되는 거래의 대상에 용역은 포함되지 아니한다.

③ 판매업자에게 안정적인 이윤을 보장하고, 이를 통해 제조업자 또는 판매업자의 유통경로 확보와 시장지배력 확대에 도움이 될 수 있다.

④ 브랜드 내의 가격경쟁(Intrabrand Price Competition)이 불가능하게 된 대신에, 품질·서비스 등 비가격경쟁이 촉진될 수 있다.

⑤ 일반적으로 수직적 가격결정 또는 구속(Vertical Price Fixing)의 성격을 가진다.

> **해설**
>
> ② 재판매가격유지행위란 사업자가 상품 또는 용역을 거래할 때 거래상대방인 사업자 또는 그 다음 거래단계별 사업자에 대하여 거래가격을 정하여 그 가격대로 판매 또는 제공할 것을 강제하거나 그 가격대로 판매 또는 제공하도록 그 밖의 구속조건을 붙여 거래하는 행위를 말한다(독점규제 및 공정거래에 관한 법률 제2조 제20호).

19 독점규제 및 공정거래에 관한 법률상 재판매가격유지행위에 관한 설명으로 옳은 것은?

① 최저재판매가격 유지행위는 정당한 이유의 존재유무와 상관없이 금지된다.

② 품질동일성의 용이한 식별 등의 요건을 갖춘 상품으로서 공정거래위원회로부터 지정을 받은 상품에 대해서는 재판매가격유지행위가 허용된다.

③ 저작권법 제2조 제1호에 따른 저작물 중 관계 중앙행정기관의 장과의 협의를 거쳐 공정거래위원회가 고시하는 출판된 저작물에 대해서는 재판매가격유지행위가 허용된다.

④ 강제성이 없는 권장가격이 제시된 경우에도 재판매가격유지행위로서 금지된다.

⑤ 위탁매매의 형식을 가지는 모든 거래에 대해서는 재판매가격유지행위가 허용된다.

> **해설**
>
> 재판매가격유지행위의 금지(독점규제 및 공정거래에 관한 법률 제46조)
> 사업자는 재판매가격유지행위를 하여서는 아니 된다. 다만, 다음의 어느 하나에 해당하는 경우에는 그러하지 아니하다.
> • 효율성 증대로 인한 소비자후생 증대효과가 경쟁제한으로 인한 폐해보다 큰 경우 등 재판매가격유지행위에 정당한 이유가 있는 경우
> • 「저작권법」 제2조 제1호에 따른 저작물 중 관계 중앙행정기관의 장과의 협의를 거쳐 공정거래위원회가 고시하는 출판된 저작물(전자출판물을 포함한다)인 경우

20 독점규제 및 공정거래에 관한 법률상 사업자단체에 관한 설명으로 옳지 않은 것은?

① 부당한 공동행위의 인가요건에 해당하는 경우 사업자단체는 공정거래위원회의 인가를 얻어 공동행위를 할 수 있다.

② 공정거래위원회는 필요한 경우 사업자단체가 준수하여야 할 지침을 제정·고시할 수 있다.

③ 공정거래위원회는 사업자단체가 준수하여야 할 지침을 제정하려는 경우에는 관계 행정기관의 장의 의견을 들어야 한다.

④ 공정거래위원회가 사업자단체에 시정조치를 명하는 경우 관련 구성사업자에 대해서는 시정조치를 명할 수 없다.

⑤ 공정거래위원회는 제51조 제1항을 위반하는 행위가 있을 때에는 해당 사업자단체에 10억 원의 범위에서 과징금을 부과할 수 있다.

> **해설**
>
> 시정조치(독점규제 및 공정거래에 관한 법률 제52조 제1항)
> 공정거래위원회는 사업자단체의 금지행위를 위반하는 행위가 있을 때에는 그 사업자단체(필요한 경우 관련 구성사업자를 포함한다)에 해당 행위의 중지, 시정명령을 받은 사실의 공표, 그 밖에 필요한 시정조치를 명할 수 있다.

21 독점규제 및 공정거래에 관한 법률상 사업자단체의 금지행위에 관한 설명으로 옳지 않은 것은? (다툼이 있으면 판례에 따름)

① 사업자단체가 부당한 공동행위에 의하여 경쟁을 제한하는 행위를 한 것으로 인정되기 위해서는 사업자단체의 의사결정 이외에 그 사업자단체의 구성원이 사업자단체의 의사결정에 따른 행위를 현실적으로 하였을 것을 요한다.

② 광역시의 치과의사회가 같은 광역시의 치과기공사회와 사이에 각 실무협의회 소속 회원을 통하여 치과기공물의 가격에 관한 가이드라인을 정한 다음 대표자의 추인을 받아 대표자 명의로 회원들에게 위 가이드라인에 대한 안내문을 발송한 것은 사업자단체에 의한 가격결정행위에 해당한다.

③ 대한법무사협회가 소속 법무사의 자유로운 집단등기사건 수임을 제한하는 내용의 집단등기사건수임업무처리규정을 제정·시행한 것은 구성사업자의 사업내용 또는 활동을 부당하게 제한하는 행위에 해당한다.

④ 대한의사협회가 정부의 의약분업정책에 항의하는 차원에서 일제 휴업을 결의하여 시행한 경우, 구성사업자의 사업내용 또는 활동을 부당하게 제한하는 행위에 해당한다.

⑤ 대한약사회가 소속 약국을 집단으로 문을 닫도록 결의하여 이를 시행한 경우, 구성사업자의 사업내용 또는 활동을 부당하게 제한하는 행위에 해당한다.

해설

① 사업자단체는 제40조 제1항의 행위로 부당하게 경쟁을 제한하는 행위에 해당하는 행위를 하여서는 아니 된다(독점규제 및 공정거래에 관한 법률 제51조 제1항 제1호).

부당한 공동행위의 금지(독점규제 및 공정거래에 관한 법률 제40조 제1항)

사업자는 계약·협정·결의 또는 그 밖의 어떠한 방법으로도 다른 사업자와 공동으로 부당하게 경쟁을 제한하는 다음의 어느 하나에 해당하는 행위를 할 것을 합의하거나 다른 사업자로 하여금 이를 하도록 하여서는 아니 된다.

• 가격을 결정·유지 또는 변경하는 행위
• 상품 또는 용역의 거래조건이나, 그 대금 또는 대가의 지급조건을 정하는 행위
• 상품의 생산·출고·수송 또는 거래의 제한이나 용역의 거래를 제한하는 행위
• 거래지역 또는 거래상대방을 제한하는 행위
• 생산 또는 용역의 거래를 위한 설비의 신설 또는 증설이나 장비의 도입을 방해하거나 제한하는 행위
• 상품 또는 용역의 생산·거래 시에 그 상품 또는 용역의 종류·규격을 제한하는 행위
• 영업의 주요 부문을 공동으로 수행·관리하거나 수행·관리하기 위한 회사 등을 설립하는 행위
• 입찰 또는 경매를 할 때 낙찰자, 경락자, 입찰가격, 낙찰가격 또는 경락가격, 그 밖에 대통령령으로 정하는 사항을 결정하는 행위
• 그 밖의 행위로서 다른 사업자의 사업활동 또는 사업 내용을 방해·제한하거나 가격, 생산량, 그 밖에 대통령령으로 정하는 정보를 주고받음으로써 일정한 거래분양에서 경쟁을 실질적으로 제한하는 행위

22 독점규제 및 공정거래에 관한 법률상 공정거래위원회에 관한 설명으로 옳지 않은 것은?

① 공정거래위원회의 사무를 독립적으로 수행하기 위하여 국무총리 소속으로 둔다.

② 경쟁제한적인 법령 및 행정처분의 협의·조정 등 경쟁촉진정책에 관한 사항은 공정거래위원회 소관 사무이다.

③ 공정거래위원회 위원장은 국무회의에 출석하여 발언할 수 있다.

④ 공정거래위원회 위원장과 다른 위원의 임기는 3년으로 하고, 연임할 수 없다.

⑤ 전원회의는 재적위원 과반수의 찬성으로 의결하고, 소회의는 구성위원 전원의 출석과 출석위원 전원의 찬성으로 의결한다.

해설

④ 공정거래위원회의 위원장, 부위원장 및 다른 위원의 임기는 3년으로 하고, 한 차례만 연임할 수 있다(독점규제 및 공정거래에 관한 법률 제61조).

23 독점규제 및 공정거래에 관한 법률상 공정거래위원회의 심의·의결에 관한 설명으로 옳은 것은?

① 당사자는 공정거래위원회 위원에게 심의·의결의 공정을 기대하기 어려운 사정이 있다고 할지라도 기피신청을 할 수 없다.

② 공정거래위원회의 심리와 의결은 비공개를 원칙으로 하고 공개를 예외로 한다.

③ 위원은 자기 또는 자기가 속한 법인이 당사자의 대리인으로서 관여하거나 관여하였던 사건에 대한 심의·의결에서 제척된다.

④ 의결서 등에 오기, 계산착오 또는 그 밖에 이와 유사한 오류가 있는 것이 명백한 경우에는 신청으로만 경정할 수 있다.

⑤ 이 법에 위반되는 사항에 대하여 공정거래위원회가 의결하는 경우에는 그 사항에 관한 심리를 시작하는 날까지 발생한 사실을 기초로 판단한다.

해설

① 당사자는 위원에게 심의·의결의 공정을 기대하기 어려운 사정이 있는 경우에는 기피신청을 할 수 있다(독점규제 및 공정거래에 관한 법률 제67조 제2항).

② 공정거래위원회의 심리와 의결은 공개한다(동법 제65조 제1항).

④ 공정거래위원회는 의결서 등에 오기, 계산착오 또는 그 밖에 이와 유사한 오류가 있는 것이 명백한 경우에는 신청이나 직권으로 경정할 수 있다(동법 제68조 제2항).

⑤ 공정거래위원회가 이 법에 위반되는 사항에 대하여 의결하는 경우에는 그 사항에 관한 심리를 종결하는 날까지 발생한 사실을 기초로 판단한다(동법 제69조).

24 독점규제 및 공정거래에 관한 법률상 공정거래분쟁조정과 관련된 사항으로 옳지 않은 것은?

① 불공정거래행위로 피해를 입은 사업자는 대통령령으로 정하는 사항을 기재한 서면을 공정거래분쟁 조정협의회에 제출함으로써 분쟁조정을 신청할 수 있다.

② 분쟁조정사항에 대하여 조정이 성립되어 작성된 조정조서는 재판상 화해와 동일한 효력을 갖는다.

③ 이 법 위반에 따른 분쟁조정의 신청은 시효중단의 효력이 있지만, 신청이 취하되거나 각하된 경우 에는 그러하지 아니하다.

④ 분쟁의 신청이 취하되거나 각하된 경우에, 6개월 내에 재판상의 청구를 하였을 때에는 시효는 그 재판상의 청구 시 중단된 것으로 본다.

⑤ 분쟁조정의 신청으로 중단된 시효는 분쟁조정이 이루어져 조정조서를 작성한 때 또는 분쟁조정이 이루어지지 아니하고 조정절차가 종료된 때부터 새로이 진행한다.

> **해설**
> ④ 분쟁조정의 신청은 시효중단의 효력이 있다. 다만, 신청이 취하되거나 각하된 경우에는 그러하지 아니하다. 이전 단서의 경우 6개월 내에 재판상의 청구, 파산절차 참가, 압류 또는 가압류, 가처분을 하였을 때에는 시효는 최초의 분쟁조정의 신청으로 중단된 것으로 본다(독점규제 및 공정거래에 관한 법률 제76조 제4항 및 제5항).

25 독점규제 및 공정거래에 관한 법률상 공정거래분쟁조정협의회(이하 "협의회"라 함)의 조정 등에 관한 설명으로 옳지 않은 것은?

① 협의회는 분쟁당사자에게 분쟁조정사항에 대하여 스스로 합의하도록 권고하거나 조정안을 작성하여 제시할 수 있다.

② 협의회는 해당 분쟁조정사항에 관한 사실을 확인하기 위하여 필요한 경우 조사를 하거나 분쟁당사 자에게 관련 자료의 제출이나 출석을 요구할 수 있다.

③ 조정신청의 내용과 직접적인 이해관계가 없는 자가 조정신청을 한 경우 협의회는 조정신청을 기각 하여야 한다.

④ 협의회는 분쟁조정의 신청을 받은 날부터 60일(분쟁당사자 양쪽이 기간 연장에 동의한 경우에는 90일)이 지나도 조정이 성립하지 아니한 경우에는 조정절차를 종료하여야 한다.

⑤ 협의회는 분쟁당사자가 조정절차를 개시하기 전에 분쟁조정사항을 스스로 조정하고 조정조서의 작성을 요청하는 경우에는 그 조정조서를 작성하여야 한다.

> **해설**
> ③ 조정신청의 내용과 직접적인 이해관계가 없는 자가 조정신청을 한 경우 협의회는 조정신청을 각하하여야 한다(독점규제 및 공정거래에 관한 법률 제77조 제3항 제1호 참조).

26 독점규제 및 공정거래에 관한 법률상 공정거래위원회의 조사 등의 절차에 관한 설명으로 옳은 것은?

① 이해관계자만이 이 법에 위반되는 사실을 공정거래위원회에 신고할 수 있다.

② 이 법 위반의 혐의가 있는 경우에 공정거래위원회는 당사자의 신고로만 필요한 조사를 할 수 있다.

③ 공정거래위원회가 조사한 결과 이 법에 따른 처분을 하지 아니하는 경우에는 그 근거 등을 기재한 서면을 해당 사건의 당사자에게 통지하지 아니한다.

④ 이 법 위반행위에 대하여 해당 위반행위의 종료일부터 5년이 지난 경우에는 이 법에 따른 시정조치를 명하거나 과징금을 부과할 수 없다.

⑤ 부당한 공동행위에 대하여 공정거래위원회가 조사를 개시한 경우 대통령령으로 정하는 조사 개시일부터 5년의 기간이 지난 경우에는 이 법에 따른 시정조치를 명하거나 과징금을 부과할 수 없다.

해설

① 누구든지 이 법에 위반되는 사실을 공정거래위원회에 신고할 수 있다(독점규제 및 공정거래에 관한 법률 제80조 제2항).

② 공정거래위원회는 이 법을 위반한 혐의가 있다고 인정할 때에는 직권으로 필요한 조사를 할 수 있다(동법 제80조 제1항).

③ 공정거래위원회는 직권 또는 신고로 조사한 결과 이 법에 따른 처분을 하거나 처분을 하지 아니하는 경우에는 그 근거, 내용 및 사유 등을 기재한 서면을 해당 사건의 당사자에게 통지하여야 한다(동법 제80조 제3항).

④ 이 법 위반행위에 대하여 해당 위반행위의 종료일부터 7년이 지난 경우에는 이 법에 따른 시정조치를 명하거나 과징금을 부과할 수 없다(동법 제80조 제5항 제2호 참조).

---

27 독점규제 및 공정거래에 관한 법률상 위반행위의 조사 등에 관한 설명으로 옳지 않은 것은?

① 조사를 하는 공무원은 대통령령으로 정하는 바에 따라 사업자, 사업자단체 또는 이들의 임직원에게 조사에 필요한 자료나 물건의 제출을 명할 수 있으나 제출된 자료나 물건을 보관할 수는 없다.

② 위반행위의 조사 등을 위하여 감정인을 지정하는 경우에 감정의 목적 및 내용 등이 포함된 서면으로 해야 한다.

③ 공정거래위원회가 위반행위의 조사 등을 위하여 이해관계인 또는 참고인을 출석하게 한 경우 예산의 범위에서 경비를 지급할 수 있다.

④ 공정거래위원회 소속 공무원이 조사 등을 위하여 사업자 또는 사업자단체의 사무소·사업장에 출입하여 당사자 등의 진술을 들으려는 경우에는 사업자 또는 사업자단체의 사무소·사업장에서 들어야 한다.

⑤ 이 법에 따라 당사자, 이해관계인 또는 참고인을 출석하게 하여 의견을 들으려는 경우 출석요구서를 발부해야 한다.

해설

① 공정거래위원회는 이 법의 시행을 위하여 필요하다고 인정할 때에는 대통령령으로 정하는 바에 따라 사업자, 사업자단체 또는 이들의 임직원에게 원가 및 경영상황에 관한 보고, 그 밖에 필요한 자료나 물건의 제출 명령 또는 제출된 자료나 물건의 일시 보관 처분을 할 수 있다(독점규제 및 공정거래에 관한 법률 제81조 제1항 제3호 참조).

28 독점규제 및 공정거래에 관한 법률상 공정거래위원회가 시정권고를 하는 경우 그 서면에 포함되는 사항으로 명시되지 않은 것은?

① 수락거부 시의 조치
② 수락여부 통지기한
③ 법 위반 내용
④ 권고사항
⑤ 이행강제금

해설

시정권고절차(독점규제 및 공정거래에 관한 법률 시행령 제78조)
• 법 위반 내용
• 권고사항
• 시정기한
• 수락여부 통지기한
• 수락거부 시의 조치

29 독점규제 및 공정거래에 관한 법률상 과징금 부과 및 징수 등에 관한 설명으로 옳지 않은 것은?

① 공정거래위원회는 이 법을 위반한 회사인 사업자가 합병으로 소멸한 경우에는 해당 회사가 한 위반 행위를 합병 후 존속하거나 합병에 따라 설립된 회사가 한 행위로 보아 과징금을 부과·징수할 수 있다.
② 공정거래위원회는 이 법을 위반한 회사인 사업자가 채무자 회생 및 파산에 관한 법률 제215조에 따라 새로운 회사를 설립하는 경우에는 기존 회사 또는 새로운 회사 중 어느 하나의 행위로 보고 과징금을 부과·징수할 수 있다.
③ 공정거래위원회는 체납된 과징금의 징수를 위하여 필요하다고 인정되는 경우에는 국세청장에게 과징금을 체납한 자에 대한 국세과세에 관한 정보의 제공을 요청할 수 있다.
④ 공정거래위원회는 과징금의 징수권에 대한 소멸시효가 완성된 경우 결손처분을 할 수 있다.
⑤ 과징금납부의무자는 과징금 납부기한의 연기 또는 분할납부를 신청할 수 없다.

해설

과징금 납부기한의 연기 및 분할납부(독점규제 및 공정거래에 관한 법률 제103조 제1항)
공정거래위원회는 과징금의 금액이 대통령령으로 정하는 기준을 초과하는 경우로서 다음의 어느 하나에 해당하는 사유로 과징금을 부과받은 자(이하 "과징금납부의무자"라 한다)가 과징금의 전액을 일시에 납부하기가 어렵다고 인정될 때에는 그 납부기한을 연기하거나 분할납부하게 할 수 있다.
• 재해 또는 도난 등으로 재산에 현저한 손실이 생긴 경우
• 사업여건의 악화로 사업이 중대한 위기에 처한 경우
• 과징금의 일시납부에 따라 자금사정에 현저한 어려움이 예상되는 경우
• 그 밖에 준하는 사유가 있는 경우

28 ⑤ 29 ⑤ **정답**

30 독점규제 및 공정거래에 관한 법률상 공정거래위원회의 조사 등의 절차와 관련된 내용으로 옳은 것을 모두 고른 것은? (다툼이 있으면 판례에 따름)

> ㄱ. 신고는 공정거래위원회에 대하여 이 법에 위반되는 사실에 대한 조사의 직권발동을 촉구하는 단서를 제공하는 것에 불과하다.
> ㄴ. 위반행위의 신고를 하려는 자는 공정거래위원회에 서면으로만 신고할 수 있다.
> ㄷ. 공정거래위원회의 무혐의 조치는 헌법소원의 대상이 될 수 없다.
> ㄹ. 공정거래위원회로부터 조사 및 심의를 받는 사업자, 사업자단체 또는 이들의 임직원은 변호사 등 변호인으로 하여금 조사 및 심의에 참여하게 하거나 의견을 진술하게 할 수 있다.

① ㄱ, ㄴ   ② ㄱ, ㄹ
③ ㄷ, ㄹ   ④ ㄱ, ㄴ, ㄷ
⑤ ㄴ, ㄷ, ㄹ

해설

ㄱ. 불공정거래행위의 직접 당사자가 아닌 제3자의 신고는 공정거래위원회에 대하여 법에 위반되는 사실에 관한 조사의 직권발동을 촉구하는 단서를 제공하는 것에 불과하다(헌재 2012.2.23., 2010헌마750).
ㄹ. 독점규제 및 공정거래에 관한 법률 제83조

31 약관의 규제에 관한 법률상 약관의 작성 및 설명의무 등에 관한 설명으로 옳지 않은 것은?

① 보험약관의 경우 여객운송업의 약관과 마찬가지로 이 법의 명시 · 설명의무 및 교부의무 관련 규정이 적용되지 않는다.
② 약관의 중요한 내용은 부호, 색채, 굵고 큰 문자 등으로 명확하게 표시하여야 한다.
③ 사업자는 계약을 체결할 때에는 고객에게 약관의 내용을 계약의 종류에 따라 일반적으로 예상되는 방법으로 분명하게 밝혀야 하는 것이 원칙이다.
④ 사업자는 원칙적으로 고객이 요구할 경우 그 약관의 사본을 고객에게 내주어 고객이 약관의 내용을 알 수 있게 하여야 한다.
⑤ 사업자는 고객이 약관의 내용을 쉽게 알 수 있도록 한글로 작성하고, 표준화 · 체계화된 용어를 사용하여야 한다.

해설

약관의 작성 및 설명의무 등(약관의 규제에 관한 법률 제3조 제2항)
사업자는 계약을 체결할 때에는 고객에게 약관의 내용을 계약의 종류에 따라 일반적으로 예상되는 방법으로 분명하게 밝히고, 고객이 요구할 경우 그 약관의 사본을 고객에게 내주어 고객이 약관의 내용을 알 수 있게 하여야 한다. 다만, 다음의 어느 하나에 해당하는 업종의 약관에 대하여는 그러하지 아니하다.
• 여객운송업
• 전기 · 가스 및 수도사업
• 우편업
• 공중전화 서비스 제공 통신업

32 약관의 규제에 관한 법률상 약관의 해석에 관한 설명으로 옳지 않은 것은? (다툼이 있으면 판례에 따름)

① 약관은 신의성실의 원칙에 따라 공정하게 해석되어야 한다.
② 약관은 고객에 따라 다르게 해석되어도 무방하다.
③ 약관의 뜻이 명백하지 아니한 경우에는 고객에게 유리하게 해석되어야 한다.
④ 약관 내용이 모호하다는 의미는 약관 내용이 두 가지 이상의 의미로 해석될 수 있음을 뜻한다.
⑤ 약관의 해석은 평균적 고객의 이해가능성을 기준으로 객관적 · 획일적으로 해석하여야 한다.

> **해설**
>
> ② 약관은 신의성실의 원칙에 따라 공정하게 해석되어야 하며 고객에 따라 다르게 해석되어서는 아니 된다(약관의 규제에 관한 법률 제5조 제1항).

33 약관의 규제에 관한 법률상 설명의무에 관한 내용으로 옳지 않은 것은? (다툼이 있으면 판례에 따름)

① 사업자는 약관에 정하여져 있는 중요한 내용을 고객이 이해할 수 있도록 설명하여야 하지만 계약의 성질상 설명하는 것이 현저하게 곤란한 경우에는 그러하지 아니하다.
② 설명의무의 대상이 되는 중요한 내용이라 함은 사회통념에 비추어 고객이 계약체결여부나 대가를 결정하는 데 직접적인 영향을 미칠 수 있는 사항을 말한다.
③ 약관에 대한 설명의무를 위반한 경우, 사업자는 계약을 취소할 수 있다.
④ 설명의무의 상대방은 반드시 계약자 본인에 국한되는 것이 아니라, 사업자가 계약자의 대리인과 계약을 체결할 경우에는 그 대리인에게 약관을 설명함으로써 족하다.
⑤ 전기 · 가스, 수도사업 등 이 법 제3조 제2항 각 호에 해당하는 업종의 약관인 경우에도 사업자는 영업소에 해당 약관을 비치하여 고객이 볼 수 있도록 하여야 한다.

> **해설**
>
> ③ 보험약관의 명시 · 설명의무에 위반하여 보험계약을 체결한 때에는 그 약관의 내용을 보험계약의 내용으로 주장할 수 없고, 보험계약자나 그 대리인이 그 약관에 규정된 고지의무를 위반하였다 하더라도 이를 이유로 보험계약을 해지할 수 없다(대판 1996.4.12., 96다4893).

34 약관의 규제에 관한 법률상 불공정약관조항에 관한 설명으로 옳은 것은?

① 고객에게 부당하게 과중한 지연 손해금 등의 손해배상 의무를 부담시키는 약관조항은 무효로 한다.
② 약관의 내용 중 고객에게 부당하게 불리한 조항은 공정성을 잃은 것으로 간주한다.
③ 약관의 내용 중 고객이 계약의 거래형태 등 관련된 모든 사정에 비추어 예상하기 어려운 조항은 공정성을 잃은 것으로 간주한다.
④ 계약 당사자의 책임에 관하여 정하고 있는 약관의 내용 중 사업자, 이행 보조자 또는 피용자의 과실로 인한 법률상의 책임을 배제하는 조항은 무효로 한다.
⑤ 신의성실의 원칙을 위반하여 공정성을 잃은 약관조항은 무효로 추정된다.

해설

②·③ 약관의 내용 중 고객에게 부당하게 불리한 조항, 고객이 계약의 거래형태 등 관련된 모든 사정에 비추어 예상하기 어려운 조항, 계약의 목적을 달성할 수 없을 정도로 계약에 따르는 본질적 권리를 제한하는 조항에 해당하는 내용을 정하고 있는 조항은 공정성을 잃은 것으로 추정된다(약관의 규제에 관한 법률 제6조 제2항).

④ 계약 당사자의 책임에 관하여 정하고 있는 약관의 내용 중 사업자, 이행 보조자 또는 피고용자의 고의 또는 중대한 과실로 인한 법률상의 책임을 배제하는 조항은 무효로 한다(동법 제7조 제1호).

⑤ 신의성실의 원칙을 위반하여 공정성을 잃은 약관조항은 무효이다(동법 제6조 제1항).

35 약관의 규제에 관한 법률상 계약의 해제·해지에 관하여 정하고 있는 약관의 내용 중 무효인 경우를 모두 고른 것은?

> ㄱ. 법률에 따른 고객의 해제권 또는 해지권을 배제하거나 그 행사를 제한하는 조항
> ㄴ. 사업자에게 법률에서 규정하고 있는 해제권 또는 해지권을 부여하는 조항
> ㄷ. 계약의 해제 또는 해지로 인한 원상회복의무를 상당한 이유 없이 고객에게 과중하게 부담시키는 조항
> ㄹ. 계약의 해제 또는 해지로 인한 사업자의 손해배상의무를 부당하게 경감하는 조항

① ㄱ, ㄴ, ㄷ
② ㄱ, ㄴ, ㄹ
③ ㄱ, ㄷ, ㄹ
④ ㄴ, ㄷ, ㄹ
⑤ ㄱ, ㄴ, ㄷ, ㄹ

해설

계약의 해제·해지(약관의 규제에 관한 법률 제9조)
계약의 해제·해지에 관하여 정하고 있는 약관의 내용 중 다음의 어느 하나에 해당되는 내용을 정하고 있는 조항은 무효로 한다.
- 법률에 따른 고객의 해제권 또는 해지권을 배제하거나 그 행사를 제한하는 조항
- 사업자에게 법률에서 규정하고 있지 아니하는 해제권 또는 해지권을 부여하여 고객에게 부당하게 불이익을 줄 우려가 있는 조항
- 법률에 따른 사업자의 해제권 또는 해지권의 행사 요건을 완화하여 고객에게 부당하게 불이익을 줄 우려가 있는 조항
- 계약의 해제 또는 해지로 인한 원상회복의무를 상당한 이유 없이 고객에게 과중하게 부담시키거나 고객의 원상회복청구권을 부당하게 포기하도록 하는 조항
- 계약의 해제 또는 해지로 인한 사업자의 원상회복의무나 손해배상의무를 부당하게 경감하는 조항
- 계속적인 채권관계의 발생을 목적으로 하는 계약에서 그 존속기간을 부당하게 단기 또는 장기로 하거나 묵시적인 기간의 연장 또는 갱신이 가능하도록 정하여 고객에게 부당하게 불이익을 줄 우려가 있는 조항

36 약관의 규제에 관한 법률상 의사표시의 의제에 관한 조항 중 무효인 경우를 모두 고른 것은?

> ㄱ. 고객의 의사표시의 형식이나 요건에 대하여 부당하게 엄격한 제한을 두는 조항
> ㄴ. 고객의 이익에 중대한 영향을 미치는 사업자의 의사표시가 상당한 이유 없이 고객에게 도달된 것으로 보는 조항
> ㄷ. 고객의 이익에 중대한 영향을 미치는 사업자의 의사표시기한을 부당하게 길게 정하거나 불확정하게 정하는 조항
> ㄹ. 고객에게 상당한 기한 내에 의사표시를 하지 아니하면 의사표시가 표명된 것으로 본다는 뜻을 명확하게 고지한 조항

① ㄱ, ㄴ   ② ㄱ, ㄹ
③ ㄷ, ㄹ   ④ ㄱ, ㄴ, ㄷ
⑤ ㄴ, ㄷ, ㄹ

해설

의사표시의 의제(약관의 규제에 관한 법률 제12조)
의사표시에 관하여 정하고 있는 약관의 내용 중 다음의 어느 하나에 해당하는 내용을 정하고 있는 조항은 무효로 한다.
• 일정한 작위 또는 부작위가 있을 경우 고객의 의사표시가 표명되거나 표명되지 아니한 것으로 보는 조항. 다만, 고객에게 상당한 기한 내에 의사표시를 하지 아니하면 의사표시가 표명되거나 표명되지 아니한 것으로 본다는 뜻을 명확하게 따로 고지한 경우이거나 부득이한 사유로 그러한 고지를 할 수 없는 경우에는 그러하지 아니하다.
• 고객의 의사표시의 형식이나 요건에 대하여 부당하게 엄격한 제한을 두는 조항
• 고객의 이익에 중대한 영향을 미치는 사업자의 의사표시가 상당한 이유 없이 고객에게 도달된 것으로 보는 조항
• 고객의 이익에 중대한 영향을 미치는 사업자의 의사표시 기한을 부당하게 길게 정하거나 불확정하게 정하는 조항

37 약관의 규제에 관한 법률상 불공정약관조항의 무효에 관한 설명으로 옳지 않은 것은?

① 고객의 대리인에 의하여 계약이 체결된 경우 고객이 그 의무를 이행하지 아니하는 경우에는 대리인에게 그 의무의 일부를 이행할 책임을 지우는 내용의 약관조항은 무효로 한다.
② 고객에게 부당하게 불리한 소송제기 금지 조항은 무효로 한다.
③ 고객에게 부당하게 불리한 재판관할의 합의조항은 무효로 한다.
④ 약관의 일부의 조항이 이 법 제3조 제4항에 따라 계약의 내용이 되지 못하는 경우에는 그 계약은 전부 무효가 되는 것이 원칙이다.
⑤ 고객의 권익에 관하여 정하고 있는 약관의 내용 중 법률에 따른 고객의 항변권 등의 권리를 상당한 이유 없이 배제하는 조항은 무효이다.

해설

④ 약관의 전부 또는 일부의 조항이 제3조 제4항에 따라 계약의 내용이 되지 못하는 경우나 제6조부터 제14조까지의 규정에 따라 무효인 경우 계약은 나머지 부분만으로 유효하게 존속한다. 다만, 유효한 부분만으로는 계약의 목적 달성이 불가능하거나 그 유효한 부분이 한쪽 당사자에게 부당하게 불리한 경우에는 그 계약은 무효로 한다(약관의 규제에 관한 법률 제16조).

38 약관의 규제에 관한 법률상 약관조항이 이 법에 위반되는지 여부에 관한 심사를 청구할 수 있는 자를 모두 고른 것은?

> ㄱ. 사업자단체
> ㄴ. 소비자기본법에 따라 등록되어 있지 않은 소비자단체
> ㄷ. 소비자기본법에 따라 설립된 한국소비자원
> ㄹ. 약관의 조항과 관련하여 사실상 이익이 있는 자

① ㄱ, ㄴ
② ㄱ, ㄷ
③ ㄴ, ㄹ
④ ㄷ, ㄹ
⑤ ㄱ, ㄷ, ㄹ

해설

약관의 심사청구(약관의 규제에 관한 법률 제19조 제1항)
• 약관의 조항과 관련하여 법률상의 이익이 있는 자
• 소비자기본법에 따라 등록된 소비자단체
• 소비자기본법에 따라 설립된 한국소비자원
• 사업자단체

39 약관의 규제에 관한 법률상 분쟁조정 등에 관한 설명으로 옳지 않은 것은?

① 약관 분쟁조정협의회는 위원장 1명을 포함한 9명의 위원으로 구성한다.
② 약관 분쟁조정협의회의 위원장은 한국공정거래조정원의 장의 제청으로 공정거래위원회 위원장이 위촉한다.
③ 약관 분쟁조정협의회는 전체회의와 분과회의로 구분된다.
④ 약관 분쟁조정협의회는 분쟁당사자의 일방이 조정을 거부한 경우에는 조정절차를 종료하여야 한다.
⑤ 약관 분쟁조정협의회는 집단분쟁조정의 당사자인 다수의 고객 중 일부의 고객이 법원에 소를 제기한 경우에는 그 분쟁조정절차를 중지한다.

해설

⑤ 협의회는 집단분쟁조정의 당사자인 다수의 고객 중 일부의 고객이 법원에 소를 제기한 경우에는 그 절차를 중지하지 아니하고 소를 제기한 일부의 고객은 그 절차에서 제외한다(약관의 규제에 관한 법률 제28조의2 제6항).

40 약관의 규제에 관한 법률상 표준약관에 관한 설명으로 옳지 않은 것은?

① 공정거래위원회는 필요하다고 인정하는 경우에는 표준약관을 사용하고 있는 사업자 또는 사업자단체에 대하여 해당 약관의 운용 상황을 제출하게 할 수 있다.

② 공정거래위원회는 법률의 제정 및 개정 등으로 약관을 정비할 필요가 발생한 경우, 사업자 및 사업자단체에 대하여 표준이 될 약관의 제정·개정안을 마련하여 심사청구할 것을 권고할 수 있다.

③ 표준약관의 사용을 권장받은 사업자는 표준약관과 다른 약관을 사용하는 경우 표준약관과 다르게 정한 주요 내용을 고객이 알기 쉽게 표시하여야 한다.

④ 공정거래위원회는 심사하거나 제정·개정한 표준약관을 공시하고 사업자 및 사업자단체에 표준약관을 사용할 것을 명할 수 있다.

⑤ 사업자 및 사업자단체는 표준약관을 사용하는 경우 공정거래위원회가 고시하는 바에 따라 표준약관 표지(標識)를 사용할 수 있다.

해설

④ 공정거래위원회는 심사하거나 제정·개정한 약관을 공시하고 사업자 및 사업자단체에 표준약관을 사용할 것을 권장할 수 있다(약관의 규제에 관한 법률 제19조의3 제5항).

41 불공정한 법률행위에 관한 설명으로 옳지 않은 것은? (다툼이 있으면 판례에 따름)

① 피해 당사자가 궁박, 경솔 또는 무경험의 상태에 있었더라도 상대방에게 폭리행위의 악의가 없다면 불공정한 법률행위는 성립하지 않는다.

② 무경험이란 어느 특정영역에 있어서의 경험부족이 아니라 거래일반에 대한 경험부족을 뜻한다.

③ 불공정한 법률행위로서 무효인 경우에는 원칙적으로 추인하더라도 유효로 될 수 없다.

④ 불공정한 법률행위의 무효는 선의의 제3자에게 대항할 수 없다.

⑤ 매매계약이 불공정한 법률행위에 해당하여 무효인 경우, 특별한 사정이 없는 한 그 계약의 불공정성을 다투지 않기로 하는 부제소 합의도 무효이다.

> **해설**
> ④ 반사회적 법률행위·불공정한 법률행위는 절대적 무효로 선의의 제3자에게 대항할 수 있다. 또한, 선의의 제3자 보호 규정이 없어서 누구에게나 그 무효를 주장할 수 있다(대판 1996.10.25., 96다29151).

42 선량한 풍속 기타 사회질서에 반하는 행위인 것을 모두 고른 것은? (다툼이 있으면 판례에 따름)

> ㄱ. 전통사찰의 주지직을 거액의 금품을 대가로 양도·양수하기로 하는 약정이 있음을 알고 이를 묵인·방조한 상태에서 행한 종교법인의 주지임명행위
> ㄴ. 오로지 보험사고를 가장하여 생명보험금을 취득할 목적으로 체결한 생명보험계약
> ㄷ. 주택매매계약을 체결하면서 매도인의 양도소득세를 면탈케 할 목적으로 소유권이전등기를 일정 기간 후에 넘겨받기로 한 특약
> ㄹ. 행정기관에 진정서를 제출하여 상대방을 궁지에 빠뜨린 다음 이를 취하하는 조건으로 거액의 급부를 제공받기로 한 약정

① ㄱ

② ㄱ, ㄷ

③ ㄴ, ㄹ

④ ㄴ, ㄷ, ㄹ

⑤ ㄱ, ㄴ, ㄷ, ㄹ

> **해설**
> ㄱ. 전통사찰의 주지직을 거액의 금품의 대가로 양도·양수하기로 하는 약정이 있었음을 알고도 이를 묵인 혹은 방조한 상태에서 행한 종교법인의 주지직 임명행위는 반사회질서행위에 해당하지 않는다(대판 2001.2.9., 99다38613).
> ㄷ. 양도소득세 회피 및 투기의 목적으로 자신 앞으로 소유권이전등기를 하지 아니하고 미등기인 상태로 매매계약을 체결하였다고 하여 그것만으로 그 매매계약이 사회질서에 반하는 법률행위로서 무효가 된다고 할 수는 없다(대판 1993.5.25., 93다296).

43 민법상 물건에 관한 설명으로 옳지 않은 것은? (다툼이 있으면 판례에 따름)

① 종물은 원칙적으로 주물 소유자의 소유에 속하는 물건이어야 한다.

② 분묘에 안치되어 있는 선조의 유체·유골은 매장·관리·제사·공양의 대상이 될 수 있는 유체물로서 그 제사주재자에게 승계된다.

③ 건물저당권의 효력은 특별한 사정이 없는 한 건물소유권자의 건물 소유를 위한 토지임차권에도 미친다.

④ '종물은 주물의 처분에 따른다'는 법리는 주물의 권리관계가 공법상 처분인 경우에는 적용되지 않는다.

⑤ 매매계약이 있은 후에도 매매목적물이 인도되지 않고 매매대금도 완납되지 않은 경우, 특별한 사정이 없는 한 매매목적물로부터 생긴 과실은 매도인에게 속한다.

해설

④ '종물은 주물의 처분에 따른다(민법 제100조 제2항).'는 법리는 물건 상호 간의 관계뿐 아니라 권리 상호 간에도 적용되고, 규정에서의 처분은 처분행위에 의한 권리변동뿐 아니라 주물의 권리관계가 압류와 같은 공법상의 처분 등에 의하여 생긴 경우에도 적용된다(대판 2006.10.26., 2006다29020).

44 착오에 의한 의사표시에 관한 설명으로 옳은 것을 모두 고른 것은? (다툼이 있으면 판례에 따름)

> ㄱ. 동기의 착오가 상대방의 부정한 방법에 의해 유발된 경우, 표의자는 동기가 표시되지 않았더라도 착오를 이유로 의사표시를 취소할 수 있다.
> ㄴ. 소취하합의는 소송행위이므로 법률행위 내용의 중요 부분에 착오가 있더라도 착오를 이유로 취소할 수 없다.
> ㄷ. 근저당권설정계약상 채무자의 동일성에 관한 착오는 특별한 사정이 없는 한 법률행위 내용의 중요 부분에 관한 착오이다.
> ㄹ. 상대방이 표의자의 착오를 알고 이용하였더라도 착오가 표의자의 중과실로 인한 것이라면 표의자는 착오를 이유로 의사표시를 취소할 수 없다.

① ㄱ, ㄴ

② ㄱ, ㄷ

③ ㄴ, ㄹ

④ ㄱ, ㄷ, ㄹ

⑤ ㄴ, ㄷ, ㄹ

해설

ㄴ. 소취하합의의 의사표시(= 소송행위가 아님) 역시 민법 제109조에 따라 법률행위의 내용의 중요 부분에 착오가 있는 때에는 취소할 수 있을 것이다(대판 2020.10.15., 2020다227523, 227530).

ㄹ. 상대방이 표의자의 착오를 알고 이를 이용한 경우에는 착오가 표의자의 중대한 과실로 인한 것이라고 하더라도 표의자는 의사표시를 취소할 수 있다(대판 2014.11.27., 2013다49794).

45 민법상 법인에 관한 설명으로 옳지 않은 것은? (다툼이 있으면 판례에 따름)

① 사단법인의 사원의 지위는 정관에 정함이 있는 때에는 양도할 수 있다.

② 재단법인의 정관변경은 그 변경방법을 정관에서 정한 때에도 주무관청의 허가를 얻지 않으면 그 효력이 없다.

③ 재단법인의 기본재산에 관한 저당권 설정행위는 특별한 사정이 없는 한 주무관청의 허가를 얻을 필요가 없다.

④ 법원의 직무집행정지 가처분결정에 의하여 회사를 대표할 권한이 정지된 대표이사가 그 정지기간 중에 체결한 계약은 절대적으로 무효이다.

⑤ 사단법인의 사원들이 정관의 규범적 의미·내용과 다른 해석을 사원총회의 결의라는 방법으로 표명한 경우, 그 결의에 의한 해석은 그 사단법인의 사원들과 법원을 구속한다.

해설

⑤ 사단법인의 사원들이 정관의 규범적인 의미 내용과 다른 해석을 사원총회의 결의라는 방법으로 표명하였다고 하더라도 그 결의에 의한 해석은 사단법인의 구성원인 사원들이나 법원을 구속하는 효력이 없다(대판 2000.11.24., 99다 12437).

46 제한능력자의 법률행위에 관한 설명으로 옳은 것은? (다툼이 있으면 판례에 따름)

① 미성년자는 법정대리인의 동의 없이 부동산 경매절차에서 매수인이 될 수 있다.

② 법정대리인이 재산의 범위를 정하여 미성년자에게 처분을 허락한 경우, 법정대리인은 그 재산의 처분에 관하여 미성년자를 대리할 수 없다.

③ 미성년자는 법정대리인의 동의가 없으면 타인의 대리인으로서 유효한 법률행위를 할 수 없다.

④ 법정대리인이 미성년자에게 영업의 종류를 특정하여 영업을 허락하였다면 그 특정한 영업에 관해서는 법정대리인의 대리권이 소멸한다.

⑤ 성년후견인은 피성년후견인의 재산상 법률행위에 대하여 동의권을 갖는다.

해설

④ 미성년자가 법정대리인으로부터 허락을 얻은 특정한 영업에 관하여는 성년자와 동일한 행위능력이 있다(민법 제8조 제1항).

① 미성년자는 법정대리인의 관여없이 부동산 경매절차에서 경락인이 될 수 없다(대결 1969.11.19., 자, 69마989).

② 범위를 정하여 처분을 허락한 재산에 대해서도 법정대리인은 대리행위를 할 수 있다.

③ 대리인은 행위능력자임을 요하지 않는다(민법 제117조). 미성년자가 타인을 대리할 때에는 법정대리인의 동의를 얻지 않아도 된다.

⑤ 피성년후견인의 법률행위는 취소할 수 있다(민법 제10조 제1항). 동의권을 가질 수 없으며, 대리권과 취소권만 유효하다.

47 사기 · 강박에 의한 의사표시에 관한 설명으로 옳은 것은? (다툼이 있으면 판례에 따름)

① 강박에 의해 체결된 거래계약이 토지거래허가를 받지 않아 유동적 무효상태에 있는 경우, 표의자는 허가 신청 전에 강박을 이유로 그 계약을 취소할 수 없다.

② 화해계약이 사기로 인해 체결된 경우, 화해의 목적인 분쟁 사항에 착오가 있는 때에도 표의자는 사기를 이유로 계약을 취소할 수 있다.

③ 제3자에 의한 사기로 계약을 체결한 경우, 표의자는 그 계약을 취소하지 않으면 그 제3자에 대하여 불법행위로 인한 손해배상을 청구할 수 없다.

④ 표의자가 상대방의 기망행위로 인해 법률행위 중요부분에 착오를 일으킨 경우, 표의자는 사기를 이유로 그 법률행위를 취소할 수 있을 뿐 착오를 이유로 취소할 수는 없다.

⑤ 소송행위가 강박에 의해 이루어진 경우, 표의자는 특별한 사정이 없는 한 강박을 이유로 그 소송행위를 취소할 수 있다.

해설

② 민법 제733조의 규정에 의하면, 화해계약은 화해당사자의 자격 또는 화해의 목적인 분쟁 이외의 사항에 착오가 있는 경우를 제외하고는 착오를 이유로 취소하지 못하지만, 화해계약이 사기로 인하여 이루어진 경우에는 화해의 목적인 분쟁에 관한 사항에 착오가 있는 때에도 민법 제110조에 따라 이를 취소할 수 있다고 할 것이다(대판 2008.9.11., 2008다15278).

① 토지거래허가를 받지 않아 유동적 무효 상태에 있는 거래계약에 관하여 사기 또는 강박에 의한 계약의 취소를 주장할 수 있다(대판 1997.11.14., 97다36118).

③ 제3자의 사기행위 자체가 불법행위를 구성하는 이상, 제3자로서는 그 불법행위로 인하여 피해자가 입은 손해를 배상할 책임을 부담하는 것이므로, 피해자가 제3자를 상대로 손해배상청구를 하기 위하여 반드시 그 분양계약을 취소할 필요는 없다(대판 1998.3.10., 97다55829).

④ 기망행위로 인하여 법률행위의 중요부분에 관하여 착오를 일으킨 경우뿐만 아니라 법률행위의 내용으로 표시되지 아니한 의사결정의 동기에 관하여 착오를 일으킨 경우에도 표의자는 그 법률행위를 사기에 의한 의사표시로서 취소할 수 있다(대판 1985.4.9., 85도167).

⑤ 공법행위 · 소송행위이면 형식적 확실성을 중시하고 표시가 절대적으로 존중되어야 하므로, 민법상의 의사표시가 적용되지 않는다. 따라서 강박에 의하여 취소할 수 없다.

48 비법인사단에 관한 설명으로 옳지 않은 것은? (다툼이 있으면 판례에 따름)

① 비법인사단이 타인 간의 금전채무를 보증하는 행위는 총유물의 관리 · 처분행위로 볼 수 없다.

② 비법인사단은 사원이 존재하지 않게 된 경우에도 청산사무가 완료될 때까지 청산의 목적범위 내에서 권리의무의 주체가 된다.

③ 비법인사단의 구성원 개인은 그가 사단의 대표자이거나 사원총회의 결의를 거친 경우에는 총유재산의 보존행위를 위한 소송의 당사자가 될 수 있다.

④ 비법인사단의 대표자가 정관에 규정된 대표권 제한을 위반하여 법률행위를 한 경우, 거래 상대방이 그 대표권 제한 사실을 알았거나 알 수 있었을 경우가 아니라면 그 법률행위는 유효하다.

⑤ 소집절차에 하자가 있어 그 효력을 인정할 수 없는 종중총회의 결의라도 후에 적법하게 소집된 종중총회에서 이를 추인하면 처음부터 유효로 된다.

③ 총유재산에 관한 소송은 법인 아닌 사단이 그 명의로 사원총회의 결의를 거쳐서 하거나 또는 그 구성원 전원이 당사자가 되어 필수적 공동소송의 형태로 할 수 있을 뿐 그 사단의 구성원은 설령 그가 사단의 대표자거나 사원총회의 결의를 거쳤다 하더라도 그 소송의 당사자가 될 수 없고, 이러한 법리는 총유재산의 보존행위로서 소를 제기하는 경우에도 마찬가지라 할 것이다(대판 2005.9.15., 2004다44971).

49 신의성실의 원칙과 그 파생원칙에 관한 설명으로 옳지 않은 것은? (다툼이 있으면 판례에 따름)

① 강행법규를 위반한 자가 스스로 그 약정의 무효를 주장하는 것은 특별한 사정이 없는 한 신의칙에 위반된다.

② 실효의 원칙은 항소권과 같은 소송법상의 권리에도 적용될 수 있다.

③ 신의성실의 원칙에 반하는지 여부는 당사자의 주장이 없더라도 법원이 직권으로 판단할 수 있다.

④ 임대차계약에서 차임불증액 특약이 있더라도 이후 특약을 그대로 유지시키는 것이 신의칙에 반한다고 인정될 정도의 사정변경이 있으면 형평의 원칙상 임대인의 차임증액청구를 인정할 수 있다.

⑤ 회사의 이사가 재직 중 채무액과 변제기가 특정되어 있는 회사채무에 대한 보증계약을 체결한 경우, 이후 이사직 사임이라는 사정변경을 이유로 일방적으로 보증계약을 해지할 수 없다.

① 강행법규를 위반한 자가 스스로 그 약정이 강행규정에 반하여 무효라고 주장하는 것이 신의칙에 위반되는 권리행사라는 이유로 그 주장을 배척한다면, 이는 오히려 강행법규에 의해 배제하려는 결과를 실현시키는 셈이 되어 입법취지를 완전히 몰각하게 되므로, 특별한 사정이 없는 한 그러한 주장은 신의칙에 반한다고 할 수 없다(대판 2007.11.29., 2005다64552).

50 의사표시에 관한 설명으로 옳은 것은? (다툼이 있으면 판례에 따름)

① 청약의 의사표시는 상대방에게 도달하기 전이라도 이를 철회할 수 없다.

② 표의자가 의사표시의 내용을 진정으로는 바라지 않았더라도 당시 상황에서는 그것이 최선이라고 판단하여 의사표시를 하였을 경우에는 이를 진의 아닌 의사표시라고 할 수 없다.

③ 대리행위에서 진의 아닌 의사표시인지 여부는 원칙적으로 본인을 기준으로 판단하여야 한다.

④ 통정허위표시의 무효로 대항할 수 없는 제3자는 선의이고 무과실일 것을 요한다.

⑤ 채권의 가장양도에 있어서 채무자는 통정허위표시의 제3자에 해당한다.

② 표의자가 의사표시의 내용을 진정으로 마음속에서 바라지는 아니하였다고 하더라도 당시의 상황에서는 그것을 최선이라고 판단하여 그 의사표시를 하였을 경우에는 이를 내심의 효과의사가 결여된 비진의 의사표시라고 할 수 없다(대판 1996.12.20., 95누16059).

① 의사표시는 상대방에게 도달한 때에 그 효력이 생기므로, 발신 후 이더라도 도달하기 전에는 표의자가 임의로 그 의사표시를 철회할 수 있다(대판 2000.9.5., 99두8657). 그러나 의사표시가 효력을 발생한 후에는 마음대로 이를 철회할 수 없다(대판 2003.1.10., 2001다1171).

③ 의사표시의 효력이 진의 아닌 의사표시, 통정허위표시, 착오, 사기, 강박에 의한 영향을 받을 경우에 그 사실의 유무는 대리인을 표준하여 결정한다(민법 제116조 제1항 참조).

④ 선의의 제3자는 선의이기만 하면 과실여부는 문제 삼지 아니한다(대판 2004.5.28., 2003다70041).

⑤ 채권의 가장양도에 있어서의 채무자는 통정허위표시의 제3자에 해당하지 아니한다(대판 1983.1.18., 82다594).

51 소멸시효에 관한 설명으로 옳지 않은 것은? (다툼이 있으면 판례에 따름)

① 수급인의 공사대금 채권은 3년간 행사하지 아니하면 소멸시효가 완성한다.

② 공유물분할청구권은 소멸시효에 걸리지 않는다.

③ 소멸시효는 기산일에 소급하여 효력이 생긴다.

④ 소멸시효가 중단된 경우 중단까지 경과한 시효기간은 이를 산입하지 아니한다.

⑤ 가압류로 인한 시효중단의 시점은 가압류의 명령이 채무자에게 고지된 때이다.

> **해설**
> ⑤ 가압류채권자의 권리행사는 가압류를 신청한 때에 시작되므로, 가압류명령에 따른 집행이나 가압류명령의 송달을 통해서 채무자에게 고지가 이루어진 때가 아니다. 가압류에 의한 시효중단의 효력은 가압류신청을 한 때에 소급한다 (대판 2017.4.7., 2016다35451).

52 소멸시효와 제척기간에 관한 설명으로 옳은 것은? (다툼이 있으면 판례에 따름)

① 하자담보에 기한 손해배상청구권은 제척기간뿐만 아니라 소멸시효도 적용된다.

② 제척기간은 그 성질에 비추어 기간의 중단이 인정된다.

③ 소멸시효는 당사자의 약정으로 그 기간을 연장할 수 있다.

④ 법원은 제척기간 경과에 대하여 당사자의 주장이 있는 경우에만 이를 원용할 수 있다.

⑤ 가압류의 피보전채권에 관하여 본안의 승소판결이 확정된 경우 가압류에 의한 시효중단의 효력은 본안판결에 흡수되어 소멸한다.

> **해설**
> ② 소멸시효에는 중단과 정지제도가 있지만 제척기간에는 중단과 정지제도가 인정되지 않는다.
> ③ 소멸시효는 법률행위에 의하여 이를 배제, 연장 또는 가중할 수 없다(민법 제184조 제2항 전문). 또한, 제척기간도 소멸시효와 동일하게 연장할 수는 없다.
> ④ 소멸시효기간의 완성은 당사자가 주장하여 입증하여야 하지만, 제척기간의 경우에는 당사자가 주장하지 않더라도 법원이 당연히 고려하여야 하는 직권조사사항이다.
> ⑤ 가압류의 피보전채권에 관하여 본안의 승소판결이 확정되었다고 하더라도 가압류에 의한 시효중단의 효력이 이에 흡수되어 소멸된다고 할 수 없다(대판 2000.4.25., 2000다11102).

53 다음 중 채권의 소멸시효가 중단된 경우를 모두 고른 것은? (다툼이 있으면 판례에 따름)

> ㄱ. 채권자에게 채무자가 담보를 제공한 경우
> ㄴ. 임차권등기명령에 따라 임차인이 임차권 등기를 받은 경우
> ㄷ. 이행청구의 소가 기각된 후 아무런 조치 없이 6개월이 경과한 경우
> ㄹ. 타인이 실행한 경매절차에서 채권자가 배당을 요구한 경우

① ㄱ
② ㄱ, ㄹ
③ ㄱ, ㄴ, ㄷ
④ ㄴ, ㄷ, ㄹ
⑤ ㄱ, ㄴ, ㄷ, ㄹ

해설

ㄴ. 임차권등기명령에 따른 임차권등기에는 민법 제168조 제2호에서 정하는 소멸시효 중단사유인 압류 또는 가압류, 가처 분에 준하는 효력이 있다고 볼 수 없다(대판 2019.5.16., 2017다226629).

ㄷ. 재판상의 청구는 소송의 각하, 기각 또는 취하의 경우에는 시효중단의 효력이 없다. 이 경우에 6월 내에 재판상의 청구, 파산절차참가, 압류 또는 가압류, 가처분을 한 때에는 시효는 최초의 재판상 청구로 인하여 중단된 것으로 본다 (민법 제170조). 재판상 청구 이후 6개월 이내에 아무런 조치가 없었다면 소멸시효는 중단되지 않는다.

54 무효와 취소에 관한 설명으로 옳은 것은? (다툼이 있으면 판례에 따름)

① 법률행위의 일부분이 무효인 때에는 원칙적으로 그 일부만을 무효로 한다.
② 취소된 법률행위는 취소된 때로부터 무효인 것으로 본다.
③ 제한능력을 이유로 법률행위가 취소된 경우 악의의 제한능력자라도 현존이익만 반환하면 된다.
④ 제한능력자는 제한능력의 상태에서도 법률행위를 추인할 수 있다.
⑤ 제한능력자는 유효하게 추인된 법률행위를 다시 취소할 수 있다.

해설

③ 제한능력자는 그 선의·악의를 묻지 아니하고 그 행위로 인하여 받은 이익이 현존하는 한도에서 상환할 책임이 있다 (민법 제141조 단서).
① 법률행위의 일부분이 무효인 때에는 그 전부를 무효로 한다(동법 제137조).
② 취소된 법률행위는 처음부터 무효인 것으로 본다(동법 제141조).
④ 제한능력자는 취소의 원인이 소멸된 후 즉 성년자가 되어서 추인을 해야 추인의 효력이 있다.
⑤ 추인이 있으면 취소할 수 있는 법률행위는 추인한 때로부터 확정적으로 유효가 되고 다시는 취소할 수 없다.

55 조건과 기한에 관한 설명으로 옳지 않은 것은?

① 정지조건 있는 법률행위는 조건이 성취한 때로부터 효력이 생긴다.

② 종기 있는 법률행위는 기한이 도래한 때로부터 효력을 잃는다.

③ 조건이 선량한 풍속 기타 사회질서에 위반한 때에는 그 법률행위는 전부를 무효로 한다.

④ 정지조건이 법률행위 당시 이미 성취한 것인 경우에 그 법률행위는 무효로 한다.

⑤ 기한은 채무자의 이익을 위한 것으로 추정한다.

> **해설**
>
> ④ 조건이 법률행위의 당시 이미 성취한 것인 경우에는 그 조건이 정지조건이면 조건 없는 법률행위로 하고 해제조건이면 그 법률행위는 무효로 한다(민법 제151조 제2항).

56 무권대리 및 표현대리에 관한 설명으로 옳지 않은 것은? (다툼이 있으면 판례에 따름)

① 본인으로부터 계약체결에 관한 대리권을 수여받은 대리인이 그 계약을 해제하는 것은 허용되지 않는다.

② 대리인이 대리권을 수여받은 후 성년후견개시의 심판을 받더라도 대리권은 소멸하지 않는다.

③ 대리인이 수인인 때에는 특별한 사정이 없는 한 각자가 본인을 대리한다.

④ 등기신청 대리권을 수여받은 대리인이 대리행위를 통하여 담보권을 설정한 경우 표현대리가 성립할 수 있다.

⑤ 대리권이 소멸한 후에도 권한을 넘는 표현대리가 성립할 수 있다.

> **해설**
>
> ② 본인의 사망, 대리인의 사망, 성년후견의 개시 또는 파산 시 대리권은 소멸된다(민법 제127조).

57 대리에 관한 설명으로 옳은 것은? (다툼이 있으면 판례에 따름)

① 불법행위에 대하여도 대리가 적용될 수 있다.

② 임의대리인은 자신의 권한의 범위 내에서 임의로 복대리인을 선임할 수 있다.

③ 본인이 무권대리행위의 상대방에 대하여 추인의 의사표시를 한 경우 특별한 사정이 없는 한 대리행위는 장래를 향하여 효력이 생긴다.

④ 표현대리는 유권대리의 일종으로 보아야 한다.

⑤ 무권대리인의 상대방에 대한 책임은 무과실책임이다.

해설

⑤ 무권대리인의 상대방에 대한 책임은 무과실책임으로서 대리권의 흠결에 관하여 대리인에게 과실 등의 귀책사유가 있어야만 인정되는 것이 아니고, 무권대리행위가 제3자의 기망이나 문서위조 등 위법행위로 야기되었다고 하더라도 책임은 부정되지 아니한다(대판 2014.2.27., 2013다213038).

① 불법행위에는 대리가 허용되지 않는다.

② 대리권이 법률행위에 의하여 부여된 경우에는 대리인은 본인의 승낙이 있거나 부득이한 사유 있는 때가 아니면 복대리인을 선임하지 못한다(민법 제120조).

③ 추인은 다른 의사표시가 없는 때에는 계약 시에 소급하여 그 효력이 생긴다. 그러나 제3자의 권리를 해하지 못한다(민법 제133조).

④ 표현대리가 성립된다고 하여 무권대리의 성질이 유권대리로 전환되는 것은 아니다(대판 1983.12.13., 83다카1489).

58 점유에 관한 설명으로 옳지 않은 것은?

① 점유자가 점유물에 대하여 행사하는 권리는 적법한 것으로 추정한다.

② 점유자가 전 점유자의 점유를 아울러 주장하는 경우에는 전 점유의 하자도 계승한다.

③ 선의의 점유자라도 본권에 관한 소에서 패소한 때에는 그때부터 악의의 점유자로 본다.

④ 상속에 의하여 피상속인의 점유권은 상속인에게 이전된다.

⑤ 점유침탈자의 특별승계인은 악의인 때에 한하여 점유물반환청구의 상대방이 된다.

해설

③ 선의의 점유자라도 본권에 관한 소에 패소한 때에는 그 소가 제기된 때로부터 악의의 점유자로 본다(민법 제197조 제2항).

59 선의취득에 관한 설명으로 옳지 않은 것은? (다툼이 있으면 판례에 따름)

① 등록에 의하여 공시되는 자동차는 선의취득의 대상이 아니다.

② 선의취득을 주장하는 자는 소유의 의사로 선의, 평온, 공연하게 점유하였음을 스스로 증명하여야 한다.

③ 점유개정에 의한 점유취득만으로는 선의취득이 인정되지 않는다.

④ 거래행위가 무효이거나 취소된 경우에는 선의취득이 성립되지 않는다.

⑤ 점유보조자가 점유물을 임의로 처분한 경우, 도품 유실물에 관한 특칙은 적용되지 않는다.

> **해설**
>
> ② 동산질권을 선의취득하기 위하여는 질권자가 평온, 공연하게 선의이며 과실 없이 질권의 목적동산을 취득하여야 하고, 그 취득자의 선의, 무과실은 동산질권자가 입증하여야 한다(대판 1981.12.22., 80다2910).

60 물권의 객체에 관한 설명으로 옳지 않은 것은? (다툼이 있으면 판례에 따름)

① 물건 이외에 권리도 물권의 객체가 될 수 있다.

② 한 필의 토지 일부에는 점유취득시효가 인정되지 않는다.

③ 용익물권은 한 동의 건물 일부에 설정될 수 있다.

④ 토지소유권의 범위는 현실의 경계와 상관없이 지적공부상의 경계를 기준으로 확정되는 것이 원칙이다.

⑤ 종류, 장소 또는 수량 지정의 방법으로 특정할 수 있으면 집합물 전체에 대하여 하나의 담보권을 설정할 수 있다.

> **해설**
>
> ② 1필의 토지의 일부 부분이 다른 부분과 구분되어 시효취득자의 점유에 속한다는 것을 인식하기에 족한 객관적인 징표가 계속하여 존재하는 경우에는 그 일부 부분에 대한 시효취득을 인정할 수 있다(대판 1996.1.26., 95다24654).

61 등기 없이 부동산 물권을 취득할 수 있는 경우를 모두 고른 것은? (다툼이 있으면 판례에 따름)

> ㄱ. 관습상 법정지상권을 취득하는 경우
> ㄴ. 부동산 소유권의 확인을 구하는 승소판결이 확정된 경우
> ㄷ. 매매를 원인으로 부동산 소유권이전등기절차 이행판결이 확정된 경우
> ㄹ. 공유물 분할청구에 기하여 공유 부동산을 현물로 분할하는 판결이 확정된 경우

① ㄱ, ㄴ   ② ㄱ, ㄷ

③ ㄱ, ㄹ   ④ ㄴ, ㄷ

⑤ ㄷ, ㄹ

ㄴ · ㄷ. 소유권이전등기절차를 이행하라는 이행판결 또는 소유권자확인 판결의 경우에는 등기가 경료된 때에 소유권이전 및 취득의 효력이 생긴다.

62 계약 해제에 관한 설명으로 옳지 않은 것은? (다툼이 있으면 판례에 따름)

① 계약이 합의해제된 경우, 특별한 사정이 없는 한 채무불이행으로 인한 손해배상을 청구할 수 없다.
② 이행기 도래 후 채무자가 이행하지 않을 의사를 명백히 표시한 경우에는 최고 없이 계약을 해제할 수 있다.
③ 일부 이행불능의 경우에 나머지 부분만으로 계약의 목적을 달성할 수 있는 때에는 그 일부 불능 부분에 대한 일부해제가 가능하다.
④ 매매계약이 채무불이행을 이유로 해제된 경우, 매도인이 선의인 때에는 수령한 매매대금 반환 시 이자를 가산할 필요가 없다.
⑤ 계약 해제의 소급효로부터 보호되는 제3자는 해제된 계약의 법률효과로부터 해제 전에 새로운 이 해관계를 가졌을 뿐 아니라 등기나 인도 등으로 완전한 권리를 취득한 자이어야 한다.

④ 매수인의 채무불이행을 이유로 매도인이 매매계약을 해제한 경우, 매도인은 지급받은 대금에 이자를 가산하여 반환하 여야 한다.

63 공유에 관한 설명으로 옳지 않은 것은? (다툼이 있으면 판례에 따름)

① 공유자는 다른 공유자의 동의 없이 자신의 지분을 처분할 수 있다.
② 공유자는 공유물 전부를 지분의 비율로 사용 · 수익할 수 있다.
③ 과반수 공유지분권자라도 다른 공유자와의 협의가 없는 한 공유물의 특정한 부분을 배타적으로 사용 · 수익할 수 없다.
④ 공유자 1인이 지분 과반수의 합의 없이 공유물의 전부 또는 일부를 배타적으로 사용하는 경우, 다른 공유자는 그의 지분비율로 부당이득반환을 청구할 수 있다.
⑤ 공유물의 소수지분권자가 다른 공유자와의 협의 없이 공유물의 전부 또는 일부를 독점적으로 점유 사용하는 경우, 다른 소수지분권자는 공유물의 보존행위로 그 인도를 구할 수 없다.

③ 공유물의 관리에 관한 사항은 공유자의 지분의 과반수로써 결정한다. 그러나 보존행위는 각자가 할 수 있다(민법 제 265조).

64 전세권에 관한 설명으로 옳은 것은? (다툼이 있으면 판례에 따름)

① 전세금은 전세권의 요소이므로 전세금이 현실적으로 수수되지 않으면 전세권은 성립하지 않는다.

② 건물에 대한 전세권의 존속기간을 2년 미만으로 정한 경우 그 존속기간은 2년으로 한다.

③ 전세권을 목적으로 하는 저당권이 설정된 경우에 전세권의 존속기간이 만료되면 전세권 자체에 대하여 저당권을 실행할 수 있다.

④ 전세권 존속 중에는 장래에 그 전세권이 소멸하여 전세금반환채권이 발생하는 것을 조건으로 그 장래의 조건부 채권을 양도할 수 있다.

⑤ 전세권설정계약 없이 임차보증금반환채권을 담보할 목적으로 임대인, 임차인 및 제3자 사이의 합의에 따라 제3자 명의로 마쳐진 전세권설정등기는 무효이다.

> **해설**
>
> ④ 전세권이 존속하는 동안이더라도 장래에 그 전세권의 소멸로 인하여 전세금반환채권이 발생하는 것을 조건으로 그 장래의 조건부 채권을 양도할 수는 있다(대판 2002.8.23., 2001다69122).
>
> ① 전세금의 지급이 반드시 현실적으로 수수되어야만 하는 것은 아니고 기존의 채권으로 전세금의 지급에 갈음할 수도 있다(대판 1995.2.10., 94다18508).
>
> ② 건물(토지×)에 대한 전세권의 존속기간을 1년 미만으로 정한 때에는 이를 1년으로 한다(민법 제312조 제2항).
>
> ③ 전세권을 목적으로 한 저당권이 설정된 경우, 전세권의 존속기간이 만료되면 전세권의 용익물권적 권능이 소멸하기 때문에 더 이상 전세권 자체에 대하여 저당권을 실행할 수 없게 된다(대판 2014.10.27., 2013다91672).
>
> ⑤ 전세권은 다른 담보권과 마찬가지로 전세권자와 전세권설정자 및 제3자 사이에 합의가 있으면 그 전세권자의 명의를 제3자로 하는 것도 가능하므로, 임대차계약에 바탕을 두고 이에 기한 임차보증금반환채권을 담보할 목적으로 임대인, 임차인 및 제3자 사이의 합의에 따라 제3자 명의로 경료된 전세권설정등기는 유효하다(대판 2005.5.26., 2003다 12311).

65 저당권의 효력에 관한 설명으로 옳지 않은 것은? (다툼이 있으면 판례에 따름)

① 저당권의 효력은 저당부동산이 압류된 후 저당권설정자가 수취한 과실이나 수취할 수 있는 과실에 미친다.

② 채무불이행으로 인한 지연배상에 대해서는 원본의 이행기일을 지난 후 1년분에 한하여 저당권의 효력이 미친다.

③ 건물 저당권의 효력은 특별한 사정이 없는 한 그 건물의 대지이용권인 지상권에 미친다.

④ 저당권의 효력은 법률의 규정이나 설정행위에 다른 약정이 없으면 저당권 설정 후에 부속된 부합물이나 종물에 미친다.

⑤ 저당권자가 물상대위권을 행사하지 않아 다른 채권자가 저당 부동산 수용으로 인한 보상금이나 변제공탁금을 수령하여 이득을 얻은 경우, 저당권자는 이를 부당이득으로 반환청구할 수 있다.

> **해설**
>
> ⑤ 저당권자가 물상대위권의 행사에 나아가지 아니하여 우선변제권을 상실한 이상, 다른 채권자가 그 보상금 또는 이에 관한 변제공탁금으로부터 이득을 얻었다고 하더라도 저당권자는 이를 부당이득으로서 반환청구할 수 없다(대판 2010.10.28., 2010다46756).

66 청약과 승낙에 의한 계약의 성립에 관하여 옳은 것은? (다툼이 있으면 판례에 따름)

① 청약은 상대방 있는 의사표시이므로 청약 당시에 상대방이 특정되어 있어야 한다.

② 청약의 의사표시는 상대방에게 발송한 때에 효력이 생긴다.

③ 청약자가 그 통지를 발송한 후 사망하거나 제한능력자가 되면 그 의사표시는 효력을 잃는다.

④ 격지자 간 계약의 성립시기는 승낙의 통지가 상대방에게 도달한 때이다.

⑤ 청약에 대하여 조건을 붙이거나 변경을 가하여 승낙을 한 때에는 그 청약은 효력을 잃는다.

해설

⑤ 승낙자가 청약에 대하여 조건을 붙이거나 변경을 가하여 승낙한 때에는 그 청약의 거절과 동시에 새로 청약한 것으로 본다(민법 제534조).

① 청약의 의사표시는 상대방 있는 의사표시이지만, 상대방은 반드시 청약 당시에 특정되어 있을 필요는 없다.

② 상대방이 있는 의사표시는 상대방에게 도달한 때에 그 효력이 생긴다(민법 제111조 제1항).

③ 의사표시자가 그 통지를 발송한 후 사망하거나 제한능력자가 되어도 의사표시의 효력에 영향을 미치지 아니한다(민법 제111조 제2항).

④ 격지자 간의 계약은 승낙의 통지를 발송한 때에 성립한다(민법 제531조).

67 다음 중 동시이행의 관계에 있지 않은 것은? (다툼이 있으면 판례에 따름)

① 피담보채무의 변제와 저당권설정등기의 말소

② 계약이 해제된 경우 당사자 쌍방의 원상회복의무

③ 계약이 무효·취소된 경우 당사자 상호 간에 이행된 급부의 반환의무

④ 임대차계약 만료 후 임차목적물 반환의무와 연체차임 등을 공제한 임차보증금반환의무

⑤ 완성된 목적물에 하자가 있는 경우 수급인의 하자보수 및 손해배상의무와 도급인의 보수지급의무

해설

① 소비대차 계약에 있어서 채무의 담보목적으로 저당권 설정등기를 경료한 경우에 채무자의 채무변제는 저당권설정등기 말소등기에 앞서는 선행의무이며 채무의 변제와 동시이행 관계에 있는 것이 아니다(대판 1969.9.30., 69다1173).

68 매도인의 담보책임에 관한 설명으로 옳지 않은 것은? (다툼이 있으면 판례에 따름)

① 하자담보책임은 채무불이행책임과 달리 무과실책임에 해당한다.

② 건축을 목적으로 매매된 토지가 건축허가를 받을 수 없는 토지로 밝혀진 경우 물건의 하자에 해당한다.

③ 변제기에 도달하지 아니한 채권의 매도인이 채무자의 자력을 담보한 때에는 변제기의 자력을 담보한 것으로 추정한다.

④ 매도인의 완전물급부의무와 매수인의 목적물반환의무는 동시이행의 관계에 있다.

⑤ 물건의 하자로 인한 확대손해의 배상책임은 매도인의 귀책사유를 요하지 않는다.

> **해설**
>
> ⑤ 매매목적물의 하자로 인하여 확대손해 내지 2차 손해가 발생하였다는 이유로 매도인에게 그 확대손해에 대한 배상책임을 지우기 위하여는 채무의 내용으로 된 하자 없는 목적물을 인도하지 못한 의무위반사실 외에 그러한 의무위반에 대하여 매도인에게 귀책사유가 인정될 수 있어야만 한다(대판 1997.5.7., 96다39455).

69 매수인 乙이 매도인 甲에게 토지매매의 계약금을 지급하고 이행의 착수가 이루어지지 않았다. 다음 설명으로 옳은 것은? (다툼이 있으면 판례에 따름)

① "대금불입 불이행 시 계약은 자동무효가 되고 이미 불입된 금액은 일체 반환하지 않는다"고 합의된 경우 계약금은 위약금의 성질을 갖지 못한다.

② 토지매매계약이 거래허가를 받지 않아 유동적 무효인 경우에도 乙은 계약금계약에 기한해제권을 행사할 수 있다.

③ 甲이 계약금계약에 기해 해제의 의사를 표시하고 계약금의 배액을 수령할 것을 고지한 경우, 乙은 이행기 전이라도 이행에 착수하여 매도인의 해제권을 소멸시킬 수 있다.

④ 甲이 계약금의 배액에 대한 이행을 제공하였으나 乙이 이를 수령하지 않는 경우, 甲은 공탁하지 않으면 계약을 해제할 수 없다.

⑤ 乙의 이행의 착수는 중도금의 지급과 같이 채무 자체가 일부 또는 전부 이행되는 경우만을 의미한다.

> **해설**
>
> ① "대금불입 불이행 시 계약은 자동무효가 되고 이미 불입된 금액은 일체 반환하지 않는다."고 되어 있는 매매계약에 기하여 계약금이 지급되었으나, 매수인이 중도금을 지급기일에 지급하지 아니한 채 이미 지급한 계약금 중 과다한 손해배상의 예정으로 감액되어야 할 부분을 제외한 나머지 금액을 포기하고 해약금으로서의 성질에 기하여 계약을 해제한다는 의사표시를 하면서 감액되어야 할 금액에 해당하는 금원의 반환을 구한 경우, 그 계약금은 해약금으로서의 성질과 손해배상 예정으로서의 성질을 겸하고 있다(대판 1996.10.25., 95다33726).
>
> ③ 매도인이 민법 제565조에 의하여 계약을 해제한다는 의사표시를 하고 일정한 기한까지 해약금의 수령을 최고하며 기한을 넘기면 공탁하겠다고 통지를 한 이상 중도금 지급기일은 매도인을 위하여서도 기한의 이익이 있다고 보는 것이 옳고, 따라서 이 경우에는 매수인이 이행기 전에 이행에 착수할 수 없는 특별한 사정이 있는 경우에 해당하여 매수인은 매도인의 의사에 반하여 이행할 수 없다고 보는 것이 옳으며, 매수인이 이행기 전에, 더욱이 매도인이 정한 해약금 수령기한 이전에 일방적으로 이행에 착수하였다고 하여도 매도인의 계약해제권 행사에 영향을 미칠 수 없다(대판 1993.1.19., 92다31323).

④ 매매당사자 간에 계약금을 수수하고 계약해제권을 유보한 경우에 계약금을 받은 자가 배액을 상환하고 계약을 해제하려면 계약해제의 의사표시 이외에 계약금 배액의 이행의 제공이 있으면 족한 것이고, 상대방이 이를 수령하지 아니한다 하더라도 이를 공탁할 필요도 없이 해제의 의사표시와 동시에 계약은 해제된다(대판 1981.10.27., 80다2784).

⑤ 매도인이 매매계약 체결 시 중도금 지급기일에 그 소유의 다른 부동산에 대하여 매수인 앞으로 근저당권을 설정하여 주고 중도금을 지급받기로 약정하였고, 매수인의 대리인이 약정된 중도금 지급기일에 그 지급을 위하여 중도금을 마련하여 가지고 매도인의 처를 만나 중도금 지급에 앞서 위 약정과 같이 근저당권을 설정하여 줄 것을 요구하였으나 매도인의 처가 우여곡절 끝에 결국 이에 응하지 아니할 뜻을 밝히면서 중도금 지급만을 요구하자 중도금을 지급하지 아니한 채 돌아온 것이라면, 매수인은 위 매매계약에 따른 중도금 지급의 이행에 착수한 것이라고 봄이 옳다(대판 1994.5.13., 93다56954).

70 물건의 하자에 관한 설명으로 옳지 않은 것은? (다툼이 있으면 판례에 따름)

① 경매를 통하여 물건을 매수한 자는 물건의 하자에 대하여 담보책임을 묻지 못한다.

② 매매계약체결 당시 매매목적물의 하자를 알 수 있었던 매수인은 그 하자에 대한 담보 책임을 묻지 못한다.

③ 매매의 목적물이 종류로 지정된 경우라도 그 후 특정된 목적물에 하자가 있는 경우 특정물에 대한 하자담보책임규정이 준용된다.

④ 매도인의 담보책임에 관한 규정은 강행규정으로 당사자는 합의를 통하여 이를 배제하지 못한다.

⑤ 매매목적물의 하자가 법률행위 내용의 중요부분의 착오에 해당하는 경우 매수인은 하자담보책임의 성립과 상관없이 매매계약을 취소할 수 있다.

해설

④ 매매의 목적이 된 부동산에 설정된 저당권의 행사로 인하여 매수인이 취득한 소유권을 잃은 때에는 매수인은 민법 제576조 제1항의 규정에 의하여 매매계약을 해제할 수 있지만, 매수인이 매매목적물에 관한 근저당권의 피담보채무를 인수하는 것으로 매매대금의 지급에 갈음하기로 약정한 경우에는 특별한 사정이 없는 한, 매수인으로서는 매도인에 대하여 민법 제576조 제1항의 담보책임을 면제하여 주었거나 이를 포기한 것으로 봄이 상당하므로, 매수인이 매매목적물에 관한 근저당권의 피담보채무 중 일부만을 인수한 경우 매도인으로서는 자신이 부담하는 피담보채무를 모두 이행한 이상 매수인이 인수한 부분을 이행하지 않음으로써 근저당권이 실행되어 매수인이 취득한 소유권을 잃게 되더라도 민법 제576조 소정의 담보책임을 부담하게 되는 것은 아니다(대판 2002.9.4., 2002다11151). 그러므로 합의를 통해 배제 가능하다.

71 증여계약에 관한 설명으로 옳은 것은? (다툼이 있으면 판례에 따름)

① 서면상 매매계약으로 되어 있어도 경위를 고려할 때 증여의 의사를 표시한 것이라면 서면에 의한 증여로 인정된다.

② 수증자가 직계존속인 증여자에 대하여 범죄행위를 한 경우, 증여자가 용서의 의사를 표시하여도 해제권은 소멸하지 않는다.

③ 증여계약 이후에 증여자의 재산상태가 현저히 변경되고 그 이행으로 인하여 생계에 중대한 영향을 미칠 경우에는 증여자는 증여를 해제하고 이미 이행한 부분의 반환을 청구할 수 있다.

④ 증여는 상대방의 승낙을 필요로 하지 아니한다.

⑤ 상대 부담 있는 증여의 증여자는 목적물의 하자나 흠결을 알고 수증자에게 고지하지 않은 때에만 매도인과 같은 담보책임을 부담한다.

해설

① 서면 자체는 매매계약서, 매도증서로 되어 있어 매매를 가장하여 증여의 증서를 작성한 것이라고 하더라도 증여에 이른 경위를 아울러 고려할 때 그 서면이 바로 증여의사를 표시한 서면이라고 인정되면 이는 민법 제555조에서 말하는 서면에 해당한다(대판 1991.9.10., 91다6160).

② 수증자가 증여자에 대하여 증여자 또는 그 배우자나 직계혈족에 대한 범죄행위가 있는 때, 증여자에 대하여 부양의무 있는 경우에 이를 이행하지 아니하는 때 해제권은 해제 원인 있음을 안 날로부터 6월을 경과하거나 증여자가 수증자에 대하여 용서의 의사를 표시한 때에는 소멸한다(민법 제556조).

③ 증여계약 후에 증여자의 재산상태가 현저히 변경되고 그 이행으로 인하여 생계에 중대한 영향을 미칠 경우에는 증여자는 증여를 해제할 수 있다(동법 제557조). 전 3조의 규정에 의한 계약의 해제는 이미 이행한 부분에 대하여는 영향을 미치지 아니한다(동법 제558조).

④ 증여는 상대방의 승낙을 필요로 한다.

⑤ 상대 부담 있는 증여에 대하여는 증여자는 그 부담의 한도에서 매도인과 같은 담보의 책임이 있다(동법 제559조 제2항).

72 교환에 관한 설명으로 옳지 않은 것은? (다툼이 있으면 판례에 따름)

① 교환은 당사자 쌍방이 금전 이외의 재산권을 서로 이전할 것을 내용으로 하므로 요식계약이다.

② 교환계약 시 당사자 일방이 재산권 이전 외에 보충금의 지급을 약정한 경우 보충금에 대해 매매대금에 관한 규정을 준용한다.

③ 타인에게 속한 권리를 교환의 목적으로 한 당사자는 그 권리를 취득하여 상대방에게 이전하여야 한다.

④ 교환계약의 쌍방의무는 특별한 약정이나 관습이 없으면 동시에 이행하여야 한다.

⑤ 교환계약에 관한 비용은 특약이 없는 한 당사자 쌍방이 균분하여 부담한다.

해설

① 교환계약은 당사자 간에 청약의 의사표시와 그에 대한 승낙의 의사표시의 합치로 성립하는 이른바 낙성계약으로서 서면의 작성을 필요로 하지 아니하고, 그 청약의 의사표시는 그 내용이 이에 대한 승낙만 있으면 곧 계약이 성립될 수 있을 정도로 구체적이어야 하고, 승낙은 이와 같은 구체적인 청약에 대한 것이어야 할 것이며, 이 경우에 그 승낙의 의사표시는 특별한 사정이 없는 한 그 방법에 아무런 제한이 없고 반드시 명시적임을 요하는 것도 아니다(대판 1992.10.13., 92다29696).

73 사용대차에 관한 설명으로 옳은 것은? (다툼이 있으면 판례에 따름)

① 차주는 유익비를 지출하여 가액 증가가 현존하는 경우에도 그 상환을 청구할 수 없다.

② 차주는 자신의 사용·수익을 위하여 소유자인 사용대주가 목적물을 처분하는 것을 금지시킬 수 있다.

③ 수인이 공동으로 물건을 차용한 때에는 그 수인은 균등한 비율로 분할된 채권과 채무를 부담한다.

④ 차주는 자기 재산과 동일한 주의로 차용물을 보관하여야 한다.

⑤ 차주가 대주의 승낙이 없이 제3자에게 차용물을 사용·수익하게 한 경우 대주는 계약을 해지하지 않고 제3자에게 목적물의 인도를 청구할 수 있다.

해설

⑤ 사용대차와 같은 무상계약은 증여와 같이 개인적 관계에 중점을 두는 것이므로 당사자 사이에 특약이 있다는 등의 특별한 사정이 없으면 사용대차의 차주는 대주의 승낙이 없이 제3자에게 차용물을 사용, 수익하게 하지 못한다(민법 제610조 제2항). 차주가 위 규정에 위반한 때에는 대주는 계약을 해지하거나(민법 제610조 제3항) 계약을 해지하지 않고서도 제3자에 대하여 그 목적물의 인도를 청구할 수 있으며, 사용대차에서 차주의 권리를 양도받은 자는 그 양도에 관한 대주의 승낙이 없으면 대주에게 대항할 수 없다(대판 2021.2.4., 2019다202795, 202801).

74 소비대차에 관한 설명으로 옳지 않은 것은? (다툼이 있으면 판례에 따름)

① 이자 없는 소비대차의 당사자는 목적물의 인도 후라도 상대방의 손해를 배상하면 언제든지 계약을 해제할 수 있다.

② 이자 없는 소비대차의 경우 대주가 목적물에 하자가 있음을 알면서 차주에게 고지하지 않은 때에는 대주는 매도인과 같은 담보책임을 부담한다.

③ 준소비대차는 구채무가 소비대차인 경우라도 이를 기초로 성립할 수 있다.

④ 금전대차의 경우에 차주가 금전에 갈음하여 유가증권 기타 물건의 인도를 받은 때에는 그 인도 시의 가액을 차용액으로 한다.

⑤ 소비대차는 낙성계약이므로 차주가 현실로 목적물을 수수하여야만 소비대차가 성립하는 것은 아니다.

해설

① 이자 없는 소비대차의 당사자는 목적물의 인도 전에는 언제든지 계약을 해제할 수 있다. 그러나 상대방에게 생긴 손해가 있는 때에는 이를 배상하여야 한다(민법 제601조).

75 위임에 관한 설명으로 옳지 않은 것은?

① 위임은 위임인의 사망으로 종료된다.

② 당사자가 기간으로 보수를 정한 경우 수임인은 위임사무를 완료하기 전이라도 그 기간이 경과하였다면 보수를 청구할 수 있다.

③ 당사자는 부득이한 사유 없이 상대방이 불리한 시기에 위임계약을 해지할 수 없다.

④ 수임인이 위임인을 위하여 자기의 명의로 취득한 권리는 위임인에게 이전하여야 한다.

⑤ 수임인이 위임사무를 처리하는 중에 수임인의 책임 없는 사유로 인하여 위임이 종료된 때에는 수임인은 이미 처리한 사무의 비율에 따른 보수를 청구할 수 있다.

> **해설**
>
> ③ 위임계약은 각 당사자가 언제든지 해지할 수 있다. 당사자 일방이 부득이한 사유 없이 상대방의 불리한 시기에 계약을 해지한 때에는 그 손해를 배상하여야 한다(민법 제689조).

76 임치에 관한 설명으로 옳지 않은 것은? (다툼이 있으면 판례에 따름)

① 수치인이 정당한 사유로 다른 장소에 임치물을 전치하였더라도 그 임치물은 원래의 보관 장소에서 반환하여야 한다.

② 수치인이 임치물의 하자를 계약 당시 알고 있었던 경우, 임치인은 임치물의 하자로 인하여 수치인에게 생긴 손해를 배상하지 않아도 된다.

③ 임치기간의 약정이 있는 때에도 임치인은 언제든지 계약을 해지할 수 있다.

④ 수치인이 임치에 관하여 필요비를 지출한 때에는 임치인에 대하여 지출한 날 이후의 이자를 청구할 수 있다.

⑤ 임치물에 대한 권리를 주장하는 제3자가 수치인에 대하여 소를 제기한 때에는 무상수치인도 지체 없이 임치인에게 이를 통지하여야 한다.

> **해설**
>
> ① 임치물은 그 보관한 장소에서 반환하여야 한다. 그러나 수치인이 정당한 사유로 인하여 그 물건을 전치한 때에는 현존하는 장소에서 반환할 수 있다(민법 제700조).

77 현상광고에 관한 설명으로 옳지 않은 것은?

① 우수현상광고에서 우수의 판정은 광고 중에 정한 자가 있는 경우 그 자가 한다.

② 우수현상광고에서 응모자는 우수의 판정에 대하여 이의를 하지 못한다.

③ 우수현상광고에 '우수한 자가 없다는 판정을 할 수 있다'는 의사표시를 할 수 있다.

④ 광고에 정한 행위를 완료한 자가 수인인 경우에는 먼저 그 행위를 완료한 자가 보수를 받을 권리가 있다.

⑤ 우수현상광고는 응모기간을 정하지 아니하여도 유효하다.

> **해설**
> ⑤ 광고에 정한 행위를 완료한 자가 수인인 경우에 그 우수한 자에 한하여 보수를 지급할 것을 정하는 때에는 그 광고에 응모기간을 정한 때에 한하여 그 효력이 생긴다(민법 제678조 제1항).

78 민법상 조합에 관한 설명으로 옳지 않은 것은?

① 조합계약으로 업무집행자를 정하지 아니한 경우에는 조합원의 3분의 2 이상의 찬성으로써 이를 선임한다.

② 조합원은 언제든지 조합의 업무 및 재산상태를 검사할 수 있다.

③ 업무집행자가 아닌 조합원의 과반수의 찬성으로 업무집행자인 조합원을 해임할 수 있다.

④ 조합채무에 관하여 변제할 자력이 없는 조합원이 있는 때에는 그 변제할 수 없는 부분은 다른 조합원이 균분하여 변제할 책임이 있다.

⑤ 조합원은 제명에 의하여 탈퇴된다.

> **해설**
> ③ 업무집행자인 조합원은 정당한 사유 없이 사임하지 못하며 다른 조합원의 일치가 아니면 해임하지 못한다(민법 제708조).

79 민법상 임대차에 관한 설명으로 옳지 않은 것은? (다툼이 있으면 판례에 따름)

① 전차인이 그 사용의 편익을 위하여 전대인인 임차인의 동의를 얻어 부속한 물건이 있는 때에는 전대차의 종료 시에 임대인에 대하여 부속물매수청구권이 있다.

② 임차인이 유익비상환청구를 포기하는 대신 원상회복의무를 부담하지 않기로 하는 합의는 유효하다.

③ 건물의 임차인은 그 건물의 소부분을 임대인의 동의 없이 타인에게 사용하게 할 수 있다.

④ 건물임차인의 차임연체액이 2기의 차임액에 달하는 때에는 임대인은 계약을 해지할 수 있으며 이 경우 최고절차가 필요 없다.

⑤ 토지임대인이 임대차에 관한 채권에 의하여, 임차지에 부속한 임차인 소유의 동산을 압류한 때에는 질권과 동일한 효력이 있다.

해설

① 건물 기타 공작물의 임차인이 적법하게 전대한 경우에 전차인이 그 사용의 편익을 위하여 임대인의 동의를 얻어 이에 부속한 물건이 있는 때에는 전대차의 종료 시에 임대인에 대하여 그 부속물의 매수를 청구할 수 있다(민법 제647조 제1항).

80 도급에 관한 설명으로 옳은 것은? (다툼이 있으면 판례에 따름)

① 당사자가 수급인의 담보책임을 면제하는 특약을 한 경우 수급인이 알고 고지하지 아니한 사실에 대하여도 수급인은 책임을 면한다.

② 도급인이 파산선고를 받고 파산관재인이 계약을 해제한 경우 수급인은 계약해제로 인한 손해의 배상을 청구하지 못한다.

③ 도급인은 완성 전 성취된 부분의 하자에 대해서는 수급인에게 하자의 보수만을 청구할 수 있으며 손해배상을 청구할 수 없다.

④ 완성된 목적물의 하자가 중요하더라도 하자의 보수에 과다한 비용을 요하는 경우에는 도급인은 수급인에게 하자보수를 청구할 수 없고 보수에 갈음하는 손해배상을 청구하여야 한다.

⑤ 수급인이 자기의 재료와 노력으로 건물을 건축한 경우라도 특별한 사정이 없는 한 그 건물의 소유권은 도급인에게 원시적으로 귀속한다.

해설

① 수급인은 담보책임이 없음을 약정한 경우에도 알고 고지하지 아니한 사실에 대하여는 그 책임을 면하지 못한다(민법 제672조).

③ 도급인은 하자의 보수에 갈음하여 또는 보수와 함께 손해배상을 청구할 수 있다(민법 제667조 제2항).

④ 도급계약에 있어서 완성된 목적물에 하자가 있을 경우에 도급인은 수급인에게 그 하자의 보수나 하자의 보수에 갈음한 손해배상을 청구할 수 있으나, 다만 하자가 중요하지 아니하면서 동시에 보수에 과다한 비용을 요할 때에는 하자의 보수나 하자의 보수에 갈음하는 손해배상을 청구할 수는 없고 하자로 인하여 입은 손해의 배상만을 청구할 수 있다(대판 1998.3.13., 97다54376).

⑤ 도급계약에 있어서는 수급인이 자기의 노력과 재료를 들여 건물을 완성하더라도 도급인과 수급인 사이에 도급인 명의로 건축허가를 받아 소유권보존등기를 하기로 하는 등 완성된 건물의 소유권을 도급인에게 귀속시키기로 합의한 것으로 보여질 경우에는 그 건물의 소유권은 도급인에게 원시적으로 귀속된다(대판 1996.9.20., 96다24804).

81 재무상태표의 재고자산에 관한 설명으로 옳지 않은 것은?

① 원재료는 제품의 생산 시에 투입되는 원자재를 말한다.

② 제품은 기업이 자체적으로 또는 일부 외주로 가공하여 생산한 재화를 말한다.

③ 반제품은 기업이 자체적으로 생산한 중간제품과 부분품을 말한다.

④ 소모품은 내용연수가 1년 미만인 예비부품과 수선용구를 말한다.

⑤ 재공품은 제품의 생산에 보조적으로 사용하는 소모성 재료를 말한다.

> **해설**
> ⑤ 재공품은 제품 또는 반제품이 되기 위해 현재 제조과정 중에 있는 것으로 현재 가공작업이 진행 중인 것이므로 아직 제품이라고 할 수 없으며, 저장 또는 판매가 가능한 상태에 있는 반제품과도 다르다.

82 일반적인 상거래에서 발생한 외상매입금과 지급어음에 해당하는 계정과목은?

① 선수금   ② 예수금
③ 매입채무   ④ 미지급금
⑤ 장기차입금

> **해설**
> ① 미리 돈을 받아 미래에 경제적 효익을 제공할 의무를 부담해야 하는 유동부채에 속하는 부채 계정과목이다.
> ② 거래에 관계되는 선금이나 보증금으로 받아서 임시 보관하는 돈을 말하며, 그것을 처리하는 회계적 계정과목이다.
> ④ 과거의 계약을 수행한 결과로써 발생하는 지급의무를 말하는 데 일반적인 상거래 이외의 거래에서 발생한 일시적 채무로서 외상매입금과는 구분된다.
> ⑤ 일반적으로 차입금의 지급기한이 재무상태표 일로부터 1년을 초과하는 것을 말하며 이는 비유동부채로서 취급된다.

83 (주)가맹의 20X2년 기초 선급보험료가 25,000원이고, 기말 선급보험료가 36,000원이며, 20X2년 당기에 지급한 보험료가 165,000원이다. (주)가맹의 20X2년도 포괄손익계산서에 계상될 보험료는?

① 104,000원   ② 154,000원
③ 165,000원   ④ 176,000원
⑤ 226,000원

> **해설**
> ② 포괄손익계산서에 계상되는 보험료는 '기초 선급보험료 + 당기에 지급한 보험료 − 기말 선급보험료'로 계산한다. 따라서 포괄손익계산서에 계상되는 보험료는 '25,000원 + 165,000원 − 36,000원'으로 154,000원이다.

84 (주)가맹은 20X2년 2월 1일에 사무실 임차계약을 체결하고 보증금 1천만 원을 현금으로 지급하였다. 이 거래에 대한 분석으로 옳은 것은?

① (차변)자산증가, (대변)수익발생
② (차변)자산증가, (대변)자산감소
③ (차변)비용발생, (대변)자산감소
④ (차변)자산증가, (대변)부채증가
⑤ (차변)부채감소, (대변)자본증가

② 해당 거래를 통해 보증금이라는 자산이 증가하고, 현금이라는 자산이 감소하였다. 따라서 '(차변)자산증가, (대변)자산감소'에 해당한다.

거래의 결합관계(거래의 8요소)

차변요소	대변요소
자산증가	자산감소
부채감소	부채증가
자본감소	자본증가
비용발생	수익발생

85 다음은 (주)가맹의 20X2년 회계자료이다. (주)가맹의 20X2년도 포괄손익계산서에 보고될 매출액은?

> 기초매출채권 : 35,000원
> 기말매출채권 : 25,000원
> 기초상품재고 : 15,000원
> 기말상품재고 : 50,000원
> 당기상품매입 : 200,000원
> 매출총이익 : 10,000원

① 175,000원
② 190,000원
③ 215,000원
④ 235,000원
⑤ 240,000원

① 매출총이익은 매출액에서 매출원가를 차감한 값을 말하고 매출원가는 '기초상품재고 + 당기상품매입 – 기말상품재고'로 계산한다. 따라서 매출원가는 '15,000원 + 200,000원 – 50,000원'을 계산한 165,000원이다. 또한, 매출액은 매출총이익과 매출원가의 합이 되기 때문에 175,000원이다.

86 회계 계정 중 유형자산에 관한 설명으로 옳은 것은?

① 유형자산은 판매 목적의 보유 자산으로 물리적 형태가 있는 자산이다.

② 유형자산의 취득원가에는 구입가격만 포함되고 유형자산의 운송비, 설치비 등의 부대비용은 제외된다.

③ 모든 유형자산은 감가상각 대상 자산이므로 감가상각누계액이 표시된다.

④ 유형자산의 내용연수에 걸쳐 매 회계기간마다 일정한 감가상각비를 인식하는 상각 방법은 정률법이다.

⑤ 유형자산의 처분으로 인한 손익은 처분시점의 장부가액과 순매각금액의 차액으로 결정된다.

해설

① 유형자산은 재화의 생산, 용역의 제공, 타인에 대한 임대 또는 자체적으로 사용할 목적으로 보유하는 물리적 형체가 있는 자산으로서, 1년을 초과하여 사용할 것이 예상되는 자산을 말한다.

② 유형자산의 취득원가에는 매입가액과 부대비용을 포함한다.

③ 유형자산은 취득원가에서 감가상각누계액과 감액손실누계액을 차감하는 형식으로 재무상태표에 표시한다. 모든 유형자산이 감가상각 대상 자산이 되는 것은 아니다.

④ 유형자산의 내용연수를 걸쳐 매 회계기간마다 일정한 감가상각비를 인식하는 상각 방법은 정액법이다.

87 광고와 판매촉진의 비교에 관한 설명으로 옳지 않은 것은?

① 광고의 기본 목표는 매출신장이지만, 판매촉진의 기본 목표는 소비자 태도변화이다.

② 광고는 중장기적인 효과를 추구하지만, 판매촉진은 단기적인 효과를 추구한다.

③ 광고는 브랜드 관련 기억증가의 효과를 추구하지만, 판매촉진은 판매의 즉각적인 증가 효과를 추구한다.

④ 광고는 간접적이고 보통 수준의 당기 이익에 공헌하지만, 판매촉진은 직접적이고 높은 수준의 당기 이익에 공헌한다.

⑤ 광고는 브랜드를 인식하지 못한 소비자를 목표 고객으로 하지만, 판매촉진은 타사브랜드 애용자를 목표 고객으로 한다.

해설

① 광고의 기본 목표는 매출신장 및 소비자 태도변화, 인지도 향상이고, 판매촉진의 기본 목표는 단기적인 매출신장이다.

88 제조업체의 마케터가 중간상(Intermediaries)을 이용하는 이점 중 소유효용에 해당하는 것은?

① 유통경로가 축소되어 소비자와의 직접 거래로 인한 번거로움을 줄일 수 있다.

② 소비자가 상품을 원할 때 구매하도록 할 수 있다.

③ 소비자가 원하는 장소에서 구매하도록 할 수 있다.

④ 소비자가 원하는 가격으로 구매하도록 할 수 있다.

⑤ 소비자가 원하는 형태로 구매하도록 할 수 있다.

해설

중간상 이용 시 이점
• 소비자가 원하는 양 또는 형태로 제품을 공급하는 거래의 경제성
• 소비자가 구매하기 원하는 시간에 공급하는 시간효용
• 소비자가 편리한 장소에서 구매할 수 있도록 하는 장소효용
• 소비자가 소유하기 용이하게 하는 신용판매, 할부판매 등의 소유효용

89 진실의 순간(Moments of Truth)에 관한 설명으로 옳지 않은 것은?

① 고객이 기업의 광고를 볼 때도 발생한다.

② 대형 항공사와 중소 부품업체의 연간 고객접점 횟수에는 차이가 없다.

③ 잘 관리된 진실의 순간 활동은 열악한 기술적 품질(Technical Quality)의 부정적 인상을 극복하는 데 도움을 준다.

④ 표준적 기대, 경험 손상 요소, 그리고 경험 강화 요소가 진실의 순간 영향 분석에 활용된다.

⑤ 안내원, 경비원, 전화 교환원 등의 접객태도 중요성이 부각되었다.

해설

② 진실의 순간이란 고객이 기업이나 제품에 대해 이미지를 결정하는 짧은 순간을 의미한다. 실질적으로 대형 항공사와 중소 부품업체의 연간 고객접점 횟수의 차이는 매우 크다.

90 BCG 매트릭스에 관한 설명으로 옳지 않은 것은?

① 미국의 보스턴 컨설팅 그룹이 개발한 사업전략 분석 기법이다.

② 절대적 시장점유율과 시장성장률의 관계를 분석한다.

③ 사업부의 분면 위치는 시간이나 시장 환경에 따라 재평가되어야 한다.

④ 시장성장률은 사업매력도를 나타내고 일반적으로 사업부의 매출성장률로 측정한다.

⑤ 각 사분면의 사업부 명칭은 Question Mark, Star, Cash Cow, Dog이다.

해설

② 수직축인 시장성장률은 제품이 판매되는 시장의 연간 성장률로서 시장매력척도이며, 수평축은 상대적 시장점유율로서 시장에서 기업의 강점을 측정하는 척도이다.

91 (주)가맹은 성별에 따른 제품 선호도(좋음, 나쁨으로 구분)에 차이가 있는지를 파악하기 위해 소비자 250명을 대상으로 시장조사를 실시하였다. 마케팅 조사를 위한 올바른 분석기법은?

① 선형 회귀분석
② 분산분석
③ 요인분석
④ 교차분석
⑤ 두 모집단 t분석

해설

④ 교차분석(카이제곱 검정)이란 질적인 독립변수와 질적인 종속변수의 관계를 보기 위한 분석을 말한다. 예를 들어, 연구자가 표본의 거주지역과 성별 간의 관계가 있는지 알고 싶을 때 사용한다.

92 디지털마케팅 커뮤니케이션에 관한 설명으로 옳지 않은 것은?

① 디지털 기술의 발전으로 인해 마케팅 전달매체는 파편화되기보다는 통합화되었다.
② 대원칙은 각 매체의 믹스(Mix)와 서로 다른 매체의 메시지 통합이다.
③ 디지털마케팅의 출발은 인터넷의 보급과 이용에서 촉발되었다.
④ 사용기기는 PC, 스마트폰, 태블릿 PC 등을 포함한다.
⑤ 인터넷마케팅 커뮤니케이션의 대표적 수단은 디스플레이(노출형) 광고와 검색광고이다.

해설

① 디지털 기술의 발전으로 인해 마케팅 전달매체는 통합화되기보다는 다양화되었다.

93 원가중심적 가격결정방법에 해당하는 것은?

① 경쟁입찰 가격결정방법
② 부가가치 가격결정방법
③ 시장가치 가격결정방법
④ 목표이익 가격결정방법
⑤ 항시저가 가격결정방법

해설

④ 목표이익 가격결정방법은 원가에 목표이익을 추가하여 가격을 결정하는 방법으로 원가중심적 가격결정방법에 해당한다.

94 투자안의 경제성 분석에 관한 설명으로 옳지 않은 것은?

① 순현재가치법은 화폐의 시간적 가치를 반영한 평가방법이다.

② 순현재가치법은 가치가산의 원리가 성립한다.

③ 내부수익률은 투자안의 현금유입의 현재가치와 현금유출의 현재가치를 일치시키는 할인율이다.

④ 상호배타적 투자안 평가 시 내부수익률법과 순현재가치법의 평가결과는 항상 서로 일치한다.

⑤ 수익성지수가 1인 투자안의 순현재가치는 0이 된다.

> **해설**
> ④ 상호배타적 투자안 평가 시 내부수익률법과 순현재가치법에 의한 평가결과는 서로 다를 수 있다.

95 자본자산가격결정모형(CAPM)이 성립하며 시장이 균형인 상태에서 포트폴리오 A와 B의 기대수익률과 베타(체계적 위험)는 다음과 같다. 시장포트폴리오의 기대수익률은?

구 분	기대수익률	베 타
A	10%	0.5
B	20%	1.5

① 15% ② 16%

③ 17% ④ 18%

⑤ 19%

> **해설**
> ① A에 대한 증권시장선과 B에 대한 증권시장선을 연립방정식으로 풀어서 무위험이자율과 시장포트폴리오의 기대수익률을 구해야 한다. 즉, A는 '10% = 무위험이자율 + 베타(체계적 위험) × (시장포트폴리오의 기대수익률 − 무위험이자율)', B는 '20% = 무위험이자율 + 베타(체계적 위험) × (시장포트폴리오의 기대수익률 − 무위험이자율)'이 된다. 따라서 무위험이자율은 5%, 시장포트폴리오의 기대수익률은 15%이다.

96 특정자산을 만기일 또는 그 이전에 미리 정해진 가격으로 사거나 팔 수 있는 권리가 부여된 증권은?

① 주식(Stock) ② 채권(Bond)

③ 옵션(Option) ④ 스왑(Swap)

⑤ 선물(Futures)

> **해설**
> ① 주주의 출자에 대하여 교부하는 유가증권
> ② 자금조달을 위해서 발행하는 차용증서
> ④ 계약조건 등에 따라 일정시점에 자금교환을 통해서 이루어지는 금융기법
> ⑤ 상품이나 금융자산을 미리 결정된 가격으로 미래 일정시점에 인수·인도할 것을 약속하는 거래

97 자본예산의 현금흐름 추정에 관한 설명으로 옳지 않은 것은?

① 현금흐름은 증분기준(Incremental Basis)으로 측정한다.
② 매몰비용은 현금유출에 포함하지 않는다.
③ 기회비용은 현금유출에 포함한다.
④ 감가상각비와 같은 비현금성 지출은 현금유출에 포함하지 않는다.
⑤ 이자비용은 현금유출에 포함하지만 배당금은 현금유출에 포함하지 않는다.

해설

⑤ 이자비용과 배당금은 현금유출이 발생하는 항목이지만 자본예산에서는 이자비용과 배당금을 현금유출에 포함하지
  않는다. 명백한 현금유출이지만 투자안의 현재가치를 평가할 때 분모에 할인율을 고려하여 평가하므로 현금흐름에
  포함할 경우 이중으로 반영하는 결과가 되기 때문에 현금유출로 처리하면 안 된다.

98 (주)가맹은 당해연도 말(t = 1)에 주당 1,500원의 배당을 실시할 예정이며, 이러한 배당금은 매년
10%의 성장률로 계속 증가할 것으로 기대된다. 현재 (주)가맹의 주가가 10,000원이라고 할 경우,
이 주식의 자본비용(요구수익률)은?

① 10%   ② 15%
③ 20%   ④ 25%
⑤ 30%

해설

④ 매년 일정한 비율로 성장하는 연금의 현재가치는 '연금액/(할인율 − 성장률)'로 계산하고 할인율은 자본비용(요구수익
  률)이 된다. 따라서 '10,000원 = 1,500원/(할인율 − 10%)'를 충족시키는 할인율은 25%가 된다.

99 상호배타적 포트폴리오인 A, B, C, D, E의 기대수익률과 수익률의 표준편차는 다음과 같다.

구 분	A	B	C	D	E
기대수익률	9%	15%	19%	12%	19%
수익률의 표준편차	3%	5%	8%	5%	10%

평균-분산(Mean-variance) 기준의 포트폴리오 이론이 성립하며 투자자는 위험 회피형(Risk
Averse)이라고 가정할 경우, 효율적(Efficient) 포트폴리오에 해당하는 것을 모두 고른 것은?

① A, B   ② A, D
③ C, E   ④ A, B, C
⑤ B, C, E

④ 평균-분산 기준은 미래수익률에 대한 전체 확률분포와 관계없이 확률분포의 평균(기댓값)과 분산만을 이용하여 기대효용극대화기준에 의한 선택과 동일한 선택을 할 수 있도록 해주는 기준을 말한다. 따라서 위험회피형 투자자의 가정하에 위험수준이 같다면 기대수익률이 가장 높은 자산을 선택하고, 기대수익률이 같다면 위험이 가장 낮은 자산을 선택한다. 즉, 기대수익률이 같은 C와 E 중에서는 표준편차가 더 작은 C를 선택하고, 표준편차가 같은 B와 D 중에서는 기대수익률이 더 높은 B를 선택한다. 그리고 A는 상호지배관계가 성립하지 않기 때문에 효율적 포트폴리오에 해당한다.

100 갈등 상황에서 자신이 원하는 것을 포기하고 상대방이 원하는 것을 충족시키는 토마스(K. Thomas)의 갈등해결전략은?

① 회피전략   ② 수용전략

③ 경쟁전략   ④ 타협전략

⑤ 통합전략

① 갈등 상황에서 자신에 대한 관심뿐만 아니라 상대방에 대한 관심도 가지지 않는 전략
③ 공식적인 권위를 사용하여 복종을 유도하며, 자신에 대한 관심은 지나친 반면에 상대방에 대하여 무관심한 사람은 자기중심적인 행동을 선호하는 전략
④ 자신과 상대방의 공통된 관심분야를 서로 주고받는 전략
⑤ 자신과 상대방의 관심과 이해관계를 정확히 파악하여 문제해결을 위한 통합적 대안을 도출하는 전략

101 균형성과표(BSC)에 포함되지 않는 것은?

① 외부지표와 내부지표의 균형

② 원인지표와 결과지표의 균형

③ 단기지표와 장기지표의 균형

④ 개인지표와 집단지표의 균형

⑤ 재무지표와 비재무지표의 균형

④ 균형성과표는 외부지표와 내부지표의 균형, 원인지표와 결과지표의 균형, 단기지표와 장기지표의 균형, 재무지표와 비재무지표의 균형을 포함한다.

102 톰슨(J. Thompson)의 기술과 조직구조 관계에 대한 분류기준에 해당하는 것은?

① 기술복잡성   ② 과업다양성
③ 과업정체성   ④ 분석가능성
⑤ 상호의존성

해설

⑤ 톰슨(Thompson)은 과업의 상호의존성을 집합적(Pooled) 상호의존성, 순차적(Sequential) 상호의존성, 교호적(Reciprocal) 상호의존성으로 분류하고, 이에 따라 기술을 중개형(Mediating) 기술, 장치형(Long-linked) 기술, 집약형(Intensive) 기술로 분류하고 있다.

103 파업을 효과적으로 수행하기 위하여 파업 비참가자들에게 사업장에 들어가지 말 것을 독촉하고 파업 참여에 협력할 것을 요구하는 행위는?

① 태 업   ② 보이콧
③ 피케팅   ④ 직장폐쇄
⑤ 준법투쟁

해설

① 노동자들이 표면적으로는 작업을 하면서 집단적으로 작업능률을 저하시켜 사용자에게 손해를 주는 쟁의행위
② 조합원이나 일반 시민에게 직접 쟁의의 상대가 되어 있는 사용자나 그와 거래관계에 있는 제3자의 상품구매를 거부하도록 호소하는 쟁의행위
④ 사용자가 노동조합에 대해 생산수단의 접근을 차단하고 노동자의 노동력 발휘를 조직적, 집단적, 일시적으로 거부하는 행위
⑤ 노동조합의 통제하에 노동자들이 법규에 규정된 적법한 권리를 행사하는 방법으로 업무의 능률이나 실적을 떨어뜨려 파업이나 태업과 같은 쟁의행위의 효과를 발생시키는 쟁의행위

104 조직시민행동에서 조직생활에 관심을 가지고 적극적으로 참여하는 행동은?

① 예의행동(Courtesy)
② 이타적 행동(Altruism)
③ 공익적 행동(Civic Virtue)
④ 양심적 행동(Conscientiousness)
⑤ 혁신적 행동(Innovative Behavior)

해설

① 직무수행과 관련하여 타인들과의 사이에서 발생하는 문제나 갈등을 미리 막으려고 노력하는 행동
② 직무상 필수적이지는 않지만, 한 구성원이 조직 내 업무나 문제에 대하여 다른 구성원들을 도와주려는 직접적이고 자발적인 조직 내 행동
④ 조직에서 요구하는 최저수준 이상의 역할을 수행하는 행동
⑤ 혁신적 행동은 조직시민행동의 구성요소에 해당하지 않고, 스포츠맨십이 조직시민행동의 구성요소

105 스키너(B. Skinner)의 작동적 조건화 이론(Operant Conditioning Theory)에 포함되지 않는 것은?

① 소거(Extinction)

② 처벌(Punishment)

③ 대리적 강화(Vicarious Reinforcement)

④ 긍정적 강화(Positive Reinforcement)

⑤ 부정적 강화(Negative Reinforcement)

해설

③ 바람직한 행동을 증가시키기 위한 강화전략에는 긍정적(적극적) 강화와 부정적 강화가 있고, 바람직하지 못한 행동을 감소시키기 위한 강화전략에는 소거와 벌이 있다. 따라서 대리적 강화는 스키너(B. Skinner)의 작동적 조건화 이론에 포함되지 않는다.

106 진성 리더십(Authentic Leadership)에 포함되는 것을 모두 고른 것은?

> ㄱ. 자아인식
> ㄴ. 정서적 치유
> ㄷ. 관계적 투명성
> ㄹ. 균형 잡힌 정보처리
> ㅁ. 내면화된 도덕적 신념

① ㄱ, ㄴ, ㄷ, ㄹ   ② ㄱ, ㄴ, ㄷ, ㅁ

③ ㄱ, ㄴ, ㄹ, ㅁ   ④ ㄱ, ㄷ, ㄹ, ㅁ

⑤ ㄴ, ㄷ, ㄹ, ㅁ

해설

④ 진성 리더십은 평소에 자신이 가지고 있는 핵심가치, 정체성, 감정 등에서 벗어나지 않고 이를 근거로 하여 타인과 상호작용하는 리더십을 말한다. 진성 리더십에 포함되는 것은 자아인식, 관계적 투명성, 균형 잡힌 정보처리, 내면화된 도덕적 신념 등이 있다.

107 포터(M. Porter)의 가치사슬 활동을 순서대로 나열한 것은?

① 구매활동 → 생산활동 → 물류활동 → 서비스활동 → 판매 및 마케팅활동

② 구매활동 → 물류활동 → 생산활동 → 판매 및 마케팅활동 → 서비스활동

③ 구매활동 → 생산활동 → 물류활동 → 판매 및 마케팅활동 → 서비스활동

④ 구매활동 → 물류활동 → 생산활동 → 서비스활동 → 판매 및 마케팅활동

⑤ 구매활동 → 생산활동 → 판매 및 마케팅활동 → 물류활동 → 서비스활동

해설

포터(M. Porter)의 가치사슬 활동 순서
구매활동 → 생산활동 → 물류활동 → 판매 및 마케팅활동 → 서비스활동

108 (주)가맹의 지난달 A품목 예측 수요가 2,200개이고, 실제 수요가 2,100개로 나타났을 때, 지수평활법으로 이번 달 수요를 예측하니 2,180개가 되었다. 이때 사용한 지수 평활계수는?

① 0.05

② 0.1

③ 0.15

④ 0.2

⑤ 0.25

해설

④ $F_{t+1} = F_t + a \times (D_t - F_t) = 2,200 + a \times (2,100 - 2,200) = 2,180$, 따라서 평활계수는 0.20이다.

109 제조기업의 능력 계획에 비해 서비스기업의 능력 계획에서 추가적으로 고려하여야 할 사항으로 옳지 않은 것은?

① 서비스 위치

② 높은 수요변동성

③ 서비스 능력 가동률

④ 서비스 시간

⑤ 규모의 경제

해설

⑤ 규모의 경제는 생산량이 증가함에 따라 단위당 생산원가가 절감되는 현상이다. 그러나 서비스기업은 원칙적으로 대량 생산이 불가능하기 때문에 규모의 경제를 고려할 수는 없다.

110 6시그마 방법론에 관한 설명으로 옳은 것은?

① 정의 → 측정 → 개선 → 분석 → 통제의 순서로 이루어진다.

② 품질개선을 위해 개발된 경영철학으로 정성적인 도구를 주로 사용한다.

③ 6시그마 품질수준은 100 DPMO(Defects Per Million Opportunities)이다.

④ 6시그마는 기업이 원하는 품질목표를 달성하는 것이다.

⑤ 6시그마의 성공을 위해서는 최고 경영자의 참여가 필수적이다.

해설

① 정의 → 측정 → 분석 → 개선 → 통제의 순서로 이루어진다.
② 6시그마 방법론은 정량적인 도구를 주로 사용한다.
③ 6시그마 품질수준은 3.4 DPMO이다.
④ 6시그마는 품질혁신과 고객만족을 달성하기 위해 무결점에 가까운 품질목표를 달성하는 것이다.

111 수요와 리드타임이 일정하다면 재주문점은? (단, 연간 수요의 작업 일수는 250일이다)

> 연간 수요 : 10,000개
> 1회당 주문비용 : 50,000원
> 단위당 연간 재고 비용 : 1,250원
> 리드타임 : 7일
> 제품단가 : 150원

① 40개   ② 220개
③ 280개   ④ 894개
⑤ 6,258개

해설

③ 재주문점은 일간 소요량과 리드타임의 곱으로 계산하고 일간 소요량은 연간 수요를 작업 일수를 나누어서 계산한 40개이다. 따라서 재주문점은 280개(= 40개 × 7일)이다.

112 재고회전율에 관한 설명으로 옳지 않은 것은?

① 재고회전율을 높이면 재고가 늘어나 현금성 자산의 소요가 증가한다.
② 재고회전율을 이용한 재고수준 평가방법 중 하나는 업계 선두기업과 비교하는 것이다.
③ 재고회전율은 연간 매출원가에 연간 평균총재고액을 나눈 값이다.
④ 매출원가 계산 기준은 제품의 판매가격이 아닌 제조원가이다.
⑤ 총자산 중 재고비율은 일반적으로 도·소매업이 제조업보다 높다.

해설

① 재고회전율은 매출액(또는 매출원가)을 평균재고로 나누어 계산한다. 따라서 재고회전율을 높이면 평균재고가 줄어 현금성 자산의 소요가 감소한다.

113 관리도(Control Chart)에 관한 설명으로 옳은 것은?

① 두 변수 간의 상관관계를 분석하는 도표
② 변동의 공통원인과 이상원인을 구분하는 도표
③ 데이터의 누락이나 오류 제거를 위한 데이터 정리 도표
④ 중요한 원인 요소를 구분하기 위한 도표
⑤ 두 개 또는 그 이상의 특성, 기능, 아이디어 상호 관련 도표

해설

관리도(Control Chart)
관측값이 정상적인지, 비정상적인지를 결정하기 위해서 표본으로부터 얻어낸 품질측정값을 시간의 순서에 따라 표시하는 도표를 의미한다. 따라서 관리도는 변동의 공통원인과 이상원인을 구분하는 도표이다.

114 기업의 사회적 책임에 관한 설명으로 옳지 않은 것은?

① 기업의 사회적 책임에 관한 국제표준은 ISO 26000이다.

② ESG 경영과 사회적 책임은 상호연관성이 높은 개념이다.

③ ISO 26000은 강제집행사항은 아니지만 국제사회의 판단기준이 된다.

④ 사회적 책임 분야는 CSV(Creating Shared Value)에서 CSR(Corporate Social Responsibility)의 순서로 발전되었다.

⑤ CSV는 기업경쟁력을 강화하는 정책이며 지역사회의 경제적·사회적 조건을 동시에 향상시키는 개념이다.

해설

④ 사회적 책임 분야는 CSR(Corporate Social Responsibility)에서 CSV(Creating Shared Value)의 순서로 발전되었다.

115 빅데이터에 관한 설명으로 옳지 않은 것은?

① 빅데이터는 관계형 데이터베이스에 테이블 형태로 저장된다.

② 빅데이터는 전통적인 데이터들에 비해 훨씬 많은 양과 훨씬 빠른 속도로 생성된다.

③ 빅데이터의 사용 목적은 통합된 관점에서 데이터를 분석하여 새로운 사실을 예측하는 것이다.

④ 빅데이터를 확보, 저장, 분석하는 데 많은 비용이 든다.

⑤ 빅데이터는 기존에 기업에서 관리하는 데이터뿐만 아니라 비정형화된 데이터를 포함한다.

해설

① 빅데이터 기술에는 비관계형 데이터베이스인 NoSQL, Hbase 등이 분석에 활용된다.

116 데이터베이스관리시스템(DBMS)의 주요 이점으로 옳지 않은 것은?

① 데이터의 중복성 제거

② 데이터의 무결성 향상

③ 데이터와 프로그램 간 독립성 유지

④ 데이터의 공유 촉진

⑤ 데이터 접근의 복잡화

해설

⑤ 데이터베이스관리시스템은 데이터베이스 이용자들이 프로그램을 개발하지 않고도 데이터 조작이 가능하여 불특정한 조건 검색이 용이하다는 이점이 있다. 즉, '데이터 접근의 복잡화'가 아니라 '데이터에 대한 접근성 및 시스템 응답성 향상'이라는 이점을 가진다.

117 전자상거래 수익모델(Business Model)에 관한 설명으로 옳은 것을 모두 고른 것은?

> ㄱ. 제휴수익모델은 거래를 가능하게 해주는 대가로 수수료를 받아 수익을 창출한다.
> ㄴ. 구독료수익모델은 서비스를 제공하는 웹사이트를 일정기간 접근하는 것을 허용하여 수익을 창출한다.
> ㄷ. 판매수익모델은 제품, 정보, 서비스를 고객에게 판매함으로써 수익을 창출한다.
> ㄹ. 광고수익모델은 기본 서비스는 무료로 제공하지만 특별한 서비스에는 사용료를 부과하여 수익을 창출한다.

① ㄱ, ㄴ   ② ㄱ, ㄷ
③ ㄴ, ㄷ   ④ ㄴ, ㄹ
⑤ ㄴ, ㄷ, ㄹ

해설

ㄱ. 거래수수료형 수익모델에 대한 설명이다. 제휴수익모델은 제휴 웹사이트가 방문자를 해당 웹사이트로 보내 주거나 소개해 주고 소개료 또는 구입금액의 일정비율을 받는 수익모델이다.
ㄹ. 판매수익모델에 해당하는 설명이다. 광고수익모델은 광고노출을 통해 수익을 창출하는 모델이다.

118 고객관계관리(CRM)시스템의 2가지 기본적 구성요소는?

① 기술적 CRM과 분석적 CRM
② 운영적 CRM과 분석적 CRM
③ 기술적 CRM과 전술적 CRM
④ 운영적 CRM과 전술적 CRM
⑤ 운영적 CRM과 기술적 CRM

해설

② 고객관계관리(CRM)시스템의 2가지 기본적 구성요소는 운영적 CRM과 분석적 CRM이다.

119 기업의 정보보안 취약성 증가 요인에 해당하지 않는 것은?

① 신뢰성 높은 네트워크 환경

② 더 작고, 빠르고, 저렴해진 컴퓨터와 저장장치

③ 국제적 범죄조직의 사이버 범죄 진출

④ 점점 복잡하며, 상호 연결되고, 의존적인 무선 네트워크 환경

⑤ 관리적 지원의 부족

> **해설**
>
> ① 신뢰성 높은 네트워크 환경은 기업의 정보보안 취약성을 증가시키는 요인이 아니라 감소시키는 요인이다.

120 빅데이터를 포함한 기업환경에서 발생한 데이터를 저장, 결합, 보고, 분석하는 인프라를 통칭하는 포괄적 의사결정 응용프로그램을 지칭하는 용어로 하워드 드레스너(H. Dresner)가 사용한 것은?

① 비즈니스 인텔리전스(Business Intelligence)

② 비즈니스 빅데이터(Business Big Data)

③ 비즈니스 지식(Business Knowledge)

④ 비즈니스 공학(Business Engineering)

⑤ 비즈니스 어낼리틱스(Business Analytics)

> **해설**
>
> **비즈니스 인텔리전스(Business Intelligence)**
> 빅데이터를 포함한 기업환경에서 발생한 데이터를 저장, 결합, 보고, 분석하는 인프라를 통칭하는 포괄적 의사결정 응용프로그램을 지칭하는 용어이다.

아이들이 답이 있는 질문을 하기 시작하면 그들이 성장하고 있음을 알 수 있다.

- 존 J. 플롬프 -

2021년

제19회 기출문제

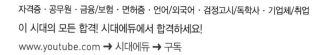

제1과목 경제법

01 독점규제 및 공정거래에 관한 법률상 용어의 정의에 관한 설명으로 옳은 것을 모두 고른 것은?

> ㄱ. "일정한 거래분야"라 함은 거래의 객체별·단계별 또는 지역별로 경쟁관계에 있거나 경쟁관계가 성립될 수 있는 분야를 말한다.
> ㄴ. "여신"이라 함은 국내외의 금융기관이 행하는 대출 및 회사채무의 보증 또는 인수를 말한다.
> ㄷ. "임원"에는 이사, 대표이사뿐만 아니라 지배인 등 본점이나 지점의 영업전반을 총괄적으로 처리할 수 있는 상업사용인이 포함된다.
> ㄹ. "계열회사"라 함은 2 이상의 회사가 상이한 기업집단에 속하는 경우에 이들 회사는 서로 상대방의 계열회사라 한다.
> ㅁ. 사업자의 이익을 위한 행위를 하는 종업원은 사업자단체에 관한 규정의 적용에 있어서는 사업자로 본다.

① ㄱ, ㄴ, ㄷ   ② ㄱ, ㄷ, ㅁ
③ ㄴ, ㄷ, ㄹ   ④ ㄴ, ㄹ, ㅁ
⑤ ㄷ, ㄹ, ㅁ

해설

ㄴ. "여신"이라 함은 국내 금융기관이 하는 대출 및 회사채무의 보증 또는 인수를 말한다(독점규제 및 공정거래에 관한 법률 제2조 제19호).
ㄹ. "계열회사"라 함은 둘 이상의 회사가 동일한 기업집단에 속하는 경우에 이들 각각의 회사를 서로 상대방의 계열회사라 한다(동법 제2조 제12호).

02 독점규제 및 공정거래에 관한 법률의 역외적용에 관한 설명으로 옳지 않은 것은? (다툼이 있으면 판례에 따름)

① 국외에서 이루어진 외국사업자의 행위라도 국내시장에 영향을 미치는 경우에는 이 법을 적용한다.

② 대법원은 흑연전극봉을 제조·판매하는 외국사업자들의 국외에서의 부당한 공동행위에 대해 역외적용을 인정하였다.

③ 외국에서 일어난 경쟁제한행위가 국내시장에 미치는 영향은 직접적이거나 간접적인 경우를 모두 포함하여 우리나라의 법을 적용하고 있다.

④ 역외적용을 위한 명시 규정이 없을 때에도 공정거래위원회는 역외적용을 한 사례가 있다.

⑤ 정부는 대한민국의 법률 및 이익에 반하지 않는 범위 안에서 외국정부와 이 법의 집행을 위한 협정을 체결할 수 있다.

> **해설**
>
> ③ 독점규제 및 공정거래에 관한 법률 제2조의2가 국외행위에 관하여 공정거래법을 적용하기 위한 요건으로 '국내시장에 영향을 미치는 경우'라고만 규정하고 있으나, 국가 간의 교역이 활발하게 이루어지는 현대 사회에서는 국외에서의 행위라도 그 행위가 이루어진 국가와 직·간접적인 교역이 있는 이상 국내시장에 어떠한 형태로든 어느 정도의 영향을 미치게 되고, 국외에서의 행위로 인하여 국내시장에 영향이 미친다고 하여 그러한 모든 국외행위에 대하여 국내의 공정거래법을 적용할 수 있다고 해석할 경우 국외행위에 대한 공정거래법의 적용범위를 지나치게 확장시켜 부당한 결과를 초래할 수 있는 점 등을 고려하면, 공정거래법 제2조의2에서 말하는 '국내시장에 영향을 미치는 경우'는 문제된 국외행위로 인하여 국내시장에 직접적이고 상당하며 합리적으로 예측 가능한 영향을 미치는 경우로 제한 해석해야 한다(대판 2014.12.24., 2012두6216).
>
> ① 독점규제 및 공정거래에 관한 법률 제3조
>
> ②·④ 흑연전극봉 제조·판매업을 영위하는 사업자인 원고가 같은 사업자인 소외 회사들과 공동하여 외국에서 국내시장을 포함한 세계시장을 대상으로 하여 흑연전극봉의 가격을 결정, 유지하기로 하는 합의 및 그에 기한 실행행위를 하였고, 그로 인하여 원고와 소외 회사들이 생산한 흑연전극봉의 수입가격이 위 합의에 따라 결정되는 등 국내시장에 영향을 미친 사실을 인정한 다음, 원고가 소외 회사들과 공동으로 흑연전극봉의 판매가격을 결정하는 등의 합의를 하였고, 그로 인한 영향이 국내시장에 미쳤다고 할 것이므로, 위 합의가 국내시장에 영향을 미친 한도 내에서 공정거래법이 적용된다고 판단하였는바, 앞서 본 법리에 비추어 기록을 살펴보면, 원심의 이러한 인정 및 판단은 정당한 것으로 수긍이 가고, 거기에 상고이유에서 주장하는 바와 같은 채증법칙 위배에 의한 사실오인, 공정거래법의 적용 범위, 입증책임분배에 관한 법리오해의 위법이 없다(대판 2006.3.24., 2004두11275).
>
> ⑤ 독점규제 및 공정거래에 관한 법률 제56조 제1항

03 독점규제 및 공정거래에 관한 법률상 시장지배적 사업자 지위남용행위에 대한 공정거래위원회의 시정조치로서 명시되어 있지 않은 것을 모두 고른 것은?

> ㄱ. 주식의 전부 또는 일부의 처분
> ㄴ. 법 위반사실의 공표
> ㄷ. 가격의 인하
> ㄹ. 계약조항의 삭제
> ㅁ. 해당 행위의 중지

① ㄱ, ㄴ, ㄹ   ② ㄱ, ㄷ, ㄹ
③ ㄱ, ㄷ, ㅁ   ④ ㄴ, ㄷ, ㅁ
⑤ ㄴ, ㄹ, ㅁ

해설

시정조치(독점규제 및 공정거래에 관한 법률 제7조 제1항)
공정거래위원회는 남용행위가 있을 때에는 그 시장지배적 사업자에게 가격의 인하, 해당 행위의 중지, 시정명령을 받은 사실의 공표 또는 그 밖에 필요한 시정조치를 명할 수 있다.

04 독점규제 및 공정거래에 관한 법률상 시장지배적 지위남용행위에 관한 설명으로 옳지 않은 것은? (다툼이 있으면 판례에 따름)

① 부당한 출고조절의 경우 그 부당성은 통상적인 수준을 현저하게 벗어나서 가격의 인상이나 하락의 방지에 중대한 영향을 미치거나 수급차질을 초래할 우려가 있는지 여부에 따라 판단하여야 한다.
② 다른 사업자의 사업활동을 부당하게 방해하는 행위의 경우 '다른 사업자'란 당해 시장지배적 사업자와 경쟁관계에 있는 사업자를 말하며, 판매대리점 등 전·후방관계에 있는 사업자는 제외된다.
③ 다른 사업자의 사업활동에 필수적인 인력이라도 정상적인 관행을 따른다면 채용할 수 있다.
④ 정당한 이유가 있으면, 다른 사업자의 생산활동에 필요한 원재료 구매를 방해할 수 있다.
⑤ 일정한 거래분야에서 연간 매출액 또는 구매액이 40억 원 미만인 사업자에 대하여는 시장지배적 사업자 추정규정이 적용되지 아니한다.

해설

② 판매대리점은 자신의 비용과 노력으로 점포 개설, 직원 채용, 판촉 활동 등을 통하여 기본급 없이 판매실적에 따른 수수료를 지급받는 방식으로 독자적인 사업을 하는 독립된 개별사업자로서 자동차 판매시장에서 원고와 판매대리점계약이라는 거래관계에 있는 거래상대방이므로, 공정거래법에 정한 '다른 사업자'에 해당한다고 판단한 것은 정당하다 (대판 2010.3.25., 2008두7465).

05 독점규제 및 공정거래에 관한 법률상 시장지배적 사업자에 관한 설명으로 옳지 않은 것은? (다툼이 있으면 판례에 따름)

① 용역시장의 수요자도 시장지배적 사업자가 될 수 있다.

② 시장지배적 사업자를 판단함에 있어서는 시장점유율, 진입장벽의 존재 및 정도, 경쟁사업자의 상대적 규모 등을 종합적으로 고려한다.

③ 시장지배적 사업자를 판단함에 있어서 독립된 사업자들이 각기 자기의 책임과 계산하에 독립적으로 사업을 하고 있을 뿐 손익분배 등을 함께 하고 있지 않다면 그 사업자들을 통틀어 하나의 사업자로 볼 수는 없다.

④ 관련시장이 넓게 획정될수록 사업자가 그 시장에서 시장지배적 지위를 가질 가능성은 높아진다.

⑤ 특정 사업자가 시장지배적 지위에 있는지 여부를 판단함에 있어서 외국으로부터의 관련 상품의 수입 가능성도 고려된다.

> **해설**
> ④ 관련시장이 넓게 획정될수록 사업자가 그 시장에서 시장지배적 지위를 가질 가능성은 낮아진다.

06 독점규제 및 공정거래에 관한 법률상 사업자들의 시장점유율이 다음과 같을 경우 시장지배적 사업자로 추정되는 자를 모두 고른 것은? (단, B는 E의 계열회사이고, 5개 회사 모두 연간 매출액 또는 구매액이 100억 원 이상임)

> A : 55%, B : 20%, C : 10%, D : 7%, E : 5%

① A
② A, B, C
③ A, B, E
④ A, B, C, D
⑤ A, B, C, E

> **해설**
> ⑤ B는 E의 계열사이므로 하나의 사업자로 본다면, 시장점유율 합계를 계산했을 때 A(55%)+B·E(20+5=25%)+C(10%)+D(7%)=97%로 이 중 A+B·E+C의 시장점유율은 90%, A+B·E+D의 시장점유율은 87%로 모두 시장지배적 사업자로 추정되는 조건에 충족되지만, D는 시장점유율이 7%로 10 미만에 해당하기에 제외된다.
>
> **시장지배적 사업자의 추정(독점규제 및 공정거래에 관한 법률 제6조)**
> 일정한 거래분야에서 시장점유율이 다음의 어느 하나에 해당하는 사업자(일정한 거래분야에서 연간 매출액 또는 구매액이 80억 원 미만인 사업자는 제외한다)는 시장지배적 사업자로 추정한다.
> • 하나의 사업자의 시장점유율이 100분의 50 이상
> • 셋 이하의 사업자의 시장점유율의 합계가 100분의 75 이상. 이 경우 시장점유율이 100분의 10 미만인 사업자는 제외한다.

05 ④ 06 ⑤ **정답**

07 독점규제 및 공정거래에 관한 법률상 부당한 공동행위에 관한 설명으로 옳은 것은? (다툼이 있으면 판례에 따름)

① 사업자가 다른 사업자로 하여금 부당한 공동행위를 행하도록 하는 행위는 제40조 제1항에 위반되지 않는다.

② 사업자의 합의는 부당한 공동행위의 외형만 일치한다면 공동성에 대한 상당한 개연성이 없이도 추정된다.

③ 어느 한 사업자의 진의 아닌 의사표시에 의하여 합의를 한 경우라고 하더라도 공동행위가 성립할 수 있다.

④ 다른 사업자의 부당한 공동행위를 단순히 방조하는 행위도 부당한 공동행위에 해당한다.

⑤ 공동행위가 성립하려면 사업자가 다른 사업자와 공동으로 일정한 행위를 하기로 합의하고, 이를 실행하여야 한다.

해설

③ 어느 한쪽의 사업자가 당초부터 합의에 따를 의사도 없이 진의 아닌 의사표시에 의하여 합의한 경우라고 하더라도 다른 쪽 사업자는 당해 사업자가 합의에 따를 것으로 신뢰하고 당해 사업자는 다른 사업자가 합의를 위와 같이 신뢰하고 행동할 것이라는 점을 이용함으로써 경쟁을 제한하는 행위가 되는 것은 마찬가지이므로 독점규제 및 공정거래에 관한 법률 제19조 제1항 소정의 부당한 공동행위의 성립에 방해가 되지 않는다(대판 1999.2.23., 1998두15849).

① 사업자는 계약·협정·결의 또는 그 밖의 어떠한 방법으로도 다른 사업자와 공동으로 부당하게 경쟁을 제한하는 부당한 공동행위를 하거나 다른 사업자로 하여금 이를 하도록 하여서는 아니 된다(독점규제 및 공정거래에 관한 법률 제40조 제1항).

② 사업자 간의 합의에 관한 직접적 증거가 없을 지라도 해당 거래분야 또는 상품·용역의 특성, 해당 행위의 경제적 이유 및 파급효과, 사업자 간 접촉의 횟수, 양태 등 관련 정황에 비추어 그 행위를 그 사업자들이 공동으로 한 것으로 볼 수 있는 상당한 개연성이 있는 때에는 부당한 공동행위를 할 것을 합의한 것으로 추정한다(공동행위 심사기준).

④ 제19조 제1항 후단의 '다른 사업자로 하여금 부당한 공동행위를 행하도록 하는 행위'는 다른 사업자로 하여금 부당한 공동행위를 하도록 교사하는 행위 또는 이에 준하는 행위를 의미하고, 다른 사업자의 부당한 공동행위를 단순히 방조하는 행위는 여기에 포함되지 않는다고 할 것이다(대판 2009.5.14., 2009두1556).

⑤ 부당한 공동행위가 성립하려면 계약, 협정, 결의 기타 어떠한 방법으로든지 사업자 간에 공동행위를 하기로 하는 합의가 있어야 한다. 부당한 공동행위를 인정하기 위한 합의는 계약, 협정, 협약, 결의, 양해각서, 동의서 등과 같은 명시적 합의뿐만 아니라 사업자 간의 암묵적 양해와 같은 묵시적 합의까지 포함한다(공동행위 심사기준).

08 독점규제 및 공정거래에 관한 법률상 부당한 공동행위의 유형으로 명시되어 있지 않은 것은?

① 과대한 이익을 제공할 제의를 하여 경쟁사업자의 고객을 자기와 거래하도록 하는 행위
② 영업의 주요 부문을 공동으로 수행·관리하거나 수행·관리하기 위한 회사 등을 설립하는 행위
③ 거래지역 또는 거래상대방을 제한하는 행위
④ 입찰 또는 경매에 있어 낙찰자, 경락자, 투찰가격, 낙찰가격 또는 경락가격을 결정하는 행위
⑤ 상품의 생산·출고·수송 또는 거래의 제한이나 용역의 거래를 제한하는 행위

> **해설**
>
> 부당한 공동행위의 금지(독점규제 및 공정거래에 관한 법률 제40조 제1항)
> • 가격을 결정·유지 또는 변경하는 행위
> • 상품 또는 용역의 거래조건이나, 그 대금 또는 대가의 지급조건을 정하는 행위
> • 상품의 생산·출고·수송 또는 거래의 제한이나 용역의 거래를 제한하는 행위
> • 거래지역 또는 거래상대방을 제한하는 행위
> • 생산 또는 용역의 거래를 위한 설비의 신설 또는 증설이나 장비의 도입을 방해하거나 제한하는 행위
> • 상품 또는 용역의 생산·거래 시에 그 상품 또는 용역의 종류·규격을 제한하는 행위
> • 영업의 주요 부문을 공동으로 수행·관리하거나 수행·관리하기 위한 회사 등을 설립하는 행위
> • 입찰 또는 경매를 할 때 낙찰자, 경락자, 입찰가격, 낙찰가격 또는 경락가격, 그 밖에 대통령령으로 정하는 사항을 결정하는 행위
> • 그 밖의 행위로서 다른 사업자(그 행위를 한 사업자를 포함한다)의 사업활동 또는 사업내용을 방해·제한하거나 가격, 생산량, 그 밖에 대통령령으로 정하는 정보를 주고받음으로써 일정한 거래분야에서 경쟁을 실질적으로 제한하는 행위

09 독점규제 및 공정거래에 관한 법률상 부당한 공동행위의 자진신고제도에 관한 설명으로 옳지 않은 것은?

① 증거제공 등의 방법으로 조사에 협조한 자에 대하여는 시정조치 또는 과징금을 감경 또는 면제할 수 있다.
② 부당한 공동행위의 사실을 자진신고한 자에 대하여는 시정조치 또는 과징금을 감경 또는 면제할 수 있다.
③ 증거제공 등의 방법으로 조사에 협조한 자에 대하여는 고발을 면제한다.
④ 공정거래위원회 및 그 소속 공무원은 소송수행을 위하여 필요한 경우 등을 제외하고는 자진신고자의 신원 등 자진신고와 관련된 정보를 사건 처리와 관계없는 자에게 제공해서는 아니 된다.
⑤ 자진신고자의 순서에 따라 시정조치 또는 과징금의 감경 또는 면제의 혜택에 차이가 있다.

> **해설**
>
> ③ 증거제공 등의 방법으로 공정거래위원회의 조사 및 심의·의결에 협조한 자는 시정조치나 과징금을 감경 또는 면제할 수 있고, 고발을 면제할 수 있다(독점규제 및 공정거래에 관한 법률 제44조 제1항 제2호).

10 독점규제 및 공정거래에 관한 법률상 부당한 공동행위에 대한 공정거래위원회의 인가사유로서 이 법에 명시되어 있지 않은 것은?

① 불황극복을 위한 산업구조의 조정
② 수익의 극대화
③ 거래조건의 합리화
④ 중소기업의 경쟁력 향상
⑤ 연구·기술개발

해설

부당한 공동행위의 금지에 대한 공정거래위원회의 인가사유(독점규제 및 공정거래에 관한 법률 제40조 제2항)
• 불황극복을 위한 산업구조조정
• 연구·기술개발
• 거래조건의 합리화
• 중소기업의 경쟁력 향상

11 독점규제 및 공정거래에 관한 법률상 불공정거래행위의 유형들이 바르게 연결되어 있지 않은 것은?

① 거래거절 - 공동의 거래거절
② 차별적 취급 - 집단적 차별
③ 사업활동방해 - 인력의 부당유인·채용
④ 경쟁사업자 배제 - 부당염매
⑤ 부당한 고객유인 - 기술의 부당이용

해설

⑤ 부당한 고객유인 - 부당한 이익에 의한 고객유인, 위계에 의한 고객유인, 그 밖의 부당한 고객유인

12 독점규제 및 공정거래에 관한 법률상 부당하게 거래상대방이 자기의 경쟁사업자와 거래하지 않는 조건으로 그 거래상대방과 거래하는 행위는 불공정거래행위 중 어느 유형에 해당하는가?

① 그 밖의 거래거절
② 계열회사를 위한 차별
③ 그 밖의 거래강제
④ 배타조건부 거래
⑤ 거래처 이전 방해

해설

① 그 밖의 거래거절 – 부당하게 특정 사업자에게 거래의 개시를 거절하거나 계속적인 거래 관계에 있는 특정 사업자에게 거래를 중단하거나 거래하는 상품 또는 용역의 수량이나 내용을 현저히 제한하는 행위
② 계열회사를 위한 차별 – 정당한 이유 없이 자기의 계열회사를 유리하게 하기 위하여 가격·수량·품질 등의 거래조건이나 거래내용에 관하여 현저하게 유리하거나 불리하게 하는 행위
③ 그 밖의 거래강제 – 정상적인 거래관행에 비추어 부당한 조건 등 불이익을 거래상대방에게 제시하여 자기 또는 자기가 지정하는 사업자와 거래하도록 강제하는 행위
⑤ 거래처 이전 방해 – 다른 사업자의 거래처 이전을 부당하게 방해하여 다른 사업자의 사업활동을 심히 곤란하게 할 정도로 방해하는 행위

13 독점규제 및 공정거래에 관한 법률상 불공정거래행위의 유형 중 부당한 지원행위에 해당하는 것을 모두 고른 것은?

> ㄱ. 부당고가매입
> ㄴ. 부당한 거래단계 추가
> ㄷ. 부당한 자산·상품 등 지원
> ㄹ. 부당한 거래기회 제공
> ㅁ. 부당한 인력지원

① ㄱ, ㄴ, ㄷ
② ㄱ, ㄴ, ㄹ
③ ㄱ, ㄷ, ㄹ
④ ㄴ, ㄷ, ㅁ
⑤ ㄴ, ㄹ, ㅁ

해설

부당한 지원행위의 유형(독점규제 및 공정거래에 관한 법률 시행령 별표 2 제9호)
부당한 자금지원, 부당한 자산·상품 등 지원, 부당한 인력지원, 부당한 거래단계 추가 등

14 독점규제 및 공정거래에 관한 법률상 거래상 지위의 남용행위에 해당하지 않는 것은?

① 자기가 공급하는 상품과 관련하여 거래상대방의 거래에 관한 목표를 제시하고 이를 달성하도록 강제하는 행위

② 거래상대방에게 자기를 위하여 금전·물품·용역 기타의 경제상 이익을 제공하도록 강요하는 행위

③ 거래상대방의 임직원을 선임함에 있어 자기의 승인을 얻게 함으로써 경영활동을 간섭하는 행위

④ 상품을 거래함에 있어서 그 거래상대방의 거래지역 또는 거래상대방을 부당하게 구속하는 조건으로 거래하는 행위

⑤ 거래상대방이 구입할 의사가 없는 상품 또는 용역을 구입하도록 강제하는 행위

해설

거래상 지위의 남용(독점규제 및 공정거래에 관한 법률 시행령 별표 2 제6호)
- 구입강제 : 거래상대방이 구입할 의사가 없는 상품 또는 용역을 구입하도록 강제하는 행위
- 이익제공강요 : 거래상대방에게 자기를 위해 금전·물품·용역 및 그 밖의 경제상 이익을 제공하도록 강요하는 행위
- 판매목표강제 : 자기가 공급하는 상품 또는 용역과 관련하여 거래상대방의 거래에 관한 목표를 제시하고 이를 달성하도록 강제하는 행위
- 불이익제공 : 1부터 3까지의 규정에 해당하는 행위 외의 방법으로 거래상대방에게 불이익이 되도록 거래조건을 설정 또는 변경하거나 그 이행과정에서 불이익을 주는 행위
- 경영간섭 : 거래상대방의 임직원을 선임·해임하는 경우에 자기의 지시 또는 승인을 얻게 하거나 거래상대방의 생산품목·시설규모·생산량·거래내용을 제한하여 경영활동을 간섭하는 행위

15 A공사가 공동주택지를 판매하면서 비인기토지의 매입 시 인기토지에 대한 매입 우선권을 부여함으로써 비인기토지를 매입하지 않고서는 사실상 인기토지를 매입할 수 없게 하였다. 이 행위는 독점규제 및 공정거래에 관한 법률상 어느 불공정거래행위의 유형에 해당하는가? (다툼이 있으면 판례에 따름)

① 사업활동방해   ② 거래강제
③ 거래상 지위의 남용   ④ 차별적 취급
⑤ 거래거절

해설

거래강제(독점규제 및 공정거래에 관한 법률 시행령 별표 2 제5호)
거래강제는 거래상대방으로 하여금 부당하게 자기 또는 자기가 지정하는 사업자의 상품 또는 용역을 구입(판매)하도록 강제하는 행위를 말한다. 이는 사업자의 자유로운 의사결정의 침해라고 볼 수 있으며, 이로 인한 가격·품질·서비스에 의한 경쟁이 제한된다는 점에서 불공정거래행위로서 규제된다.

16 독점규제 및 공정거래에 관한 법률상 불공정거래행위에 관한 설명으로 옳지 않은 것은? (다툼이 있으면 판례에 따름)

① 거래강제의 상대방은 원칙적으로 직접 거래의 상대방뿐만 아니라 거래의 다음 단계의 상대방도 포함된다.

② 임직원들을 상대로 자기 회사 상품의 구매자 확대를 위하여 노력할 것을 촉구하고 독려하는 것만으로는 사원판매에 해당하지 않는다.

③ 상대방에게 부당하게 불이익을 주는 행위인지 여부는, 문제가 되는 거래조건에 의하여 상대방에게 생길 수 있는 불이익의 내용과 불이익 발생의 개연성 등 여러 요소를 종합하여 판단하여야 한다.

④ A신문사와 지국 간의 약정서 내용 중 "본 계약으로 발생하는 일체의 소송은 원고의 관할법원에서 행함을 원칙으로 함"이라고 정한 내용은 공정거래를 저해할 우려가 있다고 단정할 수 없다.

⑤ A신문사가 자사 및 계열회사의 임직원 1인당 5부 이상 신규 구독자를 확보하도록 촉구하고, 각 부서별로 실적을 집계하여 공고하는 한편 판매목표를 달성한 임직원에게는 상품을 수여하는 등의 신규 구독자 확장계획을 수립·시행한 것은 사원판매에 해당하지 않는다.

해설

① 거래강제의 상대방은 원칙적으로 직접 거래의 상대방이 되는 자를 의미하는 것이다(대판 1998.3.27., 96누18489).

17 독점규제 및 공정거래에 관한 법률상 사업자단체에 관한 설명으로 옳은 것은? (다툼이 있으면 판례에 따름)

① 사업자단체라 함은 법인격을 갖춘 2 이상의 사업자가 공동의 이익을 증진할 목적으로 조직한 결합체 또는 연합체를 말한다.

② 구성사업자들의 친목, 종교, 학술만을 목적으로 하는 단체도 사업자단체에 해당한다.

③ 사업자단체를 설립한 경우 이를 공정거래위원회에 신고하여야 한다.

④ 개별 사업자가 그 단체에 흡수되어 독자적인 활동을 하지 않는 경우에는 사업자단체라고 할 수 없다.

⑤ 공정거래위원회는 사업자단체가 준수하여야 할 지침을 제정·고시하여야 한다.

해설

① "사업자단체"란 그 형태가 무엇이든 상관없이 둘 이상의 사업자가 공동의 이익을 증진할 목적으로 조직한 결합체 또는 그 연합체를 말한다.

② 친목, 종교, 학술 등 비영리를 목적으로 하는 단체는 사업자단체에 해당하지 않는다.

③ 사업자단체를 설립한 경우 이를 공정거래위원회에 신고할 필요는 없다.

⑤ 공정거래위원회는 필요한 경우 사업자단체가 준수하여야 할 지침을 제정·고시할 수 있다.

18 독점규제 및 공정거래에 관한 법률상 사업자단체의 금지행위로 열거되어 있지 않은 것은?

① 시장지배적 지위를 남용하여 부당하게 경쟁을 제한하는 행위

② 사업자에게 재판매가격유지행위를 하게 하는 행위

③ 일정한 거래분야에 있어서 장래의 사업자 수를 제한하는 행위

④ 부당한 공동행위에 의하여 부당하게 경쟁을 제한하는 행위

⑤ 구성사업자의 사업내용을 부당하게 제한하는 행위

> **해설**
>
> 사업자단체의 금지행위(독점규제 및 공정거래에 관한 법률 제51조 제1항)
> • 부당한 공동행위에 의하여 부당하게 경쟁을 제한하는 행위
> • 일정한 거래분야에서 현재 또는 장래의 사업자 수를 제한하는 행위
> • 구성사업자(사업자단체의 구성원인 사업자를 말한다)의 사업내용 또는 활동을 부당하게 제한하는 행위
> • 사업자에게 불공정거래행위 또는 재판매가격유지행위를 하게 하거나 이를 방조하는 행위

19 독점규제 및 공정거래에 관한 법률상 재판매가격유지행위에 관한 설명으로 옳지 않은 것은? (다툼이 있으면 판례에 따름)

① 이 행위를 금지하는 취지는 사업자가 거래가격을 미리 정하여 거래함으로써 유통단계에서 가격경쟁을 제한하여 소비자후생을 저해함을 방지하기 위한 것이다.

② 최고가격유지행위로서 정당한 이유가 있는 경우 재판매가격유지행위가 허용된다.

③ 재판매가격유지행위에 정당한 이유가 있는지 여부의 증명책임은 사업자에게 있다.

④ 저작권법상 저작물 중 관계 중앙행정기관의 장과의 협의를 거쳐 공정거래위원회가 정하는 출판된 저작물은 재판매가격유지행위가 허용된다.

⑤ 골프용품 수입·판매회사가 골프채의 도매가 및 권장소비자가를 표시한 가격표를 대리점에 배부하고 영업사원이 최저판매가를 구술로 통지하는 방식으로 재판매가격을 유지하고 이를 위반할 경우 거래정지 등의 불이익을 준 것은 재판매가격유지행위에 해당하지 않는다.

> **해설**
>
> ⑤ 골프용품 수입·판매회사가 골프채의 가격표를 대리점에 배부하고 최저판매가를 영업사원이 구두로 통지하는 방식으로 재판매가격을 유지해 왔고, 대리점에 대한 주기적인 판매가격 조사, 판매가격 위반업체에 대한 경고·원상회복·거래정지·거래종료 등 다양한 방법으로 거래상대방인 대리점에 대하여 불이익을 가함으로써 자신이 정한 판매가격을 준수하도록 강제하였으므로, 이러한 원고의 행위는 재판매가격유지행위에 해당한다고 볼 수 있다(고판 2012.4.19., 2011누10777).

20 독점규제 및 공정거래에 관한 법률상 재판매가격유지행위에 관한 설명으로 옳은 것은?

① 재판매가격유지행위가 허용되는 지정상품은 당해상품의 품질이 동일하다는 것을 쉽게 식별할 수 있어야 한다.

② 거래상대방인 사업자가 아니라 그 다음 거래단계별 사업자에 대하여 재판매가격유지행위를 하는 것은 허용된다.

③ 용역의 거래에 있어서는 재판매가격유지행위가 제한되지 않는다.

④ 공정거래위원회는 재판매가격유지행위를 허용하는 경우에도 그 재판매가격유지계약이 소비자의 이익을 현저히 저해할 우려가 있을 때에는 계약내용의 수정을 명하여야 한다.

⑤ 공정거래위원회가 계약내용의 수정을 명한 경우 이에 응하지 않은 자에 대해서는 과징금을 부과할 수 있다.

해설

※ 독점규제 및 공정거래에 관한 법률의 전부개정으로 본 문제는 정답이 없다.

① 독점규제 및 공정거래에 관한 법률의 전부개정으로 해당 조문은 삭제되었다. 현행 법률에서는 재판매가격유지행위를 허용하는 경우로 효율성 증대로 인한 소비자후생 증대효과가 경쟁제한으로 인한 폐해보다 큰 경우 등 재판매가격유지행위에 정당한 이유가 있는 경우, 「저작권법」에 따른 저작물 중 관계 중앙행정기관의 장과의 협의를 거쳐 공정거래위원회가 고시하는 출판된 저작물(전자출판물을 포함)인 경우로 변경되었다.

②·③ 재판매가격유지행위란 사업자가 상품 또는 용역을 거래할 때 거래상대방인 사업자 또는 그 다음 거래단계별 사업자에 대하여 거래가격을 정하여 그 가격대로 판매 또는 제공할 것을 강제하거나 그 가격대로 판매 또는 제공하도록 그 밖의 구속조건을 붙여 거래하는 행위를 말한다(독점규제 및 공정거래에 관한 법률 제2조 제20호).

④ 공정거래위원회는 재판매가격유지행위를 허용하는 경우에도 위반하는 행위가 있을 때에는 해당 사업자에게 해당 불공정거래행위, 재판매가격유지행위 또는 특수관계인에 대한 부당한 이익제공행위의 중지 및 재발방지를 위한 조치, 해당 보복조치의 금지, 계약조항의 삭제, 시정명령을 받은 사실의 공표, 그 밖에 필요한 시정조치를 명할 수 있다.

⑤ 독점규제 및 공정거래에 관한 법률의 전부개정으로 해당 조문은 삭제되었다. 현행 법률은 공정거래위원회는 계약조항의 삭제를 명할 수 있고, 대통령령으로 정하는 범위에서 과징금을 부과할 수 있다.

21 독점규제 및 공정거래에 관한 법률 제55조에 따른 공정거래위원회의 소관 사무가 아닌 것은?

① 사업자단체의 경쟁제한행위 규제에 관한 사항

② 경쟁제한적인 행정처분의 협의·조정 등 경쟁촉진정책에 관한 사항

③ 시장지배적 지위의 남용행위 규제에 관한 사항

④ 시장 또는 산업의 동향과 공정경쟁에 관한 조사 및 분석에 관한 사항

⑤ 불공정거래행위 규제에 관한 사항

해설

공정거래위원회의 소관 사무(독점규제 및 공정거래에 관한 법률 제55조)

• 시장지배적 지위의 남용행위 규제에 관한 사항
• 기업결합의 제한 및 경제력 집중의 억제에 관한 사항
• 부당한 공동행위 및 사업자단체의 경쟁제한행위 규제에 관한 사항
• 불공정거래행위, 재판매가격유지행위 및 특수관계인에 대한 부당한 이익제공의 금지행위 규제에 관한 사항
• 경쟁제한적인 법령 및 행정처분의 협의·조정 등 경쟁촉진정책에 관한 사항
• 다른 법령에서 공정거래위원회의 소관으로 규정한 사항

22 독점규제 및 공정거래에 관한 법률상 공정거래분쟁조정협의회의 조정 등에 관한 설명으로 옳지 않은 것은?

① 조정신청의 내용과 직접적인 이해관계가 없는 자의 조정신청이 있는 경우에는 조정신청을 각하하여야 한다.

② 조정신청이 있기 전에 공정거래위원회가 제80조에 따라 조사를 개시한 사건에 대하여 조정신청을 한 경우에는 조정신청을 각하하여야 한다.

③ 분쟁당사자의 일방이 조정을 거부하여 조정절차를 진행할 실익이 없는 경우에는 조정신청을 각하하여야 한다.

④ 분쟁당사자의 일방이 해당 분쟁조정사항에 대하여 법원에 소를 제기하여 조정절차를 진행할 실익이 없는 경우에는 조정절차를 종료하여야 한다.

⑤ 이 법의 적용대상이 아닌 사안에 관하여 조정신청을 한 경우에는 조정신청을 각하하여야 한다.

해설

③ 분쟁당사자의 어느 한쪽이 조정을 거부하는 등 조정절차를 진행할 실익이 없는 경우에는 조정절차를 종료하여야 한다 (독점규제 및 공정거래에 관한 법률 제77조 제4항 제3호).

23 독점규제 및 공정거래에 관한 법률상 공정거래위원회의 조사 등 절차에 관한 설명으로 옳지 않은 것은?

① 공정거래위원회는 이 법에 위반한 혐의가 있다고 인정할 때에는 직권으로 필요한 조사를 할 수 있다.

② 이 법에 위반되는 사실이 인정되어 그 사실을 공정거래위원회에 신고할 때에는 반드시 서면으로 제출하여야 한다.

③ 공정거래위원회가 이 법 위반행위에 대한 조사를 개시한 경우에는 조사개시일로부터 5년이 지나면 원칙적으로 시정조치를 명하지 아니한다.

④ 공정거래위원회는 참고인의 출석 및 의견의 청취의 처분을 할 수 있다.

⑤ 공정거래위원회로부터 조사를 받게 된 사업자가 인수·합병의 절차가 진행되고 있어서 조사를 받기가 곤란한 경우에는 공정거래위원회의 조사를 연기하여 줄 것을 신청할 수 있다.

해설

② 위반행위의 신고를 하려는 자는 신고인의 성명 및 주소, 피신고인의 주소, 대표자 성명 및 사업내용, 피신고인의 위반행위 내용, 그 밖에 위반행위의 내용을 명백히 할 수 있는 것으로서 공정거래위원회가 필요하다고 인정하는 사항이 포함된 서면을 공정거래위원회에 제출해야 한다. 다만, 긴급하거나 부득이한 사정이 있는 경우에는 전화 또는 구두로 신고할 수 있다(독점규제 및 공정거래에 관한 법률 시행령 제71조).

24 독점규제 및 공정거래에 관한 법률상 과징금에 관한 설명으로 옳은 것은?

① 공정거래위원회가 과징금을 부과하는 경우 위반행위의 정도를 고려하여야 한다.

② 공정거래위원회는 체납된 과징금의 징수를 위하여 필요하다고 인정되는 경우에는 국세청장에 대하여 과징금을 체납한 자에 대한 국세과세에 관한 정보의 제공을 요청하여야 한다.

③ 공정거래위원회는 과징금의 납부의무자의 재산이 없다는 것이 판명된 경우 결손처분을 하여야 한다.

④ 징수금 등의 징수권에 대한 소멸시효가 완성된 경우에도 공정거래위원회는 과징금의 납부의무자에 대한 결손처분을 한 후 압류할 수 있는 다른 재산을 발견한 때에는 지체 없이 결손처분을 취소하고 체납처분을 하여야 한다.

⑤ 공정거래위원회는 도난으로 재산에 현저한 손실이 발생하여 과징금을 부과 받은 자가 과징금의 전액을 일시에 납부하기가 어렵다고 인정되는 때에는 그 납부기한을 연장하거나 분할납부하게 하여야 한다.

해설

② 공정거래위원회는 체납된 과징금의 징수를 위하여 필요하다고 인정되는 경우에는 국세청장에게 과징금을 체납한 자에 대한 국세과세에 관한 정보의 제공을 요청할 수 있다(독점규제 및 공정거래에 관한 법률 제105조 제4항).

③ 공정거래위원회는 과징금의 납부의무자의 재산이 없다는 것이 판명된 경우 결손처분을 할 수 있다(동법 제107조 제1항 제3호 참조).

④ 공정거래위원회는 과징금·과태료, 그 밖에 이 법에 따른 징수금의 납부의무자에게 징수금 등의 징수권에 대한 소멸시효가 완성된 경우에는 결손처분을 할 수 있다. 공정거래위원회는 제1항에 따라 결손처분을 한 후 압류할 수 있는 다른 재산을 발견하였을 때에는 지체 없이 결손처분을 취소하고 체납처분을 하여야 한다. 다만, 징수금 등의 징수권에 대한 소멸시효가 완성된 경우에 해당하는 경우에는 그러하지 아니하다(동법 제107조 제4항).

⑤ 공정거래위원회는 재해 또는 도난 등으로 재산에 현저한 손실이 발생하여 과징금을 부과 받은 자가 과징금의 전액을 일시에 납부하기가 어렵다고 인정되는 때에는 그 납부기한을 연기하거나 분할납부하게 할 수 있다(동법 제103조 제1항 제1호).

25 독점규제 및 공정거래에 관한 법률 제109조에 따른 3배 이하의 손해배상액을 정할 때, 법원이 고려하여야 할 사항으로 옳지 않은 것은?

① 사업자의 재산상태　　　　　　② 위반행위에 따른 과징금
③ 시장지배적 사업자인지 여부　　④ 손해 발생의 우려를 인식한 정도
⑤ 사업자의 피해구제 노력의 정도

해설

손해배상책임(독점규제 및 공정거래에 관한 법률 제109조 제3항)
• 고의 또는 손해 발생의 우려를 인식한 정도
• 위반행위로 인한 피해 규모
• 위반행위로 사업자 또는 사업자단체가 취득한 경제적 이익
• 위반행위에 따른 벌금 및 과징금
• 위반행위의 기간·횟수 등
• 사업자의 재산상태
• 사업자 또는 사업자단체의 피해구제 노력의 정도

26 독점규제 및 공정거래에 관한 법률상 공정거래위원회의 고발에 관한 설명으로 옳은 것은?

① 제5조에 위반하여 남용행위를 한 자에 대한 공소의 제기는 공정거래위원회의 고발이 없어도 검찰 총장이 할 수 있다.

② 공정거래위원회는 제5조에 위반하여 남용행위를 한 자에 대하여 그 위반의 정도가 객관적으로 명백하고 중대하여 경쟁질서를 현저히 저해한다고 인정하는 경우에는 검찰총장에게 고발하여야 한다.

③ 공정거래위원회는 공소가 제기된 후에도 국가재정에 미치는 영향이 큰 경우에는 고발을 취소할 수 있다.

④ 공정거래위원회가 고발요건에 해당하지 아니한다고 결정하더라도 기획재정부장관은 사회적 파급 효과를 이유로 공정거래위원회에 고발을 요청할 수 있다.

⑤ 공정거래위원회가 고발요건에 해당하지 아니한다고 결정하더라도 중소벤처기업부장관은 중소기업에 미친 피해 정도를 이유로 검찰총장에게 고발할 수 있다.

해설

① 남용행위를 한 자에 대한 공소의 제기는 공정거래위원회의 고발이 있어야 공소를 제기할 수 있다(독점규제 및 공정거래에 관한 법률 제129조 제1항).

③ 공정거래위원회는 공소가 제기된 후에는 고발을 취소할 수 없다(동법 제129조 제6항).

④·⑤ 공정거래위원회가 고발요건에 해당하지 아니한다고 결정하더라도 감사원장, 중소벤처기업부장관, 조달청장은 사회적 파급효과, 국가재정에 끼친 영향, 중소기업에 미친 피해 정도 등 다른 사정을 이유로 공정거래위원회에 고발을 요청할 수 있다(동법 제129조 제4항).

27 독점규제 및 공정거래에 관한 법률상 공정거래위원회에 관한 설명으로 옳은 것은?

① 소회의의 의장은 심판정에 출석하는 참관인에 대하여 심판정의 질서유지를 위하여 필요한 조치를 명할 수 있다.

② 소회의의 의사는 상임위원이 주재하며 구성위원 전원의 출석과 출석위원 과반수의 찬성으로 의결한다.

③ 공정거래위원회 소관의 고시의 해석적용에 관한 사항은 소회의에서 심의·의결한다.

④ 공정거래위원회는 의결서 등에 오기가 있는 것이 명백한 때에는 직권으로만 경정할 수 있다.

⑤ 공정거래위원회의 위원장의 임기는 3년으로 하고, 연임할 수 없다.

해설

② 소회의는 상임위원이 주재하며, 구성위원 전원의 출석과 출석위원 전원의 찬성으로 의결한다(독점규제 및 공정거래에 관한 법률 제64조 제2항).

③ 공정거래위원회 소관의 법령이나 규칙·고시 등의 해석 적용에 관한 사항은 전원회의에서 심의·의결한다(동법 제59조 제1항 제1호).

④ 공정거래위원회는 의결서 등에 오기, 계산착오 또는 그 밖에 이와 유사한 오류가 있는 것이 명백한 경우에는 신청이나 직권으로 경정할 수 있다(동법 제68조 제2항).

⑤ 공정거래위원회의 위원장의 임기는 3년으로 하고 한 차례만 연임할 수 있다(동법 제61조).

28 독점규제 및 공정거래에 관한 법률상 공정거래분쟁조정협의회(이하 "협의회"라 함)의 조정조서에 관한 설명으로 옳지 않은 것은?

① 협의회는 분쟁조정사항에 대하여 조정이 성립된 경우 조정에 참가한 위원과 분쟁당사자가 기명날 인하거나 서명한 조정조서를 작성한다.

② 분쟁당사자는 조정에서 합의된 사항을 이행하여야 하고, 이행결과를 공정거래위원회에 제출하여 야 한다.

③ 공정거래위원회는 조정조서 작성에 따라 합의가 이루어지고, 그 합의된 사항을 이행한 경우에는 시정조치 및 시정권고를 하지 아니한다.

④ 협의회는 분쟁당사자가 조정절차를 개시하기 전에 분쟁조정사항을 스스로 조정하고 조정조서의 작성을 요청한 경우에는 그 조정조서를 작성하여야 한다.

⑤ 분쟁조정사항에 대하여 조정이 성립되어 조정조서를 작성한 경우 조정조서는 협의회의 시정명령과 동일한 효력을 갖는다.

해설

⑤ 조정조서는 재판상 화해와 동일한 효력을 갖는다(독점규제 및 공정거래에 관한 법률 제78조 제5항 참조).

29 독점규제 및 공정거래에 관한 법률상 동의의결에 관한 설명으로 옳지 않은 것은?

① 공정거래위원회의 조사를 받고 있는 사업자는 당해 조사의 대상이 되는 행위로 인한 경쟁제한상태 등의 자발적 해소를 위하여 동의의결을 하여 줄 것을 공정거래위원회에 신청할 수 있다.

② 신청인이 제공한 부정확한 정보로 인하여 동의의결을 하게 되었을 경우 공정거래위원회는 동의의 결을 취소할 수 있다.

③ 신청인이 정당한 이유 없이 동의의결을 이행하지 아니하는 경우 공정거래위원회는 동의의결을 취 소할 수 있다.

④ 동의의결의 기초가 된 시장상황 등 사실관계의 현저한 변경 등으로 인해 시정방안이 적정하지 아니 하게 된 경우 공정거래위원회는 동의의결을 취소할 수 있다.

⑤ 공정거래위원회는 동의의결을 하기 전에 20일 이상의 기간을 정하여 해당 행위의 개요 등을 이해관 계인에게 통지하여 의견을 제출할 기회를 주어야 한다.

해설

⑤ 공정거래위원회는 동의의결을 하기 전에 30일 이상의 기간을 정하여 해당 행위의 개요 등의 사항을 신고인 등 이해관 계인에게 통지하거나, 관보 또는 공정거래위원회의 인터넷 홈페이지에 공고하는 등의 방법으로 의견을 제출할 기회를 주어야 한다(독점규제 및 공정거래에 관한 법률 제90조 제2항).

30 독점규제 및 공정거래에 관한 법률상 공정거래위원회의 처분에 관한 설명으로 옳지 않은 것은?

① 공정거래위원회는 이 법에 위반되는 사항에 대하여 과징금 납부명령을 하기 전에 당사자에게 의견을 진술할 기회를 주어야 한다.

② 공정거래위원회의 처분에 대하여 불복이 있는 자는 그 처분의 통지를 받은 날부터 30일 이내에 그 사유를 갖추어 공정거래위원회에 이의신청을 할 수 있다.

③ 당사자는 공정거래위원회에 대하여 이 법에 의한 처분과 관련된 자료의 열람을 요구할 수 있으며, 공정거래위원회는 자료를 제출한 자의 동의여부와 상관없이 이에 응하여야 한다.

④ 공정거래위원회는 이의신청에 대해 부득이한 사정이 없는 한 60일 이내에 재결을 하여야 한다.

⑤ 당사자는 공정거래위원회의 회의에 출석하여 필요한 자료를 제출할 수 있다.

> **해설**
>
> **자료열람요구 등(독점규제 및 공정거래에 관한 법률 제95조)**
> 당사자 또는 신고인 등 대통령령으로 정하는 자는 공정거래위원회에 이 법에 따른 처분과 관련된 자료의 열람 또는 복사를 요구할 수 있다. 이 경우 공정거래위원회는 다음의 어느 하나에 해당하는 자료를 제외하고는 이에 따라야 한다.
> • 영업비밀(「부정경쟁방지 및 영업비밀보호에 관한 법률」 제2조 제2호에 따른 영업비밀을 말한다) 자료
> • 자진신고 등과 관련된 자료
> • 다른 법률에 따른 비공개 자료

31 약관의 규제에 관한 법률상 약관에 관한 설명으로 옳지 않은 것은?

① 약관이 아닌 다른 명칭을 사용하여도 이 법의 적용을 받을 수 있다.

② 약관에서 정하고 있는 사항에 관하여 사업자와 고객이 약관의 내용과 다르게 합의한 사항이 있을 때에는 그 합의 사항은 약관보다 우선한다.

③ 약관이란 사업자가 다수의 고객과 계약을 체결하기 위하여 미리 마련한 계약의 내용을 말한다.

④ 약관은 계약서 자체에 포함되어 있어도 무방하다.

⑤ 계약의 당사자들이 계약조항을 개별적으로 교섭하여 정한 경우 그 내용도 약관에 해당한다.

> **해설**
>
> ⑤ 약관은 개별적인 교섭을 거치지 않은 것이어야 한다. 계약당사자들 사이에 특정 조항에 관하여 개별적인 교섭(또는 흥정)을 거침으로써 고객이 자신의 이익을 조정할 기회를 가졌다면, 그 특정 조항은 법의 규율대상이 아닌 개별약정이 된다(약관심사지침 참조).

32 약관의 규제에 관한 법률상 약관의 작성 및 설명의무에 관한 설명으로 옳지 않은 것은?

① 사업자는 계약을 체결할 때에는 고객에게 약관의 내용을 계약의 종류에 따라 일반적으로 예상되는 방법으로 분명하게 밝혀야 한다.

② 사업자는 고객이 약관의 내용을 쉽게 알 수 있도록 한글로 작성하여야 한다.

③ 사업자는 약관의 중요한 내용을 부호, 색채, 굵고 큰 문자 등으로 명확하게 표시하여 알아보기 쉽게 작성하여야 한다.

④ 사업자는 약관에 정하여져 있는 중요한 내용을 고객이 이해할 수 있도록 설명하여야 한다.

⑤ 약관의 명시 및 설명의무는 모든 사업자에게 예외 없이 적용된다.

해설

약관의 작성 및 설명의무 등(약관의 규제에 관한 법률 제3조 제2항)
사업자는 계약을 체결할 때에는 고객에게 약관의 내용을 계약의 종류에 따라 일반적으로 예상되는 방법으로 분명하게 밝히고, 고객이 요구할 경우 그 약관의 사본을 고객에게 내주어 고객이 약관의 내용을 알 수 있게 하여야 한다. 다만, 다음의 어느 하나에 해당하는 업종의 약관에 대하여는 그러하지 아니하다.
• 여객운송업
• 전기·가스 및 수도사업
• 우편업
• 공중전화 서비스 제공 통신업

33 약관의 규제에 관한 법률의 내용에 관한 설명으로 옳은 것은?

① 계약의 성질상 약관의 내용을 설명하는 것이 현저하게 곤란한 경우에는 약관에 대한 사업자의 설명의무는 면제된다.

② 약관을 통하여 계약을 체결하려는 모든 사업자는 반드시 약관을 고객에게 교부하고, 그 내용을 설명하여야 한다.

③ 약관의 내용 중 사업자와 고객 간의 재판관할의 합의 조항은 이 법의 적용대상에서 제외된다.

④ 불공정약관조항에 대한 무효규정은 모든 업종의 사업자에 대해 예외 없이 적용된다.

⑤ 사업자가 약관의 설명의무를 위반하여 계약을 체결한 경우, 그 계약은 무효이다.

해설

② 사업자는 계약을 체결할 때에는 고객에게 약관의 내용을 계약의 종류에 따라 일반적으로 예상되는 방법으로 분명하게 밝히고, 고객이 요구할 경우 그 약관의 사본을 고객에게 내주어 고객이 약관의 내용을 알 수 있게 하여야 한다. 다만, 여객운송업, 전기·가스 및 수도사업, 우편업, 공중전화 서비스 제공 통신 업종의 약관에 대하여는 그러하지 아니하다 (약관의 규제에 관한 법률 제3조 제2항).

③ 약관의 내용 중 사업자와 고객 간의 재판관할의 합의 조항은 이 법의 적용대상이다(동법 제14조 제1호).

④ 약관이 상법 회사편, 근로기준법 또는 그 밖에 대통령령으로 정하는 비영리사업의 분야에 속하는 계약에 관한 것일 경우에는 이 법을 적용하지 아니한다. 특정한 거래 분야의 약관에 대하여 다른 법률에 특별한 규정이 있는 경우를 제외하고는 이 법에 따른다(동법 제30조).

⑤ 사업자가 약관의 설명의무를 위반하여 계약을 체결한 경우에는 해당 약관을 계약의 내용으로 주장할 수 없다(동법 제3조 제4항). 계약은 나머지 부분만으로 유효하게 존속한다. 다만, 유효한 부분만으로는 계약의 목적 달성이 불가능하거나 그 유효한 부분이 한쪽 당사자에게 부당하게 불리한 경우에는 그 계약은 무효로 한다(동법 제16조).

34 약관의 규제에 관한 법률상 불공정약관조항에 관한 설명으로 옳지 않은 것은?

① 계약의 목적물에 관하여 견본이 제시된 경우 상당한 이유 없이 그 보장된 내용에 대한 사업자의 책임을 배제 또는 제한하는 조항은 무효이다.

② 상당한 이유 없이 사업자의 담보책임을 배제 또는 제한하는 조항은 무효이다.

③ 상당한 이유 없이 사업자의 손해배상 범위를 제한하는 조항은 무효이다.

④ 사업자의 고의 또는 중대한 과실로 인한 법률상의 책임을 배제하는 조항은 무효이다.

⑤ 신의성실의 원칙을 위반하여 공정성을 잃은 약관조항에 의해 계약이 체결된 경우에는 유효한 부분만으로 계약의 목적 달성이 가능한 경우에도 계약의 전체가 무효로 된다.

해설

⑤ 신의성실의 원칙을 위반하여 공정성을 잃은 약관조항이 무효가 된 경우 계약은 나머지 부분만으로 유효하게 존속한다. 다만, 유효한 부분만으로는 계약의 목적 달성이 불가능하거나 그 유효한 부분이 한쪽 당사자에게 부당하게 불리한 경우에는 그 계약은 무효로 한다(약관의 규제에 관한 법률 제16조).

35 약관의 규제에 관한 법률상 불공정약관조항으로 무효가 되는 것에 해당하지 않는 것은?

① 상당한 이유 없이 급부의 내용을 사업자가 일방적으로 결정하거나 변경할 수 있도록 권한을 부여하는 조항

② 법률에 따른 사업자의 해제권 또는 해지권의 행사 요건을 완화하여 고객에게 부당하게 불이익을 줄 우려가 있는 조항

③ 고객에게 주어진 기한의 이익을 상당한 이유 없이 박탈하는 조항

④ 고객에게 지연 손해금 등의 손해배상 의무를 부담시키는 조항

⑤ 고객의 의사표시의 형식이나 요건에 대하여 부당하게 엄격한 제한을 두는 조항

해설

④ 고객에게 부당하게 과중한 지연 손해금 등의 손해배상 의무를 부담시키는 약관조항은 무효로 한다(약관의 규제에 관한 법률 제8조).
① 동법 제10조 제1호
② 동법 제9조 제3호
③ 동법 제11조 제2호
⑤ 동법 제12조 제2호

36 약관의 규제에 관한 법률 제9조의 계약의 해제·해지와 관련한 불공정약관조항에 해당하는 것은?

① 상당한 이유 없이 고객에게 입증책임을 부담시키는 조항

② 계속적인 채권관계의 발생을 목적으로 하는 계약에서 그 존속기간을 부당하게 단기 또는 장기로 하여 고객에게 부당하게 불이익을 줄 우려가 있는 조항

③ 고객의 이익에 중대한 영향을 미치는 사업자의 의사표시 기한을 부당하게 길게 정하는 조항

④ 법률에 따른 고객의 항변권, 상계권 등의 권리를 상당한 이유 없이 배제하거나 제한하는 조항

⑤ 고객의 이익에 중대한 영향을 미치는 사업자의 의사표시가 상당한 이유 없이 고객에게 도달된 것으로 보는 조항

> **해설**
>
> **계약의 해제·해지(약관의 규제에 관한 법률 제9조)**
> 계약의 해제·해지에 관하여 정하고 있는 약관의 내용 중 다음의 어느 하나에 해당되는 내용을 정하고 있는 조항은 무효로 한다.
> - 법률에 따른 고객의 해제권 또는 해지권을 배제하거나 그 행사를 제한하는 조항
> - 사업자에게 법률에서 규정하고 있지 아니하는 해제권 또는 해지권을 부여하여 고객에게 부당하게 불이익을 줄 우려가 있는 조항
> - 법률에 따른 사업자의 해제권 또는 해지권의 행사 요건을 완화하여 고객에게 부당하게 불이익을 줄 우려가 있는 조항
> - 계약의 해제 또는 해지로 인한 원상회복의무를 상당한 이유 없이 고객에게 과중하게 부담시키거나 고객의 원상회복청구권을 부당하게 포기하도록 하는 조항
> - 계약의 해제 또는 해지로 인한 사업자의 원상회복의무나 손해배상의무를 부당하게 경감하는 조항
> - 계속적인 채권관계의 발생을 목적으로 하는 계약에서 그 존속기간을 부당하게 단기 또는 장기로 하거나 묵시적인 기간의 연장 또는 갱신이 가능하도록 정하여 고객에게 부당하게 불이익을 줄 우려가 있는 조항

37 약관의 규제에 관한 법률상 약관조항이 이 법에 위반되는지 여부에 관한 심사를 공정거래위원회에 청구할 수 있는 자를 모두 고른 것은?

> ㄱ. 사업자단체
> ㄴ. 금융감독원
> ㄷ. 「소비자기본법」에 따라 등록된 소비자단체
> ㄹ. 중소벤처기업부
> ㅁ. 약관의 조항과 관련하여 법률상의 이익이 있는 자

① ㄱ, ㄴ, ㄹ   ② ㄱ, ㄷ, ㄹ

③ ㄱ, ㄷ, ㅁ   ④ ㄴ, ㄹ, ㅁ

⑤ ㄷ, ㄹ, ㅁ

> **해설**
>
> **약관의 심사청구(약관의 규제에 관한 법률 제19조 제1항)**
> - 약관의 조항과 관련하여 법률상의 이익이 있는 자
> - 소비자기본법에 따라 등록된 소비자단체
> - 소비자기본법에 따라 설립된 한국소비자원
> - 사업자단체

38 약관의 규제에 관한 법률상 불공정한 약관에 대한 공정거래위원회의 규제에 관한 설명으로 옳지 않은 것은?

① 사업자가 불공정약관조항의 사용금지규정을 위반한 경우, 공정거래위원회는 사업자에게 해당 약관조항의 삭제·수정 등 시정에 필요한 조치를 권고할 수 있다.

② 공정거래위원회는 행정관청이 작성한 약관이 이 법의 규정상 불공정약관조항에 해당된다고 인정할 때에는 해당 행정관청에 그 사실을 통보하고 이를 시정하기 위하여 필요한 조치를 하도록 요청할 수 있다.

③ 공정거래위원회의 시정권고 또는 시정명령은 그 내용을 분명히 밝힌 서면으로 하여야 한다.

④ 공정거래위원회는 「보험업법」에 따른 보험회사의 약관이 이 법의 규정상 불공정약관조항에 해당된다고 인정할 때에는 금융감독원에 그 사실을 통보하고 이를 시정하기 위하여 필요한 조치를 권고할 수 있다.

⑤ 공정거래위원회는 불공정약관조항의 사용금지규정 위반에 대한 시정명령을 할 경우, 필요하면 해당 사업자와 동종의 사업을 하는 다른 사업자에게 같은 내용의 불공정약관조항을 사용하지 말 것을 권고할 수 있다.

> **해설**
> ④ 공정거래위원회는 「은행법」에 따른 은행의 약관이 불공정약관조항에 해당된다고 인정할 때에는 「금융위원회의 설치 등에 관한 법률」에 따라 설립된 금융감독원에 그 사실을 통보하고 이를 시정하기 위하여 필요한 조치를 권고할 수 있다(약관의 규제에 관한 법률 제18조 제2항).

39 약관의 규제에 관한 법률상 약관 분쟁조정협의회(이하 "협의회"라 함)에 관한 설명으로 옳지 않은 것은?

① 협의회 위원장은 한국공정거래조정원의 장의 제청으로 공정거래위원회 위원장이 위촉한다.

② 협의회는 위원장 1명을 포함한 9명의 위원으로 구성한다.

③ 협의회의 회의는 위원 전원으로 구성되는 회의와 위원장이 지명하는 3명의 위원으로 구성되는 회의로 구분된다.

④ 협의회 위원의 임기는 3년으로 하되, 연임할 수 있다.

⑤ 협의회의 전체회의는 재적위원 과반수의 출석으로 개의하고, 출석위원 3분의 2의 찬성으로 의결한다.

> **해설**
> ⑤ 전체회의는 위원장이 주재하며, 재적위원 과반수의 출석으로 개의하고, 출석위원 과반수의 찬성으로 의결한다(약관의 규제에 관한 법률 제25조 제3항).

40 약관의 규제에 관한 법률상 표준약관에 관한 설명으로 옳지 않은 것은?

① 사업자 및 사업자단체는 일정한 거래분야에서 표준이 될 약관의 제정·개정안을 마련하여 그 내용이 이 법에 위반되는지 여부에 관하여 공정거래위원회에 심사를 청구할 수 있다.

② 소비자기본법에 따른 소비자단체 등은 소비자 피해가 자주 일어나는 거래분야에서 표준이 될 약관을 제정 또는 개정할 것을 공정거래위원회에 요청할 수 있다.

③ 공정거래위원회는 소비자단체 등의 요청이 있는 경우, 사업자 및 사업자단체에 대하여 표준이 될 약관의 제정·개정안을 마련하여 심사청구할 것을 명할 수 있다.

④ 공정거래위원회는 표준약관의 사용을 활성화하기 위하여 표준약관 표지를 정할 수 있다.

⑤ 사업자 및 사업자단체는 표준약관과 다른 내용을 약관으로 사용하는 경우 표준약관 표지를 사용하여서는 아니 된다.

> **해설**
>
> ③ 공정거래위원회는 소비자단체 등의 요청이 있는 경우, 일정한 거래 분야에서 여러 고객에게 피해가 발생하거나 발생할 우려가 있는 경우에 관련 상황을 조사하여 약관이 없거나 불공정약관조항이 있는 경우, 법률의제정·개정·폐지 등으로 약관을 정비할 필요가 발생한 경우에 사업자 및 사업자단체에 대하여 표준이 될 약관의 제정·개정안을 마련하여 심사청구할 것을 권고할 수 있다(약관의 규제에 관한 법률 제19조의3 제3항).

41 권리의 주체에 관한 설명으로 옳지 않은 것은? (다툼이 있으면 판례에 따름)

① 2인 이상이 동일한 위난으로 사망한 경우에는 동시에 사망한 것으로 추정한다.
② 동물은 위자료 청구권의 귀속주체가 될 수 없다.
③ 법인은 법률의 규정에 좇아 정관으로 정한 목적의 범위 내에서 권리와 의무의 주체가 된다.
④ 추락한 항공기 중에 있던 자의 생사가 추락이 종료한 후 1년간 분명하지 아니한 때에는 법원은 이해관계인이나 검사의 청구에 의하여 실종선고를 하여야 한다.
⑤ 실종선고의 취소가 있을 때에 실종선고를 직접원인으로 하여 재산을 취득한 자는 선의인 경우에도 그 받은 이익에 이자를 붙여서 반환해야 한다.

해설

⑤ 실종선고의 취소가 있을 때에 실종의 선고를 직접원인으로 하여 재산을 취득한 자가 선의인 경우에는 그 받은 이익이 현존하는 한도에서 반환할 의무가 있고 악의인 경우에는 그 받은 이익에 이자를 붙여서 반환하고 손해가 있으면 이를 배상하여야 한다(민법 제29조 제2항).

42 신의성실의 원칙에 위반되지 않는 것을 모두 고른 것은? (다툼이 있으면 판례에 따름)

ㄱ. 피해자의 부주의를 이용하여 고의로 불법행위를 저지른 자가 그 피해자의 부주의를 이유로 자신의 책임을 감하여 달라고 주장하는 것
ㄴ. 취득시효완성 후에 그 사실을 모르고 당해 토지에 관하여 어떠한 권리도 주장하지 않기로 한 후 이에 반하여 시효주장을 하는 것
ㄷ. 상속인 중 1인이 피상속인의 생존 시에 피상속인에 대하여 상속을 포기하기로 약정하였으나, 상속개시 후 상속포기를 하지 않고 자신의 상속권을 주장하는 것
ㄹ. 법정대리인의 동의 없이 신용구매계약을 체결한 미성년자가 법정대리인의 동의 없음을 이유로 이를 취소하는 것

① ㄱ, ㄴ
② ㄱ, ㄷ
③ ㄴ, ㄷ
④ ㄴ, ㄹ
⑤ ㄷ, ㄹ

해설

ㄱ. 피해자의 부주의를 이용하여 고의로 불법행위를 저지른 자가 바로 그 피해자의 부주의를 이유로 자신의 책임을 감하여 달라고 주장하는 것은 허용될 수 없다(대판 2005.11.10., 2003다66066).
ㄴ. 취득시효완성 후에 그 사실을 모르고 당해 토지에 관하여 어떠한 권리도 주장하지 않기로 하였다 하더라도 이에 반하여 시효주장을 하는 것은 특별한 사정이 없는 한 신의칙상 허용되지 않는다(대판 1998.5.22., 96다24101).

43 제한능력자의 상대방 보호에 관한 설명으로 옳지 않은 것은?

① 제한능력자의 상대방은 제한능력자가 능력자가 된 후에 그에게 1개월 이상의 기간을 정하여 그 취소할 수 있는 행위를 추인할 것인지 여부의 확답을 촉구할 수 있다.

② 피한정후견인이 속임수로써 법정대리인의 동의가 있는 것으로 믿게 한 경우에는 그 행위를 취소할 수 없다.

③ 제한능력자와 맺은 계약 당시 제한능력자임을 알았던 상대방은 그 의사표시를 철회할 수 없다.

④ 제한능력자의 단독행위는 추인이 있을 때까지 상대방이 거절할 수 있다.

⑤ 제한능력자와 맺은 계약의 상대방은 철회의 의사표시를 법정대리인에게만 하여야 한다.

> **해설**
> ⑤ 제한능력자와 맺은 계약의 상대방은 거절의 의사표시를 제한능력자에게도 할 수 있다(민법 제16조 제3항).

44 물건에 관한 설명으로 옳지 않은 것은? (다툼이 있으면 판례에 따름)

① 관리할 수 있는 자연력은 물건이다.

② 물건의 소유자가 그 물건의 상용에 제공하기 위하여 부속시킨 자기 소유인 다른 물건은 종물이다.

③ 천연과실은 그 원물로부터 분리하는 때에 이를 수취할 권리자에게 속한다.

④ 토지 및 그 정착물은 부동산이다.

⑤ 당사자가 주물을 처분할 때에는 특약으로 종물을 제외할 수 없다.

> **해설**
> ⑤ 종물은 주물의 처분에 수반된다는 민법 제100조 제2항은 임의규정이므로, 당사자는 주물을 처분할 때에 특약으로 종물을 제외할 수 있고 종물만을 별도로 처분할 수도 있다(대판 2012.1.26., 2009다76546).

45 비법인사단에 관한 설명으로 옳지 않은 것은? (다툼이 있으면 판례에 따름)

① 비법인사단의 대표자가 행한 타인에 대한 업무의 포괄적 위임과 그에 따른 포괄적 수임인의 대행행위는 비법인사단에 대하여 그 효력이 미친다.

② 비법인사단의 사원이 집합체로서 물건을 소유할 때에는 총유로 한다.

③ 법원이 선임한 비법인사단의 임시이사는 원칙적으로 정식이사와 동일한 권한이 있다.

④ 비법인사단의 대표자가 그 직무에 관하여 타인에게 손해를 가한 경우 그 사단은 그 손해를 배상할 책임이 있다.

⑤ 다른 정함이 없는 한, 총회에서는 소집 1주간 전에 통지된 그 회의의 목적사항에 관하여만 결의할 수 있다.

① 민법 제62조의 규정(이사는 정관 또는 총회의 결의로 금지하지 아니한 사항에 한하여 타인으로 하여금 특정한 행위를 대리하게 할 수 있다)에 비추어 보면 비법인사단의 대표자는 정관 또는 총회의 결의로 금지하지 아니한 사항에 한하여 타인으로 하여금 특정한 행위를 대리하게 할 수 있을 뿐 비법인사단의 제반 업무처리를 포괄적으로 위임할 수는 없다 할 것이므로, 비법인사단 대표자가 행한 타인에 대한 업무의 포괄적 위임과 그에 따른 포괄적 수임인의 대행행위는 민법 제62조의 규정에 위반된 것이어서 비법인사단에 대하여는 그 효력이 미치지 아니한다(대판 1996.9.6., 94다18522).

46 민법상 법인에 관한 설명으로 옳지 않은 것은?

① 법인은 법률의 규정에 의함이 아니면 성립하지 못한다.
② 법인은 그 주된 사무소의 소재지에서 설립등기를 함으로써 성립한다.
③ 법인의 사무는 법원이 검사, 감독한다.
④ 법인의 목적 범위 외의 행위로 인하여 타인에게 손해를 가한 때에는 그 사항의 의결에 찬성한 사원, 이사 및 기타 대표자가 연대하여 배상하여야 한다.
⑤ 이사의 대표권에 대한 제한은 이를 정관에 기재하지 아니하면 그 효력이 없다.

③ 법인의 사무는 주무관청이 검사, 감독한다(민법 제37조).

47 기한의 이익에 관한 설명으로 옳지 않은 것은? (다툼이 있으면 판례에 따름)

① 기한은 채무자의 이익을 위한 것으로 추정한다.
② 기한의 이익은 포기할 수 있으나 상대방의 이익을 해하지 못한다.
③ 정지조건부 기한이익 상실의 특약을 한 경우에는 그 특약에 정한 기한의 이익 상실사유가 발생함과 동시에 이행기 도래의 효과가 발생한다.
④ 기한이익 상실의 특약은 특별한 사정이 없는 한 정지조건부 기한이익 상실의 특약으로 추정된다.
⑤ 채무자가 담보를 손상하게 한 때에는 기한의 이익을 주장하지 못한다.

④ 일반적으로 기한이익 상실의 특약이 채권자를 위하여 둔 것인 점에 비추어 명백히 정지조건부 기한이익 상실의 특약이라고 볼 만한 특별한 사정이 없는 이상 형성권적 기한이익 상실의 특약으로 추정하는 것이 타당하다(대판 2002. 9.4., 2002다28340).

48 법률행위의 종류에 관한 연결로 옳지 않은 것은?

① 법률행위의 취소 - 상대방 있는 단독행위
② 법인의 설립행위 - 요식행위
③ 동산소유권의 포기 - 출연행위
④ 사용대차 - 무상행위
⑤ 저당권설정계약 - 종된 행위

해설

③ 동산소유권의 포기는 비출연행위이다. 출연행위는 자기재산을 감소시키고 타인의 재산을 증가하게 하는 효과를 발생시키는 행위로 매매, 교환 등이 있다.

49 법률행위의 목적(내용)에 관한 설명으로 옳지 않은 것은? (다툼이 있으면 판례에 따름)

① 경매에는 불공정한 법률행위에 관한 규정이 적용되지 않는다.
② 강제집행을 면할 목적으로 부동산에 허위의 근저당권설정등기를 한 행위는 사회질서에 위반한 행위로 볼 수 있다.
③ 매매 당사자 사이의 부동산등기특별조치법을 위반한 중간생략등기의 합의는 무효가 되지 아니한다.
④ 권리남용 여부는 법원이 직권으로 판단할 수 있다.
⑤ 대리인에 의한 법률행위의 경우에 궁박 상태는 본인을 기준으로 판단해야 한다.

해설

② 강제집행을 면할 목적으로 부동산에 허위의 근저당권설정등기를 경료하는 행위는 민법 제103조의 선량한 풍속 기타 사회질서에 위반한 사항을 내용으로 하는 법률행위로 볼 수 없다(대판 2004.5.28., 2003다70041).

50 의사표시에 관한 설명으로 옳은 것은? (다툼이 있으면 판례에 따름)

① 파산관재인은 통정허위표시의 무효에 대항할 수 있는 선의의 제3자가 될 수 없다.
② 통정허위표시에서 제3자가 악의이더라도 그의 전득자가 선의인 때에는 전득자는 선의의 제3자로서 보호된다.
③ 건물과 그 부지를 현상대로 매수하는 경우에 부지의 지분이 근소하게 부족하더라도 이를 그 매매계약의 중요부분의 착오로 본다.
④ 법률의 착오에는 착오로 인한 의사표시에 관한 규정이 적용되지 않는다.
⑤ 법률행위의 내용으로 표시되지 아니한 의사결정의 동기에 관하여 상대방의 기망행위로 인하여 착오를 일으킨 경우에는 표의자는 그 법률행위를 사기에 의한 의사표시로 취소할 수 없다.

② 甲이 乙의 임차보증금반환채권을 담보하기 위하여 통정허위표시로 乙에게 전세권설정등기를 마친 후 丙이 이러한 사정을 알면서도 乙에 대한 채권을 담보하기 위하여 위 전세권에 대하여 전세권근저당권설정등기를 마쳤는데, 그 후 丁이 丙의 전세권근저당권부 채권을 가압류하고 압류명령을 받은 사안에서, 丁이 통정허위표시에 관하여 선의라면 비록 丙이 악의라 하더라도 허위표시자는 그에 대하여 전세권이 통정허위표시에 의한 것이라는 이유로 대항할 수 없다(대판 2013.2.15., 2012다49292).

51 상대방 있는 의사표시의 효력발생에 관한 설명으로 옳지 않은 것은? (다툼이 있으면 판례에 따름)

① 의사표시를 수령한 상대방이 제한능력자이고 그 법정대리인이 도달사실을 알지 못한 경우에는 의사표시자는 그 의사표시로 대항할 수 없다.
② 내용증명우편으로 발송되고 반송되지 아니한 우편물은 특별한 사정이 없으면 그 무렵에 송달되었다고 할 수 있다.
③ 의사표시자가 과실 없이 상대방을 알지 못하거나 상대방의 소재를 알지 못하는 경우에는 의사표시는 민사소송법 공시송달의 규정에 의하여 송달될 수 있다.
④ 격지자 간의 계약은 승낙의 통지를 발송한 때에 성립한다.
⑤ 무권대리인의 상대방이 본인에게 추인여부의 확답을 최고한 경우, 그 최고는 이를 발한 때 효력이 발생한다.

⑤ 대리권 없는 자가 타인의 대리인으로 계약을 한 경우에 상대방은 상당한 기간을 정하여 본인에게 그 추인여부의 확답을 최고할 수 있다. 본인이 그 기간 내에 확답을 발하지 아니한 때에는 추인을 거절한 것으로 본다(민법 제131조).

52 대리에 관한 설명으로 옳지 않은 것은? (다툼이 있으면 판례에 따름)

① 대리인은 행위능력자임을 요하지 아니한다.
② 권한을 정하지 아니한 임의대리인은 대리의 목적인 권리의 성질이 변하지 않는 범위에서 그 개량행위를 할 수 있다.
③ 대리인이 수인인 경우에는 대리인은 공동으로 본인을 대리하는 것이 원칙이다.
④ 대리인의 진의가 본인의 의사에 반하여 자기 이익을 위한 배임적인 것임을 상대방이 알 수 있었던 경우, 본인은 대리인의 행위에 대하여 책임이 없다.
⑤ 임의대리권은 그 원인된 법률관계의 종료 전에 본인이 수권행위를 철회하면 소멸한다.

③ 대리인이 수인인 때에는 각자가 본인을 대리한다. 그러나 법률 또는 수권행위에 다른 정한 바가 있는 때에는 그러하지 아니하다(민법 제119조).

53 소멸시효의 중단과 정지에 관한 설명으로 옳지 않은 것은? (다툼이 있으면 판례에 따름)

① 지급명령사건이 채무자의 이의신청으로 소송으로 이행되는 경우에 지급명령에 의한 시효중단의 효과는 지급명령을 신청한 때에 발생한다.

② 원고가 제기한 소에 피고가 응소하여 적극적으로 시효중단을 주장하여 받아들여지면 원고가 소를 제기한 때에 재판상 청구로서의 효력이 발생한다.

③ 시효완성 전에 채무의 일부를 변제하고 그 액수에 관하여 다툼이 없으면 채무승인으로서의 효력이 있다.

④ 현존하지 아니하는 장래의 채권을 미리 승인하여도 시효가 중단되지 않는다.

⑤ 부부 중 한쪽이 다른 쪽에 대하여 가지는 권리는 혼인관계가 종료된 때부터 6개월 내에는 소멸시효가 완성되지 아니한다.

> **해설**
> ② 시효를 주장하는 자가 원고가 되어 소를 제기한 경우에 있어서, 피고가 응소행위를 하였다고 하여 바로 시효중단의 효과가 발생하는 것은 아니고, 변론주의 원칙상 시효중단의 효과를 원하는 피고로서는 당해 소송 또는 다른 소송에서의 응소행위로서 시효가 중단되었다고 주장하지 않으면 아니 되고, 피고가 변론에서 시효중단의 주장 또는 이러한 취지가 포함되었다고 볼 만한 주장을 하지 아니하는 한, 피고의 응소행위가 있었다는 사정만으로 당연히 시효중단의 효력이 발생한다고 할 수는 없는 것이나, 응소행위로 인한 시효중단의 주장은 취득시효가 완성된 후라도 사실심 변론 종결 전에는 언제든지 할 수 있다고 할 것이다(대판 2003.6.13., 2003다17927).

54 법률행위와 의사표시에 관한 설명으로 옳지 않은 것은? (다툼이 있으면 판례에 따름)

① 어떠한 의사표시가 비진의 의사표시로서 무효라고 주장되는 경우에 그 증명책임은 그 주장자에게 있다.

② 법률행위의 당사자가 임의규정과 다른 의사를 표시한 때에는 그 의사에 의한다.

③ 일반적으로 계약을 해석할 때는 형식적인 문구에만 얽매여서는 안 되고 당사자 쌍방의 진정한 의사가 무엇인가를 탐구하여야 한다.

④ 계약당사자 쌍방이 모두 동일한 물건을 계약 목적물로 삼았으나 계약서에는 착오로 다른 물건을 목적물로 기재한 경우에는 계약서에 기재된 물건에 관하여 계약이 성립한다.

⑤ 법률행위가 현저하게 공정을 잃었더라도 그것으로 곧 궁박, 경솔, 무경험으로 인한 것으로 추정되지는 않는다.

> **해설**
> ④ 계약당사자 쌍방이 모두 동일한 물건을 계약 목적물로 삼았으나 계약서에는 착오로 다른 물건을 목적물로 기재한 경우 계약서에 기재된 물건이 아니라 쌍방 당사자의 의사합치가 있는 물건에 관하여 계약이 성립한 것으로 보아야 한다. 이러한 법리는 계약서를 작성하면서 계약상 지위에 관하여 당사자들의 합치된 의사와 달리 착오로 잘못 기재하였는데 계약 당사자들이 오류를 인지하지 못한 채 계약상 지위가 잘못 기재된 계약서에 그대로 기명날인이나 서명을 한 경우에도 동일하게 적용될 수 있다(대판 2018.7.26., 2016다242334).

55 무효와 취소에 관한 설명으로 옳지 않은 것은? (다툼이 있으면 판례에 따름)

① 토지거래허가구역 내의 토지에 관한 매매계약이 확정적으로 무효가 되면 과실이 있는 사람은 그 계약의 무효를 주장할 수 없다.

② 사회질서에 반하여 무효인 법률행위는 당사자가 무효임을 알고 추인하여도 유효가 될 수 없다.

③ 취소권자의 상대방이 이행을 청구하는 경우에는 취소에 대한 법정추인이 인정되지 않는다.

④ 취소권은 추인할 수 있는 날로부터 3년 내에, 법률행위를 한 날로부터 10년 내에 행사하여야 한다.

⑤ 제한능력을 이유로 법률행위가 취소되어 이득을 반환하여야 하는 경우에 제한능력자는 그 행위로 인하여 받은 이익이 현존하는 한도에서 상환할 책임이 있다.

해설

① 국토이용관리법상 토지거래허가 구역 내의 토지에 대하여 관할 관청의 허가를 받기 전 유동적 무효 상태에 있는 계약을 체결한 당사자는 쌍방이 그 계약이 효력이 있는 것으로 완성될 수 있도록 서로 협력할 의무가 있는 것이므로, 이러한 매매계약을 체결할 당시 당사자 사이에 당사자 일방이 토지거래허가를 받기 위한 협력 자체를 이행하지 아니하거나 허가신청에 이르기 전에 매매계약을 철회하는 경우 상대방에게 일정한 손해액을 배상하기로 하는 약정을 유효하게 할 수 있다(대판 1997.2.28., 96다49933).

56 소멸시효의 효과에 관한 설명으로 옳은 것을 모두 고른 것은? (다툼이 있으면 판례에 따름)

> ㄱ. 본래의 공사비채권이 시효로 소멸하였으면 그 채권의 이행불능을 이유로 하는 손해배상청구권도 허용될 수 없다.
> ㄴ. 특정한 채무의 이행을 청구할 수 있는 기간을 제한하고 그 기간을 도과할 경우에는 채무가 소멸하도록 하는 약정은 시효기간을 단축하는 것으로 유효하다.
> ㄷ. 판결에 의하여 확정된 채권이 판결 확정 당시에 변제기가 도래한 경우에는 그 채권이 단기의 소멸시효에 해당한 것이라도 그 시효는 10년으로 한다.
> ㄹ. 완성된 시효의 이익을 포기하면 포기한 때로부터 시효가 새로 진행한다.

① ㄱ, ㄴ
② ㄷ, ㄹ
③ ㄱ, ㄴ, ㄷ
④ ㄴ, ㄷ, ㄹ
⑤ ㄱ, ㄴ, ㄷ, ㄹ

해설

ㄱ. 본래의 공사비채권이 시효소멸되었다면 그 채권이 이행불능이 되었음을 이유로 하는 손해배상청구권 역시 허용될 수 없다(대판 1987.6.23., 86다카2549).

ㄴ. 특정한 채무의 이행을 청구할 수 있는 기간을 제한하고 그 기간을 도과할 경우 채무가 소멸하도록 하는 약정은 민법 또는 상법에 의한 소멸시효기간을 단축하는 약정으로서 특별한 사정이 없는 한 민법 제184조 제2항에 의하여 유효하다(대판 2006.4.14., 2004다70253).

ㄷ. 판결에 의하여 확정된 채권은 단기의 소멸시효에 해당한 것이라도 그 소멸시효는 10년으로 한다. 판결 확정 당시에 변제기가 도래하지 아니한 채권에 적용하지 아니한다(민법 제165조).

ㄹ. 채무자가 소멸시효 완성 후에 채권자에 대하여 채무 일부를 변제함으로써 시효의 이익을 포기한 경우에는 그때부터 새로이 소멸시효가 진행한다(대판 2013.5.23., 2013다12464).

57 민법 제125조(대리권수여의 표시에 의한 표현대리), 제126조(권한을 넘은 표현대리) 및 제129조(대리권소멸 후의 표현대리)에 관한 설명으로 옳은 것은? (다툼이 있으면 판례에 따름)

① 임의대리인이 사자(使者)를 이용해서 대리인의 권한 외의 법률행위를 한 경우에는 제126조의 기본대리권이 성립하지 않는다.

② 제126조의 표현대리에서의 기본대리권은 표현대리행위와 같은 종류 내지는 유사한 것이어야 한다.

③ 소송행위에도 제125조의 표현대리의 규정이 적용된다.

④ 제126조의 표현대리는 법정대리에도 적용된다.

⑤ 공법상의 대리권은 제126조의 기본대리권이 될 수 없다.

해설

④ 민법 제126조

① 대리인이 사자 내지 임의로 선임한 복대리인을 통하여 권한 외의 법률행위를 한 경우, 상대방이 그 행위자를 대리권을 가진 대리인으로 믿었고 또한 그렇게 믿는 데에 정당한 이유가 있는 때에는, 복대리인 선임권이 없는 대리인에 의하여 선임된 복대리인의 권한도 기본대리권이 될 수 있을 뿐만 아니라, 그 행위자가 사자라고 하더라도 대리행위의 주체가 되는 대리인이 별도로 있고 그들에게 본인으로부터 기본대리권이 수여된 이상, 민법 제126조를 적용함에 있어서 기본대리권의 흠결 문제는 생기지 않는다(대판 1998.3.27., 97다48982).

② 표현대리의 법리가 적용될 권한을 넘은 행위는 그 대리인이 가지고 있는 진실한 대리권과 동종임을 필요로 하지 않는다(대판 1963.8.31., 63다326).

③ 소송행위에는 민법상의 표현대리 규정이 적용 또는 준용될 수 없다(대판 1994.2.22., 93다42047).

⑤ 기본대리권이 등기신청행위(공법상 행위)라 할지라도 표현대리인이 그 권한을 유월하여 대물변제라는 사법행위를 한 경우에는 표현대리의 법리가 적용된다(대판 1978.3.28., 78다282).

58 전세권에 관한 설명으로 옳은 것은? (다툼이 있으면 판례에 따름)

① 전세금의 지급은 기존의 채권으로 갈음할 수 있다.

② 타인의 토지 위에 있는 건물에 설정된 전세권의 효력은 그 건물의 소유를 목적으로 한 지상권에 미치지 않는다.

③ 대지와 건물이 동일한 소유자에 속한 경우에 건물에 전세권을 설정한 때에는 그 대지 소유권의 특별승계인은 전세권자에 대하여 지상권을 설정한 것으로 본다.

④ 전세권설정자는 목적물의 현상을 유지하고 그 통상의 관리에 속한 수선을 해야 한다.

⑤ 전세권자와 인지소유자 사이에는 상린관계에 관한 규정이 적용되지 않는다.

해설

② 타인의 토지에 있는 건물에 전세권을 설정한 때에는 전세권의 효력은 그 건물의 소유를 목적으로 한 지상권 또는 임차권에 미친다(민법 제304조 제1항).

③ 대지와 건물이 동일한 소유자에 속한 경우에 건물에 전세권을 설정한 때에는 그 대지 소유권의 특별승계인은 전세권설정자에 대하여 지상권을 설정한 것으로 본다. 그러나 지료는 당사자의 청구에 의하여 법원이 이를 정한다(동법 제305조 제1항).

④ 전세권자는 목적물의 현상을 유지하고 그 통상의 관리에 속한 수선을 하여야 한다(동법 제309조).

⑤ 소유물반환청구권, 소유물방해제거, 방해예방청구권, 인지사용청구권 내지 지하시설 등에 대한 제한 규정은 전세권자 간 또는 전세권자와 인지소유자 및 지상권자 간에 이를 준용한다(동법 제319조).

59 부동산 물권변동에 관한 설명으로 옳지 않은 것은? (다툼이 있으면 판례에 따름)

① 상속에 의한 소유권 취득은 등기를 요하지 아니한다.
② 미등기건물의 매수인은 등기를 하지 않는 한 그 건물의 불법점유자에 대해 직접 자신의 소유권에 기한 물권적 청구권을 행사할 수 없다.
③ 경매에 의한 물권변동의 시기는 매수인이 등기를 한 때이다.
④ 교환계약에 의한 소유권 취득은 등기하여야 그 효력이 생긴다.
⑤ 점유취득시효 완성으로 인한 소유권이전등기청구권은 그 점유가 계속되는 한 시효로 소멸하지 않는다.

> **해설**
> ③ 상속, 공용징수, 판결, 경매 기타 법률의 규정에 의한 부동산에 관한 물권의 취득은 등기를 요하지 아니한다. 그러나 등기를 하지 아니하면 이를 처분하지 못한다(민법 제187조).

60 유치권에 관한 설명으로 옳지 않은 것은? (다툼이 있으면 판례에 따름)

① 유치권의 불가분성은 그 목적물이 분할 가능하거나 수 개의 물건인 경우에는 적용되지 않는다.
② 건물의 신축공사를 도급받은 수급인이 독립한 건물이라고 볼 수 없는 정착물을 토지에 설치한 상태에서 공사가 중단된 경우에 위 정착물에 대하여 유치권을 행사할 수 없다.
③ 채권자가 채무자의 직접점유를 통하여 간접점유하는 경우에는 유치권이 성립하지 않는다.
④ 유치권 배제 특약이 있는 경우에 다른 법정요건이 모두 충족되더라도 유치권은 발생하지 않는다.
⑤ 유치권자는 보존에 필요한 범위에서 유치물을 사용할 수 있다.

> **해설**
> ① 민법 제321조는 "유치권자는 채권 전부의 변제를 받을 때까지 유치물 전부에 대하여 그 권리를 행사할 수 있다"고 규정하고 있으므로, 유치물은 그 각 부분으로써 피담보채권의 전부를 담보하며, 이와 같은 유치권의 불가분성은 그 목적물이 분할 가능하거나 수 개의 물건인 경우에도 적용된다.

61 공유에 관한 설명으로 옳지 않은 것은? (다툼이 있으면 판례에 따름)

① 공유자의 지분비율이 불분명한 경우에 그 지분은 균등한 것으로 추정한다.
② 공유자는 다른 공유자의 동의 없이 자신의 지분을 처분할 수 없다.
③ 공유자 중 1인이 지분을 포기한 경우에 그 지분은 다른 공유자에게 각 지분의 비율로 귀속한다.
④ 공유물의 임대는 공유자 지분의 과반수로써 결정하여야 한다.
⑤ 공유자는 다른 공유자의 동의 없이 공유물을 처분하거나 변경하지 못한다.

> **해설**
> ② 공유자는 그 지분을 처분할 수 있고 공유물 전부를 지분의 비율로 사용, 수익할 수 있다(민법 제263조).

62 저당권에 관한 설명으로 옳은 것은? (다툼이 있으면 판례에 따름)

① 장래에 발생할 특정의 조건부 채권을 담보하기 위하여 저당권을 설정할 수 없다.
② 저당권의 효력은 특별한 사정이 없는 한 저당부동산에 부합한 물건과 종물에 미치지 않는다.
③ 저당권에는 물상대위성이 인정된다.
④ 저당물의 소유권을 취득한 제3자는 그 저당물의 경매인이 될 수 없다.
⑤ 저당권은 그 담보한 채권과 분리하여 타인에게 양도하거나 다른 채권의 담보로 할 수 있다.

> **해설**
> ① 장래에 발생할 특정의 조건부 채권을 담보하기 위하여도 저당권을 설정할 수 있다(대판 2015.12.24., 2015다200531).
> ② 저당권의 효력은 저당부동산에 부합된 물건과 종물에 미친다. 그러나 법률에 특별한 규정 또는 설정행위에 다른 약정이 있으면 그러하지 아니하다(민법 제358조).
> ④ 저당물의 소유권을 취득한 제3자도 경매인이 될 수 있다(동법 제363조 제2항).
> ⑤ 저당권은 그 담보한 채권과 분리하여 타인에게 양도하거나 다른 채권의 담보로 하지 못한다(동법 제361조).

63 선의취득에 관한 설명으로 옳지 않은 것은? (다툼이 있으면 판례에 따름)

① 「자동차관리법」에 따라 등록된 자동차는 선의취득의 대상이 아니다.
② 선의취득이 성립하기 위하여는 양도인과 양수인 사이에 동산 물권 취득에 관한 유효한 거래행위가 있어야 한다.
③ 선의취득의 요건을 갖춘 경우라면 경매에서도 선의취득이 인정된다.
④ 동산질권은 선의취득의 대상이 된다.
⑤ 목적물반환청구권의 양도에 의한 선의취득은 인정되지 않는다.

> **해설**
> ⑤ 양도인이 소유자로부터 보관을 위탁받은 동산을 제3자에게 보관시킨 경우에 양도인이 그 제3자에 대한 반환청구권을 양수인에게 양도하고 지명채권 양도의 대항요건을 갖추었을 때에는 동산의 선의취득에 필요한 점유의 취득 요건을 충족한다(대판 1999.1.26., 97다48906).

64 계약의 법정해제권 행사에 관한 설명으로 옳지 않은 것은? (다툼이 있으면 판례에 따름)

① 채무자가 미리 이행거절의 의사를 표시한 경우에는 이행의 최고 없이 계약을 해제할 수 있다.
② 채무자의 책임 있는 사유로 채무의 이행이 불가능하게 되면 상대방은 이행의 최고 없이 계약을 해제할 수 있다.
③ 당사자의 일방 또는 쌍방이 수인인 경우에 계약의 해제는 그 전원으로부터 또는 전원에 대하여 해야 한다.
④ 소제기로 해제권을 행사한 후 그 소송을 취하하면 해제권 행사의 효력은 소멸한다.
⑤ 정기행위의 당사자 일방이 그 시기(時期)에 이행하지 아니한 때에는 상대방은 이행의 최고 없이 계약을 해제할 수 있다.

④ 소제기로 계약해제권을 행사한 후 그 뒤 그 소송을 취하하였다 하여도 해제권은 형성권이므로 그 행사의 효력에는 아무런 영향을 미치지 아니한다(대판 1982.5.11., 80다916).

65 제3자를 위한 계약에 관한 설명으로 옳은 것은? (다툼이 있으면 판례에 따름)

① 채무자와 인수인 사이의 계약으로 체결되는 병존적 채무인수는 제3자를 위한 계약이 아니다.
② 수익의 의사표시를 한 제3자는 낙약자에게 직접 그 이행을 청구할 수 없다.
③ 제3자의 수익의 의사표시 후 특별한 사정이 없는 한 계약당사자는 제3자의 권리를 변경 또는 소멸시키지 못한다.
④ 제3자의 수익의 의사표시 후에 낙약자의 채무불이행이 있으면 요약자는 계약을 해제할 수 없다.
⑤ 낙약자는 요약자와 제3자 사이의 법률관계에 기한 항변으로 제3자에게 대항할 수 있다.

① 채무자와 인수인의 계약으로 체결되는 병존적 채무인수는 채권자로 하여금 인수인에 대하여 새로운 권리를 취득하게 하는 것으로 제3자를 위한 계약의 하나로 볼 수 있다(대판 1997.10.24., 97다28698).
②·④ 이른바 제3자를 위한 계약에 있어서 수익의 의사표시를 한 수익자는 낙약자에게 직접 그 이행을 청구할 수 있을 뿐만 아니라 요약자가 계약을 해제한 경우에는 낙약자에게 자기가 입은 손해의 배상을 청구할 수 있는 것이다(대판 1994.8.12., 92다41559).
⑤ 제3자를 위한 계약의 체결 원인이 된 요약자와 제3자(수익자) 사이의 법률관계(이른바 대가관계)의 효력은 제3자를 위한 계약 자체는 물론 그에 기한 요약자와 낙약자 사이의 법률관계(이른바 기본관계)의 성립이나 효력에 영향을 미치지 아니하므로 낙약자는 요약자와 수익자 사이의 법률관계에 기한 항변으로 수익자에게 대항하지 못하고, 요약자도 대가관계의 부존재나 효력의 상실을 이유로 자신이 기본관계에 기하여 낙약자에게 부담하는 채무의 이행을 거부할 수 없다(대판 2003.12.11., 2003다49771).

66 계약의 성립에 관한 설명으로 옳지 않은 것은? (다툼이 있으면 판례에 따름)

① 당사자가 의사의 합치가 이루어져야 한다고 표시한 사항에 대하여 합의가 이루어지지 않은 경우에는 특별한 사정이 없는 한 계약은 성립하지 않는다.
② 청약에는 계약의 내용을 결정할 수 있을 정도의 사항이 포함되어 있어야 한다.
③ 승낙 기간을 정하지 아니한 계약의 청약은 청약자가 상당한 기간 내에 승낙의 통지를 받지 못한 때에는 그 효력을 잃는다.
④ 당사자 간에 동일한 내용의 청약이 상호교차된 경우에는 양 청약이 발송된 때에 계약이 성립한다.
⑤ 승낙자가 청약에 대하여 조건을 붙여서 승낙한 때에는 그 청약의 거절과 동시에 새로 청약한 것으로 본다.

④ 당사자 간에 동일한 내용의 청약이 상호교차된 경우에는 양 청약이 상대방에게 도달한 때에 계약이 성립한다(민법 제533조).

67 동시이행의 항변권에 관한 설명으로 옳지 않은 것은? (다툼이 있으면 판례에 따름)

① 쌍무계약의 당사자는 동시이행의 항변권을 포기할 수 있다.

② 선이행의무자가 이행하지 않고 있는 동안에 상대방 채무의 변제기가 도래한 경우에 선이행의무자는 특별한 사정이 없는 한 동시이행의 항변권을 행사할 수 있다.

③ 수령지체에 빠진 당사자는 그 후 상대방이 이행제공을 다시 하지 않고 이행을 청구한 경우에 동시이행의 항변권을 행사할 수 없다.

④ 선이행의무자는 상대방의 이행이 곤란할 현저한 사유가 있는 경우에는 동시이행의 항변권을 행사할 수 있다.

⑤ 동시이행의 항변권이 있는 채무자는 그 이행기에 이행을 하지 않더라도 이행지체 책임을 지지 않는다.

해설

③ 쌍무계약의 당사자 일방이 먼저 한 번 현실의 제공을 하고, 상대방을 수령지체에 빠지게 하였다고 하더라도 그 이행의 제공이 계속되지 않는 경우는 과거에 이행의 제공이 있었다는 사실만으로 상대방이 가지는 동시이행의 항변권이 소멸하는 것은 아니다(대판 1995.3.14., 94다26646).

68 동산매매에서 대금을 모두 지급할 때까지는 그 소유권을 매도인이 보유하기로 하면서 그 동산을 미리 매수인에게 인도하기로 하는 소유권유보약정이 있는 경우에 관한 설명으로 옳은 것을 모두 고른 것은? (다툼이 있으면 판례에 따름)

> ㄱ. 목적물의 소유권을 이전한다는 당사자 사이의 물권적 합의는 매매계약을 체결하고 목적물을 인도한 때 이미 성립하지만 대금이 모두 지급되는 것을 정지조건으로 한다.
> ㄴ. 매매대금이 모두 지급되지 아니하고 있는 동안에는 매수인이 목적물을 인도받았어도 목적물의 소유권은 여전히 매도인이 가진다.
> ㄷ. 특별한 사정이 없는 한, 매도인은 대금이 모두 지급될 때까지 제3자에 대하여도 유보된 목적물의 소유권을 주장할 수 있다.

① ㄱ   ② ㄷ

③ ㄱ, ㄴ   ④ ㄴ, ㄷ

⑤ ㄱ, ㄴ, ㄷ

해설

ㄱ. 목적물의 소유권을 이전한다는 당사자 사이의 물권적 합의는 매매계약을 체결하고 목적물을 인도한 때 이미 성립하지만 대금이 모두 지급되는 것을 정지조건으로 한다(대판 1996.6.28., 96다14807).

ㄴ. 대금이 모두 지급되지 아니하고 있는 동안에는 비록 매수인이 목적물을 인도받았어도 목적물의 소유권은 위 약정대로 여전히 매도인이 이를 가지고, 대금이 모두 지급됨으로써 그 정지조건이 완성되어 별도의 의사표시 없이 바로 목적물의 소유권이 매수인에게 이전된다(대판 2010.2.11., 2009다93671).

ㄷ. 목적물이 매수인에게 인도되었다고 하더라도 특별한 사정이 없는 한 매도인은 대금이 모두 지급될 때까지 매수인뿐만 아니라 제3자에 대하여도 유보된 목적물의 소유권을 주장할 수 있으며, 이와 같은 법리는 소유권유보의 특약을 한 매매계약이 매수인의 목적물 판매를 예정하고 있고, 그 매매계약에서 소유권유보의 특약을 제3자에 대하여 공시한 바 없고, 또한 그 매매계약이 종류물을 목적물로 하고 있다 하더라도 다를 바 없다(대판 1999.9.7., 99다30534).

69 매매에 관한 설명으로 옳지 않은 것은? (다툼이 있으면 판례에 따름)

① 매수인이 대금을 전부 변제하였더라도 목적물이 인도되지 않았다면 그 변제시점 이후의 과실은 매도인에게 귀속된다.

② 매매계약에 관한 비용은 당사자 쌍방이 균분하여 부담한다.

③ 변제기에 도달하지 아니한 채권의 매도인이 채무자의 자력을 담보한 때에는 변제기의 자력을 담보한 것으로 추정한다.

④ 매매의 당사자 일방에 대한 의무이행의 기한이 있는 때에는 상대방의 의무이행에 대하여도 동일한 기한이 있는 것으로 추정한다.

⑤ 매매의 목적이 된 부동산에 설정된 저당권의 행사로 인하여 매수인이 그 소유권을 취득할 수 없는 때에는 특별한 사정이 없는 한 매수인은 계약을 해제할 수 있다.

> **해설**
>
> ① 특별한 사정이 없는 한 매매계약이 있은 후에도 인도하지 아니한 목적물로부터 생긴 과실은 매도인에게 속하나, 매매 목적물의 인도 전이라도 매수인이 매매 대금을 완납한 때에는 그 이후의 과실수취권은 매수인에게 귀속된다(대판 1993.11.9., 93다28928).

70 매매예약완결권에 관한 설명으로 옳지 않은 것은? (다툼이 있으면 판례에 따름)

① 예약완결권은 형성권이다.

② 예약완결의 의사표시의 기간을 정하지 아니한 때에는 예약자는 상당한 기간을 정하여 매매완결 여부의 확답을 상대방에게 최고할 수 있다.

③ 매매예약이 성립한 이후 상대방의 예약완결의 의사표시 전에 목적물이 멸실되어 이전할 수 없는 경우에는 예약완결권을 행사할 수 없다.

④ 당사자 사이에 예약완결권의 행사기간에 관한 약정이 없는 때에는 그 예약이 성립한 때부터 1년 내에 이를 행사하여야 한다.

⑤ 예약완결권의 행사기간은 제척기간이다.

> **해설**
>
> ④ 매매의 일방예약에서 예약자의 상대방이 매매예약 완결의 의사표시를 하여 매매의 효력을 생기게 하는 권리, 즉 매매 예약의 완결권은 일종의 형성권으로서 당사자 사이에 그 행사기간을 약정한 때에는 그 기간 내에, 그러한 약정이 없는 때에는 그 예약이 성립한 때로부터 10년 내에 이를 행사하여야 하고, 그 기간을 지난 때에는 예약완결권은 제척기간의 경과로 인하여 소멸한다(대판 1995.11.10., 94다22682).

71 도급에 관한 설명으로 옳지 않은 것은? (다툼이 있으면 판례에 따름)

① 완성된 목적물에 하자가 중요하지 않고 동시에 그 보수에 과다한 비용을 요할 경우, 도급인은 하자 보수에 갈음하는 손해배상을 청구할 수 있다.

② 건물이 완성된 경우에는 하자가 중대하더라도 도급인은 계약을 해제할 수 없고 손해배상만 청구할 수 있다.

③ 도급인은 수급인이 일을 완성하기 전에는 손해를 배상하고 계약을 해제할 수 있다.

④ 천재지변으로 목적물이 멸실되어 일의 완성이 불가능한 경우 수급인은 도급인에 대하여 보수지급을 청구할 수 없다.

⑤ 도급인이 파산선고를 받은 경우에 수급인은 계약을 해제할 수 있지만 해제로 인한 손해배상은 청구할 수 없다.

> **해설**
>
> ① 도급계약에 있어서 완성된 목적물에 하자가 있을 경우에 도급인은 수급인에게 그 하자의 보수나 하자의 보수에 갈음한 손해배상을 청구할 수 있으나, 다만 하자가 중요하지 아니하면서 동시에 보수에 과다한 비용을 요할 때에는 하자의 보수나 하자의 보수에 갈음하는 손해배상을 청구할 수는 없고 하자로 인하여 입은 손해의 배상만을 청구할 수 있다고 할 것이다(대판 1998.3.13., 97다54376).

72 현상광고에 관한 설명으로 옳은 것은? (다툼이 있으면 판례에 따름)

① 광고 있음을 모르고 지정행위를 완료한 자는 보수를 청구할 수 없다.

② 광고에서 정한 행위의 완료에 조건을 붙일 수 없다.

③ 광고에 그 지정한 행위의 완료기간을 정한 경우, 그 광고와 동일한 방법으로 광고를 철회할 수 있다.

④ 우수현상광고에서 응모자는 우수의 판정에 대하여 이의를 제기할 수 있다.

⑤ 응모기간을 정하지 않은 우수현상광고는 무효이다.

> **해설**
>
> ① 광고 있음을 모르고 광고에 정한 행위를 완료한 경우라도 보수를 받을 권리가 있다(민법 제677조).
>
> ② 민법 제675조에 정하는 현상광고라 함은, 광고자가 어느 행위를 한 자에게 일정한 보수를 지급할 의사를 표시하고 이에 응한 자가 그 광고에 정한 행위를 완료함으로써 그 효력이 생기는 것으로서, 그 광고에 정한 행위의 완료에 조건이나 기한을 붙일 수 있다(대판 2000.8.22., 2000다3675).
>
> ③ 광고에 행위의 완료기간을 정하지 아니한 때에는 그 행위를 완료한 자 있기 전에는 그 광고와 동일한 방법으로 광고를 철회할 수 있다(민법 제679조 제2항).
>
> ④ 우수현상광고에서 응모자는 우수의 판정에 대하여 이의를 하지 못한다(민법 제678조 제4항).

73 증여에 관한 설명으로 옳지 않은 것은? (다툼이 있으면 판례에 따름)

① 증여자는 타인 소유의 부동산도 증여할 수 있다.

② 증여계약이 존속하는 동안 증여의사가 표시된 서면을 작성한 때에는 그때부터 서면에 의한 증여가 된다.

③ 수증자의 증여자에 대한 범죄행위가 있더라도 증여자가 수증자에 대하여 용서의 의사를 표시하면 증여자는 이를 이유로 계약을 해제할 수 없다.

④ 정기의 급여를 목적으로 한 증여는 수증자가 사망하면 그 효력을 잃는다.

⑤ 부담부 증여에서 부담의무의 불이행을 이유로 증여계약을 해제한 경우, 이미 이행한 부분에 대해서는 영향을 미치지 않는다.

해설

⑤ 상대 부담 있는 증여에 대하여는 민법 제561조에 의하여 쌍무계약에 관한 규정이 준용되어 부담의무 있는 상대방이 자신의 의무를 이행하지 아니할 때에는 비록 증여계약이 이미 이행되어 있다 하더라도 증여자는 계약을 해제할 수 있고, 그 경우 민법 제555조(증여의 의사가 서면으로 표시되지 아니한 경우에는 각 당사자는 이를 해제할 수 있다)와 제558조(전 3조의 규정에 의한 계약의 해제는 이미 이행한 부분에 대하여는 영향을 미치지 아니한다)는 적용되지 아니한다(대판 1997.7.8., 97다2177).

74 사용대차에 관한 설명으로 옳지 않은 것은?

① 차주는 대주에게 차용물의 통상의 필요비의 상환을 청구할 수 있다.

② 대주는 차용물의 하자나 흠결을 알고도 차주에게 고지하지 않은 경우에 담보책임을 진다.

③ 차주는 대주의 승낙 없이 제3자에게 차용물을 사용·수익하게 하지 못한다.

④ 차주가 파산선고를 받은 경우, 대주는 계약을 해지할 수 있다.

⑤ 대주가 목적물을 인도하기 전이라면 차주는 언제든지 계약을 해제할 수 있다.

해설

① 차주는 차용물의 통상의 필요비를 부담한다(민법 제611조 제1항).
②·⑤ 동법 제612조
③ 동법 제610조 제2항
④ 동법 제614조

75 임대차에 관한 설명으로 옳은 것은? (다툼이 있으면 판례에 따름)

① 임차인이 임차물에 부속한 물건이 임차물의 구성부분으로 되면 부속물매수청구권의 대상이 된다.

② 기간의 약정이 없는 토지임대차에서 임대인이 해지통고를 한 경우, 임차인은 계약갱신의 청구 없이 바로 지상물의 매수를 청구할 수 있다.

③ 임차인이 유익비를 지출한 때에는 임대인에 대하여 계약 종료 전이라도 즉시 그 상환을 청구할 수 있다.

④ 임차인이 적법하게 전대한 경우, 전차인이 그 사용의 편익을 위하여 임대인의 동의 없이 임차인으로부터 매수한 부속물의 매수를 임대인에게 청구할 수 있다.

⑤ 임차인이 파산선고를 받은 경우, 임대차기간의 약정이 있더라도 임대인은 계약해지의 통고를 할 수 있으며 해지로 인한 손해의 배상을 청구할 수 있다.

해설

② 대판 1995.12.26., 95다42195

① 임차인이 임차한 건물에 그 권원에 의하여 증축을 한 경우에 증축된 부분이 부합으로 인하여 기존 건물의 구성부분이 된 때에는 증축된 부분에 별개의 소유권이 성립할 수 없으나, 증축된 부분이 구조상으로나 이용상으로 기존 건물과 구분되는 독립성이 있는 때에는 구분소유권이 성립하여 증축된 부분은 독립한 소유권의 객체가 된다고 할 것이다(대판 1999.7.27., 99다14518).

③ 임차인이 유익비를 지출한 경우에는 임대인은 임대차종료 시에 그 가액의 증가가 현존한 때에 한하여 임차인의 지출한 금액이나 그 증가액을 상환하여야 한다(민법 제626조 제2항).

④ 건물 기타 공작물의 임차인이 적법하게 전대한 경우에 전차인이 그 사용의 편익을 위하여 임대인의 동의를 얻어 이에 부속한 물건이 있는 때에는 전대차의 종료 시에 임대인에 대하여 그 부속물의 매수를 청구할 수 있다(동법 제647조 제1항).

⑤ 각 당사자는 상대방에 대하여 계약해지로 인하여 생긴 손해의 배상을 청구하지 못한다(동법 제637조 제2항).

76 종신정기금에 관한 설명으로 옳지 않은 것은?

① 대체물도 종신정기금의 목적물이 될 수 있다.

② 제3자는 정기금채권자가 될 수 없다.

③ 정기금채무자가 정기금채무의 원본을 받은 경우에 그 정기금채무의 지급을 게을리하면 정기금채권자는 계약을 해제하여 원본의 반환을 청구할 수 있다.

④ 종신정기금계약을 해제한 경우, 각 당사자가 부담하는 의무는 동시이행관계에 있다.

⑤ 유증에 의해서도 종신정기금채권이 성립할 수 있다.

해설

② 종신정기금계약은 당사자 일방이 자기, 상대방 또는 제3자의 종신까지 정기로 금전 기타의 물건을 상대방 또는 제3자에게 지급할 것을 약정함으로써 그 효력이 생긴다(민법 제725조).

77 화해계약에 관한 설명으로 옳은 것을 모두 고른 것은? (다툼이 있으면 판례에 따름)

> ㄱ. 화해는 당사자가 상호 양보하여 당사자 간의 분쟁을 끝낼 것을 약정함으로써 그 효력이 생긴다.
> ㄴ. 화해계약이 사기로 인해 이루어진 경우에는 이를 이유로 화해계약을 취소할 수 있다.
> ㄷ. 화해의 목적인 분쟁 이외의 사항에 착오가 있는 경우 착오를 이유로 화해계약을 취소할 수 있다.
> ㄹ. 화해계약이 성립하더라도 특별한 사정이 없는 한 화해 전의 법률관계는 유지된다.

① ㄱ, ㄴ   ② ㄷ, ㄹ
③ ㄱ, ㄴ, ㄷ   ④ ㄴ, ㄷ, ㄹ
⑤ ㄱ, ㄴ, ㄷ, ㄹ

해설

ㄹ. 화해계약이 성립되면 특별한 사정이 없는 한 그 창설적 효력에 의하여 종전의 법률관계를 바탕으로 한 권리의무관계는 소멸되는 것이므로 계약당사자 간에는 종전의 법률관계가 어떠하였느냐를 묻지 않고 화해계약에 의하여 새로운 법률관계가 생기는 것이다(대판 1992.9.22., 92다25335).

78 여행계약에 관한 설명으로 옳지 않은 것은?

① 부득이한 사유로 여행계약이 해지되더라도 계약상 귀환운송 의무가 있는 여행주최자는 여행자를 귀환운송 할 의무가 있다.
② 여행자가 여행의 하자를 이유로 여행주최자에게 대금감액을 청구하기 위해서는 상당한 기간을 정해서 하여야 한다.
③ 여행의 중대한 하자로 인해 계약이 해지된 경우, 여행자가 실행된 여행으로 이익을 얻은 때에는 그 이익을 여행주최자에게 상환하여야 한다.
④ 여행자는 여행시작 전에는 언제든지 계약을 해제할 수 있으며, 이를 위반한 약정으로서 여행자에게 불리한 것은 무효이다.
⑤ 여행에 하자가 있는 경우에 여행자는 시정 청구와 함께 손해배상을 청구할 수 있다.

해설

② 여행자가 여행의 하자를 이유로 여행주최자에게 시정 청구를 하기 위해서는 상당한 기간을 정해서 하여야 한다. 다만, 즉시 시정할 필요가 있는 경우에는 그러하지 아니하다(민법 제674조의6 제2항).

79 임치에 관한 설명으로 옳은 것은?

① 임치기간의 약정이 없는 경우, 수치인은 부득이한 사유가 없어도 계약을 해지할 수 있다.

② 무상수치인은 임치인에 대하여 임치물의 보관에 필요한 비용의 선급을 청구할 수 없다.

③ 임치인의 승낙으로 임치물을 제3자에게 보관하게 한 무상수치인은 임치인에 대하여 그 제3자의 선임·감독에 관한 책임을 지지 않는다.

④ 임치인은 수치인이 임치물의 하자를 알고 있더라도 그 하자로 인해 발생한 손해를 배상하여야 한다.

⑤ 유상수치인은 자기재산과 동일한 주의로 임치물을 보관하여야 한다.

> **해설**
>
> ① 민법 제699조
> ② 임치물의 보관에 필요한 비용을 요하는 때에는 임치인은 수치인의 청구에 의하여 이를 선급하여야 한다(동법 제687조).
> ③ 임치인의 승낙으로 임치물을 제3자에게 보관하게 한 무상수치인은 본인에게 대하여 그 선임감독에 관한 책임이 있다(동법 제121조 제1항).
> ④ 임치인은 임치물의 성질 또는 하자로 인하여 생긴 손해를 수치인에게 배상하여야 한다. 그러나 수치인이 그 성질 또는 하자를 안 때에는 그러하지 아니하다(동법 제697조).
> ⑤ 특정물의 인도가 채권의 목적인 때에는 채무자는 그 물건을 인도하기까지 선량한 관리자의 주의로 보존하여야 한다(동법 제374조).

80 민법상 조합에 관한 설명으로 옳지 않은 것은? (다툼이 있으면 판례에 따름)

① 2인으로 이루어진 조합에서 1인이 탈퇴하더라도 특별한 사정이 없는 한 조합은 해산되지 않는다.

② 업무집행자인 조합원은 정당한 사유 없이 사임하지 못한다.

③ 부득이한 사유가 있는 경우에 각 조합원은 조합의 해산을 청구할 수 있다.

④ 부동산의 소유자가 조합계약에 의하여 그 부동산을 출자하기로 하였으나 아직 조합원의 합유로 등기되지 않은 경우, 그는 조합원이 아닌 제3자에 대하여 해당 부동산의 소유권을 행사할 수 없다.

⑤ 탈퇴한 조합원과 잔존 조합원 사이의 지분계산은 탈퇴 당시의 조합재산상태를 기준으로 한다.

> **해설**
>
> ④ 부동산의 소유자가 동업계약(조합계약)에 의하여 부동산의 사용권만을 투자하기로 한 경우는 말할 것도 없고 소유권을 투자하기로 한 경우에도 아직 그의 소유로 등기가 되어 있고 조합원의 합유로 등기되어 있지 않다면, 그와 조합 사이에 채권적인 권리의무가 발생하여 그로 하여금 조합에 대하여 그 소유권을 이전할 의무 내지 그 사용을 인용할 의무가 있다고 할 수는 있을망정 그 동업계약을 이유로 위 조합계약 당사자 아닌 사람에 대한 관계에서 위 부동산이 조합원의 합유에 속한다고 할 근거는 없으므로, 위 조합원이 아닌 제3자에 대하여는 여전히 소유자로서 그 소유권을 행사할 수 있다(대판 1991.7.12., 90다13161).

81 자본 항목으로 옳지 않은 것은?

① 우선주 자본금

② 미지급배당금

③ 자기주식

④ 기타포괄손익누계액

⑤ 이익잉여금

해설

자본의 분류

자본금(보통주 자본금, 우선주 자본금), 자본잉여금, 자본조정(주식할인발행차금, 자기주식, 배당건설이자, 자기주식처분손실), 기타포괄손익누계액, 이익잉여금 등

82 회계상 거래가 아닌 것은?

① 상품 30만 원을 주문하였다.

② 5월분 종업원 급여 20만 원을 5월 31일 현재 회사 경영 악화로 인해 지급하지 못하고 있다.

③ 화재로 인하여 상품 10만 원이 소실되었다.

④ 영업 목적으로 취득한 화물차 연간보험료 100만 원을 미리 지급하였다.

⑤ 업무용 건물을 50만 원에 구입하였다.

해설

① 상품 · 제품의 주문은 회계상의 거래가 아닌 일상거래이다.

83 당기순이익을 구하기 위한 공식으로 옳은 것은?

① 기말자산 + 기말부채 + 기초부채

② 기말자산 + 기말부채 + 기초자본

③ 기말자산 − 기말부채 + 기초자본

④ 기말자산 + 기말부채 − 기초자본

⑤ 기말자산 − 기말부채 − 기초자본

84 회계 거래에 관한 설명으로 옳지 않은 것은?

① 건물을 양도하고 대금 중 일부를 받지 못한 경우 미수금으로 기록한다.

② 상품대금의 일부를 계약금으로 지급한 경우 선급금으로 기록한다.

③ 현금을 지급하였으나 지급할 금액이나 거래내용이 확정되지 않은 경우에는 전도금으로 기록한다.

④ 이자수익이 발생하였으나 아직 현금으로 지급받지 못한 경우 미수수익으로 기록한다.

⑤ 결산일 현재 기간이 경과되지 않은 보험료는 선급보험료로 기록한다.

> **해설**
> ③ 전도금은 한 회사의 사업장이 여러 개 있을 경우 사업장의 운영비를 충당하기 위해서 본사에서 사업장에 보내주는 경비를 일컫는다.

85 A는 20X1년 3월에 커피전문점을 창업하였다. 창업일로부터 20X1년 12월 31일까지의 다음 자료를 이용하여 계산한 당기순이익은? (단, 다른 거래는 없다고 가정한다)

○ 커피판매액 : 1,500,000원
○ 기타음료판매액 : 300,000원
○ 외상매입금 : 390,000원
○ 커피 및 음료 재료비 : 450,000원
○ 임차료 : 180,000원
○ 미지급금 : 190,000원
○ 은행차입금 : 1,000,000원
○ 커피메이커 기계 : 1,050,000원
○ 지급이자 : 50,000원
○ 직원급료 : 300,000원
○ 외상매출금 : 50,000원
○ 임차보증금 : 180,000원

① 370,000원   ② 640,000원
③ 650,000원   ④ 820,000원
⑤ 870,000원

> **해설**
> 당기순이익 = 총수익 − 총비용
>   = 커피판매액 + 기타음료판매액 − 커피 및 음료 재료비 − 임차료 − 지급이자 − 직원급료

86 (주)가맹의 20X1년 기초상품재고는 120만 원이며, 20X1년 중에 2,830만 원의 상품을 매입하였으나 대량구매로 인하여 도매상에서 30만 원의 매입할인을 받아 실제 지불한 상품매입대금은 2,800만 원이다. (주)가맹은 상품매입 시 운반비로 10만 원을 운송회사에 별도 지불하였다. 20X1년 판매 가능한 상품 중에서 150만 원이 기말재고로 남아있다. 제시된 자료만을 사용하였을 때, (주)가맹의 20X1년 매출원가는?

① 2,530만 원 ② 2,770만 원
③ 2,780만 원 ④ 2,800만 원
⑤ 2,810만 원

해설

매출원가 = 기초상품재고액 + 순매입액(당기매입액) − 기말상품재고액
1,200,000 + 28,000,000 + 100,000 − 1,500,000 = 27,800,000원

87 (주)가맹의 회계담당자가 실수로 외상매출거래의 일부를 누락하였으나, 기말재고는 올바르게 기록 하였다. 이로 인해 영향을 받지 않은 재무비율로 옳은 것은?

① 부채비율 ② 당좌비율
③ 유동비율 ④ 매출채권회전율
⑤ 자기자본비율

88 (주)가맹의 손익분기점 매출액은 360,000원이고 공헌이익률은 30%이다. (주)가맹이 90,000원의 영업이익을 달성하고자 할 때, 총 매출액은?

① 300,000원 ② 480,000원
③ 560,000원 ④ 660,000원
⑤ 680,000원

해설

손익분기점 매출액 = 고정비 ÷ 공헌이익률
360,000원 = x ÷ 30%
x = 108,000원
총 매출액 = (고정비 + 영업이익) ÷ 공헌이익률
= (108,000 + 90,000) ÷ 30%
= 660,000원

89 소비자의 구매의사결정과정을 순서대로 나열한 것은?

① 정보탐색 → 문제인식 → 구매 → 대안평가 → 구매 후 행동

② 문제인식 → 정보탐색 → 대안평가 → 구매 → 구매 후 행동

③ 문제인식 → 대안평가 → 구매 → 정보탐색 → 구매 후 행동

④ 정보탐색 → 문제인식 → 대안평가 → 구매 → 구매 후 행동

⑤ 대안평가 → 정보탐색 → 문제인식 → 구매 → 구매 후 행동

해설

소비자의 구매의사결정과정

문제인식(Problem Recognition) → 정보탐색(Information Search) → 대안의 평가(Evaluation of Alternatives) → 구매의사결정(Purchase Decision) → 구매 후 행동(Post-Purchase Behavior)

90 소비자에게 제품의 가격이 낮게 책정되었다는 인식을 심어주기 위해 이용하는 가격설정방법은?

① 단수가격(Odd Pricing) ② 준거가격(Reference Pricing)

③ 명성가격(Prestige Pricing) ④ 관습가격(Customary Pricing)

⑤ 기점가격(Basing-Point Pricing)

해설

② 준거가격 : 소비자가 과거의 경험이나 기억, 정보 등으로 제품의 구매를 결정할 때 기준이 되는 가격
③ 명성가격 : 소비자가 가격에 의하여 품질을 평가하는 경향이 특히 강하여 비교적 고급품질이 선호되는 상품에 설정되는 가격
④ 관습가격 : 일용품의 경우처럼 장기간에 걸친 소비자의 수요로 인해 관습적으로 형성되는 가격
⑤ 기점가격 : 제품을 생산하는 공장의 입지 조건 등을 막론하고 특정 기점에서 공장까지의 운임을 일률적으로 원가에 더하여 형성되는 가격

91 유통업자 판매촉진에 해당하지 않는 것은?

① 판매량에 대한 콘테스트(Contest) 실시

② 구매시점광고(Point-of-Purchase Advertising)의 지원

③ 자사 제품을 소비자에게 잘 보이는 곳에 배치했을 때 제공하는 진열보조금

④ 소비자에게 특정 제품을 소량으로 포장하여 무료로 제공하는 샘플

⑤ 소매업자의 광고비용을 보상해주는 광고공제

해설

유통업자 판매촉진은 제조업체가 유통업체를 대상으로 하는 판매촉진 활동을 의미한다. 경영활동 지원, 판매활동 지원, 콘테스트, 협동광고, 진열보조금 지원, 판매장려금 지원, 판매도우미 파견 등이 있다. 소비자에게 특정 제품을 소량으로 포장하여 무료로 샘플을 제공하는 판매촉진은 소비자 판매촉진에 해당한다.

89 ② 90 ① 91 ④ **정답**

92 서비스의 특성에 해당되는 것을 모두 고른 것은?

> ㄱ. 무형성 : 서비스는 보거나 만질 수 없다.
> ㄴ. 비분리성 : 서비스는 생산과 소비가 동시에 발생한다.
> ㄷ. 소멸성 : 서비스는 재고로 보관될 수 없다.
> ㄹ. 변동성 : 서비스의 품질은 표준화가 어렵다.

① ㄱ, ㄴ, ㄷ   ② ㄱ, ㄴ, ㄹ
③ ㄱ, ㄷ, ㄹ   ④ ㄴ, ㄷ, ㄹ
⑤ ㄱ, ㄴ, ㄷ, ㄹ

해설

서비스의 특징
• 무형적이며 재판매가 불가능하다.
• 소유는 일반적으로 이전되지 않으며 저장할 수 없다.
• 생산과 소비를 동시에 하며 같은 장소에서 발생한다.
• 서비스는 운송할 수 없으며 구매자가 직접 생산에 참가한다.
• 서비스는 대부분 직접적인 접촉이 요구되며 생산과 판매는 기능적으로 분리될 수 없다.

93 한 제품시장에서 성공을 거둔 기존 브랜드를 다른 제품범주의 신제품에도 사용하는 전략은?

① 수평적 라인확장전략(Horizontal Line Extension Strategy)
② 수직적 라인확장전략(Vertical Line Extension Strategy)
③ 개별브랜드전략(Individual Brand Strategy)
④ 브랜드확장전략(Brand Extension Strategy)
⑤ 공동브랜드전략(Family Brand Strategy)

해설

브랜드확장전략
특정의 브랜드로 성공을 거두게 되면 소비자들의 그 브랜드에 대한 신뢰도를 이용하여 자사의 관련된 다른 사업에까지 그 브랜드의 이미지를 이용하는 전략을 말한다.

94 마케팅믹스 4P와 로터본(Lauterborn)의 4C의 대응 관계로 옳지 않은 것은?

① 4P : 기업관점, 4C : 소비자관점
② 4P : 제품,   4C : 소비자문제해결
③ 4P : 가격,   4C : 소비자비용
④ 4P : 유통,   4C : 유통의 편리성
⑤ 4P : 촉진,   4C : 제품접근성

해설

4P와 4C

기업관점(4P)	소비자관점(4C)
제품(Product)	고객가치(Customer Value)
가격(Price)	고객부담비용(Customer Cost)
유통(Place)	고객편의성(Customer Convenience)
판매촉진(Promotion)	고객소통(Customer Communication)

95 앤소프(H. Ansoff)의 제품/시장 매트릭스에 해당하지 않는 전략은?

① 시장침투전략   ② 제품개발전략
③ 차별화전략   ④ 시장개발전략
⑤ 다각화전략

해설

앤소프(H. Ansoff)의 매트릭스
• 시장침투전략 : 기존의 제품으로 기존의 시장에 접근한다.
• 제품개발전략 : 새로운 제품을 개발해 기존의 시장에 접근한다.
• 시장개발전략 : 기존의 제품으로 새로운 시장에 접근한다.
• 다각화전략 : 새로운 제품을 개발해 새로운 시장에 접근한다.

96 마케팅전략에 영향을 미치는 거시적 환경에 해당하지 않는 것은?

① 인구통계적 환경   ② 기업내부 환경
③ 경제적 환경   ④ 기술적 환경
⑤ 문화적 환경

해설

마케팅의 미시적 환경과 거시적 환경
• 미시적 환경 : 기업, 원료공급자, 마케팅 중간상, 고객, 경쟁기업, 공중 등
• 거시적 환경 : 인구통계적 환경, 경제적 환경, 자연적 환경, 기술적 환경, 정치적 환경, 문화적 환경 등

97 자본예산 시 현금흐름을 추정할 때 포함해야 할 항목으로 옳은 것은?

① 이자비용　　　　　　　　　　　② 감가상각비

③ 배당금 지급　　　　　　　　　　④ 매몰비용

⑤ 기회비용

해설

⑤ 기회비용이란 시간, 돈, 에너지 등의 자원을 현재의 용도 이외의 다른 용도로 사용했을 때 얻을 수 있는 이익을 의미한다. 현금흐름 계산 시 이러한 기회비용을 고려하여야 한다.

98 채권의 가치평가에 관한 설명으로 옳지 않은 것은?

① 채권수익률이 하락하면 채권가격은 상승한다.

② 액면이자율이 낮은 채권은 높은 채권보다 이자율변화에 따라 더 작은 채권가격변동율을 보인다.

③ 채권의 이자율변동에 대한 위험은 만기가 길수록 더 크다.

④ 채권수익률이 액면이자율과 동일하면 채권의 가치는 액면가와 동일하다.

⑤ 채권의 가치는 만기가 가까워질수록 액면가에 접근한다.

해설

② 액면이자율이 낮은 채권은 높은 채권보다 이자율변화에 따라 더 높은 채권가격변동율을 보인다.

99 포트폴리오 이론에 관한 설명으로 옳지 않은 것은?

① 체계적 위험을 측정하는 방법으로 베타계수를 사용할 수 있다.

② '계란을 한 바구니에 담지 말라'는 포트폴리오 투자를 대표하는 격언이다.

③ 포트폴리오의 구성자산 수를 늘릴수록 제거할 수 있는 위험을 체계적 위험이라고 한다.

④ 구성자산들 간의 상관계수가 낮을수록 분산투자효과가 높은 편이다.

⑤ KODEX200 ETF에 투자하는 것은 분산투자의 일종이다.

해설

③ 체계적 위험이란 모든 기업에 공통적으로 영향을 미치는 경기변동, 물가상승, 정부정책 등과 같은 위험으로, 분산투자로 제거할 수 없는 위험을 말하며 따라서 구성자산의 수를 늘릴수록 제거할 수 있는 위험이 아니다.

100 배당정책에 관한 설명으로 옳지 않은 것은?

① 고든(M. Gordon)의 '손 안에 있는 새'는 배당유관설과 관련이 있다.

② 밀러(M. Miller)와 모딜리아니(F. Modigliani)는 배당무관설을 주장했다.

③ 액면분할은 이론상 기업의 가치에 아무런 영향을 주지 않는다.

④ 주식배당은 기업의 이익 중 주식배당금만큼 자본금으로 편입시키기 때문에 주주의 부를 증가시킨다.

⑤ 현금배당은 배당락이 있으나 자사주매입은 배당락이 없는 배당의 특수형태라고 할 수 있다.

해설

주식배당

배당의 일부 또는 전부를 현금으로 지급하지 않고 신주를 발행하여 주주에게 지급하는 것을 의미한다. 주식배당은 기업의 이익이 주식배당금만큼 자본금으로 편입되기 때문에 추가로 발행한 주식 수만큼 총 발행 주식 수만 늘어날 뿐 기존 주주의 지분율 그대로 유지되어 주주의 실질적인 부의 증가를 가져오지 않는다.

101 매출채권 신용분석의 5C에 해당하지 않는 것은?

① 상환능력(Capacity)

② 자본(Capital)

③ 담보(Collateral)

④ 경제상황(Condition)

⑤ 부실(Claims)

해설

매출채권 신용분석의 5C

인격(Character), 상환능력(Capacity), 자본력(Capital), 담보력(Collateral), 경제상황(Condition)

102 (주)가맹은 부채와 자기자본의 비율이 1:1이고 자기자본비용은 12%, 부채비용은 10%이다. 법인세율이 40%라고 할 때 가중평균자본비용(WACC)은?

① 9%

② 8%

③ 7%

④ 6%

⑤ 5%

해설

가중평균자본비용 = (자기자본 × 자기자본비용) + {부채 × 부채비용 × (1 − 법인세율)}
= (50% × 12%) + {50% × 10%(1 − 40%)} = 9%

103 테일러(F. Taylor)의 과학적 관리를 설명하는 것을 모두 고른 것은?

> ㄱ. 과업관리 활용
> ㄴ. 시간 및 동작연구 이용
> ㄷ. 차별적 성과급제 도입
> ㄹ. 14가지 관리원칙 제시
> ㅁ. 인간의 심리적 측면 강조

① ㄱ, ㄴ, ㄷ   ② ㄱ, ㄴ, ㄹ

③ ㄱ, ㄴ, ㅁ   ④ ㄴ, ㄷ, ㄹ

⑤ ㄷ, ㄹ, ㅁ

해설

ㄹ. 14가지 관리원칙 제시는 페이욜이 제시하였다.
ㅁ. 인간의 심리적 측면을 강조한 것은 호손 실험에서이다.

테일러의 과학적 관리법

노동자의 표준작업량(과업)을 과학적으로 결정하기 위한 시간연구, 과업의 달성을 자극하기 위한 차별적 임금(성과급), 계획 부문과 현장감독 부문을 전문화한 기능별 조직 등을 축으로 한 관리시스템을 말한다.

104 어떤 대상의 한 특성을 중심으로 다른 것까지 평가하는 현상은?

① 유사효과(Similar-to-Me Effect)

② 후광효과(Halo Effect)

③ 관대화 경향(Leniency Tendency)

④ 투영효과(Projection)

⑤ 중심화 경향(Central Tendency)

해설

후광효과(현혹효과)

인물이나 사물 등 일정한 대상을 평가하면서 그 대상의 특질이 다른 면의 특질에까지 영향을 미치는 것으로, 대상의 특징적 선 또는 악이 눈에 띄면 그것을 그의 전부로 인식하는 오류를 말한다.

105 성격에 관한 설명으로 옳지 않은 것은?

① 자신에게 일어나는 일을 통제할 수 있다고 믿으면 내재론자(Internal Locus of Control)라고 한다.

② 자기효능감(Self-Efficacy)은 특정 과업을 얼마나 잘 수행할 수 있는가에 대한 믿음이다.

③ 나르시시즘(Narcissism)은 위험을 감수하는 성향이다.

④ 자기관찰(Self-Monitoring)은 환경의 신호를 읽고 해석하여 자신의 행위를 환경요구에 맞춰 조절해가는 성향이다.

⑤ 마키아벨리즘(Machiavellism)은 자신의 목적을 위해 다른 사람을 이용하고 통제하려는 성향이다.

> **해설**
> ③ 나르시시즘은 내현적 자기애와 외현적 자기애로 나눌 수 있는데 내현적 자기애 성향은 위험을 회피하는 경향이 있다.

106 매슬로우(A. Maslow)가 주장한 욕구단계이론의 5가지 욕구에 포함되지 않는 것은?

① 생리적 욕구(Physiological Needs)

② 안전 욕구(Safety Needs)

③ 소속 및 애정 욕구(Melongingness and Love Needs)

④ 존경 욕구(Esteem Needs)

⑤ 성장 욕구(Growth Needs)

> **해설**
> 매슬로우의 욕구단계에는 생리적 욕구, 안전 욕구, 소속 및 애정 욕구, 존경 욕구, 자아실현 욕구가 있다.

107 다음에서 설명하는 현상은?

> ○ 응집력이 높은 집단에서 나타나기 쉽다.
> ○ 집단구성원들이 의견일치를 추구하려다가 잘못된 의사결정을 하게 된다.
> ○ 이에 대처하기 위해서는 자유로운 비판이 가능한 분위기 조성이 필요하다.

① 집단사고(Groupthink)

② 조직시민행동(Organizational Citizenship Behavior)

③ 임파워먼트(Empowerment)

④ 몰입상승(Escalation of Commitment)

⑤ 악마의 주장(Devil's Advocacy)

> **해설**
> 집단사고
> 응집력이 높은 집단에서 의사결정을 할 때 합의에 이르고자 사고의 다양성이나 자유로운 비판 대신 집단의 지배적인 생각에 순응하는 경향을 말한다.

108 직무기술서(Job Description)에 포함되는 것을 모두 고른 것은?

> ㄱ. 직무내용
> ㄴ. 필요한 지식
> ㄷ. 직무수행방법
> ㄹ. 작업조건
> ㅁ. 요구되는 능력

① ㄱ, ㄴ, ㄷ
② ㄱ, ㄴ, ㄹ
③ ㄱ, ㄷ, ㄹ
④ ㄴ, ㄷ, ㅁ
⑤ ㄷ, ㄹ, ㅁ

해설

직무기술서
직무분석의 결과에 따라서 직무의 능률적인 수행을 위하여 직무의 성격, 요구되는 개인의 자질 등 중요한 사항을 기록한 문서로서 직무명칭, 소속직군 및 직종, 직무의 내용, 직무수행에 필요한 원재료·설비·작업도구, 직무수행방법 및 절차, 작업조건(작업집단의 인원수, 상호작용의 정도 등) 등이 기록된다.

109 제품 A를 1개 만들기 위해서는 2개의 부품 B와 3개의 부품 C가 필요하다. 그리고 1개의 부품 B에는 1개의 부품 D와 2개의 부품 E가 필요하며, 1개의 부품 C에는 3개의 부품 D와 1개의 부품 E가 필요하다. 제품 A를 100개 생산하기 위해 필요한 부품 D와 부품 E의 수량은?

① D : 800개, E : 500개
② D : 800개, E : 600개
③ D : 1,000개, E : 600개
④ D : 1,100개, E : 700개
⑤ D : 1,300개, E : 800개

해설

제품 A를 100개 생산하기 위해서는 부품 B가 200개 필요하며, 부품 C가 300개 필요하다. 부품 B 200개를 만들기 위해서는 부품 D 200개와 부품 E 400개가 필요하다. 부품 C 300개를 만들기 위해서는 부품 D가 900개 필요하고 부품 E가 300개 필요하다. 따라서 필요한 부품 D의 수량은 200 + 900 = 1,100개, 부품 E의 수량은 400 + 300 = 700개이다.

110 연간수요가 1,000개, 1회당 주문비용은 50원, 단위당 연간 재고유지비용은 40원이다. 경제적 주문량(EOQ)과 연간 주문비용은 얼마인가?

① 50개, 100원 ② 50개, 500원
③ 50개, 1,000원 ④ 100개, 500원
⑤ 100개, 1,000원

해설

• 경제적 주문량 = $\sqrt{\dfrac{\text{연간수요량} \times \text{1회당 주문비용} \times \text{연간 재고유지비용}}{\text{재고유지비용}}} = \sqrt{\dfrac{2 \times 1000 \times 50}{40}} = 50$

• 연간 주문비용 = (연간수요량 ÷ 1회 주문량) × 1회당 주문비용 = (1000 ÷ 50) × 50 = 1000

111 제품과 서비스 설계에 관한 설명으로 옳지 않은 것은?

① 동시공학(Concurrent Engineering)은 제품 및 서비스 개발과 관련된 다양한 부서원들이 공동 참여하는 방식이다.
② 품질기능전개(Quality Function Deployment)는 고객의 요구사항을 설계특성으로 변환하는 방법이다.
③ 가치분석/가치공학(Value Analysis/Value Engineering)은 제품의 가치를 증대시키기 위한 체계적 방법이다.
④ 모듈화설계(Modular Design)는 구성품의 다양성을 높여 완제품의 다양성을 낮추는 방법이다.
⑤ 강건설계(Robust Design)는 제품이 작동환경의 영향을 덜 받고 기능하도록 하는 방법이다.

해설

모듈화설계
여러 가지의 서로 다른 제품조립에 널리 사용할 수 있는 기본구성품을 만들고 최종소비자의 기호에 따라 고객이 원하는 대로 조립하도록 하는 것이다.

112 작업 우선순위를 결정하기 위한 규칙에 관한 설명으로 옳지 않은 것은?

① 최소작업시간(SPT) : 작업시간이 짧은 순서대로 처리
② 최소여유시간(STR) : 납기일까지 남은 시간이 작은 순서대로 처리
③ 최소납기일(EDD) : 납기일이 빠른 순서대로 처리
④ 선입선출(FCFS) : 먼저 도착한 순서대로 처리
⑤ 후입선출(LCFS) : 늦게 도착한 순서대로 처리

> **해설**
> ② 최소여유시간(STR) : 남아있는 납기일수와 작업을 완료하는 데 소요되는 일수와의 차이를 여유시간이라고 할 때 이 여유시간이 짧은 것부터 순서대로 처리하는 것이다.

113 품질비용에 관한 설명으로 옳지 않은 것은?

① 품질비용은 100% 완전하지 못한 제품생산으로 인한 비용이다.
② 평가비용은 검사, 측정, 시험 등과 관련한 비용이다.
③ 통제비용은 생산흐름으로부터 불량을 제거하기 위한 활동과 관련된 비용이다.
④ 실패비용은 완성된 제품의 품질이 일정한 수준에 미달함으로써 발생하는 비용이다.
⑤ 외부실패비용은 폐기, 재작업, 등급저하와 관련한 비용이다.

> **해설**
> ⑤ 외부실패비용은 고객에게 판매된 후에 발생하는 비용을 말하며 대개 고객 서비스와 관련된 비용이다. 외부실패비용에 는 반품비용, 보상 위자료, 반환품 비용, 리콜 비용, 품질 보증 클레임 비용 등이 있다.

114 특성요인도(Cause-and-Effect Diagram)에 관한 설명으로 옳은 것은?

① SIPOC(공급자, 투입, 변환, 산출, 고객) 분석의 일부로 프로세스 단계를 묘사하는 도구
② 품질특성의 발생빈도를 기록하는 데 사용되는 양식
③ 연속적으로 측정되는 품질특성치의 빈도분포
④ 불량의 원인을 세분화하여 원인별 중요도를 파악하는 도구
⑤ 개선하려는 문제의 잠재적 원인을 파악하는 도구

> **해설**
> 특성요인도
> 결과인 특성과 그것에 영향을 미치는 원인인 요인의 관계를 나타내는 관리수법이다. 특성에 대하여 요인이 어떤 관계로 영향을 미치고 있는지를 규명하는 것으로, 현상 파악이나 문제 개선에 있어서 실마리를 얻기 위해 사용되는 기법이다. 각각의 요소들이 서로 어떤 관계를 갖는지 체계적으로 표현할 수 있어 인과관계를 발견하는 데 효과적이다.

115 지식경영과 관련한 용어에 관한 설명으로 옳은 것은?

① 지식경영은 지식을 생성, 저장, 활용하는 일련의 과정을 의미한다.

② 지식은 객관적 사실, 측정된 내용, 통계를 의미한다.

③ 데이터 및 정보는 지식과 명확히 구별하기 어렵다.

④ 암묵지(Tacit Knowledge)는 객관적이고 이성적이며 기술적 지식을 포함한다.

⑤ 형식지(Explicit Knowledge)는 경험을 통해 축적한 지식으로 통찰력과 노하우를 의미한다.

해설

② 지식은 어떤 특정 목적을 달성하기 위해 적용되거나 정립되어 있는 일반화된 정보를 의미한다.

③ 데이터는 세상에 존재하는 여러 사실적인 자료들의 단순한 나열을 의미하고 정보는 이러한 데이터들을 처리, 가공하여 나온 결과이다. 지식은 이렇게 만들어진 정보가 어떤 특정 목적을 달성하기 위해 적용되거나 정립되어 있는 일반화된 정보를 의미한다.

④ '형식지'는 객관적이고 이성적이며 기술적 지식을 포함한다.

⑤ '암묵지'는 경험을 통해 축적한 지식으로 통찰력과 노하우를 의미한다.

116 암호화(Encryption)에 관한 설명으로 옳지 않은 것은?

① 암호화 기술은 디지털 정보를 저장하거나 인터넷을 통해 전송할 때 이를 보호하기 위해 사용된다.

② 공개키 암호화 방식은 공개키만으로 편리하게 사용된다.

③ 전자인증서는 전자거래에서 사용자의 신원과 전자자산의 고유성을 확립하기 위해 사용된다.

④ 암호화란 원래의 메시지를 의도된 수신자를 제외한 누군가에 의해 읽힐 수 없는 형태로 변형시키는 것이다.

⑤ 인증기관은 디지털인증서를 발급하고, 인증서의 진위와 무결성을 확인해준다.

해설

② 공개키 암호화 방식은 공개키와 비밀키 두 개를 사용한다. 공개키는 암호화하고 비밀키는 복호화한다.

117 공급사슬관리에서 채찍효과를 해결하기 위한 적절한 방법은?

① 정보시스템을 활용한 공급사슬 구성원 간 정보 공유

② 불확실성에 대비한 대규모 재고 비축

③ 공급자들과 단기계약을 통한 원가 절감

④ 아웃소싱 최소화로 공급불확실성 해소

⑤ 불확실한 수요변화에 대응하기 위한 공급업체의 선적 지연

해설

채찍효과

공급사슬이 후방으로 갈수록 재고 변동 폭이 점차 커지는 현상을 의미한다. 이러한 채찍효과를 해결하기 위한 방법에는 공급사슬 참여 기업 간의 정보 공유를 해야 한다는 것이 있다. 최종 소비자의 실제 수요 정보를 서로 공유할 수 있으면 공급사슬의 각 단계에 있는 재고 변동성을 완화할 수 있기 때문이다.

115 ① 116 ② 117 ① **정답**

118 기업과 조직들이 중앙집중적 권한 없이 거의 즉시 네트워크에서 거래를 생성하고 확인할 수 있는 분산 데이터베이스 기술로 옳은 것은?

① 빅데이터(Big Data)

② 클라우드 컴퓨팅(Cloud Computing)

③ 블록체인(Blockchain)

④ 핀테크(Fintech)

⑤ 사물인터넷(Internet of Things)

해설

① 빅데이터 : 디지털 환경에서 생성되는 데이터로 그 규모가 방대하고, 생성 주기도 짧고, 형태도 수치 데이터뿐만 아니라 문자와 영상 데이터를 포함하는 대규모 데이터이다.

② 클라우드 컴퓨팅 : 컴퓨터를 활용하는 작업에 있어서 필요한 다양한 요소들을 인터넷 서비스를 통해 다양한 종류의 컴퓨터 단말 장치로 제공하는 것으로, 가상화된 IT 자원을 서비스로 제공한다.

④ 핀테크 : 금융(Finance)과 기술(Technology)을 결합한 합성어로 첨단 정보 기술을 기반으로 한 금융 서비스 및 산업의 변화를 일컫는다.

⑤ 사물인터넷 : 인터넷을 기반으로 모든 사물을 연결하여 사람과 사물, 사물과 사물 간의 정보를 상호 소통하는 지능형 기술 및 서비스이다.

119 기업이 정보시스템을 아웃소싱하는 목적으로 옳지 않은 것은?

① 외부 공급업체에 의한 규모의 경제효과로 비용 절감

② 외부 공급업체의 경험이나 최신정보기술 습득 및 활용

③ 향후 비용에 대한 예측가능성 제고

④ 인력수급의 경직성 확보

⑤ 기업 전문인력의 전략적 활용

해설

④ 아웃소싱은 인력수급을 유연하게 활용할 수 있다.

120 SNS(Social Networking Service)에 해당하지 않는 것은?

① 페이스북   ② 인공지능

③ 카카오스토리   ④ 트위터

⑤ 인스타그램

해설

② 인공지능이란 인간의 학습, 추론, 지각 능력 등을 인공적으로 구현한 컴퓨터 프로그램이다.

※ ④ 트위터는 현재 X로 명칭이 변경되었습니다.

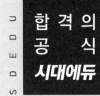

많이 보고 많이 겪고 많이 공부하는 것은 배움의 세 기둥이다.

- 벤자민 디즈라엘리 -

2020년

제18회 기출문제

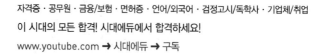

---

01 독점규제 및 공정거래에 관한 법률에 적용되는 사업자에 관한 설명으로 옳지 않은 것은? (다툼이 있으면 판례에 따름)

① 상품·용역의 수요자는 시장지배적 사업자가 될 수 있다.

② 사업자는 제조업, 서비스업, 기타 사업을 행하는 자를 말한다.

③ 의사와 같은 전문인도 사업자에 해당할 수 있다.

④ 국가나 지방자치단체는 사업자에 해당할 수 없다.

⑤ 기본적 속성에 비영리적 특성이 있는 사립유치원연합회의 구성원도 사업자에 해당할 수 있다.

> **해설**
>
> ④ 국가나 지방자치단체도 사경제 주체로서 활동하는 경우에는 이 법에 따른 사업자가 될 수 있다(대판 1990.11.23., 90다카3659).

02 독점규제 및 공정거래에 관한 법률상 용어의 정의로 옳지 않은 것은?

① 일정한 거래분야 : 거래의 객체별·단계별 또는 지역별로 경쟁관계에 있거나 경쟁관계가 성립될 수 있는 분야

② 임원 : 이사·대표이사·유한책임사원·감사나 상업사용인

③ 여신 : 국내 금융기관이 행하는 대출 및 회사채무의 보증 또는 인수

④ 경쟁을 실질적으로 제한하는 행위 : 일정한 거래분야의 경쟁이 감소하여 특정 사업자 또는 사업자 단체의 의사에 따라 어느 정도 자유로이 가격·수량·품질 기타 거래조건 등의 결정에 영향을 미치거나 미칠 우려가 있는 상태를 초래하는 행위

⑤ 재판매가격유지행위 : 거래가격을 정하여 그 가격대로 판매 또는 제공할 것을 강제하거나 이를 위하여 규약 기타 구속조건을 붙여 거래하는 행위

> **해설**
>
> ② 임원이라 함은 이사·대표이사·업무집행을 하는 무한책임사원·감사나 이에 준하는 자 또는 지배인 등 본점이나 지점의 영업 전반을 총괄적으로 처리할 수 있는 상업사용인을 말한다(독점규제 및 공정거래에 관한 법률 제2조 제6호).

03 독점규제 및 공정거래에 관한 법률에서 명시하고 있는 시장지배적 지위의 남용행위가 아닌 것은?

① 상품의 판매를 부당하게 조절하는 행위

② 다른 사업자의 사업활동을 부당하게 방해하는 행위

③ 새로운 경쟁사업자의 참가를 부당하게 방해하는 행위

④ 소비자의 이익을 현저히 저해할 우려가 있는 행위

⑤ 부당하게 경쟁자의 고객을 자기와 거래하도록 유인하는 행위

해설

⑤ 부당하게 경쟁자의 고객을 자기와 거래하도록 유인하는 행위는 불공정거래행위에 해당한다(독점규제 및 공정거래에 관한 법률 제45조 제1항 제4호).

시장지배적 지위의 남용금지(독점규제 및 공정거래에 관한 법률 제5조 제1항)
• 상품의 가격이나 용역의 대가를 부당하게 결정·유지 또는 변경하는 행위
• 상품의 판매 또는 용역의 제공을 부당하게 조절하는 행위
• 다른 사업자의 사업활동을 부당하게 방해하는 행위
• 새로운 경쟁사업자의 참가를 부당하게 방해하는 행위
• 부당하게 경쟁사업자를 배제하기 위하여 거래하거나 소비자의 이익을 현저히 해칠 우려가 있는 행위

04 독점규제 및 공정거래에 관한 법률상 시장지배적 사업자에 관한 설명으로 옳은 것은?

① 일정한 거래분야의 공급자인 경우에만 해당할 수 있고, 수요자는 해당하지 않는다.

② 하나의 관련시장에서는 하나의 사업자만 인정될 수 있다.

③ 시장지배적 사업자를 판단할 때 고려하는 시장점유율은 금액기준으로만 산정할 수 있다.

④ 시장지배적 사업자를 판단함에 있어서는 시장점유율 외에 진입장벽의 존재 및 정도, 경쟁사업자의 상대적 규모 등도 종합적으로 고려한다.

⑤ 시장지배적 사업자는 가격 결정에 대한 시장지위만으로 판단한다.

해설

① 시장지배적 사업자에는 공급자뿐만 아니라 상품 또는 용역의 수요자도 해당된다(독점규제 및 공정거래에 관한 법률 제2조 제3호 전단).

② 셋 이하의 사업자의 시장점유율의 합계가 100분의 75 이상일 경우 시장지배적 사업자로 추정한다(동법 제6조 제2호 전단).

③ 시장점유율을 금액기준으로 산정하기 어려운 경우에는 물량기준 또는 생산능력기준으로 이를 산정할 수 있다(동법 시행령 제2조 제1항 단서).

⑤ 시장지배적 사업자를 판단함에 있어서는 시장점유율 외에 진입장벽의 존재 및 정도, 경쟁사업자의 상대적 규모 등도 종합적으로 고려한다(동법 제2조 제3호 후단).

05 독점규제 및 공정거래에 관한 법률상 시장지배적 지위를 남용한 자에 대한 제재에 관한 설명으로 옳지 않은 것은?

① 3년 이하의 징역 또는 2억 원 이하의 벌금에 처한다.

② 경쟁질서를 현저히 저해한다고 인정하는 경우에 공정거래위원회는 검찰총장에게 고발하여야 한다.

③ 검찰총장은 이 법에 의한 고발요건에 해당하는 사실이 있음을 공정거래위원회에 통보하여 고발을 요청할 수 있다.

④ 공정거래위원회는 당해 시장지배적 사업자에 대하여 가격의 인하, 당해 행위의 중지, 시정명령을 받은 사실의 공표 기타 시정을 위한 필요한 조치를 명할 수 있다.

⑤ 공정거래위원회는 중소벤처기업부장관의 고발요청이 있더라도, 고발요건에 해당하지 아니한다고 판단하는 경우에는 고발하지 않을 수 있다.

해설

⑤ 중소벤처기업부장관의 고발요청이 있는 때에는 공정거래위원회 위원장은 검찰총장에게 고발하여야 한다(독점규제 및 공정거래에 관한 법률 제129조 제5항 참조).

06 일정한 거래분야에서 독점규제 및 공정거래에 관한 법률상 시장지배적 사업자로 추정되는 자를 모두 고른 것은? (A와 D만 계열회사 관계이다)

> 주요 사업자들의 시장점유율(연간 매출액)이 A는 45%(150억), B는 23%(70억), C는 7%(40억), D는 4%(15억), E는 6%(35억)이다.

① A, B, C

② A, B, D

③ A, B, E

④ A, B, D, E

⑤ A, B, C, D, E

해설

※ 기존의 정답은 ②번이었다. 문제는 구법에 해당한다. 문제의 조건인 매출액에 해당하는 법령이 개정되면서 사업자 B가 70억 원으로 매출액 조건에 해당하지 않는다. 바뀐 조문의 내용은 아래와 같다.

시장지배적 사업자의 추정(독점규제 및 공정거래에 관한 법률 제6조 및 시행령 제11조 제2항)

일정한 거래분야에서 연간 매출액 또는 구매액이 80억 원 미만인 사업자는 제외한다. 또한, 시장지배적 사업자를 추정하는 경우에는 해당 사업자와 그 계열회사를 하나의 사업자로 본다.

07 독점규제 및 공정거래에 관한 법률상 연구·기술개발을 위한 공동행위가 공정거래위원회에 의하여 인가될 수 있는 요건이 아닌 것은?

① 산업경쟁력 강화를 위하여 긴요하며 그 경제적 파급효과가 클 경우

② 연구·기술개발에 소요되는 투자금액이 과다하여 한 사업자가 조달하기 어려운 경우

③ 국가 경쟁력 향상을 위해서 긴급히 필요한 경우

④ 연구·기술개발성과의 불확실에 따른 위험분산을 위하여 필요한 경우

⑤ 경쟁을 제한하는 효과보다 연구·기술개발의 효과가 클 경우

> **해설**
>
> ③ 국가 경쟁력 향상을 위해서 긴급히 필요한 경우는 해당되지 않는다.
>
> 공동행위의 적용 제외(독점규제 및 공정거래에 관한 법률 시행령 제45조 제1항 제2호)
> 부당한 공동행위의 금지 규정에 의한 연구·기술개발을 위한 공동행위의 인가는 해당 공동행위가 다음의 요건에 해당하는 경우에 한하여 이를 할 수 있다.
> • 해당 연구·기술개발이 산업경쟁력 강화를 위하여 매우 필요하며 그 경제적 파급효과가 클 것
> • 연구·기술개발에 소요되는 투자금액이 과다하여 한 사업자가 조달하기 어려울 것
> • 연구·기술개발성과의 불확실에 따른 위험분산을 위해 필요한 것
> • 경쟁을 제한하는 효과보다 연구·기술개발의 효과가 클 것

08 독점규제 및 공정거래에 관한 법률상 부당한 공동행위의 금지에 대한 과징금 부과에 관한 설명으로 옳지 않은 것은? (다툼이 있으면 판례에 따름)

① 과징금 산정에 있어 위반행위의 개시일은 합의에 따른 행위를 현실적으로 하였을 때를 기준으로 한다.

② 공정거래위원회는 위반행위로 인해 사업자가 취득한 이익이 적은 경우 과징금을 낮게 부과할 수 있다.

③ 공정거래위원회가 부당한 공동행위에 대한 조사를 개시하지 아니한 경우 해당 위반행위가 종료된 날부터 7년이 지나면 과징금을 부과하지 아니한다.

④ 과징금 산정에 있어 부당한 공동행위가 종료한 날은 그 합의에 기한 실행행위가 종료한 날을 의미한다.

⑤ 사업자들이 공동행위를 위한 기본적 원칙에 합의를 하고 수회에 걸쳐 회합과 합의를 계속해온 경우에는 합의의 구체적인 내용이나 구성원에 변경이 있더라도 위반행위는 하나로 보아야 한다.

> **해설**
>
> ① 특별한 사정이 없는 한 부당한 공동행위로 인한 과징금 산정에 있어 위반행위의 개시일은 합의일을 기준으로 함이 상당하다(대판 2008.9.25., 2007두3756).

09 독점규제 및 공정거래에 관한 법률상 부당한 공동행위가 대통령령이 정하는 요건에 해당하고 공정거래위원회의 인가를 받아 예외적으로 허용될 수 있는 목적으로 규정하고 있는 것을 모두 고른 것은?

> ㄱ. 연구・기술개발
> ㄴ. 대기업의 경쟁력 향상
> ㄷ. 거래조건의 합리화

① ㄱ   ② ㄱ, ㄴ

③ ㄱ, ㄷ   ④ ㄴ, ㄷ

⑤ ㄱ, ㄴ, ㄷ

해설

부당한 공동행위의 금지(독점규제 및 공정거래에 관한 법률 제40조 제2항)
- 불황극복을 위한 산업구조조정
- 거래조건의 합리화
- 연구・기술개발
- 중소기업의 경쟁력 향상

10 독점규제 및 공정거래에 관한 법률상 구속조건부 거래에 관한 내용이다. ( )에 들어갈 내용으로 옳은 것은?

> • (ㄱ) : 부당하게 거래상대방이 자기 또는 계열회사의 경쟁사업자와 거래하지 아니하는 조건으로 그 거래상대방과 거래하는 행위
> • (ㄴ) : 상품 또는 용역을 거래함에 있어서 그 거래상대방의 거래지역을 부당하게 구속하는 조건으로 거래하는 행위

	ㄱ	ㄴ
①	부당한 지원거래	거래지역의 제한
②	차별적 취급거래	거래지역의 제한
③	배타조건부거래	거래상대방의 제한
④	차별적 취급거래	거래상대방의 제한
⑤	배타조건부거래	거래지역의 제한

해설

⑤ ㄱ : 배타조건부거래, ㄴ : 거래지역의 제한

구속조건부거래(독점규제 및 공정거래에 관한 법률 시행령 별표 2 제7호)
- 배타조건부거래 : 부당하게 거래상대방이 자기 또는 계열회사의 경쟁사업자와 거래하지 아니하는 조건으로 그 거래상대방과 거래하는 행위
- 거래지역 또는 거래상대방의 제한 : 상품 또는 용역을 거래함에 있어서 그 거래상대방의 거래지역 또는 거래상대방을 부당하게 구속하는 조건으로 거래하는 행위

11 독점규제 및 공정거래에 관한 법률상 불공정거래행위의 유형 중 거래상 지위남용행위에 해당하는 것을 모두 고른 것은?

> ㄱ. 이익제공강요   ㄴ. 부당염매
> ㄷ. 구입강제   ㄹ. 판매목표강제
> ㅁ. 인력의 부당유인·채용

① ㄱ, ㄴ, ㄷ   ② ㄱ, ㄴ, ㄹ
③ ㄱ, ㄷ, ㄹ   ④ ㄴ, ㄷ, ㅁ
⑤ ㄴ, ㄹ, ㅁ

해설

거래상 지위의 남용(독점규제 및 공정거래에 관한 법률 시행령 별표 2 제6호)
- 구입강제 : 거래상대방이 구입할 의사가 없는 상품 또는 용역을 구입하도록 강제하는 행위
- 이익제공강요 : 거래상대방에게 자기를 위하여 금전·물품·용역 및 그 밖의 경제상 이익을 제공하도록 강요하는 행위
- 판매목표강제 : 자기가 공급하는 상품 또는 용역과 관련하여 거래상대방의 거래에 관한 목표를 제시하고 이를 달성하도록 강제하는 행위
- 불이익제공 : 구입강제, 이익제공강요, 판매목표강제에 해당하는 행위 외의 방법으로 거래상대방에게 불이익이 되도록 거래조건을 설정 또는 변경하거나 그 이행과정에서 불이익을 주는 행위
- 경영간섭 : 거래상대방의 임직원을 선임·해임하는 경우에 자기의 지시 또는 승인을 얻게 하거나 거래상대방의 생산품목·시설규모·생산량·거래내용을 제한함으로써 경영활동을 간섭하는 행위

12 독점규제 및 공정거래에 관한 법률상 불공정거래행위의 유형별 행위로 옳은 것을 모두 고른 것은?

> ㄱ. 거래강제 – 끼워팔기
> ㄴ. 사업활동 방해 – 경영간섭
> ㄷ. 부당한 지원행위 – 부당한 거래단계 추가
> ㄹ. 거래상 지위의 남용 – 판매목표강제
> ㅁ. 경쟁사업자 배제 – 배타조건부거래

① ㄱ, ㄴ, ㄹ   ② ㄱ, ㄴ, ㅁ
③ ㄱ, ㄷ, ㄹ   ④ ㄴ, ㄷ, ㅁ
⑤ ㄷ, ㄹ, ㅁ

해설

ㄴ. 사업활동 방해 유형 : 기술의 부당이용, 인력의 부당유인·채용, 거래처 이전 방해, 그 밖의 사업활동 방해 등(독점규제 및 공정거래에 관한 법률 시행령 별표 2 제8호)
ㅁ. 경쟁사업자 배제 유형 : 부당염매, 부당고가매입 등(동법 시행령 별표 2 제3호)

13 독점규제 및 공정거래에 관한 법률상 불공정거래행위에 관한 설명으로 옳은 것은?

① 사업자가 다른 사업자나 계열회사로 하여금 불공정거래행위를 행하도록 하는 것은 불공정거래행위에 포함되지 않는다.

② 불공정거래행위의 금지 규정은 공정한 거래를 현재 저해한 경우에만 해당한다.

③ 공정거래위원회는 사업자가 거래상대방을 차별취급하는 행위를 방지하기 위하여 공정경쟁규약을 정할 수 있다.

④ 공정거래위원회는 불공정거래행위를 예방하기 위하여 필요한 경우 사업자가 준수하여야 할 지침을 제정·고시할 수 있다.

⑤ 사업자 또는 사업자단체는 공정거래위원회에 공정경쟁규약의 제정을 요청할 수 있다.

해설

① 사업자는 공정한 거래를 저해할 우려가 있는 행위를 하거나, 계열회사 또는 다른 사업자로 하여금 이를 행하도록 하여서는 아니 된다(독점규제 및 공정거래에 관한 법률 제45조 제1항).

② 공정한 거래를 저해하는 효과가 실제로 구체적인 형태로 나타나는 경우뿐만 아니라 나타날 가능성이 큰 경우를 의미한다. 또한, 현재는 그 효과가 없거나 미미하더라도 미래에 발생할 가능성이 큰 경우를 포함한다(불공정거래행위 심사지침).

③ 공정거래위원회는 제1항의 규정에 위반하는 행위를 예방하기 위하여 필요한 경우 사업자가 준수하여야 할 지침을 제정·고시할 수 있다(동법 제45조 제4항).

⑤ 사업자 또는 사업자단체는 공정거래위원회에 공정경쟁규약이 부당하게 경쟁자의 고객을 자기와 거래하도록 유인하는 행위를 위반하는지 여부에 대한 심사를 요청할 수 있다(동법 제45조 제6항).

14 독점규제 및 공정거래에 관한 법률상 사업자단체에 해당하는 것을 모두 고른 것은? (다툼이 있으면 판례에 따름)

> ㄱ. 대한의사협회
> ㄴ. 종교 활동만을 목적으로 하는 단체
> ㄷ. 2 이상의 사업자가 공동의 이익을 증진할 목적으로 조직한 결합체

① ㄴ   ② ㄱ, ㄴ

③ ㄱ, ㄷ   ④ ㄴ, ㄷ

⑤ ㄱ, ㄴ, ㄷ

해설

③ 사업자단체라 함은 그 형태가 무엇이든 상관없이 둘 이상의 사업자가 공동의 이익을 증진할 목적으로 조직한 결합체 또는 그 연합체를 말한다(독점규제 및 공정거래에 관한 법률 제2조 제2호).

15 독점규제 및 공정거래에 관한 법률상 사업자단체의 금지행위에 관한 설명으로 옳지 않은 것은?

① 최고가격유지행위는 정당한 이유가 있어도 허용되지 않는다.

② 사업자단체는 일정한 거래분야에 있어서 현재의 사업자수를 제한하는 행위를 하여서는 아니된다.

③ 사업자단체는 구성사업자의 사업내용을 부당하게 제한하는 행위를 하여서는 아니된다.

④ 구성사업자의 사업내용을 부당하게 제한하는 행위를 하는 경우 2년 이하의 징역 또는 1억 5천만 원 이하의 벌금에 처한다.

⑤ 공정거래위원회는 사업자단체의 금지행위를 위반하는 행위에 참가한 사업자에 대하여도 과징금을 부과할 수 있다.

> **해설**
>
> ※ 기존의 정답은 ①번이었다. 문제는 구법에 해당한다. 바뀐 조문의 내용은 아래와 같다.
>
> **재판매가격유지행위의 금지(독점규제 및 공정거래에 관한 법률 제46조)**
> 사업자는 재판매가격유지행위를 하여서는 아니 된다. 다만, 다음의 어느 하나에 해당하는 경우에는 그러하지 아니하다.
> • 효율성 증대로 인한 소비자후생 증대효과가 경쟁제한으로 인한 폐해보다 큰 경우 등 재판매가격유지행위에 정당한 이유 가 있는 경우
> • 「저작권법」 제2조 제1호에 따른 저작물 중 관계 중앙행정기관의 장과의 협의를 거쳐 공정거래위원회가 고시하는 출판된 저작물(전자출판물을 포함한다)인 경우
> 개정된 법을 적용하였을 때 ②, ③, ④, ⑤번의 보기는 맞다.

16 독점규제 및 공정거래에 관한 법률상 사업자단체에 관한 설명으로 옳지 않은 것은?

① 사업자의 이익을 위한 행위를 하는 종업원도 사업자단체에 관한 규정을 적용할 때는 사업자로 본다.

② 현재뿐만 아니라 장래의 사업자수를 제한하는 사업자단체의 행위는 금지된다.

③ 사업자단체의 금지행위에 참가한 경우 사업자가 매출액이 없는 경우 3억 원을 초과하지 아니하는 범위에서 과징금을 부과할 수 있다.

④ 구성사업자들의 불공정거래행위를 방조하는 사업자단체의 행위는 금지된다.

⑤ 사업자단체에게도 공동행위의 사전인가 제도가 인정된다.

> **해설**
>
> ③ 공정거래위원회는 사업자단체의 금지행위에 위반하는 행위가 있을 때에는 해당 사업자단체에 대하여 10억 원의 범위 에서 과징금을 부과할 수 있다(독점규제 및 공정거래에 관한 법률 제53조 제1항).

17 독점규제 및 공정거래에 관한 법률상 사업자단체의 금지행위와 재판매가격유지행위에 관한 설명으로 옳지 않은 것은? (다툼이 있으면 판례에 따름)

① 사업자의 최저가격유지행위는 정당한 이유가 있으면 허용된다.

② 사업자에게 재판매가격유지행위를 하도록 방조한 행위는 사업자단체 금지행위에 해당하지 않는다.

③ 개개의 사업자 사이에 저작물에 관한 재판매가격유지행위를 할 수 있다고 하더라도 사업자단체가 자유경쟁가격제도를 택하려는 사업자에게 재판매가격유지행위를 하게 하는 행위는 사업자단체 금지행위에 해당한다.

④ 재판매가격유지행위에 정당한 이유가 있는지 여부의 증명책임은 사업자에 있다.

⑤ 공정거래위원회가 재판매가격유지행위를 할 수 있는 상품을 지정한 때에는 이를 고시하여야 한다.

해설

② 사업자에게 불공정거래행위 또는 재판매가격유지행위를 하게 하거나 이를 방조하는 행위는 사업자단체의 금지행위에 해당한다(독점규제 및 공정거래에 관한 법률 제51조 제1항 제4호).

18 독점규제 및 공정거래에 관한 법률상 사업자단체의 금지행위에 관한 내용이다. (   )에 들어갈 내용으로 옳은 것은?

> 공정거래위원회는 사업자단체의 금지행위를 한 해당 사업자단체에 대하여 해당 행위의 중지,
> (ㄱ)을/를 받은 사실의 공표 그 밖에 시정을 위한 필요조치를 명할 수 있으며, 해당 사업자단
> 체에 대하여 (ㄴ)원의 범위 안에서 (ㄷ)을 부과할 수 있다.

	ㄱ	ㄴ	ㄷ
①	시정권고	3억	이행강제금
②	시정권고	3억	과징금
③	시정명령	3억	이행강제금
④	시정명령	10억	과징금
⑤	시정권고	5억	이행강제금

해설

④ ㄱ : 시정명령, ㄴ : 10억, ㄷ : 과징금

• 공정거래위원회는 사업자단체의 금지행위의 규정에 위반하는 행위가 있을 때에는 그 사업자단체에 해당 행위의 중지, 시정명령을 받은 사실의 공표, 그 밖에 시정을 위한 필요한 조치를 명할 수 있다(독점규제 및 공정거래에 관한 법률 제52조 제1항).

• 공정거래위원회는 사업자단체의 금지행위에 위반하는 행위가 있을 때에는 해당 사업자단체에 대하여 10억 원의 범위에서 과징금을 부과할 수 있다(동법 제53조 제1항).

19 독점규제 및 공정거래에 관한 법률상 재판매가격유지행위의 제한에 관한 내용이다. (   )에 들어갈 내용으로 옳은 것은?

> 대통령령이 정하는 (ㄱ)과 일정한 요건을 갖춘 상품으로서 사업자가 당해상품에 대하여 재판매가격유지행위를 할 수 있도록 공정거래위원회로부터 (ㄴ)을 받은 경우에는 이를 적용하지 아니한다.

	ㄱ	ㄴ
①	상 품	사후 지정
②	저작물	사후 지정
③	용 역	미리 지정
④	용 역	사후 지정
⑤	저작물	미리 지정

해설

※ 기존의 정답은 ⑤번이었다. 문제는 구법에 해당한다. 바뀐 조문의 내용은 아래와 같다.

재판매가격유지행위의 금지(독점규제 및 공정거래에 관한 법률 제46조)
사업자는 재판매가격유지행위를 하여서는 아니 된다. 다만, 다음의 어느 하나에 해당하는 경우에는 그러하지 아니하다.
• 효율성 증대로 인한 소비자후생 증대효과가 경쟁제한으로 인한 폐해보다 큰 경우 등 재판매가격유지행위에 정당한 이유가 있는 경우
• 「저작권법」 제2조 제1호에 따른 저작물 중 관계 중앙행정기관의 장과의 협의를 거쳐 공정거래위원회가 고시하는 출판된 저작물(전자출판물을 포함한다)인 경우

20 독점규제 및 공정거래에 관한 법률상 공정거래위원회에 관한 설명으로 옳은 것은?

① 위원장 1인 및 부위원장 2인을 포함하여 9인의 위원으로 구성한다.
② 공정거래위원회의 위원장은 국무총리의 제청으로 대통령이 임명하고 부위원장은 위원장의 제청으로 대통령이 임명한다.
③ 위원장, 부위원장 및 다른 위원의 임기는 3년으로 하고 연임할 수 없다.
④ 위원은 정당에 가입하거나 정치운동을 할 수 없다.
⑤ 회의는 위원전원으로 구성하는 전원회의와 상임위원 2인을 포함한 위원 3인으로 구성하는 소회의로 구분한다.

해설

① 공정거래위원회는 위원장 1명, 부위원장 1명을 포함하여 9명의 위원으로 구성하며, 그중 4명은 비상임위원으로 한다(독점규제 및 공정거래에 관한 법률 제57조 제1항).
② 공정거래위원회의 위원장과 부위원장은 국무총리의 제청으로 대통령이 임명하고 그 밖의 위원은 위원장의 제청으로 대통령이 임명 또는 위촉한다(동법 제57조 제2항).
③ 공정거래위원회의 위원장, 부위원장 및 다른 위원의 임기는 3년으로 하고, 한 차례만 연임할 수 있다(동법 제61조).
⑤ 공정거래위원회의 회의는 위원 전원으로 구성하는 회의와 상임위원 1명을 포함하여 위원 3명으로 구성하는 회의로 구분한다(동법 제58조).

21 독점규제 및 공정거래에 관한 법률상 공정거래위원회와 관계행정기관의 관계에 관한 설명으로 옳지 않은 것은?

① 공정거래위원회는 독과점적 시장구조의 개선 시책을 추진하기 위하여 관계행정기관의 장에게 시장구조 개선에 필요한 의견을 제시할 수 있다.

② 관계행정기관의 장은 경쟁제한사항을 내용으로 하는 법령을 제정 또는 개정 시 미리 공정거래위원회와 협의하여야 한다.

③ 관계행정기관의 장은 경쟁제한사항을 내용으로 하는 예규·고시 등을 제정 또는 개정 시 미리 공정거래위원회에 통보하여야 한다.

④ 공정거래위원회는 관계행정기관의 장이 통보 없이 제정한 경쟁을 제한하는 예규에는 시정의견을 제시할 수 없다.

⑤ 공정거래위원회는 사업자단체가 준수하여야 할 지침을 제정하고자 하는 경우 관계행정기관의 장의 의견을 들어야 한다.

> **해설**
> ④ 공정거래위원회는 협의 없이 제정 또는 개정된 법령과 통보 없이 제정 또는 개정된 예규·고시 등이나 통보 없이 한 승인 또는 그 밖의 처분에 경쟁제한사항이 포함되어 있다고 인정되는 경우에는 관계행정기관의 장에게 해당 경쟁제한사항의 시정에 관한 의견을 제시할 수 있다(독점규제 및 공정거래에 관한 법률 제120조 제5항).

22 독점규제 및 공정거래에 관한 법률상 공정거래위원회의 조사 등 절차에 관한 설명으로 옳지 않은 것은?

① 공정거래위원회는 시정조치를 하기 전에 당사자 또는 이해관계인에게 의견을 진술할 기회를 주어야 한다.

② 공정거래위원회의 처분에 불복하는 행정소송은 서울고등법원을 전속관할로 한다.

③ 공정거래위원회의 처분에 대하여 불복이 있는 자는 그 처분의 통지를 받은 날부터 30일 이내에 그 사유를 갖추어 공정거래위원회에 이의신청을 할 수 있다.

④ 불공정거래행위를 한 자에 대하여는 공정거래위원회의 고발 없이도 공소를 제기할 수 있다.

⑤ 공정거래위원회는 사업자에 대하여 원가 및 경영상황에 관한 보고, 기타 필요한 자료나 물건의 제출을 명할 수 있다.

> **해설**
> ④ 불공정거래행위를 한 자는 공정거래위원회의 고발이 있어야 공소를 제기할 수 있다(독점규제 및 공정거래에 관한 법률 제129조 제1항).

23 독점규제 및 공정거래에 관한 법률상 과징금을 부과받은 회사인 사업자가 분할 또는 분할합병으로 인하여 해산되는 경우(부과일에 해산되는 경우를 포함) 그 과징금을 연대하여 납부할 책임을 지는 회사를 모두 고른 것은?

> ㄱ. 분할되는 회사
> ㄴ. 분할로 인하여 설립되는 회사
> ㄷ. 분할합병으로 인하여 설립되는 회사
> ㄹ. 분할되는 회사의 일부가 다른 회사와 합병하여 그 다른 회사가 존속하는 경우의 그 다른 회사

① ㄴ, ㄷ　　　　　　　　　　　　② ㄱ, ㄴ, ㄷ
③ ㄱ, ㄴ, ㄹ　　　　　　　　　　④ ㄱ, ㄷ, ㄹ
⑤ ㄴ, ㄷ, ㄹ

해설

과징금의 연대납부의무(독점규제 및 공정거래에 관한 법률 제104조 제2항)
과징금을 부과받은 회사인 사업자가 분할 또는 분할합병으로 해산되는 경우(부과일에 해산되는 경우를 포함한다) 그 과징금은 다음의 회사가 연대하여 납부할 책임을 진다.
• 분할 또는 분할합병으로 설립되는 새로운 회사
• 분할되는 회사의 일부가 다른 회사에 합병된 후 그 다른 회사가 존속하는 경우 그 다른 회사

24 독점규제 및 공정거래에 관한 법률상 공정거래위원회의 심의 · 의결제도에 관한 설명으로 옳은 것은?

① 심리와 의결은 비공개를 원칙으로 한다.
② 공정거래위원회의 심리는 서면심리를 원칙으로 한다.
③ 전원회의는 재적위원 전원의 찬성으로 의결이 성립한다.
④ 사건에 관한 의결의 합의는 공개하지 아니한다.
⑤ 소회의는 재적위원 과반수의 찬성으로 의결이 성립한다.

해설

① 공정거래위원회의 심리와 의결은 공개한다(독점규제 및 공정거래에 관한 법률 제65조 제1항 본문).
② 공정거래위원회의 심리는 구술심리를 원칙으로 하되, 필요한 경우 서면심리로 할 수 있다(동법 제65조 제2항).
③ 전원회의는 위원장이 주재하며, 재적위원 과반수의 찬성으로 의결한다(동법 제64조 제1항).
⑤ 소회의는 상임위원이 주재하며, 구성위원 전원의 출석과 출석위원 전원의 찬성으로 의결한다(동법 제64조 제2항).

25 독점규제 및 공정거래에 관한 법률상 공정거래위원회의 동의의결제도에 관한 설명으로 옳지 않은 것은?

① 공정거래위원회의 조사를 받고 있는 사업자단체는 조사의 대상이 되는 행위로 인한 경쟁제한상태의 자발적 해소를 위하여 동의의결을 신청할 수 있다.

② 동의의결이 있기 전 신청인이 신청을 취소하는 경우에도 공정거래위원회에 이미 접수된 동의의결절차는 진행된다.

③ 동의의결신청은 필요한 시정방안을 기재한 서면으로 하여야 한다.

④ 누구든지 신청인이 동의의결을 받은 사실을 들어 해당 행위가 이 법에 위반된다고 주장할 수 없다.

⑤ 신청인이 정당한 이유 없이 동의의결을 이행하지 아니하는 경우에는 동의의결을 취소할 수 있다.

> **해설**
> ② 동의의결이 있기 전 신청인이 신청을 취소하는 경우에는 동의의결을 하지 아니하고 심의 절차를 진행하여야 한다.
>
> **동의의결(독점규제 및 공정거래에 관한 법률 제89조 제1항)**
> 공정거래위원회의 조사나 심의를 받고 있는 사업자 또는 사업자단체는 해당 조사나 심의의 대상이 되는 행위로 인한 경쟁제한상태 등의 자발적 해소, 소비자 피해구제, 거래질서의 개선 등을 위하여 시정방안에 따른 동의의결을 하여 줄 것을 공정거래위원회에 신청할 수 있다. 다만, 해당 행위가 다음의 어느 하나에 해당하는 경우 공정거래위원회는 동의의결을 하지 아니하고 이 법에 따른 심의 절차를 진행하여야 한다.
> • 해당 행위가 부당한 공동행위의 금지에 따른 위반행위인 경우
> • 공정거래위원회의 검찰총장 고발요건에 해당하는 경우
> • 동의의결이 있기 전에 신청인이 신청을 취소하는 경우

26 독점규제 및 공정거래에 관한 법률상 공정거래분쟁조정협의회(이하 "협의회"라 함)에 의한 분쟁조정절차에 관한 설명으로 옳지 않은 것은?

① 불공정거래행위 규정을 위반한 혐의가 있는 행위로 피해를 입은 사업자가 분쟁조정신청서를 협의회에 제출함으로써 분쟁조정을 신청할 수 있다.

② 공정거래위원회는 불공정거래행위 규정에 위반되는 사실에 대한 신고가 접수된 경우 협의회에 그 행위 또는 사건에 대한 분쟁조정을 의뢰할 수 있다.

③ 협의회는 해당 분쟁조정사항에 관한 사실을 확인하기 위하여 필요한 경우 조사를 하거나 분쟁당사자에 대하여 관련 자료의 제출이나 출석을 요구할 수 있다.

④ 공정거래위원회는 분쟁조정사항에 관하여 조정절차가 종료될 때까지 해당 분쟁당사자에게 시정조치 및 시정권고를 하여서는 아니 된다.

⑤ 조정에서 합의가 이루어지면 공정거래위원회는 합의된 사항의 이행 여부와 관계없이 시정조치 또는 시정권고를 하지 아니한다.

> **해설**
> ⑤ 공정거래위원회는 조정절차 개시 전에 시정조치 등의 처분을 하지 아니한 분쟁조정사항에 대하여 조정에 따라 합의가 이루어지고, 그 합의된 사항을 이행한 경우에는 시정조치 및 시정권고를 하지 아니한다(독점규제 및 공정거래에 관한 법률 제78조 제4항).

27 독점규제 및 공정거래에 관한 법률상 제129조(고발)에 관한 내용이다. ( )에 들어갈 내용으로 옳은 것은?

> 공정거래위원회가 제2항에 따른 고발요건에 해당하지 아니한다고 결정하더라도 ( ), ( ), 중소벤처기업부장관은 사회적 파급효과, 국가재정에 끼친 영향, 중소기업에 미친 피해 정도 등 다른 사정을 이유로 공정거래위원회에 고발을 요청할 수 있다.

① 한국공정거래조정원장, 한국은행장
② 금융감독원장, 조달청장
③ 감사원장, 조달청장
④ 금융감독원장, 한국소비자원장
⑤ 한국공정거래조정원장, 한국소비자원장

해설

③ 공정거래위원회가 제2항에 따른 고발요건에 해당하지 아니한다고 결정하더라도 감사원장, 중소벤처기업부장관, 조달청장은 사회적 파급효과, 국가재정에 끼친 영향, 중소기업에 미친 피해 정도 등 다른 사정을 이유로 공정거래위원회에 고발을 요청할 수 있다(독점규제 및 공정거래에 관한 법률 제129조 제4항).

28 독점규제 및 공정거래에 관한 법률상 징수금 등의 납부의무자 결손처분에 관한 설명으로 옳지 않은 것은?

① 체납처분이 끝나고 체납액에 충당된 배분금액이 체납액에 못 미치는 경우에는 결손처분을 할 수 있다.
② 징수금 등의 징수권에 대한 제척기간이 만료된 경우에는 결손처분을 할 수 있다.
③ 체납자의 행방이 분명하지 아니하거나 재산이 없다는 것이 판명된 경우에는 결손처분을 할 수 있다.
④ 결손처분을 할 때에는 체납처분을 중지하고 그 재산의 압류를 해제하여야 한다.
⑤ 결손처분을 할 때에는 지방행정기관 등 관계 기관에 대하여 체납자의 행방 또는 재산의 유무를 조사하고 확인하여야 한다.

해설

② 징수금 등의 징수권에 대한 소멸시효가 완성된 경우 결손처분을 할 수 있다(독점규제 및 공정거래에 관한 법률 제107조 제1항 제2호).

29 독점규제 및 공정거래에 관한 법률상 손해배상책임에 관한 설명으로 옳지 않은 것은?

① 이 법을 위반함으로써 피해를 입은 자가 손해배상을 청구할 때는 고의 또는 과실의 입증이 요구되지 않는다.

② 사업자 또는 사업자단체가 부당한 공동행위의 금지 규정에 위반하여 손해를 야기한 경우에는 손해를 입은 자에게 발생한 손해의 3배 범위에서 배상책임을 진다.

③ 손해배상액의 산정은 그 성질상 손해발생 여부와 손해액이 명확히 입증되지 않은 경우에도 법원이 직권으로 변론 전체의 취지와 증거조사의 결과에 기초하여 상당한 손해액을 인정할 수 있다.

④ 법원이 이 법의 위반 행위에 대하여 3배 손해배상액을 정할 때는 당해 사업자의 재산 상태를 고려할 수 있다.

⑤ 부당한 공동행위의 사실을 자진신고하여 감면대상이 된 자의 손해배상책임은 그 손해를 입은 자에게 발생한 손해를 초과하지 아니하는 범위로 한정된다.

해설

③ 법원은 이 법을 위반한 행위로 인하여 손해가 발생된 것은 인정되나, 그 손해액을 입증하기 위하여 필요한 사실을 입증하는 것이 해당 사실의 성질상 매우 곤란한 경우에는 변론 전체의 취지와 증거조사의 결과에 기초하여 상당한 손해액을 인정할 수 있다(독점규제 및 공정거래에 관한 법률 제115조).

30 독점규제 및 공정거래에 관한 법률상 위반 시 부과될 수 있는 벌금의 상한이 가장 높은 것은? (단, 양벌규정은 적용하지 않음)

① 공정거래위원회의 위반행위 조사 시 고의적인 현장진입 저지·지연 등을 통하여 조사를 거부·방해하는 행위

② 공정거래위원회의 위반행위 조사 시 자료나 물건을 제출하지 아니한 자

③ 공정거래위원회의 위반행위 조사 시 자료의 은닉 또는 위조를 한 자

④ 공인회계사의 회계감사를 받지 아니한 자

⑤ 공정거래위원회의 위반행위 조사 시 허위의 감정을 한 자

해설

① 3년 이하의 징역 또는 2억 원 이하의 벌금에 해당한다(독점규제 및 공정거래에 관한 법률 제124조 제1항 제13호).

②·③·④ 2년 이하의 징역 또는 1억 5천만 원 이하의 벌금에 해당한다(동법 제125조 제6호, 제7호, 제3호).

⑤ 1억 원 이하의 벌금에 해당한다(동법 제126조 제4호).

31 약관의 규제에 관한 법률상 불공정약관의 사용을 방지하기 위한 제도에 관한 설명으로 옳지 않은 것은?

① 사업자단체는 약관조항이 이 법에 위반되는지 여부에 관한 심사를 공정거래위원회에 청구할 수 있다.

② 사업자 및 사업자단체는 공정거래위원회로부터 표준약관의 사용을 권장받은 경우에도 표준약관과 다른 약관을 사용하는 것이 가능하다.

③ 공정거래위원회가 정한 표준약관과 표준약관 표지를 사업자 및 사업자단체가 사용하는 경우에 표준약관보다 고객에게 더 불리한 약관 내용은 무효가 된다.

④ 공정거래위원회는 이 법에 위반된다고 심의·의결한 약관조항의 목록을 인터넷 홈페이지에 공개하여야 한다.

⑤ 약관분쟁조정협의회가 비슷한 유형의 피해가 다수 고객에게 발생할 가능성이 크다고 판단하는 경우에는 분쟁당사자의 일방이 조정을 거부한 경우에도 직권으로 분쟁조정 절차를 개시할 수 있다.

> **해설**
> ⑤ 분쟁조정의 신청에도 불구하고 공정거래위원회, 고객 또는 사업자는 분쟁조정의 특례에 따라 조정이 성립된 사항과 같거나 비슷한 유형의 피해가 다수 고객에게 발생할 가능성이 크다고 판단한 경우로서 대통령령으로 정하는 사건에 대하여는 협의회에 일괄적인 분쟁조정을 의뢰하거나 신청할 수 있다(약관의 규제에 관한 법률 제28조의2 제1항).

32 약관의 규제에 관한 법률상 약관의 공정성에 관한 설명으로 옳지 않은 것은? (다툼이 있으면 판례에 따름)

① 고객에게 부당하게 불리한 약관조항은 공정성을 잃은 것으로 추정된다.

② 고객에게 부당하게 불리한 약관조항으로서 무효라고 보기 위해서는 사업자가 그 거래상의 지위를 남용하여 이러한 약관조항을 작성·사용함으로써 건전한 거래질서를 훼손하는 등 고객에게 부당하게 불이익을 주었다는 점이 인정되어야 한다.

③ 고객이 계약의 거래형태 등 관련된 모든 사정에 비추어 예상하기 어려운 약관조항은 공정성을 잃은 것으로 추정된다.

④ 계약의 부수적 권리를 제한하는 약관조항은 공정성을 잃은 것으로 추정된다.

⑤ 신의성실의 원칙에 위반하여 공정성을 잃은 약관조항은 무효이다.

> **해설**
> ④ 계약의 목적을 달성할 수 없을 정도로 계약에 따르는 본질적 권리를 제한하는 조항은 공정성을 잃은 것으로 추정된다(약관의 규제에 관한 법률 제6조 제2항 제3호).

33 약관의 규제에 관한 법률상 무효인 약관조항이 아닌 것은?

① 결혼 정보 제공업체에서 고객의 책임으로 인정하는 약관의 내용이 모호하여 약관의 해석상 고객의 책임 여부가 불분명한 약관조항

② 여행사의 여행상품 관련 약관 중 천재지변에 의하여 여행이 불가능한 경우 상당한 이유 없이 고객이 그 책임을 부담하도록 하는 약관조항

③ 아파트 분양 계약서의 약관 내용 중 상당한 이유 없이 '견본주택의 사양은 시공사의 사정에 따라 변경될 수 있음'이라고 기재한 약관조항

④ 방문 학습지 제공 서비스를 위해, '계약 기간 종료 후 고객의 다른 의사 표시가 없으면 동일한 조건으로 기간을 약정하지 않은 계약이 체결된 것으로 본다.'는 내용으로 고객에게 부당하게 불이익한 약관조항

⑤ 상조 서비스 업체가 상당한 이유 없이 '수도권 외 고객에 대한 상조 서비스 제공은 지역내 타 업체에게 이관 할 수 있음'을 규정한 약관조항

해설

① 약관의 뜻이 명백하지 아니한 경우에는 고객에게 유리하게 해석되어야 한다(약관의 규제에 관한 법률 제5조 제2항).

34 약관의 규제에 관한 법률상 과태료 처분 대상이 아닌 것은?

① 사업자가 자기의 거래상의 지위를 부당하게 이용하여 계약을 체결한 경우

② 사업자가 고객에게 약관의 내용을 밝히지 아니하거나 그 약관의 사본을 내주지 아니한 경우

③ 사업자가 표준약관과 다르게 정한 주요 내용을 고객이 알기 쉽게 표시하지 아니한 경우

④ 사업자가 고객에게 약관의 중요한 내용을 설명하지 아니한 경우

⑤ 사업자가 표준약관과 다른 내용을 약관으로 사용하면서 표준약관 표지를 사용한 경우

해설

① 사업자가 자기의 거래상의 지위를 부당하게 이용하여 계약을 체결하는 경우 공정거래위원회는 사업자에게 해당 불공정약관조항의 삭제·수정, 시정명령을 받은 사실의 공표, 그 밖에 약관을 시정하기 위하여 필요한 조치를 명할 수 있다(약관의 규제에 관한 법률 제17조의2 제2항 제2호).

②·③·④ 500만 원 이하의 과태료를 부과한다(동법 제34조 제3항 제1호, 제3호, 제2호).

⑤ 5천만 원 이하의 과태료를 부과한다(동법 제34조 제1항 제1호).

35 약관의 규제에 관한 법률상 약관의 작성 및 설명의무와 약관의 해석원칙에 관한 설명으로 옳지 않은 것은? (다툼이 있으면 판례에 따름)

① 사업자는 고객이 약관의 내용을 쉽게 알 수 있도록 한글로 작성하여야 한다.

② 사업자는 고객이 일반적으로 충분히 예상할 수 있었던 일반적 사항이라도 별도로 설명을 하여야 한다.

③ 사업자는 약관에 정하여져 있는 중요한 내용을 고객이 이해할 수 있도록 설명하여야 하지만 계약의 성질상 설명하는 것이 현저하게 곤란한 경우에는 예외가 인정된다.

④ 여객운송업, 전기·가스 및 수도사업 등은 원칙적으로 약관의 명시·설명의무 관련 규정이 적용되지 않는다.

⑤ 약관에서 정하고 있는 사항과 다르게 사업자와 고객이 합의한 사항이 있을 때는 그 합의 사항이 약관보다 우선한다.

> **해설**
>
> ② 약관에 정하여진 사항이라도 거래상 일반적이고 공통된 것이어서 고객이 별도의 설명 없이 충분히 예상할 수 있었다면 사업자에게 명시·설명의무가 있다고 할 수 없다(대판 2007.4.27., 2006다87453).

36 약관의 규제에 관한 법률상 적용범위와 불공정약관의 규제내용에 관한 설명으로 옳지 않은 것은?

① 행정관청의 인가를 받은 약관에 대해서 공정거래위원회가 해당 행정관청에 시정을 요청한 경우에는 시정권고 또는 시정명령은 하지 아니한다.

② 국제적으로 통용되는 운송업에도 이 법의 모든 규정이 적용된다.

③ 공정거래위원회는 사업자가 시정권고를 정당한 사유 없이 따르지 아니하여 여러 고객에게 피해가 실제 발생하지 않았으나 발생할 우려가 현저한 경우에도 불공정약관조항의 삭제·수정을 즉시 명령할 수 있다.

④ 불공정약관을 사용한 사업자가 시장지배적 사업자인 경우 공정거래위원회는 시정권고 없이 시정조치를 내릴 수 있다.

⑤ 공정거래위원회는 불공정약관을 사용한 사업자에게 시정명령을 할 때 직접 조사 대상이 되지 않은 동종 업종의 다른 사업자에게도 동일한 불공정약관조항의 사용금지를 권고할 수 있다.

> **해설**
>
> **적용의 제한(약관의 규제에 관한 법률 시행령 제3조)**
> 국제적으로 통용되는 약관이나 그 밖에 특별한 사정이 있는 약관으로서 다음에 해당하는 경우에는 불공정약관의 규정을 적용하지 아니한다.
> • 국제적으로 통용되는 운송업
> • 국제적으로 통용되는 금융업 및 보험업
> • 무역보험법에 따른 무역보험

37 약관의 규제에 관한 법률상 약관분쟁조정협의회(이하 "협의회"라 함)에 관한 설명으로 옳은 것은?

① 협의회의 위원이 분쟁당사자의 출자자인 경우에는 분쟁조정사항의 조정에서 제척된다.

② 불공정한 약관조항으로 해당 분쟁조정사항에 대하여 법원에 소를 제기한 사건에 관하여는 협의회에 분쟁의 조정을 신청할 수 없다.

③ 협의회가 공정거래위원회의 내부조직이므로 공정거래위원회는 협의회에 분쟁조정을 의뢰할 수 없다.

④ 분쟁당사자의 일방이 법원에 소를 제기하더라도 협의회는 조정절차를 계속 진행할 수 있다.

⑤ 협의회는 분쟁당사자에게 분쟁조정사항을 스스로 조정하도록 권고할 수는 있지만, 스스로 조정안을 작성하여 이를 제시할 수는 없다.

해설

① 협의회의 위원이 분쟁당사자의 출자자인 경우는 제척사항에 해당하지 않는다(약관의 규제에 관한 법률 제26조 제1항 각 호 참조).

③ 공정거래위원회는 분쟁조정을 협의회에 의뢰할 수 있다(동법 제27조 제2항).

④ 분쟁당사자의 일방이 조정을 거부하거나 해당 분쟁조정사항에 대하여 법원에 소를 제기하는 등 조정절차를 진행할 실익이 없는 경우에는 조정절차를 종료하여야 한다(동법 제27조의2 제4항 제3호).

⑤ 협의회는 분쟁당사자에게 분쟁조정사항을 스스로 조정하도록 권고하거나 조정안을 작성하여 이를 제시할 수 있다(동법 제27조의2 제1항).

38 약관의 규제에 관한 법률상 불공정약관에 해당하여 무효가 되는 조항이 아닌 것은?

① 계약의 해지로 인한 원상회복의무를 상당한 이유 없이 사업자에게 과중하게 부담시키는 조항

② 고객에게 부당하게 과중한 지연 손해금 등의 손해배상 의무를 부담시키는 조항

③ 사업자, 이행보조자 또는 피고용자의 고의 또는 중대한 과실로 인한 법률상의 책임을 배제하는 조항

④ 채무의 이행에 있어 상당한 이유 없이 급부의 내용을 사업자가 일방적으로 결정하거나 변경할 수 있도록 권한을 부여하는 조항

⑤ 고객에게 주어진 기한의 이익을 상당한 이유 없이 박탈하는 조항

해설

① 계약의 해제 또는 해지로 인한 원상회복의무를 상당한 이유 없이 고객에게 과중하게 부담시키거나 고객의 원상회복 청구권을 부당하게 포기하도록 하는 조항은 무효로 한다(약관의 규제에 관한 법률 제9조 제4호).

39 약관의 규제에 관한 법률상 약관의 명시·설명의무에 관한 설명으로 옳지 않은 것은?

① 사업자는 계약을 체결할 때에는 고객에게 약관의 내용을 계약의 종류에 따라 일반적으로 예상되는 방법으로 분명하게 밝혀야 한다.

② 사업자는 고객이 약관의 내용을 쉽게 알 수 있도록 표준화·체계화된 용어를 사용하여 약관을 작성하여야 한다.

③ 사업자는 계약을 체결할 때에는 고객의 요구가 없더라도 그 약관의 사본을 고객에게 내주어 고객이 약관의 내용을 알 수 있게 하여야 한다.

④ 약관의 중요한 내용을 부호, 색채, 굵고 큰 문자 등으로 명확하게 표시하여 알아보기 쉽게 약관을 작성하여야 한다.

⑤ 사업자가 중요한 내용을 설명하지 않고 계약을 체결한 경우에는 해당 약관을 계약의 내용으로 주장할 수 없다.

> **해설**
>
> ③ 사업자는 계약을 체결할 때에는 고객에게 약관의 내용을 계약의 종류에 따라 일반적으로 예상되는 방법으로 분명하게 밝히고, 고객이 요구할 경우 그 약관의 사본을 고객에게 내주어 고객이 약관의 내용을 알 수 있게 하여야 한다(약관의 규제에 관한 법률 제3조 제2항 본문).

40 약관의 규제에 관한 법률상 표준약관에 관한 설명으로 옳지 않은 것은?

① 소비자기본법에 따라 등록된 소비자단체는 소비자 피해가 자주 일어나는 거래 분야에서 표준이 될 약관을 제정 또는 개정할 것을 공정거래위원회에 요청할 수 있다.

② 사업자단체는 표준약관과 다른 약관을 사용하는 경우 표준약관과 다르게 정한 주요 내용을 고객이 알기 쉽게 표시하여야 하고, 이는 사업자에게도 동일하게 적용된다.

③ 사업자단체는 표준이 될 약관의 제정·개정안을 마련하여 공정거래위원회에 그 심사를 청구할 수 있지만, 사업자는 그러하지 아니하다.

④ 사업자단체는 표준약관을 사용하는 경우 표준약관 표지를 사용할 수 있으며 이는 사업자에게도 동일하게 적용된다.

⑤ 공정거래위원회는 표준약관의 사용을 활성화하기 위하여 표준약관 표지를 정할 수 있다.

> **해설**
>
> ③ 사업자 및 사업자단체는 건전한 거래질서를 확립하고 불공정한 내용의 약관이 통용되는 것을 방지하기 위하여 일정한 거래 분야에서 표준이 될 약관의 제정·개정안을 마련하여 그 내용이 이 법에 위반되는지 여부에 관하여 공정거래위원회에 심사를 청구할 수 있다(약관의 규제에 관한 법률 제19조의3 제1항).

41 민법의 법원(法源)에 관한 설명으로 옳은 것은? (다툼이 있으면 판례에 따름)

① 민사(民事)에 관하여 법률에 규정이 없으면 조리에 의하고 조리가 없으면 관습법에 의한다.

② 민법 제1조의 민사에는 상사(商事)가 포함되지 않는다.

③ 관습법은 그 존부를 법원이 알 수 없는 경우를 제외하고는 당사자의 주장·입증을 기다림이 없이 법원이 직권으로 이를 확정하여야 한다.

④ 강행규정과 다른 관습이 있는 경우 당사자의 의사가 명확하지 아니한 때에는 그 관습에 의한다.

⑤ 조례와 규칙은 민사에 관한 것이라도 민법의 법원이 될 수 없다.

해설

① 민사에 관하여 법률에 규정이 없으면 관습법에 의하고 관습법이 없으면 조리에 의한다(민법 제1조).

② 상사에 관하여 본법에 규정이 없으면 상관습법에 의하고 상관습법이 없으면 민법의 규정에 의한다(상법 제1조).

④ 법령 중의 선량한 풍속 기타 사회질서에 관계없는 규정과 다른 관습이 있는 경우에 당사자의 의사가 명확하지 아니한 때에는 그 관습에 의한다(민법 제106조).

⑤ 조례와 규칙도 민사에 관한 내용이라면 민법의 법원이 된다.

42 민법상 권리능력에 관한 설명으로 옳은 것은? (다툼이 있으면 판례에 따름)

① 자연인의 권리능력은 계약에 의해 제한될 수 있다.

② 태아는 불법행위로 인한 손해배상청구권에 관하여 이미 출생한 것으로 본다.

③ 상속인이 될 직계비속이 상속개시와 동시에 사망한 것으로 추정되는 경우에는 대습상속이 인정되지 않는다.

④ 법인에게 명예권은 인정되지 않는다.

⑤ 사망신고로 비로소 사람은 권리능력을 잃는다.

해설

① 자연인의 권리능력은 양도, 포기, 제한, 박탈이 불가하며 사망에 의해서만 상실된다.

③ 민법 제1001조 대습상속의 '상속인이 될 직계비속이 상속개시 전에 사망한 경우'에는 '상속인이 될 직계비속이 상속개시와 동시에 사망한 것으로 추정되는 경우'도 포함하는 것으로 합목적적으로 해석함이 상당하다(대판 2001.3.9., 99다13157).

④ 법인은 사람의 천연적 성질인 가족법상의 법률관계는 가질 수 없지만, 재산권, 명예권, 신용권 등은 법인에게도 인정된다(대판 1997.10.24., 96다17851).

⑤ 사망과 동시에 권리능력은 소멸한다.

43 제한능력자에 관한 설명으로 옳지 않은 것은? (다툼이 있으면 판례에 따름)

① 미성년자의 법률행위가 법정대리인의 묵시적 동의하에 행해진 경우, 미성년자는 행위능력의 제한을 이유로 그 법률행위를 취소할 수 없다.

② 미성년자의 법률행위가 처분허락이 있는 재산의 처분에 해당하는 경우, 미성년자는 행위능력의 제한을 이유로 그 법률행위를 취소할 수 없다.

③ 가정법원은 취소할 수 없는 피성년후견인의 법률행위의 범위를 정할 수 있다.

④ 피한정후견인은 원칙적으로 행위능력을 가지지만, 가정법원이 한정후견인의 동의를 받아야 하는 행위의 범위를 정한 경우에는 그 범위에 한하여 피한정후견인의 행위 능력이 제한된다.

⑤ 특정한 법률행위를 위하여 선임된 특정후견인에게 법정대리권이 부여된 경우, 피특정후견인은 특정후견인의 동의 없이는 그 법률행위를 할 수 없다.

> **해설**
>
> ⑤ 특정후견의 사무에 관하여는 민법 제947조를 준용한다.
> **피성년후견인의 복리와 의사존중(민법 제947조)**
> 성년후견인은 피성년후견인의 재산관리와 신상보호를 할 때 여러 사정을 고려하여 그의 복리에 부합하는 방법으로 사무를 처리하여야 한다. 이 경우 성년후견인은 피성년후견인의 복리에 반하지 아니하면 피성년후견인의 의사를 존중하여야 한다.

44 법인의 불법행위책임에 관한 설명으로 옳은 것은? (다툼이 있으면 판례에 따름)

① 법인 아닌 노동조합에 대하여도 법인의 불법행위책임에 관한 민법 규정이 유추·적용될 수 있다.

② 법인의 불법행위가 성립하는 경우, 그 대표기관은 자신의 손해배상책임을 면한다.

③ 대표기관의 행위에 대하여 법인의 불법행위 책임이 인정되기 위해서는 대표기관이 대표자로 등기되어 있어야 한다.

④ 외형상 대표자의 직무행위라고 인정할 수 있는 것이라도 대표자 개인의 사리를 도모하기 위한 것이었다면 대표자의 직무에 관한 행위라고 할 수 없다.

⑤ 대표기관의 불법행위로 인해 법인이 불법행위책임을 지는 경우, 법인은 대표기관의 선임·감독에 주의를 다하였다면 면책된다.

> **해설**
>
> ① 노동조합의 간부들이 불법쟁의행위를 기획, 지시, 지도하는 등으로 주도한 경우에 이와 같은 간부들의 행위는 조합의 집행기관으로서의 행위라 할 것이므로 이러한 경우 민법 제35조 제1항(법인의 불법행위능력)의 유추적용에 의하여 노동조합은 그 불법쟁의행위로 인하여 사용자가 입은 손해를 배상할 책임이 있다(대판 1994.3.25., 93다32828).
> ② 법인은 이사 기타 대표자가 그 직무에 관하여 타인에게 가한 손해를 배상할 책임이 있다. 이사 기타 대표자는 이로 인하여 자기의 손해배상책임을 면하지 못한다(민법 제35조 제1항).
> ③ 민법 제35조 제1항은 "법인은 이사 기타 대표자가 그 직무에 관하여 타인에게 가한 손해를 배상할 책임이 있다"라고 정한다. 여기서 '법인의 대표자'에는 그 명칭이나 직위 여하, 또는 대표자로 등기되었는지 여부를 불문하고 당해 법인을 실질적으로 운영하면서 법인을 사실상 대표하여 법인의 사무를 집행하는 사람을 포함한다고 해석함이 상당하다(대판 2011.4.28., 2008다15438).

④ 주택조합과 같은 비법인사단의 대표자가 직무에 관하여 타인에게 손해를 가한 경우 그 사단은 민법 제35조 제1항의 유추적용에 의하여 그 손해를 배상할 책임이 있으며, 비법인사단의 대표자의 행위가 대표자 개인의 사리를 도모하기 위한 것이었거나 혹은 법령의 규정에 위배된 것이었다 하더라도 외관상, 객관적으로 직무에 관한 행위라고 인정할 수 있는 것이라면 민법 제35조 제1항의 직무에 관한 행위에 해당한다(대판 2003.7.25., 2002다27088).

⑤ 법인이 대표자의 선임·감독의 주의를 다하였음을 증명하더라도 법인의 불법행위책임으로부터 면책되지 않는다.

45 민법상 법인에 관한 설명으로 옳지 않은 것은? (다툼이 있으면 판례에 따름)

① 사단법인은 사원이 없게 되거나 총회의 결의로도 해산한다.

② 법인의 해산과 청산은 주무관청이 검사, 감독한다.

③ 사단법인의 사원의 지위는 정관에서 정한 바에 따라 양도나 상속할 수 있다.

④ 유언으로 재단법인을 설립하는 때에는 유증(遺贈)에 관한 규정을 준용한다.

⑤ 해산한 법인은 청산의 목적범위 내에서만 권리가 있고 의무를 부담한다.

해설

② 법인의 해산 및 청산은 법원이 검사, 감독한다(민법 제95조).

46 민법상 물건에 관한 설명으로 옳지 않은 것은? (다툼이 있으면 판례에 따름)

① 물건이라 함은 유체물 및 전기 기타 관리할 수 있는 자연력을 말한다.

② 주물을 처분할 때 당사자 간의 특약으로 종물을 제외할 수 있다.

③ 종물과 주물의 관계에 관한 법리는 물건 상호 간의 관계뿐 아니라, 권리 상호 간에도 적용된다.

④ 물건의 사용대가로 받은 금전 기타의 물건은 천연과실로 한다.

⑤ 법정과실은 수취할 권리의 존속기간일수의 비율로 취득한다.

해설

④ 물건의 사용대가로 받는 금전 기타의 물건은 법정과실로 한다(민법 제101조 제2항).

47 통정허위표시에 관한 민법 제108조 제2항의 제3자에 해당하는 자를 모두 고른 것은? (다툼이 있으면 판례에 따름)

> ㄱ. 甲과 乙 사이에 통정허위표시로 생긴 채무를 보증하고 그 채무를 이행한 丙
> ㄴ. 甲과 乙 사이의 가장매매계약에 기하여 甲이 乙에 대해 취득한 매매대금채권을 압류한 丙
> ㄷ. 丙의 대리인 甲이 丙 소유의 부동산을 乙에게 허위로 양도한 경우의 丙

① ㄱ
② ㄴ
③ ㄱ, ㄴ
④ ㄱ, ㄷ
⑤ ㄴ, ㄷ

해설

ㄷ. 선의의 제3자는 허위표시 당사자 외에 허위표시 행위를 기초로 새로운 이해관계를 맺은 자이다.

48 불공정한 법률행위에 관한 설명으로 옳지 않은 것은? (다툼이 있으면 판례에 따름)

① 상대방에 의한 대가적 의미의 재산관계의 출연이 없이 당사자 일방이 상대방에게 일방적인 급부를 하는 법률행위는 불공정한 법률행위로 되지 않는다.
② 당사자가 궁박의 상태에 있었는지 여부는 그의 신분과 재산상태 및 그가 처한 상황의 절박성의 정도 등 제반 상황을 종합하여 구체적으로 판단하여야 한다.
③ 대리인에 의하여 불공정한 법률행위가 이루어진 경우, 궁박은 본인을 기준으로, 경솔과 무경험은 대리인을 기준으로 판단하여야 한다.
④ 불공정한 법률행위의 요건에 대한 증명책임은 그 무효를 주장하는 자에게 있다.
⑤ 어떤 계약이 불공정한 법률행위에 해당하는지는 계약을 체결한 때가 아니라 계약당사자 일방에게 손해가 발생한 때를 기준으로 판단하여야 한다.

해설

⑤ 어떠한 법률행위가 불공정한 법률행위에 해당하는지는 법률행위 시를 기준으로 판단하여야 한다(대판 2013.9.26., 2011다53683, 53690).

49 의사표시와 법률행위에 관한 설명으로 옳지 않은 것은?

① 표의자가 진의 아님을 알고 한 의사표시는 상대방이 이를 알았거나 알 수 있었을 경우 무효가 된다.
② 의사표시자가 그 통지를 발송한 후 사망하여도 의사표시의 효력에 영향을 미치지 아니한다.
③ 상대방이 있는 의사표시는 상대방에게 도달한 때에 그 효력이 생긴다.
④ 민법은 법률행위의 일부분이 무효인 때에는 원칙적으로 그 나머지 부분을 유효로 한다.
⑤ 당사자가 법률행위가 무효임을 알고 추인한 때에는 새로운 법률행위로 본다.

50 착오에 관한 설명으로 옳지 않은 것은? (다툼이 있으면 판례에 따름)

① 표의자가 착오로 인하여 경제적 불이익을 입지 않았다면 법률행위의 중요부분의 착오라고 할 수 없다.

② 표의자가 중대한 과실로 착오를 일으킨 경우라도 상대방이 표의자의 착오를 알고 이를 이용했다면 표의자는 의사표시를 취소할 수 있다.

③ 표의자가 착오를 이유로 의사표시를 취소하여 상대방에게 손해를 입혔다면 표의자는 불법행위에 기한 손해배상책임을 진다.

④ 토지매매에서 시가에 관한 착오는 특별한 사정이 없는 한 법률행위의 중요부분의 착오라 할 수 없다.

⑤ 매도인이 매수인의 중도금 지급채무 불이행을 이유로 매매계약을 적법하게 해제한 후라도 매수인은 착오를 이유로 매매계약을 취소할 수 있다.

51 대리에 관한 설명으로 옳은 것은?

① 대리인은 채무의 이행에 대하여 당사자 쌍방을 대리하지 못한다.

② 대리인은 행위능력자임을 요하지 아니한다.

③ 대리권은 본인의 사망으로 소멸하지 않는다.

④ 대리인이 수인인 때에는 공동으로 본인을 대리하여야 한다.

⑤ 권한을 정하지 아니한 대리인은 보존행위를 할 수 없다.

52 복대리에 관한 설명으로 옳지 않은 것은?

① 임의대리인은 본인의 승낙이 있거나 부득이한 사유가 있는 때가 아니면 복대리인을 선임하지 못한다.

② 임의대리인이 부득이한 사유로 복대리인을 선임한 때에는 본인에 대하여 그 선임감독에 관한 책임이 없다.

③ 법정대리인은 그 책임으로 복대리인을 선임할 수 있다.

④ 복대리인은 그 권한 내에서 본인을 대리한다.

⑤ 복대리인은 제3자에 대하여 대리인과 동일한 권리의무가 있다.

해설

② 임의대리인이 복대리인을 선임한 때에는 본인에게 대하여 그 선임감독에 관한 책임이 있다(민법 제121조 제1항).

53 무효와 취소에 관한 설명으로 옳은 것은? (다툼이 있으면 판례에 따름)

① 경매의 경우에도 불공정한 법률행위에 관한 민법 제104조가 적용된다.

② 취소권은 법률행위를 한 날로부터 3년 내에, 추인할 수 있는 날부터 10년 내에 행사하여야 한다.

③ 매매대금의 과다로 매매계약이 불공정한 법률행위에 해당하는 경우에는 무효행위의 전환에 관한 민법 제138조가 적용될 수 있다.

④ 강박에 의한 증여의 의사표시가 일단 취소된 경우, 표의자는 그 취소로 무효가 된 증여의 의사표시를 강박상태에서 벗어난 뒤에도 추인할 수 없다.

⑤ 착오로 의사표시를 한 자가 사망한 경우, 그 상속인은 피상속인의 착오를 이유로 그 의사표시를 취소할 수 없다.

해설

③ 매매계약이 약정된 매매대금의 과다로 말미암아 민법 제104조에서 정하는 '불공정한 법률행위'에 해당하여 무효인 경우에도 무효행위의 전환에 관한 민법 제138조가 적용될 수 있다(대판 2010.7.15., 2009다50308).

① 경매에 있어서는 불공정한 법률행위 또는 채무자에게 불리한 약정에 관한 것으로서 효력이 없다는 민법 제104조는 적용될 여지가 없다(대판 1980.3.21., 자, 80마77, 결정).

② 취소권은 추인할 수 있는 날로부터 3년 내에, 법률행위를 한 날로부터 10년 내에 행사하여야 한다(민법 제146조).

④ 취소한 법률행위는 처음부터 무효인 것으로 간주되므로 다시 확정적으로 유효하게 할 수는 없다. 다만 무효인 법률행위의 추인의 요건과 효력으로서 추인할 수는 있으나, 무효행위의 추인은 그 무효 원인이 소멸한 후에 하여야 그 효력이 있고, 무효 원인이 소멸한 후란 것은 강박 상태에서 벗어난 후라고 보아야 한다(대판 1997.12.12., 95다38240).

⑤ 취소할 수 있는 법률행위는 제한능력자, 착오로 인하거나 사기·강박에 의하여 의사표시를 한 자, 그의 대리인 또는 승계인만이 취소할 수 있다(민법 제140조). 상속인은 승계인에 해당한다.

54 민법상 기간에 관한 설명으로 옳은 것을 모두 고른 것은? (다툼이 있으면 판례에 따름)

> ㄱ. 기간을 시(時)로 정한 때에는 즉시로부터 기산한다.
> ㄴ. 2001년 6월 20일 오후 4시에 태어난 甲은 2020년 6월 21일 0시에 성년이 된다.
> ㄷ. 기간의 초일(初日)이 공휴일에 해당한 때에는 그 익일(翌日)로부터 기산한다.

① ㄱ   ② ㄴ

③ ㄷ   ④ ㄱ, ㄴ

⑤ ㄱ, ㄷ

해설

ㄴ. 나이는 출생일을 산입하여 만 나이로 계산하고, 연수로 표시한다. 다만, 1세에 이르지 아니한 경우에는 월수로 표시할 수 있다(민법 제158조). 즉, 2020년 6월 20일 0시에 성년이 된다.

ㄷ. 민법 제161조는 기간의 만료일이 공휴일에 해당하여 발생할 불이익을 막고자 함에 그 뜻이 있는 것이므로 기간의 말일이 토요일 또는 공휴일에 해당한 때에는 기간은 그 익일로 만료한다.

55 조건에 관한 설명으로 옳지 않은 것은? (다툼이 있으면 판례에 따름)

① 정지조건부로 권리가 취득되는 법률행위의 경우, 조건성취 사실은 조건성취로 권리가 취득되었음을 주장하는 측이 증명해야 한다.

② 조건의 성취가 미정한 권리의무도 일반규정에 의하여 담보로 할 수 있다.

③ 조건의 성취로 불이익을 받을 당사자가 신의성실에 반하여 그 성취를 방해하였을 경우, 방해행위를 한 시점에 그 조건이 성취되었다고 본다.

④ 법률행위에 조건을 붙이고자 하는 의사가 있다고 하더라도 외부에 표시하지 않았다면 이는 법률행위의 동기에 불과하다.

⑤ 조건이 법률행위의 당시에 이미 성취할 수 없는 것인 경우, 그 조건이 정지조건이면 그 법률행위는 무효로 한다.

해설

③ 조건의 성취로 인하여 불이익을 받을 당사자가 신의성실에 반하여 조건의 성취를 방해한 경우, 조건이 성취된 것으로 의제되는 시점은 이러한 신의성실에 반하는 행위가 없었더라면 조건이 성취되었으리라고 추산되는 시점이다(대판 1998.12.22., 98다42356).

56 소멸시효의 중단에 관한 설명으로 옳지 않은 것은? (다툼이 있으면 판례에 따름)

① 재판상 청구로 인하여 시효중단의 효과가 발생하였으면 그 청구가 기각되더라도 시효중단의 효력이 있다.

② 최고는 6개월 내에 재판상의 청구, 파산절차참가, 화해를 위한 소환, 임의출석, 압류 또는 가압류, 가처분을 하지 아니하면 시효중단의 효력이 없다.

③ 시효중단사유로서의 승인은 소멸시효의 진행이 개시된 이후에만 가능하고 그 이전에 승인을 하더라도 시효가 중단되지는 않는다.

④ 압류, 가압류 및 가처분은 시효의 이익을 받은 자에 대하여 하지 아니한 때에는 이를 그에게 통지한 후가 아니면 시효중단의 효력이 없다.

⑤ 시효중단의 효력이 인정되는 승계인이란 시효중단에 관여한 당사자로부터 중단의 효과를 받는 권리를 그 중단 효과 발생 이후에 승계한 자를 가리킨다.

해설

① 재판상의 청구는 소송의 각하, 기각 또는 취하의 경우에는 시효중단의 효력이 없다(민법 제170조 제1항).

57 민법상 1년의 단기소멸시효에 걸리는 것은? (다툼이 있으면 판례에 따름)

① 1개월 단위로 지급되는 집합건물의 관리비채권

② 공인회계사의 직무에 관한 채권

③ 생산자가 판매한 생산물 대가

④ 제조자의 업무에 관한 채권

⑤ 여관의 숙박료 채권

해설

⑤ 여관의 숙박료 채권은 1년간 행사하지 아니하면 소멸시효가 완성된다(민법 제164조 제1호).

①·②·③·④ 3년의 단기소멸시효에 해당한다(동법 제163조 각 호 참조).

58 물권변동에 관한 설명으로 옳지 않은 것은? (다툼이 있으면 판례에 따름)

① 물권변동에 관하여 원인행위인 채권계약이 적법하게 취소되더라도 물권행위의 무인성으로 인하여 물권변동의 효력은 상실되지 않는다.

② 우리 민법은 동산물권 변동에 대해 공시의 원칙뿐만 아니라 공신의 원칙도 인정하고 있다.

③ 부동산 공유자가 공유지분을 포기하는 경우에 등기를 하여야 공유지분 포기에 따른 물권변동의 효력이 발생한다.

④ 甲이 신축한 미등기건물을 乙에게 매도하고 乙이 자신의 명의로 그 건물의 보존등기를 마친 경우, 乙은 그 건물의 소유권을 취득한다.

⑤ 부동산에 대한 점유취득시효가 완성하더라도 점유자는 등기함으로써 그 부동산의 소유권을 취득한다.

해설

① 판례는 물권행위의 무인성을 인정하지 않는다(대판 1977.5.24., 75다1394).

59 점유에 관한 설명으로 옳지 않은 것은? (다툼이 있으면 판례에 따름)

① 甲의 토지에 대해 乙이 점유취득시효를 완성한 후, 甲과 丙이 그 사실을 모른 채 매매계약을 하고 丙에게 소유권이전등기가 마쳐진 경우, 乙은 丙에 대해 취득시효 완성을 이유로 이전등기를 청구할 수 없다.

② 점유자의 권리추정의 규정은 특별한 사정이 없는 한 등기에 의하여 공시되는 부동산 물권에 대하여는 적용되지 않는다.

③ 선의의 점유자는 법률상 원인 없이 타인의 토지를 점유·경작함으로써 타인에게 손실을 입혔다고 할지라도 그 점유·경작으로 인한 이득을 그 타인에게 반환할 의무가 없다.

④ 선의의 점유자라도 본권에 관한 소에 패소한 때에는 그 소가 제기된 때로부터 악의의 점유자로 본다.

⑤ 점유자가 점유물에 대하여 행사하는 권리는 적법하게 보유한 것으로 간주한다.

해설

⑤ 점유자가 점유물에 대하여 행사하는 권리는 적법하게 보유한 것으로 추정한다(민법 제200조).

60 총유에 관한 설명으로 옳은 것을 모두 고른 것은? (다툼이 있으면 판례에 따름)

> ㄱ. 법인 아닌 사단의 대표자가 사원총회의 결의를 거쳐야 하는 총유물의 처분에 관하여 그 절차를
>   거치지 않은 경우, 그 대표자가 권한 없이 행한 총유물의 처분행위에 대해서는 민법 제126조의
>   표현대리가 적용될 수 있다.
> ㄴ. 법인 아닌 사단의 사원은 단독으로 총유물의 보존행위를 할 수 있다.
> ㄷ. 법인 아닌 사단이 타인 간의 금전채무를 보증하는 행위는 총유물의 관리·처분행위라고 볼 수
>   없다.
> ㄹ. 총유물을 임대하는 행위는 원칙적으로 총유물의 처분이 아닌 관리행위에 해당한다.

① ㄱ, ㄴ   ② ㄱ, ㄷ
③ ㄴ, ㄷ   ④ ㄴ, ㄹ
⑤ ㄷ, ㄹ

해설

ㄱ. 비법인사단인 교회의 대표자는 총유물인 교회 재산의 처분에 관하여 교인총회의 결의를 거치지 아니하고는 이를 대표
    하여 행할 권한이 없다. 그리고 교회의 대표자가 권한 없이 행한 교회 재산의 처분행위에 대하여는 민법 제126조의
    표현대리에 관한 규정이 준용되지 아니한다(대판 2009.2.12., 2006다23312).
ㄴ. 총유재산에 관한 소송은 법인 아닌 사단이 그 명의로 사원총회의 결의를 거쳐 하거나 또는 그 구성원 전원이 당사자가
    되어 필수적 공동소송의 형태로 할 수 있을 뿐 그 사단의 구성원은 설령 그가 사단의 대표자라거나 사원총회의 결의를
    거쳤다 하더라도 그 소송의 당사자가 될 수 없고, 이러한 법리는 총유재산의 보존행위로서 소를 제기하는 경우에도
    마찬가지라 할 것이다(대판 2005.9.15., 2004다44971).

61 지상권에 관한 설명으로 옳지 않은 것은? (다툼이 있으면 판례에 따름)

① 지상권자는 타인의 토지에 건물 기타 공작물이나 수목을 소유하기 위하여 그 토지를 사용할 권리가
   있다.
② 지상권이 존속기간 만료로 소멸한 경우에 건물 기타 공작물이나 수목이 현존한 때에는 지상권자는
   계약의 갱신을 청구할 수 있다.
③ 지상권이 소멸한 때에는 지상권자는 건물 기타 공작물이나 수목을 수거하여 토지를 원상에 회복하
   여야 한다.
④ 지상권자가 1년의 지료를 지급하지 아니한 때에는 지상권설정자는 지상권의 소멸을 청구할 수 있다.
⑤ 지상권자는 타인에게 그 권리를 양도하거나 그 권리의 존속기간 내에서 그 토지를 임대할 수 있다.

해설

④ 지상권자가 2년 이상의 지료를 지급하지 아니한 때에는 지상권설정자는 지상권의 소멸을 청구할 수 있다(민법 제287조).

62 유치권에 관한 설명으로 옳지 않은 것은?

① 유치권자가 유치물의 과실로 금전을 수취한 경우, 그 금전을 다른 채권보다 먼저 그 채권의 변제에 충당할 수 있다.

② 유치권자는 채권 전부의 변제를 받을 때까지 유치물 전부에 대하여 그 권리를 행사할 수 있다.

③ 유치권자는 유치물의 보존에 필요한 사용이 아닌 한, 채무자의 승낙 없이 유치물의 사용, 대여 또는 담보제공을 하지 못한다.

④ 유치권의 행사는 채권의 소멸시효의 진행에 영향을 미치지 아니한다.

⑤ 유치권자가 유치물에 관하여 필요비를 지출한 때에는 그 가액의 증가가 현존한 경우에 한하여 소유자의 선택에 좇아 그 지출한 금액이나 증가액의 상환을 청구할 수 있다.

> **해설**
> ⑤ 유치권자가 유치물에 관하여 유익비를 지출한 때에는 그 가액의 증가가 현존한 경우에 한하여 소유자의 선택에 좇아 그 지출한 금액이나 증가액의 상환을 청구할 수 있다(민법 제325조 제2항 본문).

63 저당권에 관한 설명으로 옳지 않은 것은? (다툼이 있으면 판례에 따름)

① 저당권은 그 담보한 채권과 분리하여 타인에게 양도할 수 있다.

② 당사자는 설정계약에서 저당권의 효력이 부합물에 미치지 않는 것으로 정할 수 있다.

③ 저당권은 저당부동산의 멸실·훼손 또는 공용징수로 인하여 저당권설정자가 받을 금전 기타 물건에 대하여도 이를 행사할 수 있다.

④ 저당권에 의하여 담보되는 지연배상은 원본의 이행기일을 경과한 후의 1년분에 한한다.

⑤ 건물에 대한 저당권의 효력은 그 건물의 소유를 목적으로 하는 지상권에도 미친다.

> **해설**
> ① 저당권은 그 담보한 채권과 분리하여 타인에게 양도하거나 다른 채권의 담보로 하지 못한다(민법 제361조).

64 계약의 성립에 관한 설명으로 옳지 않은 것은? (다툼이 있으면 판례에 따름)

① 당사자 간에 동일한 내용의 청약이 상호 교차된 경우, 양 청약이 상대방에게 도달한 때에 계약이 성립한다.

② 청약자가 청약을 한 뒤에는 이를 임의로 철회하지 못한다.

③ 관습에 의하여 승낙의 통지가 필요하지 아니한 경우에는 계약은 승낙의 의사표시로 인정되는 사실이 있는 때에 성립한다.

④ 매도인의 청약에 대하여 매수인이 조건을 붙여 승낙하였다면 그 매도인의 청약은 실효된다.

⑤ 격지자 간의 계약은 승낙의 통지가 상대방에게 도달한 때에 성립한다.

> **해설**
> ⑤ 격지자 간의 계약은 승낙의 통지를 발송한 때에 성립한다(민법 제531조).

65 동시이행의 항변권에 관한 설명으로 옳지 않은 것은? (다툼이 있으면 판례에 따름)

① 甲과 乙의 쌍무계약에서 쌍방의 채무가 동시이행관계에 있는 경우, 甲의 채무가 이행기에 도래하더라도 乙의 채무의 이행제공이 있을 때까지는 甲은 이행지체책임을 지지 않는다.

② 상대방의 채무는 변제기에 있지 않고 자기의 채무만이 변제기에 있는 당사자는 동시이행의 항변권을 가지지 못한다.

③ 동시이행의 항변권이 부착되어 있는 채권을 자동채권으로 하여 상대방의 채무와 상계할 수 있다.

④ 동시이행의 항변권에 관한 민법 규정은 임의규정이다.

⑤ 동시이행관계에 있는 일방의 계약채무가 손해배상채무로 변한 경우에도, 그 손해배상채무와 상대방의 원래의 채무 사이에 동시이행관계가 인정된다.

> **해설**
> ③ 동시이행의 항변권이 부착되어 있는 채권을 자동채권으로 하여 상대방의 채권과 상계하는 것은 허용될 수 없는 것이 원칙이다(대판 2014.4.30., 2010다11323).

66 쌍무계약에 있어 위험부담에 관한 설명으로 옳은 것은? (다툼이 있으면 판례에 따름)

① 부동산 매도인의 소유권이전등기의무가 매수인의 책임 있는 사유로 이행할 수 없게 된 경우, 매도인은 매수인에게 매매대금의 지급을 청구할 수 없다.

② 매매계약이 당사자 쌍방의 귀책사유 없이 이행불능이 된 경우, 매도인은 이미 지급받은 매매대금을 반환하여야 하고 매수인은 목적물을 점유·사용함으로써 취득한 임료 상당의 부당이득을 반환할 의무가 있다.

③ 쌍무계약의 당사자는 위험부담에 관한 민법 규정과 다르게 약정할 수 없다.

④ 위험부담에 관한 규정은 채무자의 책임 없는 사유로 생긴 원시적 불능의 경우에 적용된다.

⑤ 채권자의 수령지체 중에 당사자 쌍방의 책임 없는 사유로 이행할 수 없게 된 경우, 채무자는 상대방의 이행을 청구할 수 없다.

> **해설**
> ② 매매 목적물이 경매절차에서 매각됨으로써 당사자 쌍방의 귀책사유 없이 이행불능에 이르러 매매계약이 종료된 사안에서, 위험부담의 법리에 따라 매도인은 이미 지급받은 계약금을 반환하여야 하고 매수인은 목적물을 점유·사용함으로써 취득한 임료 상당의 부당이득을 반환할 의무가 있다(대판 2009.5.28., 2008다98655).
> ① 매수인이 그 변제를 게을리 하여 근저당권이 실행됨으로써 매도인이 매매목적물에 관한 소유권을 상실하였다면, 특별한 사정이 없는 한, 이는 매수인에게 책임 있는 사유로 인하여 소유권이전등기의무가 이행불능으로 된 경우에 해당하고, 거기에 매도인의 과실이 있다고 할 수는 없다(대판 2009.5.14., 2009다5193).
> ③ 쌍무계약의 당사자는 위험부담에 관한 민법의 채무자위험부담주의 원칙에 반하여, 채권자귀책사유 발생 시 채무자가 채권자에게 반대급부의 이행을 청구할 수 있다.
> ④ 원시적 불능의 경우에는 위험부담의 문제는 발생되지 않는다.
> ⑤ 쌍무계약의 당사자 일방의 채무가 채권자의 책임 있는 사유로 이행할 수 없게 된 때에는 채무자는 상대방의 이행을 청구할 수 있다(민법 제538조 제1항).

67 제3자를 위한 계약에 관한 설명으로 옳은 것은? (다툼이 있으면 판례에 따름)

① 제3자를 위한 계약이 성립하려면 요약자와 낙약자 및 제3자가 계약당사자로서 채권계약을 성립시키는 합의가 있어야 한다.

② 제3자가 요약자에 대하여 계약의 이익을 받을 의사를 표시하면, 제3자는 낙약자에게 이행을 청구할 수 있는 권리를 가지게 된다.

③ 낙약자의 채무불이행이 있는 경우에 수익자는 계약해제권을 행사할 수 있다.

④ 낙약자는 요약자와 수익자 사이의 법률관계에 기한 항변으로 수익자에게 대항할 수 없다.

⑤ 요약자는 수익자와의 사이에 대가관계가 부존재함을 이유로 자신이 기본관계에 기하여 낙약자에게 부담하는 채무의 이행을 거부할 수 있다.

해설

④ 제3자를 위한 계약의 체결 원인이 된 요약자와 제3자(수익자) 사이의 법률관계(이른바 대가관계)의 효력은 제3자를 위한 계약 자체는 물론 그에 기한 요약자와 낙약자 사이의 법률관계(이른바 기본관계)의 성립이나 효력에 영향을 미치지 아니하므로 낙약자는 요약자와 수익자 사이의 법률관계에 기한 항변으로 수익자에게 대항하지 못한다(대판 2003.12.11., 2003다49771).

① 제3자를 위한 계약이 성립하려면 요약자와 낙약자 사이에 유효한 계약이 성립되어야 한다. 제3자는 계약당사자가 되지 않는다.

② 제3자가 낙약자에 대하여 계약의 이익을 받을 의사를 표시해야 낙약자에게 이행을 청구할 수 있는 권리를 가지게 된다(민법 제539조 제2항).

③ 제3자를 위한 계약의 당사자가 아닌 수익자는 계약의 해제권이나 해제를 원인으로 한 원상회복청구권이 있다고 볼 수 없다(대판 1994.8.12., 92다41559).

⑤ 요약자는 대가관계의 부존재나 효력의 상실을 이유로 자신이 기본관계에 기하여 낙약자에게 부담하는 채무의 이행을 거부할 수 없다(대판 2003.12.11., 2003다49771).

68 계약의 해제에 관한 설명으로 옳지 않은 것은? (다툼이 있으면 판례에 따름)

① 계약의 합의해제는 당사자 쌍방의 묵시적 합의에 의하여도 할 수 있다.

② 부동산 매매계약에 따라 소유권이전등기가 마쳐진 후에 그 계약이 합의해제 된 경우, 매도인의 원상회복청구권은 소유권에 기한 물권적 청구권에 해당한다.

③ 채무자에게 책임 있는 사유로 이행이 불능하게 된 경우, 채권자는 최고 없이도 계약을 해제할 수 있다.

④ 당사자의 일방 또는 쌍방이 수인인 경우에는 계약의 해제는 그 전원으로부터 또는 전원에 대하여 하여야 한다.

⑤ 채무불이행을 이유로 계약을 해제한 자는 상대방에 대하여 손해배상을 청구하지 못한다.

해설

⑤ 계약의 해지 또는 해제는 손해배상의 청구에 영향을 미치지 아니한다(민법 제551조).

69 민법상 규정된 전형계약이 아닌 것은?

① 여행계약   ② 증여계약

③ 고용계약   ④ 소비자계약

⑤ 화해계약

해설

민법은 채권계약으로서 증여, 매매, 교환, 소비대차, 사용대차, 임대차, 고용, 도급, 여행계약, 현상광고, 위임, 임치, 조합, 종신정기금, 화해를 전형계약으로 규정하고 있다.

70 증여에 관한 설명으로 옳지 않은 것은? (다툼이 있으면 판례에 따름)

① 증여는 당사자 일방이 무상으로 재산을 상대방에 수여하는 의사를 표시하고 상대방이 이를 승낙함으로써 그 효력이 생긴다.

② 증여의 의사가 서면으로 표시되지 않은 경우, 아직 이행하지 않은 부분에 대하여 증여자뿐만 아니라 수증자도 이를 해제할 수 있다.

③ 수증자가 증여자에 대한 법률상 부양의무를 이행하지 않음을 이유로 한 증여의 해제는 이미 이행한 부분에 대하여도 효력이 있다.

④ 부담부 증여에서 부담의무 있는 상대방이 자신의 부담의무를 이행하지 아니할 때에는, 증여계약이 이미 이행되어 있다고 하더라도 증여자는 계약을 해제할 수 있다.

⑤ 상대 부담 있는 증여에 대하여는 증여자는 그 부담의 한도에서 매도인과 같은 담보의 책임이 있다.

해설

③ 수증자가 증여자에 대하여 부양의무가 있는 경우, 이를 이행하지 아니하는 때에 증여자는 그 증여를 해제할 수 있다. 다만, 계약의 해제는 이미 이행한 부분에 대하여는 영향을 미치지 아니한다(민법 제558조 참조).

71 甲은 자신의 부동산에 대해 乙과 매매계약을 체결하고 乙로부터 계약금을 수령하였다. 이에 관한 설명으로 옳은 것은? (다툼이 있으면 판례에 따름)

① 乙은 중도금 지급의 이행에 착수하였더라도 계약금을 포기하고 계약을 해제할 수 있다.

② 계약의 해제를 위해 甲이 계약금의 배액을 제공하였으나 乙이 이를 수령하지 않은 경우, 甲은 이를 공탁하여야 계약을 해제할 수 있다.

③ 乙이 중도금의 이행기 전에 이미 그 이행에 착수하였다면 이를 불허할 특별한 사정이 없는 한, 甲은 계약금의 배액을 상환하여 계약을 해제할 수 없다.

④ 乙이 계약금을 포기하고 매매계약을 해제하는 경우, 甲은 乙에게 채무불이행을 이유로 손해배상을 청구할 수 있다.

⑤ 만약 乙이 약정한 매매계약금 중 일부만을 지급하였다면, 甲은 지급받은 금액의 배액을 상환함으로써 계약을 해제할 수 있다.

③ 매수인이 이행기 전에 이행에 착수할 수 없는 특별한 사정이 있는 경우에 해당하여 매수인은 매도인의 의사에 반하여 이행할 수 없다고 보는 것이 옳으며, 매수인이 이행기 전에, 더욱이 매도인이 정한 해약금 수령기한 이전에 일방적으로 이행에 착수하였다고 하여도 매도인의 계약해제권 행사에 영향을 미칠 수 없다(대판 1993.1.19., 92다31323).

① 당사자 일방이 이행에 착수했기 때문에, 乙은 중도금 지급의 이행이 착수되었다면 계약금을 포기하고 계약을 해제할 수 없다.

② 매도인(甲)이 계약을 해제하기 위하여 계약금의 배액을 공탁하는 경우에는 공탁원인사실에 계약해제의 의사가 포함되어 있다고 할 것이므로, 상대방(乙)에게 공탁통지가 도달한 때에 계약해제 의사표시가 있었다고 보는 것이 옳다(대판 1993.1.19., 92다31323).

④ 매도인(甲)이 매매계약을 해제하는 경우, 매수인(乙)은 매도인(甲)에게 채무불이행을 이유로 손해배상을 청구할 수 있다(대판 2015.4.23., 2014다231378).

⑤ 매도인(甲)이 계약금의 일부로서 지급받은 금원의 배액을 상환하는 것으로는 매매계약을 해제할 수 없다(대판 2015.4.23., 2014다231378).

72 매도인의 담보책임에 관한 설명으로 옳지 않은 것은? (다툼이 있으면 판례에 따름)

① 변제기에 도달하지 아니한 채권의 매도인이 채무자의 자력을 담보한 때에는 매매계약 당시의 자력을 담보한 것으로 추정한다.

② 매매목적물의 하자로 인해 확대손해에 대하여 매도인에게 배상책임을 지우기 위해서는 하자 없는 목적물을 인도하지 못한 의무위반에 대하여 매도인에게 귀책사유가 있어야 한다.

③ 물건의 하자담보에 기한 매수인의 손해배상청구권은 특별한 사정이 없는 한 매수인이 매매목적물을 인도받은 때부터 소멸시효가 진행한다.

④ 하자담보책임에 따른 손해배상에 있어서 하자발생 및 그 확대에 가공한 매수인의 잘못을 참작하여 손해배상의 범위를 정할 수 있다.

⑤ 경매의 경우에는 물건의 하자에 대한 담보책임이 적용되지 않는다.

① 변제기에 도달하지 아니한 채권의 매도인이 채무자의 자력을 담보한 때에는 변제기의 자력을 담보한 것으로 추정한다(민법 제579조 제2항).

73 소비대차에 관한 설명으로 옳지 않은 것은? (다툼이 있으면 판례에 따름)

① 차용물의 반환시기에 관한 약정이 없는 경우, 차주는 언제든지 차용물과 같은 종류, 품질 및 수량의 물건을 반환할 수 있다.

② 대주가 목적물을 차주에게 인도하기 전에 당사자 일방이 파산선고를 받은 때에는 소비대차는 그 효력을 잃는다.

③ 차용물의 반환에 관하여 차주가 차용물에 갈음하여 다른 재산권을 이전할 것을 예약한 경우에는 그 재산의 이전 당시의 가액이 차용액 및 이에 붙인 이자의 합산액을 넘지 못한다.

④ 준소비대차는 기존채무를 소멸하게 하고 신채무를 성립시키는 계약이므로 기존채무와 신채무 사이에는 원칙적으로 동일성이 인정된다.

⑤ 이자 없는 소비대차의 당사자는 목적물의 인도 전에는 언제든지 계약을 해제할 수 있으나 상대방에게 손해가 있는 때에는 이를 배상해야 한다.

> **해설**
>
> ③ 차용물의 반환에 관하여 차주가 차용물에 갈음하여 다른 재산권을 이전할 것을 예약한 경우에는 그 재산의 예약당시의 가액이 차용액 및 이에 붙인 이자의 합산액을 넘지 못한다(민법 제607조).

74 민법상 임대차에 관한 설명으로 옳은 것은? (다툼이 있으면 판례에 따름)

① 기간약정 없는 토지임대차에서 임대인이 해지를 통고한 경우, 통고받은 날부터 3개월이 경과하면 해지의 효력이 생긴다.

② 임차인이 임대차 기간 중 임차물에 유익비를 지출한 경우, 임대차 종료 전이라도 임대인에게 그 상환을 청구할 수 있다.

③ 건물 소유를 목적으로 한 토지임대차의 경우, 그 지상건물이 임대인에게 객관적으로 경제적 가치가 거의 없다면 임차인은 그 건물에 대한 매수청구권을 행사할 수 없다.

④ 임대인이 임대물의 보존에 필요한 행위를 하는 때에는 임차인은 이를 거절하지 못한다.

⑤ 건물소유를 위한 토지임대차가 등기되지 않은 경우, 임차인이 그 지상건물을 등기하더라도 그 임대차는 제3자에 대하여 효력이 없다.

> **해설**
>
> ① 기간약정 없는 토지임대차에서 임대인이 해지를 통고한 경우, 통고받은 날부터 6개월이 경과하면 해지의 효력이 생긴다(민법 제635조 제2항 제1호).
>
> ② 임차인이 유익비를 지출한 경우에는 임대인은 임대차 종료 시에 그 가액의 증가가 현존한 때에 한하여 임차인의 지출한 금액이나 그 증가액을 상환하여야 한다(동법 제626조 제2항).
>
> ③ 건물의 소유를 목적으로 한 토지 임대차가 종료한 경우에 임차인이 그 지상의 현존하는 건물에 대하여 가지는 매수청구권은 그 행사에 특정의 방식을 요하지 않는 것으로서 재판상으로 뿐만 아니라 재판 외에서도 행사할 수 있는 것이고 그 행사의 시기에 대하여도 제한이 없는 것이므로 임차인이 자신의 건물매수청구권을 제1심에서 행사하였다가 철회한 후 항소심에서 다시 행사하였다고 하여 그 매수청구권의 행사가 허용되지 아니할 이유는 없다(대판 2002.5.31., 2001다42080).
>
> ⑤ 건물의 소유를 목적으로 한 토지임대차는 이를 등기하지 아니한 경우에도 임차인이 그 지상건물을 등기한 때에는 제3자에 대하여 임대차의 효력이 생긴다(동법 제622조 제1항).

75 현상광고에 관한 설명으로 옳은 것은? (다툼이 있으면 판례에 따름)

① 현상광고에서 정한 행위의 완료에는 조건이나 기한을 붙일 수 없다.

② 광고를 알지 못하고 지정행위를 완료하는 자는 보수를 청구할 수 없다.

③ 지정행위를 완료한 자가 수인인 경우에는 동시 완료 여부를 묻지 않고 각각 균등한 비율로 보수를 받을 권리가 있다.

④ 우수현상광고에 있어 우수의 판정은 광고 중에 판정자를 정하지 아니한 때에는 광고자가 한다.

⑤ 광고에 그 지정한 행위의 완료기간을 정한 때에는 그 기간만료 전에도 광고를 철회할 수 있다.

> **해설**
>
> ① 민법 제675조에 정하는 현상광고라 함은, 광고자가 어느 행위를 한 자에게 일정한 보수를 지급할 의사를 표시하고 이에 응한 자가 그 광고에 정한 행위를 완료함으로써 그 효력이 생기는 것으로서, 그 광고에 정한 행위의 완료에 조건이나 기한을 붙일 수 있다(대판 2000.8.22., 2000다3675).
>
> ② 광고를 알지 못하고 지정행위를 완료하는 자도 보수를 청구할 수 있다(민법 제677조).
>
> ③ 수인이 동시에 완료한 경우에는 각각 균등한 비율로 보수를 받을 권리가 있다(동법 제676조 제2항 본문).
>
> ⑤ 광고에 그 지정한 행위의 완료기간을 정한 때에는 그 기간만료 전에 광고를 철회하지 못한다(동법 제679조 제1항).

76 도급에 관한 설명으로 옳지 않은 것은? (다툼이 있으면 판례에 따름)

① 부동산공사의 수급인은 공사대금채권을 담보하기 위하여 그 부동산을 목적으로 한 저당권의 설정을 청구할 수 있다.

② 도급인은 하자보수가 가능한 경우에는 하자보수에 갈음하여 손해배상을 청구할 수 없다.

③ 완성된 건물에 하자가 있어 계약의 목적을 달성할 수 없더라도 도급인은 계약을 해제할 수 없다.

④ 수급인이 일을 완성하기 전에는 도급인은 손해를 배상하고 계약을 해제할 수 있다.

⑤ 도급인이 수급인에게 하자보수에 갈음하여 손해배상을 청구하는 경우, 수급인의 손해배상의무와 도급인의 보수지급의무는 특별한 사정이 없는 한 동시이행의 관계에 있다.

> **해설**
>
> ② 도급계약에 있어서 완성된 목적물에 하자가 있는 때에는 도급인은 수급인에 대하여 하자의 보수를 청구할 수 있고, 그 하자의 보수에 갈음하여 또는 보수와 함께 손해배상을 청구할 수 있는바, 이들 청구권은 특별한 사정이 없는 한 수급인의 보수지급청구권과 동시이행의 관계에 있다(대판 1991.12.10., 91다33056).

77 임대차계약에서 다음의 권리와 관련하여 임차인에게 불리하게 약정을 하였더라도 그 효력이 인정될 수 있는 것은? (다툼이 있으면 판례에 따름)

① 토지임차인의 지상물매수청구권
② 임차인의 유익비상환청구권
③ 임차인의 차임감액청구권
④ 임대차기간의 약정이 없는 임차인의 해지통고권
⑤ 임차인의 차임연체로 인한 임대인의 해지권

> **해설**
>
> ② 임차인의 유익비상환청구권은 강행규정(민법 제652조)이 아니므로 당사자 사이의 특약으로 유익비의 상환청구를 포기하거나 제한하는 것이 가능하다.

78 위임에 관한 설명으로 옳지 않은 것은?

① 위임종료의 사유는 이를 상대방에게 통지하거나 상대방이 이를 안 때가 아니면 이로써 상대방에게 대항하지 못한다.
② 수임인이 위임사무의 처리를 위해 필요한 비용을 지출한 때에는 위임인에 대하여 지출한 날 이후의 이자를 청구할 수 있다.
③ 수임인이 위임사무를 처리하는 중에 수임인의 책임 있는 사유로 인하여 위임이 종료된 때에도 수임인은 이미 처리한 사무의 비율에 따른 보수를 청구할 수 있다.
④ 수임인이 성년후견개시의 심판을 받은 경우 위임은 종료한다.
⑤ 유상의 위임계약도 각 당사자가 언제든지 해지할 수 있다.

> **해설**
>
> ③ 수임인이 위임사무를 처리하는 중에 수임인의 책임 없는 사유로 인하여 위임이 종료된 때에는 수임인은 이미 처리한 사무의 비율에 따른 보수를 청구할 수 있다(민법 제686조 제3항).

79 조합에 관한 설명으로 옳지 않은 것은? (다툼이 있으면 판례에 따름)

① 조합의 해산사유와 청산에 관한 규정은 강행규정이다.
② 조합원의 출자 기타 조합재산은 조합원의 합유로 한다.
③ 조합의 업무를 집행하는 조합원은 그 업무집행의 대리권이 있는 것으로 추정한다.
④ 조합의 채무자는 그 채무와 조합원에 대한 채권으로 상계하지 못한다.
⑤ 조합원으로서의 자격과 분리하여 지분권만을 처분할 수는 없다.

① 민법의 조합의 해산사유와 청산에 관한 규정은 그와 내용을 달리하는 당사자의 특약까지 배제하는 강행규정이 아니므로 당사자가 민법의 조합의 해산사유와 청산에 관한 규정과 다른 내용의 특약을 한 경우, 그 특약은 유효하다(대판 1985.2.26., 84다카1921).

80 화해에 관한 설명으로 옳은 것을 모두 고른 것은? (다툼이 있으면 판례에 따름)

> ㄱ. 화해당사자의 자격에 착오가 있는 때에는 화해계약을 취소할 수 없다.
> ㄴ. 화해계약은 당사자 일방이 양보한 권리가 소멸되고 상대방이 화해로 인하여 그 권리를 취득하는 효력이 있다.
> ㄷ. 화해계약이 사기로 인하여 이루어진 경우에는 화해의 목적인 분쟁에 착오가 있더라도 사기를 이유로 화해계약을 취소할 수 있다.

① ㄱ   ② ㄴ
③ ㄱ, ㄴ   ④ ㄱ, ㄷ
⑤ ㄴ, ㄷ

해설

ㄱ. 화해계약은 착오를 이유로 하여 취소하지 못한다. 그러나 화해당사자의 자격 또는 화해의 목적인 분쟁 이외의 사항에 착오가 있는 때에는 그러하지 아니하다(민법 제733조).

제3과목 | **경영학**

---

81 이익잉여금에 해당하지 않는 것은?

① 시설확장적립금   ② 차기이월이익잉여금
③ 이익준비금   ④ 주식발행초과금
⑤ 임의적립금

해설

④ 주식발행초과금은 자본잉여금에 해당한다.

82 손익분기점(BEP) 분석에 관한 설명으로 옳지 않은 것은?

① 총수익과 총비용이 일치하는 매출액 수준을 의미한다.

② 비용은 변동비와 고정비로 분류해야 한다.

③ 공헌이익으로 고정비를 모두 충당할 경우의 매출액 수준이다.

④ 공헌이익률은 '1-변동비율'을 의미한다.

⑤ 매출총이익이 '0'이 되는 판매량 수준을 말한다.

해설

⑤ 총수익과 총비용이 동일한 조업도 수준으로 이익이 '0'이 되는 판매량 수준을 말한다.

---

83 (주)가맹은 상품매매 기업으로 20×1년도 재고자산 관련 자료는 다음과 같다. 이 회사가 선입선출법을 사용할 경우, 20×1년도 매출원가와 당기순이익은? (단, 다른 거래는 없다고 가정한다)

구 분		수 량	단 가
1월 1일	기초재고	200개	2,000원 (구입가)
4월 20일	매 입	240개	2,300원 (구입가)
6월 20일	매 출	320개	3,000원 (판매가)
12월 15일	매 입	280개	2,400원 (구입가)

① 매출원가 676,000원, 당기순이익 284,000원

② 매출원가 692,480원, 당기순이익 267,520원

③ 매출원가 712,000원, 당기순이익 248,000원

④ 매출원가 734,400원, 당기순이익 225,600원

⑤ 매출원가 792,000원, 당기순이익 168,000원

해설

• 다른 거래는 없다고 가정하므로, 당기순이익은 총 매출액 − 매출원가가 된다.

• 6월 20일 상품 매출은 320개이고, 기초재고 200개와 4월 20일 매입재고 120개가 각각 팔렸으므로, (200개 × 2,000원) + (120개 × 2,300원) = 676,000원이 매출원가가 된다.

• 6월 20일 총 매출액은 320개 × 3,000원 = 960,000원이 되므로, 당기순이익은 960,000원 − 676,000원 = 284,000원이 된다.

84 (주)가맹은 20×1년도 점포창업을 위하여 필요한 자금 1억 원을 다음과 같이 조달하였다. 가중평균자본비용(WACC)은?

자금조달 원천	금 액	세후 자본비용
차입금	50,000,000원	4%
보통주	30,000,000원	5%
우선주	15,000,000원	6%
사내유보금	5,000,000원	5%
합 계	100,000,000원	

① 2%
② 3.5%
③ 4.4%
④ 4.65%
⑤ 5%

해설

- 가중평균자본비용(WACC) = (자기자본비용 × 자기자본비중) + (타인자본비용 × 타인자본비중)이다.
- 전체 자금에서 차입금은 50%, 보통주는 30%, 우선주는 15%, 사내유보금은 5%의 자본비중을 차지하고 있다.
- 차입금(4% × 50%) + 보통주(5% × 30%) + 우선주(6% × 15%) + 사내유보금(5% × 5%) = 4.65%
  ∴ WACC = 4.65%이다.

85 거래 8요소의 차변과 대변의 결합관계로 옳은 것은?

① (차변)부채감소, (대변)자본감소
② (차변)자산증가, (대변)자본증가
③ (차변)자본증가, (대변)수익발생
④ (차변)비용발생, (대변)자산증가
⑤ (차변)자산감소, (대변)부채감소

해설

거래의 결합관계(거래의 8요소)

차변요소	대변요소
자산증가	자산감소
부채감소	부채증가
자본감소	자본증가
비용발생	수익발생

86 (주)가맹은 20×1년 1월 1일에 캐드용 기자재 1대를 구입하였다. 정률법에 의하여 감가상각하는 경우 20×2년의 감가상각비는? (단, 회계기간은 매년 1월 1일부터 12월 31일까지이다)

> • 취득원가 : 20,000,000원
> • 내용연수 : 7년
> • 잔존가치 : 3,500,000원
> • 정률 : 20%

① 2,560,000원

② 3,000,000원

③ 3,200,000원

④ 4,000,000원

⑤ 4,500,000원

해설

• 정률법으로 감가상각비를 구하는 공식 = (취득원가 − 감가상각누계액) × 정률
• 감가상각누계액은 1년이 지났으므로 20,000,000원(취득원가) × 0.2(정률) = 4,000,000원
• 감가상각비 = (20,000,000원 − 4,000,000원) × 0.2 = 3,200,000원

87 (주)가맹의 자본 항목이 다음과 같은 경우, 자본잉여금의 합계는?

> • 이익준비금 : 80,000원
> • 자기주식 : 100,000원
> • 주식할인발행차금 : 200,000원
> • 주식발행초과금 : 100,000원
> • 자기주식처분이익 : 50,000원
> • 자기주식처분손실 : 350,000원
> • 감자차익 : 20,000원

① 120,000원

② 150,000원

③ 170,000원

④ 270,000원

⑤ 370,000원

해설

• 자본잉여금에는 주식발행초과금, 자기주식처분이익, 감자차익이 포함된다.
• 100,000원(주식발행초과금) + 50,000원(자기주식처분이익) + 20,000원(감자차익) = 170,000원

88 재고자산의 단가평가 방법인 후입선출법에 관한 설명으로 옳지 않은 것은? (단, 판매량이 급증하여 기초재고가 판매되는 재고청산의 문제는 발생하지 않는다고 가정한다)

① 물가가 상승하는 경우 세금이 줄어든다.
② 나중에 매입한 상품이 먼저 판매되는 것으로 가정한다.
③ 물가가 상승하는 경우 기말재고자산금액은 시가인 현행원가에 근접한다.
④ 물가가 상승하는 경우 기말재고자산금액이 선입선출법에 비해 낮게 평가된다.
⑤ 물가가 상승하는 경우 재무적 관점에서 보수적인 회계처리 방법이다.

> **해설**
> ③ 물가가 상승하는 경우 기말재고자산금액이 시가인 현행원가에 근접하는 것은 선입선출법에 해당한다.

89 어떤 제품을 구매하고자 할 때 소비자들 자신이 심리적으로 적정하다고 생각하는 가격결정방법은?

① 단수가격   ② 관습가격
③ 준거가격   ④ 명성가격
⑤ 단계가격

> **해설**
> **준거가격(Reference Price)**
> 소비자가 제품의 가격이 비싼지 싼지를 판단하는 데 기준으로 삼는 가격을 말한다. 외적 준거가격은 제조업체나 유통업체들이 판촉 전략의 일환으로 책정하는 다양한 수단의 비교가격을 말하는 반면, 내적 준거가격은 소비자들의 경험에 의하여 형성되어 소비자의 마음속에 지니고 있는 가격을 말한다.

90 신제품의 수용과 확신 시 다음 특성을 나타내는 집단은?

> • 소속된 집단에서 존경을 받는다.
> • 주로 사회에서 의견 선도자 내지 여론 주도자의 역할을 한다.
> • 전체 소비자 집단의 약 13.5%를 차지한다.

① 혁신층   ② 조기 수용층
③ 조기 다수층   ④ 후기 다수층
⑤ 최후 수용층

> **해설**
> **조기 수용층(Early Adopters)**
> 여론 주도자로서 지위를 가지며, 소속집단의 존경을 받는 오피니언 리더 역할을 수행한다. 전체시장의 13.5%를 차지하며 신제품에 대한 이들의 반응 및 평가가 신제품 성공에 큰 영향을 미치기도 한다.

91 촉진믹스(Promotion Mix)의 수단에 해당하지 않는 것은?

① 광 고   ② 제품개발
③ 공중관계(PR)   ④ 판매촉진
⑤ 인적판매

92 마케팅조사 자료수집 시 다음에 해당하는 표본추출방법은?

> • 추출된 표본이 모집단을 대표하지 못할 수도 있다.
> • 표본 추출비용이 거의 발생하지 않고 절차가 간단하다.
> • 조사자나 면접원이 편리한 장소와 시간에 접촉하기 쉬운 대상들을 표본으로 추출한다.

① 편의표본추출   ② 군집표본추출
③ 층화표본추출   ④ 할당표본추출
⑤ 판단표본추출

93 BCG 매트릭스 중 다음에서 설명하는 사업단위는?

> • 낮은 시장점유율과 낮은 시장성장률을 나타낸다.
> • 현금을 창출하지만 이익이 아주 적거나 손실이 발생한다.
> • 시장전망이 밝지 않아 가능한 한 빨리 철수하는 것이 바람직하다.

① Star   ② Question Mark
③ Pig   ④ Dog
⑤ Cash Cow

BCG의 성장-점유 매트릭스
- 별(Star, 성장사업) : 고점유율 · 고성장률을 보이는 전략사업단위로 그들의 급격한 성장을 유지하기 위해서 많은 투자가 필요한 전략사업단위이다.
- 자금젖소(Cash Cow, 수익주종사업) : 저성장 · 고점유율을 보이는 성공한 사업으로서 기업의 지급비용을 지불하며 또한 투자가 필요한 다른 전략사업단위 등을 지원하는 데 사용할 자금을 창출하는 전략사업단위이다.
- 물음표(Question Mark, 신규사업) : 고성장 · 저점유율에 있는 사업단위로서 시장점유율을 증가시키거나 성장하기 위하여 많은 자금이 소요되는 전략사업단위이다.
- 개(Dog, 사양사업) : 저성장 · 저점유율을 보이는 사업단위로서 자체를 유지하기에는 충분한 자금을 창출하지만 상당한 현금창출의 원천이 될 전망이 없는 전략사업단위이다.

94 소비재의 제품유형 중 다음에 해당하는 것은?

> - 제품 구매 시 타 제품과의 비교를 위해 상당한 시간과 노력이 투입된다.
> - 지역별로 소수의 판매점을 통해 유통되는 선택적 유통경로전략이 유리하다.
> - 불특정 다수에 대한 광고와 특정 구매자 집단을 표적으로 하는 인적판매를 활용한다.

① 전문품　　　　　　　　　　　② 소모품
③ 자재와 부품　　　　　　　　　④ 선매품
⑤ 편의품

소비재의 분류
- 편의품 : 제품에 대하여 완전한 지식이 있으므로 최소한의 노력으로 적합한 제품을 구매하려는 행동의 특성을 보이는 제품이다. 구매할 필요가 생기면 빠르고 쉽게 구매를 결정하며, 선호하는 상표가 없더라도 기꺼이 다른 상표의 제품으로 대체한다. 또 단위당 가격이 저렴하고 유행의 영향을 별로 받지 않으며, 상표명에 대한 선호도가 뚜렷하다. 그러므로 편의품을 판매하는 소매점의 특성은 별로 중요하지 않으며, 판로의 수가 많을수록 좋다.
- 선매품 : 제품을 구매하기 전에 가격 · 품질 · 형태 · 욕구 등에 대한 적합성을 충분히 비교하여 선별적으로 구매하는 제품으로 제품에 대한 완전한 지식이 없으므로 구매를 계획하고 실행하는 데 많은 시간과 노력을 소비하며, 여러 제품을 비교하여 최종적으로 결정하는 구매행동을 보이는 제품이다. 구매단가가 높고 구매횟수가 적은 것이 보통이다. 따라서 소매점의 중요성이 높고, 선매품을 취급하는 상점들이 서로 인접해 하나의 상가를 형성하며 발전한다.
- 전문품 : 상표나 제품의 특징이 뚜렷하여 구매자가 상표 또는 점포의 신용과 명성에 따라 구매하는 제품으로 비교적 가격이 비싸고 특정한 상표만을 수용하려는 상표집착(Brand Insistence)의 구매행동 특성을 나타내는 제품이다. 자동차 · 피아노 · 카메라 · 전자제품 등을 비롯하여 독과점성이 강한 디자이너가 만든 고가품의 의류가 여기에 속한다. 구매자가 기술적으로 상품의 질을 판단하기 어려우며, 적은 수의 판매점을 통해 유통되어 제품의 경로는 다소 제한적일 수도 있으나, 빈번하게 구매되는 제품이 아니므로 마진이 높다.

95 술, 담배, 해로운 약품 등 불건전한 수요를 제거하기 위한 마케팅 관리에 해당하는 것은?

① 전환적 마케팅   ② 재마케팅

③ 동시화 마케팅   ④ 디마케팅

⑤ 카운터 마케팅

> **해설**
>
> 마케팅 종류
> • 전환적 마케팅 : 어떤 제품이나 서비스 또는 조직을 싫어하는 사람들에게 그것을 좋아하도록 태도를 바꾸려고 노력하는 마케팅이다.
> • 재마케팅 : 한 제품이나 서비스에 대한 수요가 안정되어 있거나 감소하는 경우 그 수요를 재현하려는 마케팅이다.
> • 동시화 마케팅 : 제품이나 서비스의 공급능력에 맞추어 수요발생 시기를 조정 내지 변경하려고 하는 마케팅이다.
> • 디마케팅(역마케팅) : 하나의 제품이나 서비스에 대한 수요를 일시적으로나 영구적으로 감소시키려는 마케팅이다.
> • 카운터 마케팅 : 건전하지 못한 특정한 제품이나 서비스에 대한 수요나 관심을 없애려는 마케팅이다.

96 투자안의 평가방법 중 화폐의 시간가치를 고려한 현금흐름할인법을 모두 고른 것은?

> ㄱ. 회수기간법   ㄴ. 내부수익률법
> ㄷ. 순현가법   ㄹ. 회계적이익률법
> ㅁ. 수익성지수법

① ㄱ, ㄴ   ② ㄱ, ㄷ, ㄹ

③ ㄴ, ㄷ, ㅁ   ④ ㄴ, ㄹ, ㅁ

⑤ ㄷ, ㄹ, ㅁ

> **해설**
>
> 현금흐름할인법
> • 내부수익률법 : 투자에 대한 내부수익률과 요구수익률을 서로 비교하여 투자결정을 하는 방법으로, 내부수익률은 예상된 현금유입과 현금유출의 합계를 서로 같게 만드는 할인율이다. 즉, 순현가를 0으로 만드는 할인율이다. 내부수익률이 요구수익률보다 같거나 클 경우에 투자를 채택하게 되며, 내부수익률이 요구수익률보다 작을 경우에는 투자를 기각하게 된다.
> • 순현가법(현재가치법) : 장래에 기대되는 세후 소득의 현가합계와 투자비용으로 지출된 지분의 현가합계를 서로 비교하는 방법이다. 순현가가 0 이상인 경우에는 투자를 채택하고, 0보다 작은 경우에는 투자를 기각하게 된다.
> • 수익성지수법 : 투자로부터 발생하는 현금흐름의 현재가치를 투하자본으로 나눈 값이다. 수익성지수가 1보다 큰 경우 투자안을 채택하고 1보다 작은 경우 투자안을 기각한다.

97 (주)가맹의 영업레버리지도(DOL)가 3이고 매출액 증가율이 5% 변동하는 경우, 영업이익 증가율은?

① 1%

② 5%

③ 10%

④ 15%

⑤ 25%

해설

영업레버리지도(DOL) $= \dfrac{\text{영업이익의 변화율}}{\text{매출액의 변화율}}$, $3 = \dfrac{\text{영업이익의 변화율}}{5\%}$

∴ 영업이익 증가율은 15%이다.

98 선물거래의 특징에 해당하지 않는 것은?

① 규제기관에 의한 공식적 규제

② 1일 가격변동폭 무제한

③ 거래대상, 단위 등 거래조건의 표준화

④ 청산소의 거래이행 보증

⑤ 증거금의 납입과 유지

해설

② 가격제한폭제도와 매매거래중단제도로 인해 가격변동폭이 일정 한도 이상 지속되면 모든 선물거래는 중단된다.

99 인수대상 기업이 인수 위협을 느꼈을 때 가치가 높은 자산을 처분함으로써 인수 기업에게 적대적 M&A 추진동기를 상실하게 만드는 전략은?

① 왕관보석(Crown Jewel)

② 황금낙하산(Golden Parachute)

③ 백기사(White Knight)

④ 극약처방(Poison Pill)

⑤ 역공개매수(Counter Tender Offer)

해설

① 왕관보석(Crown Jewel) : 왕관에 달려있는 보석처럼 회사의 핵심자산을 매각해서 인수하려는 기업의 의욕을 꺾는 방법이다.

② 황금낙하산(Golden Parachute) : 합병으로 인하여 경영진이 퇴임하는 경우에 거액의 퇴직금을 지급하거나 유리한 조건의 스톡옵션 권리를 부여하여 퇴임 후에도 일정기간 보수를 지급하도록 하는 등의 권리를 사전에 계약해 놓는 방법이다.

③ 백기사(White Knight) : 적대적 합병의 대상이 된 기업이 적대적 합병을 피하기 위하여 현 경영진에게 우호적인 다른 기업을 찾아 이 기업과 합병을 진행하는 방법이다.

④ 극약처방(Poison Pill) : 합병회사가 합병에 성공하더라도 합병으로 인하여 이익을 얻을 수 없도록 현재의 주주들에게 각종 권리를 부여하는 방법이다.

⑤ 역공개매수(Counter Tender Offer) : 적대적 인수기업이 공개매수를 할 때 여기에 맞서 대상기업이 오히려 적대적 인수기업의 주식을 매수하면서 정면대결을 하는 전략이다.

100 (주)가맹의 기말 현재 당기순이익 100억 원, 발행주식수 200만주, 주가수익비율(PER)이 10인 경우 주가는? (단, 발행주식수는 가중평균유통보통주식수를 말하며, 우선주 및 우선주배당금은 없는 것으로 한다)

① 30,000원   ② 35,000원

③ 40,000원   ④ 45,000원

⑤ 50,000원

> **해설**
>
> - 주당순이익 = $\dfrac{\text{보통주순이익}}{\text{유통보통주식수}}$, 보통주순이익 = 당기순이익 − 우선주배당액이다.
>
> - 우선주배당액이 없으므로 당기순이익 100억 원이 보통주순이익이다.
>
> - 따라서, 주당순이익 = $\dfrac{100억\,원(보통주순이익)}{200만주(유통보통주식수)}$ = 5,000원
>
> - 주가수익율 = $\dfrac{\text{주당주식시가}}{\text{주당순이익}}$ 이므로, 10(주가수익율) = $\dfrac{\text{주당주식시가}}{5,000원(주당순이익)}$ 가 된다.
>
> ∴ 주당주식시가는 50,000원이다.

101 증권시장선(SML)에 관한 설명으로 옳지 않은 것은?

① 균형시장에서 자산의 체계적 위험(β)과 기대수익률은 선형관계를 갖는다.

② 어떠한 경우에도 과소 또는 과대평가된 증권은 존재할 수 없다.

③ 투자자들에게 중요한 위험은 분산투자에 의해 제거되지 않는 체계적 위험이다.

④ 개별 위험자산의 위험프리미엄은 시장위험프리미엄에 개별 위험자산의 베타(β)를 곱한 것이다.

⑤ 증권시장선상의 개별증권 가격은 증권의 수요와 공급을 일치시키는 균형가격이다.

> **해설**
>
> ② 증권시장선(SML)은 주식을 포함한 모든 자본자산의 균형가격이 어떻게 결정되는가를 설명해주는 가격결정모형이다. 따라서 어떠한 자산이 증권시장선상에 벗어나 있다면 그 자산은 과대 혹은 과소평가된 것으로 볼 수 있다.

102 (주)가맹의 매출액 48,000,000원, 매출채권 8,000,000원인 경우, 매출채권을 회수하는 데 걸리는 평균기간은? (단, 매출채권은 매출액 발생연도의 기초와 기말의 평균값이며, 1년은 360일로 가정한다)

① 40일   ② 45일

③ 50일   ④ 55일

⑤ 60일

- 매출채권 회수기간 $= \dfrac{360(\text{1년은 360일로 가정})}{\text{매출채권 회전율}}$, 매출채권 회전율 $= \dfrac{\text{매출액}}{\text{매출채권}}$

- 매출채권 회전율 $= \dfrac{48,000,000원(\text{매출액})}{8,000,000원(\text{매출채권})} = 6$이다.

$\therefore$ 매출채권 회수기간 $= \dfrac{360}{6(\text{매출채권 회전율})} = 60$이다.

103 매슬로우(A. Maslow)의 욕구단계이론에 관한 설명으로 옳지 않은 것은?

① 상위단계의 욕구 충족이 좌절되면 그보다 하위단계의 욕구를 충족시키려 한다.
② 하위단계욕구가 충족되었을 때, 상위단계욕구가 발생하게 된다.
③ 욕구결핍상태가 발생하게 되면, 그 욕구를 충족시키기 위해 노력하게 된다.
④ 인간의 욕구는 일련의 단계 내지 중요성에 따라 계층별로 배열할 수 있다.
⑤ 계층상 가장 상위단계의 욕구는 자아실현의 욕구이다.

① 앨더퍼의 ERG 이론에 해당한다.

104 동기부여의 과정이론에 해당하는 것은?

① 허즈버그(F. Herzberg)의 2요인 이론
② 맥클레란드(D. McClelland)의 성취동기이론
③ 앨더퍼(C. Alderfer)의 ERG 이론
④ 허시(P. Hersey)의 수명주기이론
⑤ 아담스(J. Adams)의 공정성이론

⑤ 과정이론, ① · ② · ③ 내용이론, ④ 상황이론에 해당한다.

동기부여이론

내용이론	과정이론
• 매슬로우의 욕구단계이론 • 앨더퍼의 ERG 이론 • 허즈버그의 2요인 이론 • 맥클레란드의 성취동기이론 • 아지리스의 성숙 · 미성숙이론 • 맥그리거의 X · Y 이론	• 로크의 목표설정이론 • 아담스의 공정성이론 • 브룸의 기대이론

105 목표에 의한 관리(MBO)에 관한 설명으로 옳지 않은 것은?

① 맥그리거(D. McGregor)의 X 이론에 바탕을 둔다.

② 보통 1년을 주기로 한 단기목표를 설정한다.

③ 측정 가능한 목표를 설정한다.

④ 조직의 목표 설정 시 구성원이 참여한다.

⑤ 목표달성 여부에 대한 피드백을 제공한다.

> **해설**
> ① 맥그리거(D. McGregor)의 Y 이론에 바탕을 둔다.

106 균형성과표(BSC)에서 조직의 성과를 측정하기 위한 4가지 주요 관점에 해당하지 않는 것은?

① 고객 관점   ② 재무적 관점

③ 경쟁 관점   ④ 내부 프로세스 관점

⑤ 학습과 성장 관점

> **해설**
> 균형성과표(BSC)는 재무적 관점, 고객 관점, 내부 프로세스 관점 및 학습과 성장 관점의 4가지 시각으로 나누어 조직의
> 목표를 설정한다.

107 직무분석 및 직무평가에 관한 설명으로 옳지 않은 것은?

① 직무평가란 공정한 임금구조 마련을 위해 직무의 상대적 가치평가를 하는 과정이다.

② 직무기술서는 직무에 대한 정보를 직무의 특성에 초점을 두고 작성한 문서이다.

③ 직무명세서는 직무를 수행하기 위해 직무담당자가 갖추어야 할 최소한의 인적요건을 기술한 문서
   이다.

④ 직무분석 방법에는 서열법, 점수법, 분류법이 있다.

⑤ 직무평가 방법에는 계량적과 비계량적 방법이 있다.

> **해설**
> ④ 서열법, 점수법, 분류법은 직무평가에 해당한다.

108 리더십 이론에 관한 설명으로 옳지 않은 것은?

① 경로-목표이론 : 리더는 구성원이 목표를 달성할 수 있도록 명확한 길을 제시해야 한다.

② 리더십 상황이론 : 리더의 행위가 주어진 상황에 적합하면 리더십의 효과가 증가한다.

③ 리더-구성원 교환이론 : 리더는 내집단-외집단을 구분하지 않고 동일한 리더십을 발휘한다.

④ 리더십 특성이론 : 리더가 지닌 신체적, 심리적, 성격적 특성 등에 따라 리더십의 효과가 달라진다.

⑤ 리더십 행동이론 : 리더가 부하들에게 어떤 행동을 보이는 가에 따라 리더십의 효과가 달라진다.

해설

③ 리더-구성원 교환이론에서 리더는 내집단과 외집단을 구분하여 구성원들을 동일하게 다루지 않는다. 구성원들의 업무와 관련된 태도와 행동들은 리더가 구성원을 다루는 방식에 달려있다.

109 생산활동에서 수요예측기법에 관한 설명으로 옳은 것은?

① 델파이법은 공개적으로 진행되며, 과반수로 결정하는 방법이다.

② 전문가패널법은 비공개적으로 진행되며, 만장일치제로 결정하는 방법이다.

③ 추세분석법, 자료유추법 등은 대표적 시계열분석기법에 해당한다.

④ 가중이동평균법은 단순이동평균법에 비해 환경변화를 민감하게 반영하게 된다.

⑤ 지수평활법은 비교적 장기 자료만으로 수요예측이 가능한 정성적기법이다.

해설

① 델파이법은 관련 전문가들을 한자리에 모으지 않고 일련의 의견을 질문서에 각자 밝히도록 하여 전체의견을 나타냄으로써 유력자의 발언으로부터 영향을 배제하는 방법이다.

② 전문가패널법(델파이법)은 모든 전문가로부터의 의견을 취합하여 다시 전문가들에게 전달하고, 또 다시 수정된 의견을 취합하는 과정을 반복해 일정 결론으로 수렴하게 만들도록 한다.

③ 추세분석법은 시계열분석기법이나, 자료유추법은 질적 예측방법에 해당한다.

⑤ 지수평활법은 이동평균에 있어 최근의 자료에 보다 더 높은 가중치를 주고 과거자료의 비중을 평활시키는 방법으로 시계열분석방법 중 하나이다.

110 JIT 및 MRP 시스템에 관한 설명으로 옳은 것은?

① JIT는 재고를 자산으로 인식한다.
② JIT는 계획추진시스템이다.
③ MRP의 관리목표는 재고의 최소화이다.
④ JIT는 생산준비 시간과 로트 크기를 최소화하고자 한다.
⑤ MRP는 무결점을 지향한다.

> **해설**
>
> ① JIT는 재고를 낭비로 인식한다.
> ② MRP는 계획추진시스템이다.
> ③ MRP의 목적은 주생산일정계획에 필요한 부품의 양, 그리고 납기를 결정하는 데 있다.
> ⑤ JIT는 무결점을 지향한다.

111 공급사슬관리(SCM)에 관한 설명으로 옳지 않은 것은?

① 공급사슬은 제품과 서비스를 생산하여 소비자에게 제공하는 일련의 과정이다.
② 공급사슬관리란 공급사슬의 모든 활동을 조정하고 관리하는 것이다.
③ 공급사슬 성과지표에는 배송성과와 환경성과 등이 있다.
④ 반응적 공급사슬은 수요의 불확실성에 대비하여 재고의 크기와 생산 능력의 위치를 설정함으로써 시장수요에 민감하게 반응하도록 설계하는 것이다.
⑤ 효율적 공급사슬의 목표는 영업비용을 최소화하기 위해 제품의 물류 및 판매시간을 단축하는 데 있다.

> **해설**
>
> ⑤ 효율적 공급사슬의 목표는 물류비용의 절감을 위해 제품의 물류 및 판매시간을 단축하는 데 있다.

112 ISO에서 제정한 환경경영시스템에 관한 국제표준규격은?

① ISO 5000
② ISO 9000
③ ISO 14000
④ ISO 18000
⑤ ISO 20000

> **해설**
>
> ③ ISO 14000 시리즈는 환경경영에 대한 국제표준으로 기업이 환경보호 및 환경관리개선을 위한 환경경영체제의 기본 요구사항을 갖추고 규정된 절차에 따라 체계적으로 환경경영을 하고 있음을 인증해주는 제도이다.

113 생산관리의 목표에 해당하지 않는 것은?

① 원가우위
② 고객만족을 통한 순현가 극대화
③ 품질우위
④ 납기준수 및 단축
⑤ 생산시스템 유연성 향상

해설

생산관리의 4대 목표
- 원가우위 : 재료비, 노무비, 간접비 등 생산원가를 최소화한다.
- 품질우위 : 경쟁업체의 품질보다 월등히 높고 비싼 가격에도 불구하고 팔릴 수 있을 만큼 충분히 좋은 품질이어야 한다.
- 납기준수 및 단축 : 고객이 원하는 시간과 장소에 제품이나 서비스를 인도하여야 한다.
- 생산시스템 유연성 향상 : 수요의 변동에 따라 생산수량을 신속히 조절할 수 있고, 고객의 변화에 따라 제품설계변화가 가능해야 한다.

114 생산의 표준화와 이동조리법(Conveyor Belt)을 도입하여 생산성을 높이고 경영을 합리화하고자 하는 관리기법은?

① 테일러 시스템
② 포드 시스템
③ 간트 차트의 통계적 품질관리
④ 메어나드의 동작연구
⑤ 길브레스의 방법연구

해설

② 포드의 컨베이어 시스템은 그가 설립한 포드자동차 회사에서 T형 자동차를 대량생산하기 위하여 설계한 작업시스템으로 이러한 이동조립법은 생산관리의 원칙인 표준화·단순화·전문화를 적용하였다.

115 조직의 구매, 인적자원, 생산, 판매, 회계 활동 등에 대한 모든 데이터를 하나의 시스템으로 통합한 것은?

① 경영정보시스템(MIS)
② 그룹의사결정지원시스템(GDSS)
③ 공급사슬관리시스템(SCM)
④ 고객관리시스템(CRM)
⑤ 전사적자원관리(ERP)

해설

⑤ 전사적자원관리(ERP)는 기업 내 생산, 물류, 재무, 회계, 영업과 구매, 재고 등 경영 활동 프로세스들을 통합적으로 연계해 관리해 주며, 기업에서 발생하는 정보들을 서로 공유하고 새로운 정보의 생성과 빠른 의사결정을 도와주는 시스템이다.

116 무선 PAN(Personal Area Network) 기술로 휴대전화, 컴퓨터 및 다른 장치들 사이의 짧은 거리에서 신호를 전송해주는 근거리 무선통신기술은?

① 블루투스(Bluetooth)
② 와이브로(Wibro)
③ 웹브라우저(Web Browser)
④ 텔레매틱스(Telematics)
⑤ 소셜네트워킹(Social Networking)

> **해설**
> ① 블루투스(Bluetooth)는 1994년 에릭슨이 최초로 개발한 개인 근거리 무선통신기술이다. 전자장비 간의 짧은 거리에서 디지털 정보를 무선통신을 통해 주고 받는다.

117 Web 2.0의 4가지 규정적 특징이 아닌 것은?

① 상호작용성
② 실시간 사용자 통제
③ 사회적 참여 및 정보공유
④ 사용자 생성 콘텐츠(User-generated Content)
⑤ 시맨틱 검색(Semantic Search)

> **해설**
> ⑤ 시맨틱 검색(Semantic Search)은 시맨틱 웹의 특징에 해당한다.

118 컴퓨터가 다룰 수 있는 데이터의 가장 작은 단위는?

① 비트(Bit)
② 바이트(Byte)
③ 필드(Field)
④ 레코드(Record)
⑤ 파일(File)

> **해설**
> ① 비트(Bit)는 정보로 취급할 수 있는 가공된 데이터(자료)들을 나타내는 최소 단위이며, 컴퓨터 용량이나 프로그램 처리 능력의 최소 단위로 사용한다.

119 클라우드 컴퓨팅(Cloud Computing)에 관한 설명으로 옳지 않은 것은?

① 비즈니스 데이터 및 시스템 보안에 대한 우려를 없애준다.

② 자신 소유의 하드웨어 및 소프트웨어에 많은 투자를 할 필요가 없다.

③ 사용자는 광대역 네트워크 통신망을 통해 클라우드에 접속해 업무를 수행할 수 있다.

④ 필요한 IT 자원을 빌려 쓸 때 용량 등에 있어 확장성이 있다.

⑤ 인터넷을 통해 원격으로 제공되는 자원이나 응용프로그램을 사용하는 것이다.

> **해설**
>
> ① 개인목적으로 저장한 데이터들이 유출되거나 삭제될 우려가 있다.

120 인공지능시스템 중 실제 세상 또는 상상 속의 행위를 모방한 컴퓨터 생성 시뮬레이션은?

① 인공신경망(Artificial Neutral Network)

② 전문가시스템(Expert System)

③ 지능형에이전트(Intelligent Agent)

④ 영상인식시스템(Visionary Recognition System)

⑤ 가상현실시스템(Virtual Reality System)

> **해설**
>
> ⑤ 가상현실시스템(Virtual Reality System)은 여러 가지의 영상이나 컴퓨터 그래픽을 이용하여 가공의 세계나 원격지의 공간을 표시하여 실제 세상이나 상상 속의 행위를 모방한 인공지능시스템이다.

2026 시대에듀 가맹거래사 1차 필기 기출문제해설

개정5판1쇄 발행	2025년 07월 25일(인쇄 2025년 05월 14일)
초 판 발 행	2020년 10월 05일(인쇄 2020년 08월 21일)
발 행 인	박영일
책 임 편 집	이해욱
편 저	시대시험출제연구소
편 집 진 행	노윤재 · 유형곤
표지디자인	조혜령
편집디자인	김기화 · 이다희
발 행 처	(주)시대고시기획
출 판 등 록	제10-1521호
주 소	서울시 마포구 큰우물로 75 [도화동 538 성지 B/D] 9F
전 화	1600-3600
팩 스	02-701-8823
홈 페 이 지	www.sdedu.co.kr

I S B N	979-11-383-9288-4 (13320)
정 가	29,000원

소비자전문상담사란?

소비자전문상담사란 소비자관련법과 보호제도를 토대로 물품 · 용역 등에 관한 소비자의 불만을 상담, 해결하고 물품 · 서비스 등의 구매 · 사용 · 관리방법을 상담하며 모니터링, 시장조사 및 각종 정보를 수집 · 분석 · 가공 · 제공하고 소비자교육용 자료를 수집, 제작, 시행하는 직무를 수행하는 전문가를 말한다.

시대에듀에서 추천합니다.　　　www.sdedu.co.kr

소비자전문상담사 2급 필기 한권으로 끝내기	190×260 / 37,000원
소비자전문상담사 2급 실기 한권으로 끝내기	190×260 / 30,000원
CS리더스관리사 한권으로 끝내기	190×260 / 36,000원
CS리더스관리사 적중모의고사 900제	190×260 / 29,000원
텔레마케팅관리사 한권으로 끝내기	190×260 / 33,000원
텔레마케팅관리사 1차 필기 단기완성	190×260 / 23,000원
텔레마케팅관리사 1차 필기 기출문제해설	190×260 / 26,000원
텔레마케팅관리사 2차 실기 실무	190×260 / 27,000원

※ 출간 목록 및 가격은 변동될 수 있습니다.